以知为力　识见乃远

[俄]马硕（Maxim Korolkov）著　尹嘉越 译

# 古代中国的帝国网络

中华帝国在东亚南部的建立

THE IMPERIAL NETWORK
in
ANCIENT CHINA

The Foundation of Sinitic Empire
in Southern East Asia

中国出版集团　东方出版中心

## 图书在版编目（CIP）数据

古代中国的帝国网络：中华帝国在东亚南部的建立 / (俄罗斯) 马硕 (Maxim Korolkov) 著；尹嘉越译. -- 上海：东方出版中心, 2024.5 (2024.10重印)
ISBN 978-7-5473-2323-6

Ⅰ. ①古… Ⅱ. ①马… ②尹… Ⅲ. ①中国历史-研究 Ⅳ. ①K207

中国国家版本馆CIP数据核字（2023）第251647号
上海市版权局著作权合同登记：图字09-2023-1068号
The Imperial Network in Ancient China 1st Edition / by Maxim Korolkov / ISBN: 9780367654283
Copyright © 2022 by Maxim Korolkov
Authorized translation from English language edition published by Routledge, part of Taylor & Francis Group LLC; All Rights Reserved.
本书原版由Taylor & Francis出版集团旗下,Routledge出版公司出版，并经其授权翻译出版。版权所有，侵权必究。
Orient Publishing Center is authorized to publish and distribute exclusively the Chinese (Simplified Characters) language edition. This edition is authorized for sale throughout Mainland of China. No part of the publication may be reproduced or distributed by any means, or stored in a database or retrieval system, without the prior written permission of the publisher.
本书中文简体翻译版授权由东方出版中心独家出版并仅限在中国大陆地区销售，未经出版者书面许可，不得以任何方式复制或发行本书的任何部分。
Copies of this book sold without a Taylor & Francis sticker on the cover are unauthorized and illegal.
本书贴有Taylor & Francis公司防伪标签，无标签者不得销售。
审图号：GS（2024）0468号
本书中使用的地图由中华地图学社提供

### 古代中国的帝国网络：中华帝国在东亚南部的建立

| | |
|---|---|
| 著　者 | ［俄］马硕 |
| 译　者 | 尹嘉越 |
| 策　划 | 朱宝元 |
| 责任编辑 | 朱宝元 |
| 助理编辑 | 荣玉洁 |
| 封扉设计 | 甘信宇 |

| | |
|---|---|
| 出 版 人 | 陈义望 |
| 出版发行 | 东方出版中心 |
| 地　　址 | 上海市仙霞路345号 |
| 邮政编码 | 200336 |
| 电　　话 | 021-62417400 |
| 印 刷 者 | 山东韵杰文化科技有限公司 |
| 开　　本 | 890mm×1240mm　1/32 |
| 印　　张 | 12.625 |
| 插　　页 | 2 |
| 字　　数 | 260千字 |
| 版　　次 | 2024年5月第1版 |
| 印　　次 | 2024年10月第2次印刷 |
| 定　　价 | 88.00元 |

版权所有　侵权必究

如图书有印装质量问题，请寄回本社出版部调换或拨打021-62597596联系。

献给我的父母

# 名家推荐

　　南方地区的加入，在中华帝国的形成历史上占据着重要的地位。与过去大多数著作中将这一过程描述为由秦帝国发起的军事征服不同，马硕此书将其描述成为一种经济、文化、人口流动和行政网络的延伸，乃至于秦帝国对既有网络的参与和利用。马硕先生不仅精研包括里耶秦简在内的秦汉简牍文献，而且谙熟西方各种政治和经济史理论，视野宽广，因此他写出来的秦汉史往往有让人耳目一新的感觉。特别值得推荐的是，他基于里耶秦简，揭示了秦帝国地方行政和市场的互动（或者说国家对市场的直接深度参与及市场经济对国家行政的关键支撑作用），让我们看到了早期中华帝国的运行机制和其深层逻辑。与地中海地区的古代帝国相比，这可以被看作是早期中华帝国的重要特点之一。

——李峰　哥伦比亚大学东亚语言与文化系教授

　　通过对先秦、秦汉时期考古资料、出土简牍和传世文献的深入研究，该书作者马硕博士主张，早期中华帝国的发展植根于此前长达数百甚至数千年历史的跨区域互动网络，秦国的地理位置正处于包括长江流域在内的多个互动网络之间，这一特点对理解其征服、行政措施与经济政策而言至关重要。《古代中国的帝国网络》以边疆地区作为研究焦点，指出帝国的许多关键制度与管理机制形成于边疆地区，军事行动与行政管理追求的目标是将边疆人口纳入帝国管控的社会中，并开发利用边疆的资源。与既往研究偏重从帝国中央政府的角度"俯视"被兼并地区不同，该书从基层社会的角度分析秦汉帝国在长江以南扩张的历程，分析东亚南部各地区的人口为何参与或退出帝国所创建的网络。作者认为，中国史始终是世界历史中重要的活跃因素，秦汉时代中国南方地区的经济转型加强了跨区域远距离的经济交流，开启了中古早期的"全球化"。

——陈伟　武汉大学人文社会科学资深教授、简帛研究中心主任

《史记》《汉书》等历史巨著在论述早期中国的政治、社会、经济、文化的变迁时往往秉持着以黄河流域为中心的叙事立场，但不断出土的考古文化遗址及金石、简牍文献却一再提醒人们注意传世史著眼中的早期中国的边疆对先秦秦汉文明之形成的深刻介入。马硕的大作显然对此有着足够的认识，并在综合利用传世及出土文献、考古资料而对早期中国的文化区系展开长时段观察的基础上将秦汉帝国视为由若干地域构成的网络，进而以其南部领土的社会治理实态为例，把早期中华帝国的运转理解为各地域间就军事、资源、人口等因素展开广域交流的宏观图景，修正了关于秦汉帝国之"中心"与"边疆"的习惯性界定。更难能可贵的

是，此书还试图从对早期中华帝国发展史的解读出发反思"世界体系"等术语在早期帝国史研究中的应用，表现出了作者的令人钦佩的理论雄心。

——朱腾　中国人民大学法学院教授

本书采用"帝国网络"概念，克服自上而下的单一视角，在"统一"和"征服"之外提供了第三种叙事。书中探讨了经济交通、资源交换和文化交流方面的丰富现象，体现出网络中多元主体的能动作用。作者以统摄黄河与长江两大流域的超广角镜头，重构江南山地从进入华夏政权的互动网络到成为帝国领土的千年历史；又以过人的语言能力和学术精力，广泛汇集中、英、日、德历史、考古和出土文献等多领域的研究成果，言必有据，帮助读者一窥国际学术的前沿风景。可以说，本书的译介为中文学界引入了双重的"大视野"。而在微观上，作者独具慧眼地关注新地迁陵的货币化以及粮食、金属和动植物资源的开发等问题，在史料稀少而颇显沉寂的中国早期经济史领域中探索新路。这些都将启发有关秦汉乃至整个帝制中国历史的思考，并刺激我们的研究在精耕细作之上，大刀阔斧，别开生面。

——陈侃理　北京大学中国古代史研究中心长聘副教授

有关长江流域及以南如何逐步成为中华帝国之一部，传世文献记载的历史过程充满了单向的军事扩张与征服，而南方出土的文献材料则提供了丰富的细节。马硕先生的这部书不同于传统叙事方式，从更宏阔的东亚大陆的地理维度，讨论了新旧领土内各社群在文化、经济、政治军事方面的互动情形，进而提出中华帝国在东亚南部的建立是一个基于空间网络的过程；同时充分结合秦汉简牍文书，主要以迁陵县为例，探索了地方政府在南方如何通过改造人口流动与资源转移的模式来实现对社会经济的影响。该书既展现了作者在早期中国研究方面的理论成就，又反映了作者在史学微观分析方面的卓越能力，特别是所倡导的将传统的秦汉帝国南方边境研究转换为中华世界新的经济与文化核心的重构研究，令人印象十分深刻。

——郑威　武汉大学历史学院历史地理研究所教授

# 中文版序

尤锐（Yuri Pines）

耶路撒冷希伯来大学（The Hebrew University of Jerusalem）

秦史（前221—前207）已成为整个中国古代史领域最受瞩目的话题之一。众所周知，秦祚虽短，却有着尤为重要的长远影响。秦留给后世王朝的遗产不仅有基本的疆域构造，还有政府机构的格局、统一的地方行政管理的观念，以及最重要的由秦独创的"皇帝"（"August Thearch"，成为秦的极其重要的发明）概念。秦也将一系列问题与挑战遗留给其后继者，使得任何意图控制"天下"（主要限于东亚次大陆）的政权皆无法回避。

长期以来，我们了解秦史的最主要文献是司马迁（前145—前90）所撰《史记·秦始皇本纪》。姑且不论司马迁对秦始皇（前221—前210年在位）的记述可靠与否，[1] 应能立即注意到的是，《秦始皇本纪》与后世几乎所有正史中的《本纪》一样，尤为偏重于帝国朝廷，而极少着墨于地方行政管理及其问题。鉴于秦帝国的幅员辽阔与错综复杂，这种偏倚在所难免，但其也在不经意间扭曲了我们对秦史的认识。自贾谊（前200—前166）的名作《过秦论》[2] 以来，千百年间，对秦之成败的讨论格外聚焦于始皇帝及其继任者的个性,而非秦下级官吏所面临的种种难题。

所幸,上述情形在近几十年间正在显著转变。从举世闻名的秦始皇陵兵马俑到形形色色的秦代遗址,如墓地、道路与运河遗迹乃至聚落与城垒,一系列考古发现使我们得以理解秦代社会的复杂性、秦文化的发展轨迹,以及秦的帝国计划之所及。此外,不得不提的是文字改革。秦铭文出现在各种各样的材料——青铜与金属、玉与石、竹简及陶泥——之上,并涵盖了极为广泛的主题:地方及国家行政管理、法律议题、律令条文、民间及官方信仰、政治宣言、国际关系、历史书写,以及许多其他方面。从统治者、下级官吏直至普通服役者,秦的不同阶层者的见解与关切皆呈现于其中。迄今为止,出土文献篇幅之巨已逾传世文献所载秦代史料的十倍,无怪乎其对于重构秦史意义非凡。[3]

丰富的新史料为秦国与秦帝国研究领域带来了诸多引人注目的突破进展。尤其是,我们由此能够"自下"(from below)——从新征服领土必须融入新兴帝国空间的边远前哨这一视角——重构帝国建设的各个方面。这正是马硕(Maxim Korolkov)这首部专著的主要任务。《古代中国的帝国网络》(*The Imperial Network in Ancient China*)是以作者最近一篇博士学位论文的部分内容为基础,即《秦边疆的帝国建设与市场开发:公元前221年至公元前207年的帝国扩张与经济变革》("Empire-Building and Market-Making at the Qin Frontier: Imperial Expansion and Economic Change, 221-207 BCE",哥伦比亚大学,2020年)。而作者此前于2010年还曾在莫斯科发表过另一篇博士(或以俄罗斯的说法称之为"博士候选人")学位论文,即《战国至早期帝国时代初

*ii*

期的土地立法与土地控制（基于出土法律文献）》("Land-related Legislation and Control over the Lands in the *Zhanguo* [Warring States period] to the Beginning of the Early Imperial Era (on the Basis of Discovered Legal Documents)")。[4] 这种异乎寻常的背景（我未曾听闻该领域任何其他学者写过两篇主题虽有关联但实则颇为不同的博士学位论文）解释了本书何以高度成熟。这部论述清晰、引人入胜而呈现精湛的专著，将成为早期中国的学习者与研究者的必读之作。对于关注大陆帝国比较研究的学者，也别具魅力。

马硕的研究至少有四个方面使其成为真正的杰作。第一，能够将对秦在湖南西北部小县迁陵县统治的深入考察，与对中国先秦至帝制时期较长时段的纵览相融合，且能适时加以对比研究。这种广泛综合与聚焦分析的结合，在本书的章节结构中有很好的体现。《导论》之后的两章，展现了新石器时代至战国时代（前453—前221）"长江中游的互动空间"的形成（第2章），以及秦在公元前4世纪至公元前3世纪间的"转向南方"，这最终为秦帝国之形成奠定了基础（第3章）。后续的三章（第4—6章）关注秦帝国在迁陵县及其周边的运作，这是本书的核心。最后两章（第7—8章）追溯了帝国南方边境自秦覆灭后直至汉代的历史，对长江以南广大区域错综复杂的文化及政治进程进行了重要洞察。这种结构使读者不仅能够理解秦统治的微观细节，还能够理解秦对中国广大南方地区的社会、政治、经济以及文化发展轨迹的更广泛影响。

第二，马硕擅长综合三种主要的秦史史料——古文书文献（此为其主要专长），考古资料及传世文献。他对考古数据的使用尤其令人印象深刻，其中涉及分析随葬品、定居地规模与位置，以及湖南高地当地居民消耗的谷物等。若没有这些资料，无论传世文献和古文书文献有多么丰富，都不足以完全理解秦帝国政策的背景。此外，马硕还精彩地利用了既有研究成果，原书长达40页密集铺陈的参考文献，汇集了数百项研究成果，这些研究成果涵盖了汉学研究使用的主要语言——中文、英文、法文、德文、日文及俄文。对同行及前辈学者研究成果中各种见解的吸纳，使马硕能够呈现关于秦帝国形成及其所面临问题的极为多元的图景。

第三，如本书标题所示，马硕将帝国理解为由不同的网络组成。他解释说：

> 虽然暴力与再分配在帝国的运转中也发挥了重要作用，但比起将帝国视为一种为了帝国首都精英阶层的利益而强加给边远地区民众的压迫性再分配制度，笔者更倾向于将帝国视为一种互动网络，这一网络将远距离的人们与社群联结起来，使他们能够在参与互动中获得独特且重要的优势。（原书第3页）

他进一步解释道：

> 帝国仅是东亚人群可利用的众多互动网络之一，这些网络所产生的政治与文化身份并不稳定，且取决于网络自身不断变化的特征。（原书第4页）

这种分析视角有利于理解帝国扩张与收缩的模式，并同时从中心与边缘展开分析。这种基于可靠方法论的研究方法为马硕的研究奠定了坚实的基础。

本书中与网络分析相辅相成的另一个关于"帝国网络"值得称赞的特点，即作者对秦扩张中地理维度的关注。直到最近，英文学界关于中国先秦政治史的研究，关注微观地理细节的仍然罕见，除了马硕博士学位论文指导教师李峰的专著。[5] 值得称道的是，马硕对水路、地势高度及通信路线等给予了应有的关注。本书尤其强调水路是如何不仅塑造了商业路线与军事扩张的方向，还影响了秦在长江以南的行政管理结构。本书还强调了秦对水路交通的投入所产生的持久影响，特别是通过修建连通长江流域与南方（岭南）水路的灵渠（位于今桂林市附近）（原书第185页）。上述观察一方面对于持续探索地理如何塑造帝国空间的轮廓极有助益，另一方面对于探索帝国克服地理阻碍的战略也很有帮助。[6]

第四，也是我想赞扬本书的最后一个方面，是该书对帝国建设的动态及其高度复杂性的关注。帝国并不是仅通过领土征服就能建立的；一旦它们的统治崩溃，也不是就从曾经控制的地区就消失了。领土的整合是一项旷日持久、富于挑战且时有矛盾的进程。秦在迁陵县的故事就是这种复杂性的很好例证。如第4章所论，秦在湖南西北部偏远高地的统治并不稳固：官僚机构处于缺员状态（或是部分地由在他处失职而被罚送"新地"的官吏构成）；地方动乱与武装反抗也有发生，且其中一些难以应对；迁陵县户籍人口极少（后文还将对此加以评说），官吏不得不依赖刑徒与服役者的强制劳动，而他们的大量存在将造成更多难以控制的问题。如果这还不足以说明问题，那就想想公元前214年以后秦在更南方（今广西壮族自治区与广东省地区）经历的军事战役，这"可能转移了帝国加强控制长江中游新征服领土所需的资源"（原书第99页）。总之，结论显而易见，正如马硕所言："我们应当思考的，与其说是这一体制为何崩溃，不如说是它何以设法延续了如此之久。"（原书第109页）

然而，如第5章和第6章所示，秦在帝国新边境内的势力要比乍看之下坚实得多。秦官吏在扩大农业生产、矿藏开采及探寻当地动植物等方面投入了巨大的努力。在短短十五年的统治期间，秦推动了当地经济的迅速货币化，通过强制及自愿移民重塑了当地社会，通过精心实施的社会工程构建了新的身份认同，并改变了迁陵县的农业与商业生活等。马硕论证了秦官吏在致力于行政统一的前提下，是如何同时表现出高度的灵活性："在物质资源方面，秦帝国颇擅长于适应新环境。"（原书第161页）马硕总结道："秦帝国在其存续的十五年间进行了一场庞大的实验，将新征服土地并入了领土面积空前的政治实体。"（原书第137页）就秦帝国覆灭的事实而言，这场实验是失败的。但正如公元前2世纪最初的数十年间，曾被秦控制的地区即使在事实上（有时则是法律上）独立于帝国中央时仍致力于经济与行政统一，就此而言，这场实验又是成功的（第7章）。

马硕开创了一项引人注目的研究，为今后该领域的学术探讨树立了标杆。不过，关于秦帝国的创立及其所面临的难题等诸多方面，这一研究自然不是最终定论。要知道许多相关的简牍尚未公布（例如，在里耶秦简发现后的二十年来，原计划出版的六卷只出版了两卷)。可以想见,每一项新证据都可能改变我们的某些看法。例如,正如我在其他地方指出的,马硕(及该领域绝大多数学者)所采纳的秦迁陵县人口数量过低,难以解释秦在当地的高度激进主义及行政管理架构的密度。[7] 或许可以期待新公布的文献进一步澄清此问题。再如,新近出版的岳麓书院藏秦简,揭示了秦帝国低级吏员承受的压力及部分人由此不愿履行职责的状况。[8] 在超高效(但也可说是不可持续)的秦模式下,行政机构疲于应对,或许正解释了为什么汉朝选择放松政府控制,甚至以牺牲行政效率为代价。

未来,秦史仍将被反复书写与重新书写。显而易见的是,在重构中国历史这段关键时期的漫漫长路上,马硕这部专著是一座里程碑。

## 注释

1 例如,叶翰(Hans van Ess)曾有力指出,司马迁将《史记》中秦始皇的形象设计为对其君主汉武帝(前141—前87年在位)的隐晦批评与报复。参见 van Ess, "Emperor Wu of the Han and the First August Emperor of Qin in Sima Qian's *Shiji*," in Yuri Pines et al., eds., *Birth of an Empire: The State of Qin Revisited* (Berkeley, CA: University of California Press, 2014), 239-57。从另一个角度来看,可参见如 Michael Puett, *The Ambivalence of Creation: Debates Concerning Innovation and Artifice in Early China* (Stanford, CA: Stanford University Press, 2002), 177-212。

2 参见阎振益、钟夏校注:《新书校注》,北京:中华书局,2000年,第1—24页。

3 关于秦文字文献(包括秦国与秦帝国时期)的部分总结,参见王辉、程学华:《秦文字集证》,台北:艺文印书馆,1999年;作为补充,参见王辉:《秦出土

*vii*

文献编年〉续补（一）》，《秦文化论丛》第9辑，2002年，第512—549页；大多数相关的简牍文献，参见陈伟主编：《秦简牍合集：释文注释修订本》（共4辑），武汉：武汉大学出版社，2016年。出土的两宗体量最大的秦帝国文献：一是2002年6月出土于湖南省龙山县的里耶秦简，目前已出版两卷，另有里耶秦简博物馆藏简牍单独出版；二是岳麓书院藏秦简，目前已出版七卷。湖南省益阳市兔子山也出土有重要文献，但目前仅见初步报告。还有一些重要的流失秦简牍得自香港，并经由北京大学整理，参见北京大学出土文献与古代文明研究所编：《北京大学藏秦简牍》，上海：上海古籍出版社，2023年。

4 Земельное законодательство и контроль над землей в эпоху Чжаньго и в начале раннеимперской эпохи（по данным обнаруженных законодательных текстов）（俄罗斯科学院东方学研究所博士学位论文，2010年）。

5 Li Feng, *Landscape and Power in Early China: The Crisis and Fall of the Western Zhou, 1045-771 BC*（Cambridge: Cambridge University Press, 2006）。

6 该主题是近期一部著作的焦点，参见Yuri Pines, "Michal Biran, and Jörg Rüpke," eds., *The Limits of Universal Rule: Eurasian Empires Compared*（Cambridge: Cambridge University Press, 2021）。尤其可参见编者的"导言：帝国及其空间（Introduction: Empires and Their Space）"，第1—48页。

7 Yuri Pines, "Review of Maxim Korolkov, *The Imperial Network in Ancient China: The Foundation of Sinitic Empire in Southern East Asia*," *Journal of Chinese Studies* 76（2023）: 221-28.

8 对此种状况的讨论，参见Robin D.S. Yates, "Dated Legislation in the Late-Qin State and Early Empire," *Asia Major*（third series）35.1（2022）: 121-63，尤其是第159—160页关于相关文献的翻译。

# 目 录

中文版序　尤锐（Yuri Pines）i

致谢　i

插图目录　v

表格目录　vii

历史年表　viii


## 第1章　导论　1

理论框架：网络、世界体系、边境　6

学术背景：研究东亚南部的新方法　10

秦帝国的兴衰：被忽视的成就与悲剧？　14

看待秦帝国的两种视角　16

出土文献及其背景　22

内容概要　24

## 第2章　帝国之前：长江中游的互动空间　*47*

地理概况　*49*

长江中游互动空间的出现　*51*

从互动空间到领土国家　*57*

结语：互动、巩固与扩张　*69*

## 第3章　战国时代秦的南向扩张　*87*

一个意外的战略转向？　*88*

从连通到征服　*89*

南下：秦国抵达长江中游　*98*

对楚国的战争（公元前4世纪中叶至公元前221年）　*100*

整合长江以北所征服的领土　*104*

结论：帝国扩张的长期视角　*108*

## 第4章　秦帝国在南方：领土、组织与挑战　*121*

故地与新地：秦帝国领土　*123*

多变的南方边疆　*129*

长江中游以南的行政组织　*132*

来自内部的挑战：叛乱、动荡及人口控制　*137*

结论：内部分裂？　*142*

## 第5章 南方的地方行政 *155*

秦征服前夕的酉水流域 *157*

迁陵县的领土行政 *160*

聚落与里 *165*

强制移民与非自由民 *170*

政府支出与货币化 *176*

结论：国家权力的地方维度 *179*

## 第6章 资源与资源开发 *191*

农业资源 *193*

金属 *204*

植物、动物与野生动植物制品 *207*

结论：帝国的原料 *212*

## 第7章 秦以后的南方边境 *227*

秦崩之后：公元前2世纪初的东亚政治空间 *229*

汉朝对南方的重新征服 *239*

帝国网络的成熟：汉帝国在东亚南部的人口、政治与经济地理 *243*

结论：帝国网络与中华帝国南方轮廓的波动 *253*

**第 8 章　结语：网络、帝国、世界体系——东亚南部与早期中华帝国的动态**　*273*

　　东亚世界体系的形成：从帝国网络到世界体系？　*274*
　　超越边疆：东亚南部半外围地区的转型及中华世界体系的发展　*280*

**附录**　*297*

　　1　迁陵县人员来源　*297*
　　2　迁陵县稟食记录　*305*
　　3　公元 2 年至 156 年间南方诸郡户籍人口的增长　*315*

**参考文献**　*319*
**索引**　*359*
**译后记**　*373*

# 致　谢

本书源于我博士学位论文中的一章。首先请允许我向我在哥伦比亚大学（Columbia University）的导师李峰教授，以及论文指导委员会的郭珏、万志英（Richard Von Glahn）、叶山（Robin D. S. Yates）、曾小萍（Madeleine Zelin）四位教授表达感激之情，感谢他们的悉心指导并对博士学位论文初稿提出了诸多宝贵意见。尤其令我感动的是，郭珏教授还慷慨地分享了她正在进行中的有关长江中游地区复杂社会早期历史的研究成果，她运用区域的方法理解古代东亚政权建设的思路让我受教至今。而我有限的地理信息系统（GIS）技能则要归功于"城市人文制图"（Mapping for the Urban Humanities）的组织者与指导者，这个数字制图集中研习班由哥伦比亚大学主办，并得到安德鲁·W. 梅隆基金会（Andrew W. Mellon Foundation）的资助，我有幸在2017年春夏参与其中。

本书完成于我在德国任教期间。自2017年起我任教于海德堡大学（Heidelberg University），在那里获得了纪安诺（Enno Giele）教授的友谊与支持。无论是学校午休期间在他的办公室里，还是在往返各种学术活动的列车上，与他的交谈都令我颇受启发。在海德堡大学汉学系（Institute of Chinese Studies），我们早期中国

（Early China）小团队的同事们志同道合，共同营造了温馨友好的独特氛围。我尤其感谢金兰中（Nanny Kim）、韦莎婷（Jeanette Werning）、史达（Thies Staack）、孙慧和唐俊峰。

本书的部分研究成果曾先后在以下学术会议与研讨会上宣读和讨论：2019年夏，由安可（Anke Hein）、傅希明（Christopher Foster）在牛津大学共同主办的"秦帝国的表征"（Representations of Qin Empire）研讨会；谢藏（Armin Selbitschka）、哈克（Yitzchak Jaffe）在慕尼黑大学（University of Munich）组织召开的"层累的中国文化与早期中国研究"（Cumulative Chinese Culture and the Study of Early China）研讨会；以及同年后续两场关注古代欧亚跨区域互动的会议，即斯塔·冯·瑞登（Sitta von Reden）与"BaSaR：超越丝绸之路"（BaSaR：Beyond the Silk Road）项目团队在弗莱堡大学组织召开的"边缘经济：区域、帝国与全球尺度下的边疆地区进程（公元前300年—公元300年）"（Economies of the Edge：Frontier Zone Processes at Regional, Imperial, and Global Scales [300BCE-300CE]）会议和王廉明在海德堡大学组织的"丝绸之路之前：公元前一千纪的欧亚互动"（Before the Silk Road：Eurasian Interactions in the First Millennium BC）会议。感谢会议的组织方、受邀者，以及对我论文提出意见或建议的各位专家学者。

本书各章节的写作是在2017年至2021年间完成的，但大部分基础工作从2011年就已开始，包括在长江中游、四川省及中国南方其他地区开展的实地调查。我对许多中国学者不胜感激，他们帮助我制订并实现了上述行程计划，其中一些行程深入到当时较难抵达的地区（交通条件如今已大为改善）。以下名单未能详备，疏漏之处，敬请谅解：方勤、张春龙、龙京沙、关宇、胡新生、贾飞、简斐、刘勇、石涛、龙裴然等。在博士学位论文写作初期，我有幸在武汉大学简帛研究中心度过了2016—2017学年。我很享受中心主任陈伟教授的热情接待，并与许多在武汉大学、华中师范大学工作的学者进行了长时间富有成效的交谈。我特别感谢徐少华、宋华强、鲁家亮、郑威、郭涛与雷海龙分享他们对长江中游地区考古和出土文献的见解。我在武汉大学的研究还得到了中外语言交流合作中心"新汉学计划"的慷慨资助。

我对中国古代出土文书的兴趣，开始于2008年至2011年在北京大学攻读硕士学位期间，这主要得益于蒋非非教授的讨论课与读简班。从那时起，与蒋教授的交流一直激励着我对出土文书提供的大量有关早期中华帝国基层社会生活的信息展开研究。这些年来，蒋教授也成为了指点我在中国研究和生活的好朋友。如果没有她的指导和友谊，也就不会有如今呈现在大家面前的这本书。

持续的疫情导致了身心上的隔离，除此之外，自2020年下半年至今，对大学图书馆的访问仍受限于时日不定的官方通知。在这种情况下，要想将研究工作继续进行下去，同行间的资源共享是必不可少的。对此，我要感谢蒋非非、郭珏、林志鹏、凌文超、雷海龙、乔丹·克里斯托弗（Jordan Christopher）以及其他诸多学者与友人的帮助。

我还要特别感谢通读本书全稿并作出评议的友人与同事们：钱德樑（Erica Fox Brindley）与艾丽娜（Arina Mikhalevskaya）对个别章节提出了深思熟虑的意见；尤其要感谢安可（Anke Hein），

她从科研、教学与育儿的百忙之中抽出时间全面审阅了整部书稿，她的批评与建议帮助我极大地完善了本书。感谢朱腾推荐了本书的译者尹嘉越。在翻译出版过程中，译者尹嘉越、责任编辑朱宝元先生和荣玉洁女士，不辞辛劳、反复沟通，保证了本书的顺利出版。当然，所有遗留的舛误、差错及疏漏均由我本人负责。

最后，也是最重要的，若没有家人长久以来的帮助与支持，我的学术之路和本书的完成都是难以实现的。我的妻子安娜·西茨（Anna Sitz）在本书出版前的几年里让我充满了喜悦和幸福。

## 插图目录

图 1.1　东亚南部——秦汉帝国的南方边境 / 2

图 1.2　长江中游地区 / 5

图 2.1　湖南省水系图 / 50

图 2.2　长江中游互动空间的诞生 / 53

图 2.3　战国时代楚国在长江中游以南的疆域 / 61

图 2.4　(a)索县战国楚城的卫星照片；(b)索县的战国城墙 / 64

图 3.1　关中地区与长江流域的早期联系 / 91

图 3.2　战国时代秦国对长江流域的征服 / 99

图 3.3　(a)武关的丹水河谷；(b)武关的秦城墙遗迹 / 101

图 4.1　秦帝国的故地与新地 / 124

图 4.2　洞庭郡 / 134

图 4.3　马王堆 3 号墓驻军图（残片）/ 141

图 5.1　里耶地区的考古遗址 / 158

图 5.2　从酉水河谷所看到的八面山脉景观 / 163

图 5.3　酉水北岸的迁陵县城遗迹 / 164

图 5.4　迁陵县国家势力的空间分布 / 165

v

图 5.5 （a）里耶遗址的建筑 F4（可能为县廷）；(b) 对建筑 F4 的当代复原 / 167

图 5.6 迁陵档案提到的人员来源 / 172

图 6.1 迁陵县的口粮配给，前 221—前 211 年 / 202

图 6.2 按年代分布的禀食记录 / 203

图 7.1 西汉帝国及其南方邻国，约公元前 195 年 / 231

图 7.2 南方诸郡的户籍人口，公元 2—156 年 / 246

图 8.1 公元 2 世纪的南方贸易网络 / 283

# 表格目录

表1.1 本书使用的秦至西汉早期出土文献 / 22

表4.1 岳麓书院藏秦令所见边疆服役者的来源 / 127

表4.2 岳麓书院藏秦令所见边疆服役者的服役地 / 128

表4.3 洞庭郡属县 / 135

表5.1 迁陵县的行政地理 / 163

表6.1 长江中游农作物的考古证据（约前1500—约200）/ 196

# 历史年表

**新石器时代晚期**

大溪文化　　前 4300—前 3300

屈家岭—石家河文化　　前 3300—前 2100

良渚文化　　前 3300—前 2300

龙山时期　　前 2300—前 1800

**青铜时代**

二里头时期　　前 1900—前 1600

二里岗（郑州）时期（早商）　　前 1500—前 1400

洹北时期（中商）　　前 1350—前 1300

**历史时期**

| | |
|---|---|
| 晚商（安阳时期） | 前 1300—前 1046 |
| 西周 | 前 1046—前 771 |
| 东周 | 前 771—前 256 |
| 春秋 | 前 771—前 453 |
| 战国 | 前 453—前 221 |

| | |
|---|---|
| 秦 | 前 221—前 207 |
| 西汉 | 前 202—后 9 |
| 新（王莽） | 9—23 |
| 东汉 | 25—220 |
| 三国 | 220—280 |
| 西晋 | 280—316 |
| 东晋 | 317—420 |
| 南北朝 | 420—589 |
| 隋 | 589—618 |
| 唐 | 618—907 |

编者注：书中公元纪年换算与中文学界换算微有差异，今据英文原著。

# 第1章

# 导　论

秦帝国未及十五年而亡（前221—前207），帝国的遗产却塑造了其后两千年间的行政、法律与经济制度，以及东亚大陆上帝国的地理轮廓。在北方，秦帝国沿着东亚农业区与欧亚大陆半干旱草原之间的生态鸿沟，筑起了抵御草原游牧民的长城。在南方，秦军渡过长江，穿越湖南向南岭山脉进发，并攻打下岭南，即包括今天的广东省、广西壮族自治区及越南北部在内的一片广阔的热带地区。在西南，秦帝国则将据点建立在云贵高原边缘。

东亚南部的这些领土被秦帝国和汉帝国（前202—220）中央视作边境（borderlands），其在文化与政治上均有争议，时而为北方的帝国中央所控制，时而脱离这种控制，成为地方政权诞生以及与帝国之外的人们和地区进行远距离接触的舞台。本书将这些领土划分为在更普遍意义上亦可成立的四个地理区域：湖南，包括今湖南省与江西省境内长江中游的主要南部支流流域；长江下游地区；岭南，即南岭山脉以南的广大地区，包括今广东省、广西壮族自治区及越南北部；以及西南高原（参见图1.1）。与此不同的是，位于东海与南海沿岸及长江与珠江入海口之间的闽越地区（今福建省），一方面山岳众多，另一方面则因与周边地区之间缺乏通航河流而难以抵达，因而尽管偶有帝国军队的侵扰，但仍在很大程度上隔绝了中华帝国早期扩张的影响。[1]

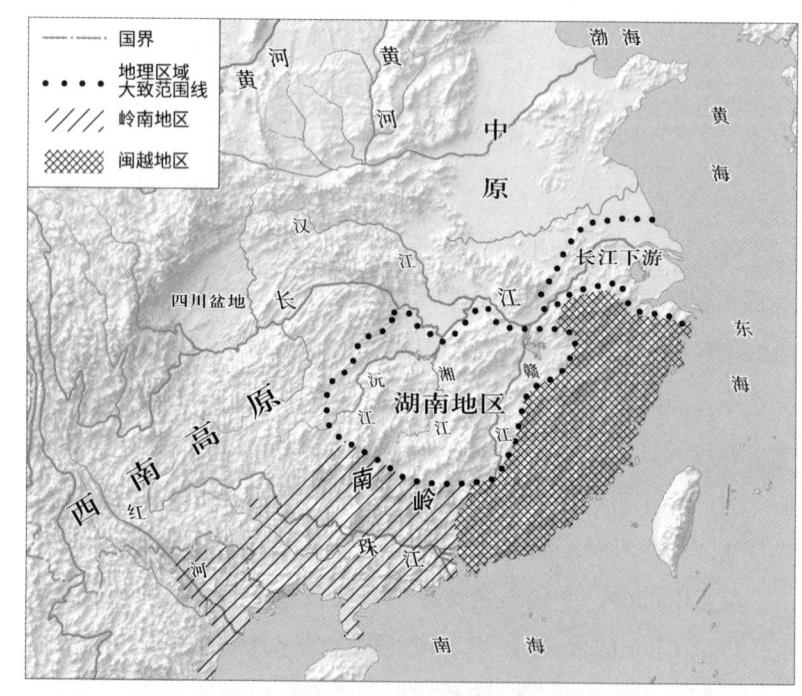

图1.1 东亚南部——秦汉帝国的南方边境

在位于咸阳、长安及洛阳的秦汉帝国政府以及今天中国史专业的学生看来，整个帝国空间内，宫廷与中央政府所位于的都城是其明确的中心区域（center），人力与物质资源可供政府开发利用的地区是其核心区域（core），而长江以南的领土则构成了其外围区域（periphery）。[2] 但南方民众不仅在这一帝国空间内进行经济、文化、军事及其他领域的互动，他们同时也参与其他互动网络，这些网络没有明确的中心，且所处的地理环境也使其很难被单一政权吞并。这些网络分别被称为"佐米亚"（Zomia）[3]、南海网络[4]以及东南亚海洋空间（SEAMZ）[5]，它们在社会组织、物质文化以及政治合法性的表达等方面所拥有的共同基础促进了长途贸易往来。

中央集权的帝国网络由国家来保障安全并加以组织和维持，其中物资、商品、人口及知识等资源的流通结构也服务于国家目标。与之相对，上述群龙无首的互动空间不仅使资源从帝国的政治经济中流出，还为皇帝治下的逃亡臣民提供了庇护，[6] 因而是帝国网络的潜在竞争对手。中华帝国在其权力达到巅峰之际，试图沿着区域间的交通路线扩张其南方边境，这是为了能够以常规的外交手段或偶尔的军事干预，来控制或管理当地社群之间的政治与经济关系，从而将这些地区并入帝国网络。[7] 这种扩张一方面是出于战略安全考虑，因为不受控制的边境可能成为入侵者或敌对政权滋生的温床；但另一方面也是出于帝国统治者与精英阶层的欲望，他们想要利用长途流通渠道来运输战略物资与贵重商品，如金属、马匹、珍珠、香木、犀牛角、羽毛以及时代稍晚的香料与佛舍利等。[8] 在通常的中国史叙事中，公元前3世纪后期至公元前2世纪间秦汉帝国的"南下"，是中华帝国"向热带进军"（march toward the tropics）的开端与关键阶段。[9]

本书主张，早在公元前221年东亚大陆统一之前，中华帝国的建立就受到了互动空间地理格局的影响，而秦正处于包括长江流域在内的多个重要网络之间，这对于理解其征服而言至关重要。虽然暴力与再分配在帝国的运转中也发挥了重要作用，但比起将帝国视为一种为了帝国首都精英阶层的利益而强加给边远地区民众的压迫性再分配制度，笔者更倾向于将帝国视为一种互动网络，这一网络将远距离的人们与社群联结起来，使他们能够在参与互动中获得独特且重要的优势。笔者在分析公元前3世纪至公元3世纪间中华帝国在长江以南统治的兴衰时贯穿了这一理解，也相信本书所提出的方法大体上亦可用于分析帝国体系及其与其他形式的政治、经济和文化整合之间的关系。

本书虽有部分章节的时代背景早至新石器时代、晚至中古时期，但主要关注的仍是公元前3世纪晚期秦向长江以南扩张及紧随其后的一段时期。同样，本书论及的地域范围虽北至中国北部的中原、南至南海地区，但对地理的关注仍集中于长江中游地区（参见图1.2）。该地区在上述时期内是秦帝国向南扩张的桥头堡，并在此后数百年间成为帝国控制长江以南地区的后勤、行政、经济与军事基地。

汉代末年，长江中游地区已在行政上被合并为荆州刺史部，并被当时众多的地方军阀视为重新统一帝国的关键。[10] 六朝时代的南方帝国（220—589）将政治中心确立在长江下游流域，则标志着其与秦汉帝国在地理格局、制度及政策方面走向了不同的道路，也标志着其采取了参与南方非帝国网络的新方式。这些论题将在本书结尾部分详细讨论。

在继续概述本书的概念与理论框架、学术背景、文献来源、

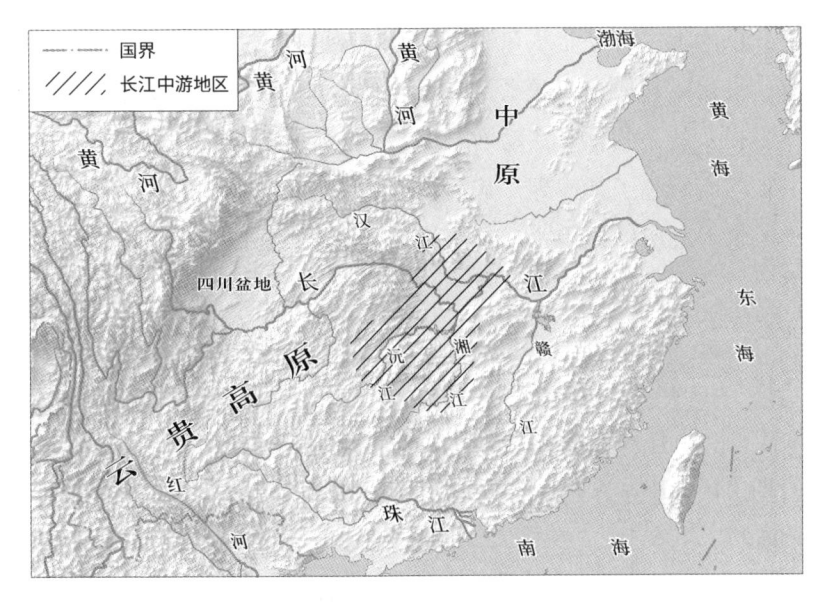

图1.2 长江中游地区

方法论及行文结构之前,应当对本书书名的措辞略加说明。笔者有意避免采取将古代东亚政权(包括秦汉帝国)称为"中国的"(Chinese)常规做法,以免读者认为这些社会共有一种一贯的、稳定的民族或文化认同。[11] 这样的表述不仅时代错位,会陷入目的论的国家建构叙事之中,而且还会削弱本书的中心论点:在公元前后的几个世纪间,帝国仅是东亚人群可利用的众多互动网络之一,这些网络所产生的政治与文化身份并不稳定,且取决于网络自身不断变化的特征。本书采用的替代词"中华的"(Sinitic)具有口语与书面语上的含义。"中华帝国"(Sinitic empire)指那些在行政上使用汉字的政权,而并不进一步涉及其人口的民族文化认同。

另外,笔者使用"东亚南部"(southern East Asia)一词指代长江以南地区,并非意在表明该地理空间内的社会间存在任何经济、文化或其他密切联系,或是拥有共同的历史发展道路。虽然本书提及的一些重要互动网络主要分布在该地理空间内,但也有其他网络跨越了其边界,其中就包括本书重点关注的长江中游网络。笔者之所以使用"东亚南部"来概称长江以南极为多样化的社会,关键是因为在本书关注的时代内,它是中华帝国在南方扩张的主要舞台。不过,与"中华帝国"这一时代界定相似,"南方边境"(southern borderlands)这一空间界定同样存在问题:正如对于哪一事件标志着新的帝国政权在东亚的诞生仍有争议,[12] 不同时期内区分中华文明核心区域与周边区域的地理界线同样存在不同看法。事实上,"核心""外围""边境"等词的划界作用值得怀疑,这些术语直到中央集权帝国网络形成过程中相对较晚的时期才更有意义。这将在下一节中讨论。

## 理论框架:网络、世界体系、边境

本书从网络视角探讨了帝国的形成,并将其视为根植于东亚大陆上,通过文化、经济与政治军事关系联系起来的各社群之间长期互动的过程。[13] 随着新群体的加入、互动强度的增加及网络性质的演变,网络中不同节点的向心性也因时而变。基于以上视角,笔者试图修改一种帝国叙事——这种叙事本质上聚焦于一个扩张性政权及其代理人(统治者、政治家、外交官及军事将领)行动的作用,且强调统治者与被统治者、首都与地方、核心与外围之间的等级体系。不过,这种叙事中的某些元素也无法避免,如果不提及秦始皇、商鞅或白起,[14] 或是不提及征服、强制移民以及修建道路与运河等国家行动,就无法叙述秦帝国的建立过程。

本书以秦汉帝国为主要研究对象,并试图证明中华帝国的建立是一个基于网络的过程。区域间连通性(interregional connectivity)影响了领土的扩张,而每征服一片新领土都是在参与新的互动网络,这塑造了地理机遇、经济激励及战略模式的范围,进而决定了帝国执政者的决策。笔者进一步主张,帝国远不只是为了满足其统治者、精英阶层及核心地区的利益,而强加于既有网络之上的依附性上层建筑;[15] 相反,帝国构成了一种新型的互动网络,且能够在很大程度上迎合不同参与者的利益与需求——这不仅涉及统治精英,也涉及次级精英,甚至普通百姓;不仅涉及政治中心,同时也涉及偏远地区,甚至有争议的边境。

不过,这并不意味着网络中每个人的处境最后都会得到改善,帝国需要其臣民付出代价,且建设帝国通常也是一项暴力的事业。早期的中华帝国(包括其他帝国)从来不是其臣民建构身份认同的唯一标准,也从来不是他们用于经济、文化甚至政治军事往来的唯一框架,因此参与者们始终可以选择完全或部分地退出帝国网络,继而加入或进一步参与其他不受帝国控制的互动。在汉代末期与魏晋南北朝时期(2世纪晚期至6世纪)这样的关键时代,上述变化大范围地波及帝国网络,使其走向瓦解,并在新的基础上重整。

在相关研究中,世界体系模型的随意套用招致了理论、方法及证据层面的批评,这些套用涉及从地方到全球、从军事冲突到大宗商品贸易的各种跨越广泛地域的社会间互动。[16] 尽管支持对世体系作广义解释的学者,试图发展出一种具有包容性的定义,既可解释贵重商品不常见且不规律的长途流通,又可解释地区间的"微型体系"(mini-systems)内更紧密的联系;[17] 但也有学者认为,"诉诸世界体系模型来理解这些联系具有误导性,同时也是时代错位的"。[18]

还有一些学者持中间立场,他们区分了世界体系理论(world-systems theory)与世界体系分析(world-systems analysis),并将后者定义为一种视角,而非一种理论或模型。在他们看来,世界体系分析关注的是以下问题:不同性质的地区间有何关系,这些关系对政权的扩张或瓦解有何影响;能否确定不同地区的等级关系或在贸易往来中的不对等地位;贸易商品的特征;边界与边疆(frontiers)的性质;不同地区人口身份认同的形成与转变。[19] 虽然这些学者也会使用"核心""外围""半外围"等沃勒斯坦式(Wallersteinian)的术语,但他们往往会有意无意地认识到,事实上他们经常论及各种互相重叠的贸易网络,这些网络大都没有单一的共同核心,且地理格局不稳定,并不必然汇聚为一种"世界经济"(world-economy)。[20]

与上述含义较为绝对的世界体系术语相比,本书在描述先秦时期东亚的区域间连通性时,使用了与互动论(interactionist)及网络视角相关的术语。同时,本书使用的世界经济与世界帝国模型,也可用于分析公元前3世纪最后30年间帝国网络兴起后东亚互动空间的变化,以及东亚经济核心的形成——作为秦汉交替之结果,大致完成于公元前2世纪20年代。笔者此前曾主张,国家财政及行政管理组织在公元前3世纪晚期至公元前2世纪间的变化，对帝国政府与地方精英阶层的关系、市场的扩张以及整个帝国经济的整合产生过深远影响。[21] 本书将试图证明，上述进程也推动了东亚大陆及周边地区的互动网络中世界经济属性的形成。

"外围"（peripheries）、"边缘"（margins）、"边境"（borderlands）、"边疆"（frontiers）等概念及其他描述世界经济空间特征的术语，不仅是世界体系话语的核心，在更普遍的意义上对于分析包括帝国在内的大规模社会系统也极为重要。半外围地区产生新制度形式、创造新权力中心以及改造世界体系的能力，曾被描述为"后发优势"（the advantages of backwardness）。[22] 后殖民研究也强调，帝国边境不仅在身份塑造与共同体想象中占据关键地位，同时也是权力与经济运作新形式的发源地，以及挑战既有规范与思维方式的源泉。[23] 相似地，后过程（post-processual）考古学家对多重实践与话语模式之间互动的关注，同样激发了对边界、边疆及国界（boundaries）的兴趣，并促使学界意识到，虽然国家这种政治网络的整合常使各种活动受同一中心主导，[24] 但政治、经济、礼仪等不同活动的地理格局未必一致。[25]

上述互有重叠的互动网络所具有的多重性与不一致性，以及边缘与边境地区在政权建设、经济变革与身份建构过程中的中心地位，已日益为学习东亚古代史的学生所认同。[26] 迄今为止，基于世界体系或网络视角的大多数研究，所关注的都是古代中国的北方与西北之间的联系，[27] 但近年来，对于东亚南部民众与文化，它们在中华帝国扩张过程中的地位，以及它们在中华文化圈内外的互动，学界的研究兴趣也开始急剧上升。

## 学术背景:研究东亚南部的新方法

何伟恩(Herold J. Wiens)在其约70年前出版的著作中注意到,从历史上看,相比南方边疆,北方边疆由于被认为对中国的命运意义重大,受到了更多研究的关注。[28] 但这一论断如今已不再适用于明清时期(1368—1911)。学者们近年来相当关注明帝国(1368—1644)与清帝国(1644—1911)的西南边陲,包括今天的云南省、贵州省,以及四川省、湖南省、广西壮族自治区与西藏自治区的部分地区。相关的研究探讨了明清政府在这些地区做出的努力,包括对当地民众进行划分与归类,巩固对当地领土的控制,开发这些领土内的经济资源,并以较低的占领成本整备军队。[29]

对较早时期历史的研究,也因为过去几十年间中国南方省份与东南亚地区的考古发掘而发生了根本变化。近期出版的两部著作为探讨中古早期(约200—约750)历史提供了新视角,其解释框架也与本书类似。[30] 其一是凯瑟琳·丘奇曼(Catherine Churchman)所著《河流之间的人们:公元200—750年间铜鼓文化的兴衰》(*The People Between the Rivers: The Rise and Fall of a Bronze Drum Culture, 200-750 CE*)。该书研究的土著高原社会位于珠江三角洲以西,当地属于公元前2世纪末为汉帝国所征服的大岭南地区。[31] 当地民众在汉语文献中被统称为"俚"和"獠",直至三百年后,他们相对于帝国当局及定居在大河流域平原与沿海边缘地区的汉人,仍保持着政治自治与文化差异。俚、獠部落并未在与低地中心的贸易中被帝国社会及其生活方式所同化;相反,这些贸易促进了他们权力与财富的巩固,他们的政权建设、符号展示及炫耀性消费,这些都植根于高原与东南亚沿海的既有传统。丘奇曼的此项研究虽然聚焦于特定地域,但仍突出了南方边境的一些关键特征,如国家领土的不连续性[32]与互动网络的多重性,其中一些特征有助于其腹地经济融入帝国,但其他特征则阻碍了国家对财富流动、身份建构及政治和文化表达的控制。[33]这些帝国网络与非帝国网络彼此间并不排斥,个人与群体亦可选择性地参与其中。

其二则是戚安道(Andrew Chittick)所著《中国与世界史中的建康帝国》(*The Jiankang Empire in Chinese and World History*),其中宏观地呈现了中古早期的东亚南部历史。[34]"建康帝国"(这一新术语对应的是传统史学范畴中的"六朝",即在公元220年至589年间控制了长江流域及以南大部分地区的一系列王朝)也被恰如其分地称为"中国—东南亚空间"(Sino-Southeast Asian zone),这与本书所说的"东亚南部"高度一致。戚安道的核心贡献之一是提供了看待南方帝国的新视角,他认为"建康帝国"在很多方面都更近似于同时期的东南亚海洋贸易政权,而非秦汉帝国或中古早期的"中华—游牧"(Sino-nomadic)帝国(包括公元6世纪末至7世纪初重新统一了东亚大陆的隋唐帝国)。[35]对此,本书探讨了东亚南部在先秦时期所处的多重互动空间的交汇位置,在秦汉时期向帝国半外围地区的转变,以及此后对新的世界体系的融入。据此对戚安道的上述结论表示赞同,并进一步加以阐发。

早在公元6世纪末大运河开通之前，南方就对中华帝国的政治、经济与文化有重要影响，这已日益受到中国历史学者的认可。[36] 不过，仍有观点认为，中华帝国早期向长江以南的扩张是一种宿命，因为北方有强大且敌对的游牧群体与恶劣的自然环境，而南方的人口与经济真空自然会吸引勤劳肯干、装备精良的北方移民，他们能够弥补南方的人口不足与发展落后，还能够开发当地丰富的矿藏与生物资源。而对于来自北方的无情镇压，缺乏社会凝聚力与大规模军事组织的南方人没有能力发起有效的抵抗。[37]

但这种观点日益受到了挑战，因为有越来越多的证据表明，长江流域早在公元前四千纪和公元前三千纪就已经出现了人口众多、政治成熟且技术先进的社会，[38] 并在公元前二千纪就已形成了繁荣的青铜文化。[39] 本书第2章提到了这些发展。长江中游地区在公元前一千纪成了楚国的基地，数个世纪里，楚国始终在与北方势均力敌的强大对手争夺中华世界的霸权。[40] 在更南方的红河三角洲地区，位于"古螺"（Cổ Loa）的巨大城市中心此前被认为是汉代（前202—后220）征服的产物，但如今在考古学上已可追溯至征服前的时代，这使前沿研究更加关注当地自身的发展而非其汉化。[41] 另外，即使是在东亚南部正式融入汉帝国后，推动当地人口流动与文化转变的也是内部动力而非外部动力。[42]

钱德樑（Erica Fox Brindley）的近著《古代中国与越：中国南方边境的自我认知与族群认同（约公元前400年—公元50年）》（*Ancient China and the Yue: Perceptions and Identities on the Southern Frontier, c. 400 BCE-50 CE*），颇有助于我们理解中国南方、东南亚

与广义的大洋洲地区之间，自新石器时代至古代帝国时期的相互联系。[43] 钱德樑怀疑历史上是否真的存在"越"或"华夏"这样有边界内涵的语言与民族文化实体，并将它们视为今日民族想象的投射。更确切地说，华南或东南亚地区在语言学与考古学上的连续性，所指向的是流动的身份与混杂的社群，以及跨越由古代文献与现代民族主义史学划定的族群边界的互动。[44] 这些互动空间的轮廓取决于水运与海运路线，这使它们更易于汇聚为沿海与高地这两种主要互动网络。[45] 中华帝国的官吏及文人进入这些互动空间时，试图通过广泛使用外来民族分类、编写家谱及宣扬环境决定论等方式，来理解当地民众在政治分裂与共同的生活方式之间似乎存在的矛盾；但与此同时，他们也坚持认为当地民众在文化上处于劣等地位。[46] 他们的这些叙事最终促使"南方边疆"作为中华帝国的"他者"而本质化（essentialization）：文盲的、流动的、机会主义的、多中心的——这样的"南方边疆"使帝国的臣民有机会逃避行政控制与财政压榨。

钱德樑与丘奇曼、戚安道都反对以中国中心观（Sinocentrism）看待东亚南部民众，但帝国及其官吏与政策在三者的叙事中都占据了关键地位。在丘奇曼笔下，"河流之间的人们"与帝国沿海及河谷飞地的互动，促进了帝国的政治合并、经济增长与文化创造。[47] 在戚安道笔下，中华帝国的合法性是"建康帝国"重要的制度与文化资源之一，[48] 在钱德樑笔下，中华帝国的扩张，以及汉人自身"作为中心、首要、规范的代表，与外围、次要、特殊（或道德不端）的他者"的关系，使华南/东南亚互动网络成了"越"与"南方边疆"。[49]

因此，想要理解古代东亚南部自身，就需要重新评估当地民众在中华帝国扩张过程中的遭遇。这一过程并非东亚南部被中华文明一劳永逸地征服与同化，而是涉及远距离互动的重构、区域间连通性的改变，以及对参与政治经济关系的条件的重新协商。尽管秦的确主导了一些重要的新发展，有助于东亚南部融入帝国这一新的中央集权网络，但秦的征服既未能决定东亚南部的命运，也不足以解释其在之后数个世纪间的发展轨迹。

## 秦帝国的兴衰：被忽视的成就与悲剧？

秦帝国在其非凡的创立者秦始皇（前246—前210年在位，其中前221—前210年为皇帝）去世后不久就走向覆灭，其国祚之短暂与对后世影响之深远所形成的对比，并未被后世的政治思想家所忽视。[50] 在当代学者看来，秦的覆灭可谓因社会政治结构过度集中而导致系统性崩溃的典型事例。[51] 但这种因过度集权和暴力而难以为继的帝国形象，以及将秦始皇视为救世主的历史构想，很可能产生自秦极其有效的政治宣传，并一直在此后的史学传统中得以延续。[52]

秦的崛起，尤其是崩溃，在汉代的政治辩论中被视为划时代的事件，原因主要在于这可证明中央政府的积极政策终将产生毁灭性的影响，而这些政策在武帝统治时期（前141—前87）及以后是政治批评的主要对象。[53] 秦试图制约知识话语及文本在民间的流通，这虽然可能并不像著名的"焚书坑儒"那样极端，但也势必会导致儒生精英阶层对秦持有负面态度,并因此乐见秦帝国在取得重大成就后转而走向悲剧结局。[54]

但与此相反的是,同时代的私人文献并未将秦的统一或崩溃视为重大转折点。例如,一座秦国小吏墓中出土了一份写于公元前217年前后的编年记,其中记录了当时重要的政治事件,如公元前257年秦对赵国都城邯郸的进攻,以及公元前226年韩国国君的身亡;但公元前221年并未被单独列出,这显然表明作者认为这一年无关紧要。[55] 出土于其他地点的编年记则罗列了自秦昭襄王统治时期(前306—前251)至西汉初年的重要事件,[56] 而从中可见的是,无论是公元前221年秦议定帝号、秦始皇的统治还是秦帝国的覆灭,在西汉初年似乎皆未被视作关键的分水岭。[57]

上述编年记以及其他出土文献使我们注意到,传统史学所划分的先秦时期与秦汉帝国时期之间有着重要的结构上的延续。虽然秦始皇在政治宣传中使用了夸张的修辞,但事实上,公元前221年的"统一"并未能完全消除东亚地区的政治分裂与军事冲突(参见本书第4章)。秦对战国时代(前453—前221)最后十年间所征服领土的中央集权控制,在短暂的秦帝国时期内仍然并不稳固,并由于当地的抵抗以及幸存旧精英的敌意,受到了严重威胁。

秦帝国当局力图对长江以南新成立的政区等"新地"施加有效的行政管理。尽管这些地区也正式隶属于秦帝国,但秦帝国仍需要在这些地区的边缘地带驻防,以保卫秦故地免受来自这些地区的入侵。事实上,秦统治者不得不承认,他们没有能力在所征服的这些地区内消灭与其竞争人力与物质资源的对手。秦帝国在公元前210年至公元前207年间分崩离析,随之而来的是,仅十年前才正式告终的多国并存格局再次复现,这种地缘政治格局实质上是战国时代的延续,且在秦覆灭后又维持了近一个世纪之久。

不过,以上所述并不意味着秦帝国首次短暂扩张未能对东亚南部产生持久的影响。这一轮扩张在以下方面开辟了新的视角与机遇:对帝国统治者而言,他们开发了新的资源与贸易网络,并强化了他们对霸主地位的主张;对当地精英阶层而言,他们通过参与帝国的政治经济架构,既巩固了对当地社会的控制,同时也积累了物质财富与象征资本(symbolic capital);对普通百姓而言,他们则通过引入新的生产技术与贸易实践,改善了生存境况。这些机遇的潜力一旦显现就无法被轻易忽视,不过,能否具体实现还取决于当地的各种做法。

## 看待秦帝国的两种视角

本书讨论中华帝国在南方的早期历史时采取了两种视角。其中一半章节关注的是秦国在长江以南新征服地区的组织与运作,尤其是在史料尤为翔实的今湖南省西部沅水流域(参见图1.2)。其他章节则探讨了秦向南扩张的更广泛背景,尤其是东亚的区域间连通性在公元前一千纪后半期对帝国扩张进程的影响。

这两个视角本身都并不新奇。从20世纪最后数十年至21世纪初,对长江流域、岭南地区及西南高原的新石器文化和青铜文化的发现与研究,不仅推翻了中国文明起源于北方中原的单一中心范式,而且提升了南方在秦汉帝国研究中的地位。[58] 这很大程度上是因为长江流域出土了大量古代文献，使得关于上述进程的细节问题只有在南方才能加以考察。[59] 文献资源分布的这种地理偏向，促使早期中国研究者日益意识到边缘地区在帝国形成中的中心地位。[60]

秦帝国对泛东亚地区的统治虽然短暂且有限，但仍极大地影响了中华世界及其近邻的历史轨迹。秦帝国影响力之强大，部分原因在于其政府超常的行动主义，秦政府从战国中期开始就发动了广泛的社会改革与国家经济管理。[61] 这在新征服的边疆地区体现得尤为明显，秦政府在那里组织了农业拓殖与基础设施建设，建立新聚落，重组了社群，并创造了新的产业与市场。这种充满活力的政治经济体制能够在相对较短的时期内对当地社会产生深远影响。

在渭河流域的秦国腹地之外，关于上述积极主动的政策，文献记载最丰富的地区当数四川盆地与长江中游以北的江汉平原，也即在战国晚期构成秦国南方边疆的两个地区。由出土文献及考古学推动的关于秦帝国建立的研究认为，对这两个地区的整合不仅提供了有助于帝国形成的经验，也是一场涉及人口管理、资源开发、文化适应与同化的大型实验。[62] 在一些学者看来，公元前316年对四川盆地的征服标志着秦帝国的真正开端，[63] 这也是历史上首次以黄河流域为基地的政权在长江流域的部分地区建立起直接的行政控制。

但这种积极统治的缺点在于执行成本高昂。近年来出土的秦官方档案，揭示了日常行政运作中大量的法律规定、行政监控及信息传递情况。秦国在公元前4世纪末至公元前3世纪间不断扩张，在此过程中，后勤对于官僚政府与命令经济（command economy）

的限制也逐渐增加。对此,宫宅洁等学者研究了湖南西部的龙山县里耶镇所出土的秦代迁陵县档案文书中所反映的秦军需供给制度,并认为是运输费用的存在导致了对士兵劳动力的过度剥削、财政的枯竭以及国家势力极不均衡的分布,这事实上导致了秦政府的垮台。[64] 对帝国南方边疆官方信息传递情况的研究,也揭示了政府机构间文书传送的低效和混乱,并凸显了秦官僚机构监控繁密的问题。[65]

上述种种后勤方面的制约,加之秦政府想要直接控制当地社群与资源的意图,严重限制了能够有效施加集权式行政管理的领土范围。[66] 因此,与其他很多古代帝国相似,秦帝国的统治在其紧凑的核心地区之外的领土,仅稀疏地沿着交通与通信路线分布,这些路线连接着不同地区内处于国家控制之下的飞地。[67] 这些飞地并非一整片连续的领土,而是被政治学家詹姆斯·C. 斯科特(James C. Scott)称为"国家空间"(state spaces)的网络,平坦且能够通过水路(偶尔则是通过陆路)抵达的土地,因此能够"便于国家控制和征用"。[68]

如果国家对边远地区社会经济生活的有效干预,只能局限在这些飞地领土之内,那么每一块飞地的边缘也就成了能够收缩、剧减或扩张的边疆。边疆的这些变化在很大程度上取决于官方政策,因为后者左右了周边腹地融入国家空间的进程。同样地,帝国的行政、税收及军需供给网络之间的关系,以及支撑帝国扩张的远距离连通性,对边疆的变化也有重要影响。

秦向南扩张是在不同地区间长期交流的背景下展开的。秦国在东周(前771—前221)初年迁往渭河平原中下游的关中地区时,当地人与秦岭以南汉水上游流域(即汉中)的社群之间已有长期的交流(参见图1.2)。[69] 汉中属于长江流域,那里的通航河流便于人口流动、技术流通以及艺术形式的传播,所有这些都在青铜时代大为加强。[70]

为了在政治、经济与行政上巩固对上述网络的控制,中华世界的强国在战国时代逐渐开始介入。其中,秦楚两国试图在西北高原边缘与长江流域划分各自的势力范围,并最终在公元前4世纪末陷入冲突。在数十年间的领土争夺过程中,两国共同瓜分了已存在数世纪之久的互动网络。[71]

秦国在征服四川后沿着汉水流域推进,最终在公元前278年摧毁了楚国都城,此举不仅使秦国成为长江流域的重要强国,也为其向南方与西南的进一步扩张指明了方向。长江中游汇聚了多个互动空间,包括北方中华世界的诸多国家,长江以南被统称为"越"的南岛语系与壮侗语系人群所处的河流及沿海网络,[72] 以及云贵高原的高地社会。后两个网络可追溯至新石器时代晚期,并在公元前二千纪晚期至公元前一千纪间逐渐汇聚。[73] 这一进程,在某种程度上或与青铜冶炼技术从北方欧亚草原沿青藏高原边缘向云南与东南亚地区的传播有关。[74]

在公元前一千纪中期,还存在着一些规模相对较小但日益集权且好战的政权,它们之间发生文化交流的区域大致呈三角形,三个端点分别位于东方的长江下游、南方的红河三角洲及西南方的滇中湖泊流域。这一区域内的主要通道沿着长江及其南部支流(尤以湘水和沅水为代表)分布,可通向岭南与云贵高原(更详细的讨论参见本书第2章),还可通向连接越南北部平原与云南中部

16

地区的红河,[75] 以及长江与红河入海口之间的太平洋沿岸地带。[76]例如,公元前一千纪的东山文化,其铜鼓和容器(通常被称为筒 [situlae] 或提桶)被发现的地理位置,或许表明其礼仪文化与贵族身份认同之间存在着一些共同要素,更进一步推测,精英阶层同盟可能正是通过这些共同礼仪而结成的。[77]

在公元前3世纪晚期至公元前2世纪间,上述广阔的文化交流区域构成了早期中华帝国的南方边境,更重要的是,其中每个地区都从属于更加广阔的长途互动网络。例如,西南高原连接了北方的欧亚内陆游牧区与南方的印度洋,[78] "越地"则向跨越南海的海上互动开放,这些互动还涉及东南亚大部分腹地。[79]

对于兴起中的帝国而言,怎样在军事和行政上控制东亚南部并获取其人力与物质资源,取决于如何掌控、利用和改造连通当地内外的网络。中华帝国向长江以南的扩张,最初可能是出于战略安全考虑,如在地理边界建立防线的战略需求;而在此后的几个世纪间,扩张的目的转变为控制欧亚贸易网络南部的新兴地带。

本书结合了以上概述的两种视角:在宏观层面,本书通过研究区域间交流的模式与互动网络变动的性质,以理解秦帝国扩张的方向、过程及结果;在微观层面,本书探讨了秦地方政府在南方的活动,是如何通过改造人口流动与资源转移的模式,以及促进地理与环境知识的积累,从而影响帝国社会经济的。与之相对,秦帝国在公元前210年后的覆灭,则不仅意味着国家空间的摧毁与行政组织的暂时撤离,还意味着经济往来、文化影响及政治权力网络的重构,这些连通当地内外的网络有助于中华帝国维系对东亚南部的统治。

这种双重视角对应着两类史料：一类是地方性的原始资料，如出土于湖南西部的里耶秦简及相关的聚落、墓葬遗址；另一类则是关注更广阔地域乃至整个帝国的历史资料，如考古调查报告与传世正史。考据史学家与考古学家也一直试图在这种"地方性"与"整体性"之间取得平衡，这需要从特定地点的证据出发进行归纳。[80]

举例而言，秦在长江中游南部的一个县中有关钱币使用情况的详细记录，以及遍及东亚南部的帝国钱币的发现（参见第5章与第7章），[81]揭示了南方经济货币化在中华帝国扩张时期的模糊开端。但此类发现未必反映出东亚南部与帝国之间存在商业贸易，更无法证明东亚南部充分融入了帝国的贸易、税收及国家采购网络。事实上，钱币拥有货币属性之外的其他用途，如作为吉祥的象征或身份的标志，或者与之相反，在墓葬中故意避免使用钱币也可以是一种抵制帝国的行为。[82]因此钱币的在场与不在场，都无法被直接解读为与经济融合相关或相反的证据，而必须要考虑具体语境。

正因如此，在研究秦汉帝国的行政、法律与财政制度时，面对提供了大量相关证据的出土文献，必须要注意其历史学、地理学及考古学背景。这种研究方法的核心在于建立与其他出土文献及传世文献的对应关系。[83]不过，文献中术语的连续性可能会掩盖一些重要的动态过程，并且某些制度与实践看似寻常甚至"符合逻辑"的发展，事实上可能只是在回应管理边疆或改善后勤等特殊问题。[84]

总之，将有关长江以南中华帝国早期势力的广泛且多元的文献证据，与重构公元前后数百年间东亚南部互动空间的历史学、考古学叙事相结合，是本书的首要目标之一。

## 出土文献及其背景

长期以来,有关秦向长江以南扩张的历史记载仅有粗略的时间轮廓。《史记》《汉书》等传世正史和其他秦汉时期的文献记载过于简略,留下了极大的阐释空间。对于秦帝国南方边境的政府组织与社会经济变革,人们也几乎一无所知。

这种情况在20世纪70年代以后开始发生改变。长江流域较高的地下水位有利于浸水墓葬内有机物的保存,因此在对当地大量遗址的考古发掘中,秦汉时期的原始文献得以面世,其中就包括有字的竹简与木牍。[85] 这些文献中,一部分内容体现了国家运行的规范性视角,尤以律令为代表;但也有其他内容,反映了常与官方规定相背离的当地实际情况(参见表1.1)。

表1.1 本书使用的秦至西汉早期出土文献

| 文献来源 | 出土地点 | 时期 | 文献内容 | 出土时间 |
| --- | --- | --- | --- | --- |
| 郝家坪50号墓 | 四川省青川县 | 前309 | 律文 | 1979—1980 |
| 睡虎地11号墓 | 湖北省云梦县 | 战国晚期 | 律文、封诊式、日书、编年记、为吏之道 | 1975—1976 |
| 睡虎地4号墓 | 湖北省云梦县 | 战国晚期(前223) | 私人信件 | 1975—1976 |
| 岳麓书院所藏 | 不明 | 秦帝国时期 | 律令文、为狱等状四种、数书、占梦书、为吏治官及黔首、质日 | 不明 |

续　表

| 文献来源 | 出土地点 | 时　期 | 文　献　内　容 | 出土时间 |
|---|---|---|---|---|
| 里耶 | 湖南省湘西自治州 | 前222—前208 | 行政档案、私人信件、医方等 | 2002 |
| 张家山247号墓 | 湖北省江陵县 | 西汉早期（前186年之前） | 律令文、奏谳书、历谱、算数书、文学文本 | 1983—1984 |

本书使用最多的两种出土法律文献，分别为公元前217年前后埋入墓穴的睡虎地11号墓秦简，以及公元前186年或不久后埋入墓穴的张家山247号墓西汉初年竹简，两地均位于今湖北省境内的长江中游以北地区。睡虎地秦简出土于1975年，共有1 155支有字竹简及约80支残简，包含律文、法律答问及封诊式这三组文本，大都形成于战国晚期。[86] 不到十年后，张家山出土了一批与之相似的法律文献，其中至少包含不完整的27种律与一组令文，以及一组疑难案例，其中部分案例属于战国晚期至秦帝国时期。[87]

上述两项发现及本书所使用的大部分原始文献都来源于考古发掘，但有一组考古来源不明的重要秦代法律文献，即2007年购于香港古董市场的岳麓书院藏秦简。岳麓书院藏秦简属于秦帝国时期，据称盗掘于距睡虎地与张家山并不太远的一座秦墓，[88] 其出版工作仍在进行中。[89] 很多未经证实的文献会被质疑其真实性，这种质疑是合理的，因为有些文献已被证明是彻头彻尾的伪造品；[90] 但岳麓书院藏秦简的文书学、句法学及语义学特征，已充分证明了其真实性。[91]

除了上述主要代表中央政府意志的法律文献之外，考古学家还在长江以南发掘了一些官方档案，这些档案揭示了地方的行政管理工作。其中最重要的发现之一，是2002年至2005年间对湖南省西北部山区的里耶古城进行的考古发掘，该遗址的历史可追溯到战国晚期至汉代。考古学家在其中一口古井内发现了约3.7万枚废弃木牍，并在护城壕内发现了少量竹简。其中超过1.7万枚木牍写有文字，这也是目前规模最大的一批秦代出土文献。[92] 这些文献被鉴定为迁陵县官方档案的残存部分，该县在行政上隶属于洞庭郡，该郡是秦在战国末期于长江中游以南所征服地区设立的。[93] 这些文献所载的日期介于公元前222年至公元前209年之间，大致与秦帝国时期相吻合。[94]

迁陵档案的重要性不仅在于其规模和丰富性，还在于其地理与历史背景。迁陵县是南方边疆政府的一部分，在那里，新的政策得到试行，以巩固秦对所征服领土的统治，提升行政机构的效率，开发当地的资源，并为当地居民与移民塑造新的身份认同。所有这些发展都反映在迁陵县的档案记录中。

在湖南的其他几处遗址中，也发现了与迁陵档案类似的文献。目前已出版的这些文献大都属于东汉（25—220）至三国时期（220—280），[95] 但益阳兔子山古井所出土的大量行政文献表明，这种文献或许从战国楚时期一直延续到了秦及西汉时期，其具体内容仍有待公布。[96]

## 内容概要

本书由包括导论在内的8章内容组成。

第2章"帝国之前：长江中游的互动空间"奠定了本书的地理基础，勾勒了长江中游地区从新石器时代晚期（公元前三千纪）至战国领土国家形成时期的社会文化互动史。公元前一千纪中期，楚国在这一长期互动空间内推行了领土行政（territorial administration），以组织军事防御、征收贸易税并征募当地人服兵役与劳役，这一互动空间由此呈现出独特的政治形态。秦军在公元前223年消灭楚国时，所接管的正是这样一个拥有悠久经济交流传统，且在更晚近时代处于楚国中央集权式行政控制之下的地区。长江中游地区与邻近地区之间的种种联系，决定了秦进一步向南扩张的方向。

第3章"战国时代秦的南向扩张"介绍了秦在战国晚期至秦帝国时期百年间向南方的扩张。笔者关注秦政权发源地区西北高原及长江流域社会之间的长期互动，并认为，秦扎根于高原、中原及长江流域的地理间隙，这为理解其始自公元前4世纪中叶的扩张模式提供了重要背景。本章探讨了战国时代领土国家的兴起过程，长期的文化交流、资源流通及政治结盟网络在此过程中如何转变为军事征服与行政吞并的舞台。

第4章"秦帝国在南方：领土、组织与挑战"利用新出土的行政与法律文献讨论了秦帝国的领土构成、在长江中游以南的行政组织，及其官吏试图在南方边境治理民众与开采资源时所面临的挑战。对于在战国最后十年间征服的广袤领土，秦帝国当局意识到了其控制力的局限性，并因此制定了逐步整合这些领土的政策。但在持续的军事扩张过程中，当地的抵抗与急需资源的消耗严重限制了这些政策的效率。本章还探讨了洞庭郡的历史，当地的文献十分丰富，能够为了解帝国控制当地的空间格局提供更多细节，并可说明秦帝国南方行政地理的不稳定性。

第5章与第6章通过分析有关迁陵县的文献记载，从地方维度考察了秦帝国的南方边疆。第5章"南方的地方行政"首先复原了迁陵县的行政地理，并关注国家势力在其中的分布。其次，本章讨论了地方政府的社会政策，这些政策旨在建立社群，塑造新的身份认同，并将当地民众转变为守法并纳税的帝国臣民。本章还讨论了非自由人口在迁陵县经济中发挥的作用，以及官方的采购政策如何影响了商业增长与货币化。秦帝国积极主动的管理对南方边境产生了深远影响，但同时也使地方政府暴露在了帝国的政治动荡中，且使它们过度依赖于中央集权式再分配机制的平稳运行。

第6章"资源与资源开发"将关注点从人类社群转向物质资源。长江中游地区多变的地形有利于形成多样化的生存策略，这些结合了水稻与旱地农业的生存策略从新石器时代就已出现。秦政府为了开辟新耕地、发展当地农业并提高税收收益，优先选择了特定的农业类型与作物，本章探讨了这些选择是如何基于总体的农业管理政策而做出的，以及它们如何影响了政府开发当地农业的能力。本章也讨论了国家在采矿、冶金及生物资源的开发与出口等方面的投入，当地经济由此发生了转型，这在此后帮助当地重新融入了西汉帝国。

第7章"秦以后的南方边境"重新以宏观视角审视东亚南部。本章试图阐明在秦覆灭及中华帝国暂时撤退后，长江以南不同地区的社会经济、政治及文化的发展轨迹。直至公元前202年帝国权威在汉朝统治下重新正式恢复后，长江流域原属秦帝国的大部分领土仍为诸侯王国控制,它们虽在形式上隶属于汉朝,但在实践中享有高度的自治权。在更南方的地区(如岭南),独立的政体得到了巩固。西汉帝国早期的领土虽然较秦帝国时期看似有所缩减,但南方边境仍位于帝国的经济与文化圈内,且逐渐接受了帝国的行政制度与城市生活方式,这为其在公元前2世纪后半叶重新融入汉帝国铺平了道路。本章主张将帝国也理解为一种影响力十分强大的远距离互动网络,虽然其最初的巩固依托的是军事力量,但长远来看,与其他网络一样,参与者的参与意愿或退出意愿会加强或威胁到网络自身。

第8章"结语:网络、帝国、世界体系——东亚南部与早期中华帝国的动态"从世界体系视角出发,考察了东亚南部及其与早期中华帝国的关系,以此作为全书的总结。西汉早期的社会经济与制度转型促成了东亚经济核心的形成,其中统治者与地方精英阶层所达成的财政妥协促进了私人市场的成长,由此产生了一种新的政治经济体制,能够对参与互动网络并从中受益者产生强大的经济与社会刺激。其结果是帝国网络的形成,这在世界体系分析中也被称为"世界帝国经济"(world-empire economy),南方边境在其中则属于远超帝国军事行政影响范围的广阔半外围区域。这一半外围区域根植于南海地区众多极为易变且群龙无首的互动网络,并位处东南亚与南亚这两大世界经济体的交汇点,因而拥有一种独特的能力,使其在公元前2世纪后期东亚核心的政治势力衰弱后,深远地影响了东亚核心的重构。本书认为,从长远来看,上述将秦汉帝国南方边境转变为中华世界新的经济与文化核心的重构过程,应置于中华帝国在东亚南部建立统治这一背景下理解。

## 注释

1 Hans Bielenstein, "The Chinese Colonization of Fukien until the End of T'ang," in Sören Egerod and Elsa Glahn, eds., *Studia Serica Bernhard Karlgren Dedicata* (Copenhagen: Ejnar Munksgaard, 1959), 98-122; 以及 Hugh Clark, *The Sinitic Encounter in Southeast China through the First Millennium CE* (Honolulu: University of Hawai'i Press, 2016), 27-28。

2 关于将汉帝国在空间结构上直观地划分为核心（或"内地"[inner provinces]）和由边疆政区构成的外围，可参见如 Richard Von Glahn, *The Economic History of China: From Antiquity to the Nineteenth Century* (New York: Cambridge University Press, 2016), 119。应注意帝国正式边界之外还有空白区域。

3 Willem van Schendel, "Geographies of Knowing, Geographies of Ignorance: Jumping Scale in Southeast Asia," *Environment and Planning D: Society and Space* 20.6 (2002): 647-68; James Scott, *The Art of Not Being Governed: An Anarchist History of Upland Southeast Asia* (New Haven and London: Yale University Press, 2009).

4 Bérénice Bellina, "Maritime Silk Roads' Ornament Industries: Socio-Political Practices and Cultural Transfers in the South China Sea," *Cambridge Archaeological Journal* 24.3 (2014): 345-77; Bérénice Bellina, Aude Favereau, and Laure Dussubieux, "Southeast Asian Early Maritime Silk Road Trading Polities' Hinterland and the Sea-Nomads of the Isthmus of Kra," *Journal of Anthropological Archaeology* 54 (2019): 102-20.

5 该术语由钱德樑（Erica Fox Brindley）与弗朗西斯·阿拉德（Francis Allard）及约翰·潘（John Phan）共同创造，并在2018年与2019年的两场学术活动中被提出与讨论："The Greater South China Sea Interaction Zone: A Workshop to Explore Interdisciplinary Interventions into the Study of the Ancient East Eurasian South," Columbia University, April 27-28, 2018; 以及 "Contact Zones and Colonialism in China's South, 221 BCE-1368 CE," Pennsylvania State

University, May 9-12, 2019。感谢钱德樑向笔者提供上述信息。

6 斯科特强调，对于国家的剥削及低地政权等级组织造成的负担，东南亚高地为民众提供了庇护，参见Scott, *The Art of Not Being Governed*, 1-39。关于沿海及海洋空间的相似解释，可参见如 Geoffrey Benjamin, "On Being Tribal in the Malay World," in Geoffrey Benjamin and Cynthia Chou, eds., *Tribal Communities in the Malay World: Historical, Cultural and Social Perspectives*（Singapore: Institute of Southeast Asian Studies, 2002）, 7-76；以及Bellina et al., "Southeast Asian Early Maritime Silk Road," 102-20。

7 本书第7章详细讨论了汉帝国在东亚南部及以外地区的扩张。关于隋唐帝国为控制岭南与西南高原所付出的努力，可参见如 Charles Backus, *The Nan-Chao Kingdom and Tang China's Southwestern Frontier*（Cambridge: Cambridge University Press, 1981）, 3-23; Keith Taylor, *The Birth of Vietnam*（Berkeley, Los Angeles and London: University of California Press, 1983）, 124-97; John Herman, "The Kingdom of Nanzhong: China's Southwest Border Region Prior to the Eighth Century," *T'oung Pao* 95.4/5（2009）: 241-86。关于元朝在同一方向上的征服，可参见如 John Herman, *Amid the Clouds and Mist: China's Colonization of Guizhou, 1200-1700*（Cambridge, MA, and London: Harvard University Press, 2007）, 45-70; James Anderson, "Man and Mongols: the Dali and Đại Việt Kingdoms in the Face of the Northern Invasions," in James Anderson and John Whitmore, eds., *China's Encounters on the South and Southwest: Reforging the Fiery Frontier Over Two Millennia*（Leiden and Boston: Brill, 2014）, 106-34。关于明帝国在15世纪初对越南北部与中部的短暂征服，参见 Kathlene Baldanza, *Ming China and Vietnam: Negotiating Borders in Early Modern Asia*（Cambridge: Cambridge University Press, 2016）, 63-71。

8 关于中古早期南海的贸易路线以及香料等新商品进入海上贸易路线的历史，可参见如 Linda Shaffer, *Maritime Southeast Asia to 1500*（Armonk and New York: M.E. Sharpe, 1996）, 18-36；以及Kenneth Hall, *A History of Early Southeast Asia: Maritime Trade and Societal Development, 100-1500*（Lanham: Rowman and Littlefield, 2011）, 37-66。

9 试与以下著作相比较：Herold Wiens, *China's March toward the Tropics*（Hamden：The Shoe String Press，1954）。

10 可参见如（西晋）陈寿：《三国志》卷三五，北京：中华书局，2006年，第912—915页；马植杰：《三国史》，北京：人民出版社，2004年，第67—76页。

11 关于将"中国"这一庞大的同质文化实体投射至东亚古代与中古的国家，将秦汉帝国作为汉民族身份最早的政治表现形式而整合至民族主义历史叙事，以及将秦汉帝国的扩张解释为边疆少数民族在文化上融入更先进的文明，近年来的讨论可参见如Xu Jieshun, "Understanding the Snowball Theory of Han Nationality," in Thomas Mullaney et al., eds., *Critical Han Studies: The History, Representation, and Identities of China's Majority*（Berkeley：University of California Press，2012），113-25；Nicolas Tackett, *The Origins of the Chinese Nation: Song China and the Forging of an East Asian World Order*（Cambridge：Cambridge University Press，2017），3-9；以及Andrew Chittick, *The Jiankang Empire in Chinese and World History*（Oxford：Oxford University Press，2020），4-19。

12 Robin D. S. Yates, "Reflections on the Foundation of the Chinese Empire in the Light of Newly Discovered Legal and Related Manuscripts"，陈光祖主编：《东亚考古学再思：张光直先生逝世十周年纪念论文集》，台北："中研院"，2013年，第473—506页；[日] 髙村武幸：「戦国秦の『帝国』化と周縁領域統治の変遷」，髙村武幸、廣瀬薫雄、渡邊英幸：『周縁領域からみた秦漢帝国2』，東京：六一書房，2019，51—66頁。

13 受人文科学中的世界史方法与政治科学中的世界体系理论兴起的启发，以及从自然科学与社会学中借鉴的各类模型的推动，研究古代世界的学者在过去30年间开始广泛使用各种基于网络的研究方法。关于在古代地中海研究中运用网络方法的宣言，参见Irad Malkin, Christy Constantakopoulou and Katerina Panagopoulou, "Introduction," in Malkin, Constantakopoulou and Panagopoulou, eds., *Greek and Roman Networks in the Mediterranean*（Oxford and New York：Routledge，2009），1-11。关于将早期中华国家重新解读为权力、威信、资源、话语及技术知识的网络，参见 Roderick Campbell, "Toward a Network and Boundaries Approach to Early Complex Polities: The Late Shang Case," *Current Anthropology* 50.6（2009）: 821-48。

14 《史记》作为一部关于中国古代历史的重要传世文献，对秦帝国建立的叙述集中于这些人的本纪（如秦始皇）和列传（如商鞅、白起等）之中。参见（西汉）司马迁：《史记》卷六，北京：中华书局，2006年，第223—294页；卷六八，第2227—2239页；卷七〇，第2279—2305页；卷七一，第2307—2321页；卷七三，第2331—2342页。

15 在一些世界体系学者看来，帝国可被视为一种政治军事结构，其功能在于控制既有的大规模经济网络（即世界经济），并加强其核心与外围地区之间的不对等贸易关系。可参见如 K. Ekholm and J. Friedman, "'Capital' Imperialism and Exploitation in Ancient World Systems," in Andre Gunder Frank and Barry Gills, eds., *The World System: Five Hundred Years or Five Thousand?*（London and New York: Routledge, 1993）, 59-80；以及 V. A. Yakobson, ed., *Istorija Vostoka*［History of the East］, 6 vols. Vol. 1: *Vostok v drevnosti*［The East in Antiquity］（Moscow: Vostochnaja literatura RAN, 1997）, 221。关于将古代帝国视为"严格压榨"的实体的代表，最近的讨论和批评可参见 Clifford Ando, "Empire as State: The Roman Case," in John Brooke, Julia Strauss and Greg Anderson, eds., *State Formations: Global Histories and Cultures of Statehood*（Cambridge: Cambridge University Press, 2018）, 175-89。

16 这些批评有许多正来自于世界体系理论的创始人伊曼纽尔·沃勒斯坦（Immanuel Wallerstein），他坚持认为现代资本主义世界体系与近代世界体系之间存在着重要差异，而反对的学者则主张存在一个单一的、长达5 000年之久的欧亚世界体系。参见 Wallerstein, "World System versus World-Systems: A Critique," in Frank and Gills, eds., *The World System*, 292-96。

17 可参见如 Andre Gunder Frank and Barry Gills, "The 5,000-Year World System: An Interdisciplinary Introduction," in Frank and Gills, eds., *The World System*, 3-55；以及 Christopher Chase-Dunn and Thomas Hall, *Rise and Demise: Comparing*

*World-Systems*（Boulder：Westview Press, 1997）。

18 可参见如 Philip Kohl, "World-Systems and Modelling Macro-Historical Processes in Later Prehistory: An Examination of Old and a Search for New Perspectives," in Toby Wilkinson, Susan Sherratt and John Bennet, eds., *Interweaving Worlds: Systemic Interactions in Eurasia, 7th to the 1st Millennia BC*（Oxford: Oxbow, 2011）, 77–86。

19 可参见如 Susan Sherratt, "Introduction," in Wilkinson et al., eds., *Interweaving Worlds*, 1–3; Roxana Flammini, "Northeast Africa and the Levant in Connection: A World-System Perspective on Interregional Relationships in the Early Second Millennium BC," in Wilkinson et al., eds., *Interweaving Worlds*, 205–17; Flammini, "World-Systems from 'the Theory' to 'a Perspective': On Social Interconnections in Bronze Age Afro-Eurasia," in David Warburton, ed., *Political and Economic Interaction on the Edge of Early Empires, eTopoi. Journal for Ancient Studies*, Special Volume 7（2020）: 56–73; 以及 Flammini, "Economics, Political Practices and Identities on the Nile: Convergence and Conflicts ca. 1800 to 1530 BC," in Warburton, ed., *Political and Economic Interaction*, 116–54。

20 可参见如 Philippe Beaujard, "Evolutions and Temporal Delimitations of Bronze Age World-Systems in Western Asia and the Mediterranean," in Wilkinson et al., eds., *Interweaving Worlds*, 7–26。

21 Maxim Korolkov, "Fiscal Transformation during the Formative Period of Ancient Chinese Empire（Late Fourth to First Century BCE）," in Jonathan Valk and Irene Soto, eds., *Ancient Taxation: The Mechanics of Extraction in Comparative Perspective*（New York: New York University Press, 2021）, 203–61。

22 关于"后发优势"这一概念的最初构想，参见 Alexander Gershenkron, *Economic Backwardness in Historical Perspective*（Cambridge, MA: Harvard University Press, 1962）。关于将半外围地区作为世界体系转变的关键位置的分析，参见 Chase-Dunn and Hall, "Conceptualizing Core/Periphery Hierarchies for Comparative Study," in Chase-Dunn and Hall, eds., *Core/*

*Periphery Relations in Precapitalist Worlds*（London and New York：Routledge，1991），5-44；以及Chase-Dunn and Hall, Rise and Demise，78-98。迈克尔·曼（Michael Mann）将有关文明核心外围地区（他将其称为"边境"[marches]）的革命性制度发展的讨论，整合到了更广泛的间隙交互理论（theory of interstitial interactions）中，以作为更强大的社会权力构造的形成机制。参见Mann, *The Sources of Social Power*, Vol. 1：*A History of Power from the Beginning to A.D. 1760*（Cambridge：Cambridge University Press，1986），130-300。

23 可参见如David Ludden, "The Process of Empire：Frontiers and Borderlands," in Peter Fibiger Bang and C.A. Bayly, eds., *Tributary Empires in Global History*（New York and London：Palgrave Macmillan，2011），132-50；Campbell, "Toward a Network and Boundaries Approach," 821-48；Christian Langer and Manuel Fernandez-Götz, "Boundaries, Borders, and Frontiers：Contemporary and Past Perspectives," in Warburton, ed., *Political and Economic Interaction*，23-47。

24 关于汉语、方言及东南亚佛教文献中的政治合法性内容，参见Chittick, *The Jiankang Empire*，209-329。

25 Tina Thurston, *Landscapes of Power, Landscapes of Conflict：State Formation in the South Scandinavian Iron Age*（New York：Springer Scientific，2001）。

26 Campbell, "Toward a Network and Boundaries Approach," 821-48；Flad and Chen, *Ancient Central China*；Maxim Korolkov, "Empire-Building and Market-Making at the Qin Frontier：Imperial Expansion and Economic Change, 221-207 BCE," Ph.D. dissertation, Columbia University, 2020.

27 可参见如Owen Lattimore, *Inner Asian Frontiers of China*（New York：American Geographical Society，1940）；Nicola Di Cosmo, "Ancient Inner Asian Nomads：Their Economic Basis and Its Significance in Chinese History," *Journal of Asian Studies* 53.4（1994）：1092-126；Thomas Barfield, "The Shadow Empires：Imperial State Formation along the Chinese-Nomad Frontier," in Susan Alcock, Terence D'Altroy, Kathleen Morrison and Carla Sinopli, eds., *Empires*：

*Perspectives from Archaeology and History*（Cambridge: Cambridge University Press, 2001）, 10–41; Di Cosmo, *Ancient China and Its Enemies*（Cambridge: Cambridge University Press, 2002）; Jan Bemmann and Michael Schmauder, eds., *Complexity of Interaction along the Eurasian Steppe Zone in the First Millennium CE*（Bonn: Rheinische Friedrich-Wilhelms-Universität Bonn, 2015）; Katheryn Linduff, Yan Sun, Wei Cao, and Yuanqing Liu, *Ancient China and Its Eurasian Neighbors: Artifacts, Identity and Death in the Frontier, 3000–700 BCE*（New York: Cambridge University Press, 2018）; Catrin Kost, "Changed Strategies of Interaction: Exchange Relations on China's Northern Frontier in Light of the Finds from Xinzhuangtou," in Katheryn Lynduff and Karen Rubinson, eds., *How Objects Tell Stories: Essays in Honor of Emma C. Bunker*（Turnhout: Brepols Publishers, 2018）, 51–73。

28 Wiens, *China's March toward the Tropics*, xi.

29 可参见如 Leo Shin, *The Making of the Chinese State: Ethnicity and Expansion on the Ming Borderlands*（Cambridge: Cambridge University Press, 2006）; C. Patterson Giersch, *Asian Borderlands: The Transformation of Qing China's Yunnan Frontier*（Cambridge, MA, and London: Harvard University Press, 2006）; Herman, *Amid the Clouds and Mist*; Yingcong Dai, *The Sichuan Frontier and Tibet: Imperial Strategy in the Early Qing*（Seattle and London: University of Washington Press, 2009）; Ulrich Theobald, *War Finance and Logistics in Late Imperial China: A Study of the Second Jinchuan Campaign (1771-1776)*（Leiden and Boston: Brill, 2013）; John Herman, "From Land Reclamation to Land Grab: Settler Colonialism in Southwest China, 1680–1735," *Harvard Journal of Asiatic Studies* 78.1（2018）: 91–123。

30 有关个别发现及地方性考古调查的出版物过多，无法全部列于此处。关于中国南方地区的考古，可参见如 Francis Allard, "The Archaeology of Dian: Trends and Tradition," *Antiquity* 279（1999）: 77-85; 湖南省文物考古研究所、湖南省考古学会编：《湖南考古2002》，长沙：岳麓书社，2003年; Allard, "Frontiers and Boundaries: The Han Empire from Its Southern Periphery," in

Miriam Stark, ed., *Archaeology of Asia* (Oxford: Blackwell, 2006), 233-54; Alice Yao, *The Ancient Highlands of Southwest China: From the Bronze Age to the Han Empire* (Oxford: Oxford University Press, 2016); Xiaotong Wu, Anke Hein, Xingxiang Zhang, Zhengyao Jin, Dong Wei, Fang Huang, and Xijie Yin, "Resettlement Strategies and Han Imperial Expansion into Southwest China: A Multimethod Approach to Colonialism and Migration," *Archaeological and Anthropological Sciences 11* (2019): 6751-81; 刘瑞:《秦汉帝国南缘的面相：以考古视角的审视》, 北京：中国社会科学出版社, 2019年。关于东南亚的考古，可参见如 Charles Higham, *The Archaeology of Mainland Southeast Asia* (Cambridge: Cambridge University Press, 1989); Higham, *Early Cultures of Mainland Southeast Asia* (Bangkok: River Books, 2002); Hall, A *History of Early Southeast Asia*; 以及 Nam Kim, *The Origins of Ancient Vietnam* (Oxford: Oxford University Press, 2015)。

31 Catherine Churchman, *The People Between the Rivers: The Rise and Fall of a Bronze Drum Culture, 200-750 CE* (Lanham: Rowman and Littlefield, 2016)。

32 同上，68-75。

33 同上，31-35。

34 Chittick, *The Jiankang Empire*.

35 戚安道使用"中华—草原"（Sino-steppe）这一术语来表述中古早期中国北方的"中华—游牧"政权，可参见如 Chittick, *The Jiankang Empire*, 7-8。其他学者则称之为"鲜卑—中国"（Särbo-Chinese [Xianbeo-Chinese]）或"中华—鲜卑"（Sino-Särbi），参见 Sanping Chen, *Multicultural China in the Early Middle Ages* (Philadelphia: University of Pennsylvania Press, 2012), 4-38; 以及 David Jonathan Felt, "The Metageography of the Northern and Southern Dynasties," *T'oung Pao* 103.4/5 (2017): 334-87。

36 参见 Geoff Wade, "The Southern Chinese Borders in History," in Grant Evans, Christopher Hutton, and Kuah Khun Eng, eds., *Where China Meets Southeast Asia: Social and Cultural Change in the Border Regions* (Singapore: Institute of Southeast Asian Studies 2000), 28-50; Victor Mair, "Preface," in Victor

Mair and Liam Kelley, eds., *Imperial China and Its Southern Neighbours*（Singapore：Institute of Southeast Asian Studies, 2015），vii–ix。

37 因此，根据近年来的一项研究，"北方边疆地区在生态上的平衡抵消了技术与物质上的不平等，与此不同的是，南方本土的民众缺乏这种保护——他们毕竟是农耕者。正如原住民遭遇扩张中的欧洲人时，因无法与后者的技术实力相匹敌而不得不屈服，中国南方边疆的当地人也屈服于在技术和物质上更加优越的征服者"。参见 Hugh Clark, "Frontier Discourse and China's Maritime Frontier：China's Frontiers and the Encounter with the Sea through Early Imperial History," *Journal of World History* 20.1（2009）：1-33；以上引用参见第19页。关于以这一视角看待南方边境历史的讨论，参见 Wang Gungwu, "Introduction：Imperial China Looking South," in Mair and Kelley, eds., *Imperial China and Its Southern Neighbours*, 1–15。

38 参见 Gideon Shelach-Lavi, *The Archaeology of Early China：From Prehistory to the Han Dynasty*（Cambridge：Cambridge University Press, 2015），127-60；Li Min, *Social Memory and State Formation in Early China*（Cambridge：Cambridge University Press, 2018），42-81；以及 Anping Pei, *A Study of Prehistoric Settlement Patterns in China*（Singapore：Springer, 2020），97-165。

39 参见 Flad and Chen, *Ancient Central China*, 71-167；Shelach-Lavi, *The Archaeology of Early China*, 241-47；以及 Celine Lai, *Contacts Between the Shang and the South c. 1300–1045 BC：Resemblance and Resistance*（Oxford：British Archaeological Reports, 2019）。

40 关于楚国的历史与考古研究，参见 Constance Cook and John Major, eds., *Defining Chu：Image and Reality in Ancient China*（Honolulu：University of Hawai'i Press, 1999）；杨权喜：《楚文化》，北京：文物出版社，2000年；Flad and Chen, *Ancient Central China*, 108-39。

41 关于以考古学视角看待红河三角洲早期政权的诞生，参见 Higham, *The Archaeology of Mainland Southeast Asia*, 192-203；Nam Kim, Van Toi Lai and Hoang Hiep Trinh, "Co Loa：An Investigation of Vietnam's Ancient Capital," *Antiquity* 84（2010）：1011-27；Kim, *The Origins of Ancient*

*Vietnam*；以及 Nam Kim，"Sinicization and Barbarization: Ancient State Formation at the Southern Edge of Sinitic Civilization," in Mair and Kelley, eds., *Imperial China and Its Southern Neighbours*, 43-79。

42 例如，滇中湖泊地区的沙帽山发现了青铜时代晚期及汉代的墓地，近年来对其中人类遗骸的同位素分析表明，西南高原的大部分"汉人移民"可能并非来自中原，而是来自岭南、长江中游及四川等南方或西南地区。参见 Xiaotong Wu et al., "Resettlement Strategies and Han Imperial Expansion," 6751-81。

43 Erica Brindley, *Ancient China and the Yue: Perceptions and Identities on the Southern Frontier*, c. 400 BCE-50 CE（Cambridge: Cambridge University Press, 2015）。

44 同上，21-44。

45 同上，80-81。

46 同上，115-40。

47 Churchman, *The People between the Rivers*, 141-201，以及该书的多处。

48 戚安道将其定义为"合法性的修辞策略，即建康精英如何使他们的国家建设计划概念化（conceptualized）"。参见 Chittick, *The Jiankang Empire*, 36。

49 Brindley, *Ancient China and the Yue*, 245。

50 颇具影响力的是西汉政治家与政治思想家贾谊（前200—前169）所撰的《过秦论》一文。其被收录于《史记·秦始皇本纪》，参见（西汉）司马迁：《史记》卷六，第276—285页。对贾谊人生及事业的研究，可参见 Charles Sanft, "Rule: A Study of Jia Yi's *Xin shu*," Ph.D. dissertation, University of Münster, 2005。

51 参见 Gideon Shelach, "Collapse or Transformation? Anthropological and Archaeological Perspectives on the Fall of Qin," in Yuri Pines, Gideon Shelach, Lothar von Falkenhausen, and Robin D. S. Yates, eds., *Birth of an Empire: The State of Qin Revisited*（Berkeley, Los Angeles, and London: University of California Press, 2014）, 113-38。

52 此种宣传最知名的产物是颂扬秦始皇统一"天下"的刻石，刻石上的文字被司马迁记载于《史记》，并因历代文人学士的传诵而流传至今。对这些文本的研究，参见 Martin Kern, *The Stele Inscriptions of Ch'in Shih-huang: Text and Ritual in Early Chinese Imperial Representation*（New Haven: American Oriental Society, 2000）。关于其中的救世主意识形态，参见 Yuri Pines, "From Historical Evolution to the End of History: Past, Present, and Future from Shang Yang to the First Emperor," in Paul Goldin, ed., *Dao Companion to the Philosophy of Han Fei*（Berlin: Springer, 2012）, 25-45；以及 Pines, "The Messianic Emperor: A New Look at Qin's Place in China's History," in Pines et al., eds., *Birth of an Empire*, 258-79。

53 关于批评汉朝当时政策时对秦的论述，可参见如王利器校注：《盐铁论校注》卷八，北京：中华书局，1992年，第487—494页；（东汉）班固：《汉书》卷五六，北京：中华书局，2002年，第2504—2505页。关于汉代历史著作在批评汉武帝时对秦帝国及秦始皇形象的引用，参见 Hans van Ess, "Emperor Wu of the Han and the First August Emperor of Qin in Sima Qian's *Shiji*," in Pines et al., eds., *Birth of an Empire*, 239-57。

54 "焚书坑儒"最终成为帝国当局无情压制思想自由的口号。关于《史记》对"焚书坑儒"的原始记载，参见《史记》卷六，第254—259页。对秦代出土文献的研究挑战了传统的叙事，即秦支持所谓法家学说，并暴力镇压所有与其竞争的思想传统，其中尤以儒家为代表。可参见如鲁普平：《云梦秦简〈为吏之道〉伦理思想之分析》，简帛网，http://www.bsm.org.cn/show_article.php?id=1885，2020/12/09访问。

55 睡虎地秦墓竹简整理小组编：《睡虎地秦墓竹简》，北京：文物出版社，1990年，第1—10页。

56 其中一篇编年记在2001年出土于湖北省荆州市的印台。参见郑忠华：《印台墓地出土大批西汉简牍》，荆州博物馆编著：《荆州重要考古发现》，北京：文物出版社，2009年，第204—208页。另一份编年记在近期与其他简牍一同被发现于湖北省荆州市胡家草场的一座西汉墓中。参见荆州博物馆、武汉大学简帛研究中心编著：《荆州胡家草场西汉简牍选粹》，北京：文物出版社，2021年，第2—10页。

57 顾颉刚（1893—1980）已经指出，汉代历史著作夸大了公元前221年秦的统一，统一叙事中的一些内容可能是汉人的捏造，而非对真实事件的准确记载；战后日本学者也对此进行了广泛的阐述。最近的总结，参见［日］鹤间和幸：『秦帝国の形成と地域』，東京：汲古書院，2013，546—548頁。

58 在中国考古学研究中，帝国史学传统的单中心范式被"互动空间"范式所取代。关于后者的形成，可参见 Kwang-Chih Chang, *The Archaeology of Ancient China, 4th edition*（New Haven：Yale University Press, 2006）, 234; and Chang, "China on the Eve of the Historical Period," in Edward Shaughnessy and Michael Loewe, eds., *The Cambridge History of Ancient China: From the Origins of Civilization to 221 BC*（Cambridge：Cambridge University Press, 1999）, 37-73。关于中国考古学研究中"地方主义范式"的政治与行政背景，参见 Lothar von Falkenhausen, "The Regionalist Paradigm in Chinese Archaeology," in Philip Kohl and Clare Fawcett, eds., *Nationalism, Politics and the Practice of Archaeology*（Cambridge：Cambridge University Press, 1996）, 198-217。

59 关于长江流域原始文献的发现，参见胡平生、李天虹：《长江流域出土简牍与研究》，武汉：湖北教育出版社，2004年。

60 关于将政治外围视为"帝国进程"的关键位置，相关的讨论可参见 Ludden, "The Process of Empire," 132-50。

61 秦国在战国中期的转型也被称为商鞅变法，商鞅（约前390—前338）是这一系列强国制度背后的策划者与政治家。可参见如 Mark Lewis, *The Early Chinese Empires: Qin and Han*（Cambridge, MA, and London：Harvard University Press, 2007）, 30-35。关于国家对经济的管理，包括对耕地的分配、对手工业生产的经营以及对货币的控制，参见 Von Glahn, *The Economic History of China*, 100。

62 关于四川盆地，参见罗开玉：《秦在巴蜀地区的民族政策试析——从云梦秦简中得到的启示》，《民族研究》1982年第4期，第27—33页；Steven Sage, *Ancient Sichuan and the Unification of China*（Albany：State University of New York Press, 1993）。关于被秦征服后属南郡统治的江汉平原，可参见如［韩］琴载元：《秦代南郡编户民的秦、楚身份认同问题》，杨振红、邬文玲主编：

《简帛研究（二〇一五秋冬卷）》，桂林：广西师范大学出版社，2015年，第78—92页。

63 参见Yates, "Reflections on the Foundation of the Chinese Empire," 473-506；[日]髙村武幸:「戦国秦の『帝国』化と周縁領域統治の変遷」, 51—66頁。

64 [日]宮宅潔:「征服から占領統治へ—里耶秦簡に見える穀物支給と駐屯軍」, 宮宅潔編:『多民族社会の軍事統治 出土史料が語る中国古代』, 京都：京都大学学術出版会, 2018, 51—85頁；[日]宮宅潔:「秦代遷陵県志初稿—里耶秦簡より見た秦の占領支配と駐屯軍—」, 『東洋史研究』75, 2016, 1—32頁；[韩]金钟希：《秦代县廷的功能和秦帝国灭亡》，里耶秦简与秦文化国际学术研讨会，里耶，2017年9月15—17日。

65 可参见如唐俊峰：《秦代迁陵县行政信息传递效率初探》，武汉大学简帛研究中心主办：《简帛》第十六辑，上海：上海古籍出版社，2018年，第191—230页。

66 公元前230年至公元前221年间，秦国国土面积与人口增长了超过一倍，关于此后的战国时代危机中秦的国家财政模式，参见Korolkov, "Fiscal Transformation," 224-32。

67 从国家势力在各地分布的不平衡来分析古代帝国的领土性质，参见Monica Smith, "Networks, Territories, and the Cartography of Ancient States," *Annals of the Association of American Geographers* 95.4（2005）: 832-49；Claudia Glatz, "Empire as Network: Spheres of Material Interaction in Late Bronze Age Anatolia," *Journal of Anthropological Archaeology* 28（2009）: 127-41；Tom Brughmans, "Thinking Through Networks: A Review of Formal Network Methods in Archaeology," *Journal of Archaeological Method and Theory* 20.4（2013）: 623-62；以及Terence D'Altroy, "Empires Reconsidered: Current Archaeological Approaches," *Asian Archaeology* 1.1/2（2018）: 95-109。

68 Scott, *The Art of Not Being Governed*, 47-48.

69 参见Lothar von Falkenhausen, "The Bronze Age of the Upper Han River Basin: Some Observations," 曹玮主编:《汉中出土商代青铜器》第四卷，成都：巴蜀书社，2010年，第378—516页；Sun Yan, "Material Culture and Social Identities in Western Zhou's Frontier: Case Studies of the Yu and Peng Lineages," *Asian*

*Archaeology* 1（2013）：52-72。更详细的讨论可参见本书第3章。

70 参见 Lai, *Contacts between the Shang and the South c. 1300–1045 BC*。

71 对这一过程的大致概述，可参见如杨宽：《战国史》，上海：上海人民出版社，2003年，第352—364页。

72 学者们仍在评估有关"越"的文献证据、考古学证据及古语言学证据之间的关系。一些研究者认为，这些人群在语言上属于原始南岛语系，在新石器时代晚期与青铜时代定居于长江中下游流域的部分地区以及岭南，并留下了良渚（约前3400—前2250，浙江省）与吴城（约前1500—前1000，江西省）等重要考古文化。可参见如 Sergey Laptev, "The Origins and Development of the Wucheng Culture（in the Context of Intercultural Contacts between Bronze Age Inhabitants of the Lower Yangzi Valley and Indochina Peninsula）," *Archaeology, Ethnology and Anthropology of Eurasia* 38/4（2011）：93-102。其他学者则更谨慎地指出，"越"这一名称在汉语文献中出现得相对较晚，可能指拥有多样的语言及文化的南方居民，包括南岛语系、南亚语系及苗瑶语系的使用者。参见 Brindley, *Ancient China and the Yue*, 60-61。

73 Brindley, *Ancient China and the Yue*, 80-81。

74 Vincent Pigott and Roberto Ciarla, "On the Origins of Metallurgy in Prehistoric Southeast Asia：The View from Thailand," in S.L. Niece, D. Hook and P. Craddock, eds., *Metals and Mines: Studies in Archaeometallurgy*（London：Archetype Publications, 2007）, 76-88; Tzehuey Chiou-Peng, "Incipient Metallurgy in Yunnan：New Data for Old Debates," in Jianjun Mei and Thilo Rehren, eds., *Metallurgy and Civilisation: Eurasia and Beyond*（London：Archetype, 2009）, 79-84; Charles Higham, Thomas Higham, Roberto Ciarla, Katerina Douka, Amphan Kijngam and Fiorella Rispoli, "The Origins of the Bronze Age of Southeast Asia," *Journal of World Prehistory* 24（2011）：227-74; 以及 Charles Higham, "The Later Prehistory of Southeast Asia and Southern China：The Impact of Exchange, Farming and Metallurgy," *Asian Archaeology* 4（2021）：63-93。

75 参见 Taylor, *The Birth of Vietnam*, 7; Robert Murowchick, "The Political and

Ritual Significance of Bronze Production and Use in Ancient Yunnan," *Journal of East Asian Archaeology* 3.1-2（2002）: 133-92; Bin Yang, "Horses, Silver, and Cowries: Yunnan in Global Perspective," *Journal of World History* 15.3（2004）: 281-322; Tzehuey Chiou-Peng, "Incipient Metallurgy in Yunnan," 79-84; Nam Kim, *The Origins of Ancient Vietnam*, 117-41。

76 参见 Wei Weiyan and Shiung Chung-Ching, "Viet Khe Burial 2: Identifying the Exotic Bronze Wares and Assessing Cultural Contact between the Dong Son and Yue Cultures," *Asian Archaeology* 2（2014）: 77-92; Erica Brindley, *Ancient China and the Yue*, 62-81。

77 关于东山铜鼓与容器在越南北部平原以及岭南其他地方、西南高原和长江中游地区的发现，参见 Higham, *The Archaeology of Mainland Southeast Asia*, 192-203; Sophia-Karin Psarras, "Rethinking the Non-Chinese Southwest," *Artibus Asiae* 60.1（2000）: 5-58; Yao, *The Ancient Highlands of Southwest China*, 107-29; Francis Allard, "Globalization at the Crossroads: The Case of Southeast China during the Pre- and Early Imperial Period," in Tamar Hodos, ed., *The Routledge Handbook of Archaeology and Globalization*（London and New York: Routledge, 2017）, 454-69。东山铜鼓的分布表明，"东南亚世界还未与印度或中华帝国进行重要的贸易往来之前，其内部已存在普遍且高效的贸易机制"，参见 Hall, *A History of Early Southeast Asia*, 4。

78 关于西南高原与北方的连通，参见 Allard, "The Archaeology of Dian," 77-85; Anke Hein, "Metal, Salt, and Horse Skulls: Elite-Level Exchange and Long-Distance Human Movement in Prehistoric Yanyuan（Southwest China），" in Anke Hein, ed., *The 'Crescent-Shaped Cultural-Communication Belt': Tong Enzheng's Model in Retrospect*（Oxford: BAR Publishing, 2014）, 89-108。关于云南与孟加拉湾之间在公元前一千纪或更早之前进行贝壳与玻璃贸易的路线，参见 Bin Yang, *Cowrie Shells and Cowrie Money: A Global History*（London and New York: Routledge, 2019）, 96-102; 以及 Philippe Beaujard, *The World of the Indian Ocean: A Global History, Vol. 1: From the Fourth Millennium BCE to the Sixth Century CE*（Cambridge: Cambridge

University Press, 2019), 526。

79 参见 Higham, *The Archaeology of Mainland Southeast Asia*, 192-209; David Bullbeck, "An Integrated Perspective on the Austronesian Diaspora: The Switch from Cereal Agriculture to Maritime Foraging in the Colonization of Island Southeast Asia," *Australian Archaeology* 67 (2008): 31-51; Bellina, "Maritime Silk Roads' Ornament Industries," 345-77; Michele Demandt, "Early Gold Ornaments of Southeast Asia: Production, Trade, and Consumption," *Asian Perspectives: The Journal of Archaeology for Asia and the Pacific* 54.2 (2015): 305-30。

80 可参见如 Carl Knappett, "Globalization, Connectivities and Networks: An Archaeological Perspective," in Tamar Hodos, ed., *The Routledge Handbook of Archaeology and Globalization* (London and New York: Routledge, 2017), 29-41。

81 关于解读古代及中古早期中国西北与中亚东部考古发现的钱币，文字证据的重要性，可参见 Helen Wang, *Money on the Silk Road: The Evidence from Eastern Central Asia to c. AD 800* (London: British Museum Press, 2004), 47-64; Wang, "Official Salaries and Local Wages at Juyan, North-West China, First Century BCE to First Century CE," in Jan Lucassen, ed., *Wages and Currency: Global Comparisons from Antiquity to the Twentieth Century* (Bern and Berlin: Peter Lang, 2007), 59-76。

82 例如，关于滇中湖泊地区墓葬中所发现汉代钱币的讨论，参见 Francis Allard, "China's Early Impact on Eastern Yunnan: Incorporation, Acculturation, and the Convergence of Evidence," *Journal of Indo-Pacific Archaeology* 35 (2015): 26-35; Yao, *The Ancient Highlands of Southwest China*, 192-99; 以及 Xiaotong Wu et al., "Resettlement Strategies and Han Imperial Expansion," 6773-78。

83 英语世界对出土文献研究中文献学与比较研究方法论的全面介绍，参见 Anthony Barbieri-Low and Robin D. S. Yates, *Law, State, and Society in Early Imperial China: A Study with Critical Edition and Translation of the Legal Texts from Zhangjiashan Tomb no. 247*, 2 vols. (Leiden and Boston: Brill, 2015),

vol. 1, 26–47。

84 参见 Maxim Korolkov, "Between Command and Market: Credit, Labor and Accounting in the Qin Empire（221-207 B.C.E.），" in Elisa Sabattini and Christian Schwermann, eds., *Between Command and Market: Economic Thought and Practice in Early China*（Leiden and Boston: Brill, 2021）, 160–241。

85 参见 Enno Giele, "Using Early Chinese Manuscripts as Historical Source Materials," *Monumenta Serica* 51（2003）: 409–38。

86《睡虎地秦墓竹简》。睡虎地秦简中的法律文献已被译为英文，参见 A. F. P. Hulsewé, *Remnants of Ch'in Law: An Annotated Translation of the Ch'in Legal and Administrative Rules of the 3$^{rd}$ Century B.C. Discovered in Yün-meng Prefecture, Hu-pei Province, in 1975*（Leiden: Brill, 1985）。

87 彭浩、陈伟、[日] 工藤元男主编：《二年律令与奏谳书：张家山二四七号汉墓出土法律文献释读》，上海：上海古籍出版社，2007年。英译本可参见 Barbieri-Low and Yates, *Law, State, and Society*, vol. 2。

88 对这些文献最早的报告，参见陈松长：《岳麓书院所藏秦简综述》，《文物》2009年第3期，第75—88页。墓主身份可能为派驻到长江中游以北的南郡的秦政府官吏，参见史达：《岳麓秦简〈廿七年质日〉所附官吏履历与三卷〈质日〉拥有者的身份》，《湖南大学学报（社会科学版）》2016年第4期，第10—17页。

89 关于岳麓书院藏秦简中的秦帝国律令，参见陈松长主编：《岳麓书院藏秦简》肆、伍、陆，上海：上海辞书出版社，2015、2017、2020年。（译者注：截至本书中译本出版时，岳麓书院藏秦简已全部公布。）

90 相关的讨论，可参见如 Paul Goldin, "Heng Xian and the Problem of Studying Looted Artifacts," *Dao: A Journal of Comparative Philosophy* 12.2（2013）: 153–60。

91 相关的讨论及延伸参考，可参见如 Ulrich Lau and Thies Staack, *Legal Practice in the Formative Stages of the Chinese Empire: An Annotated Translation of the Exemplary Qin Criminal Cases from the Yuelu Academy Collection*（Leiden and Boston: Brill, 2016）, 12–13。

92 关于里耶发掘情况的考古报告，参见湖南省文物考古研究所编著：《里耶发掘报告》，长沙：岳麓书社，2006年。

93 截至目前，这些文献中的五卷已出版了两卷。参见陈伟主编：《里耶秦简牍校释》第1、2卷，武汉：武汉大学出版社，2012、2018年。

94 关于迁陵档案的介绍，参见 Robin D. S. Yates, "The Qin Slips and Boards from Well no. 1, Liye, Hunan: A Brief Introduction to the Qin Qianling County Archive," *Early China* 35-36（2012-2013）：291-29。

95 一批西汉武帝统治时期（前141—前87）的行政档案在2003年出土于长沙，但目前仍未公布，参见长沙简牍博物馆、长沙市文物考古研究所联合发掘组：《2003年长沙走马楼西汉简牍重大考古发现》，中国文物研究所编：《出土文献研究》第七辑，上海：上海古籍出版社，2005年，第57—64页。长沙地区还出土了一批东汉时期档案，参见长沙市文物考古研究所、中国文物研究所编：《长沙东牌楼东汉简牍》，北京：文物出版社，2006年；长沙市文物考古研究所等编：《长沙五一广场东汉简牍》壹、贰，上海：中西书局，2018年。关于长沙走马楼出土的三国早期的吴国地方政府档案，可参见如沈刚编：《长沙走马楼三国竹简研究》，北京：社会科学文献出版社，2013年；凌文超：《走马楼吴简采集簿书整理与研究》，桂林：广西师范大学出版社，2015年。关于上述档案及长沙地区发现的其他行政档案，近年来的讨论可参见 Tsang Wing Ma, "Excavated Texts," in Sitta von Reden, ed., *Handbook of Ancient Afro-Eurasian Economies*, Vol. 1：*Contexts*（Berlin/Boston：De Gruyter, 2020），529-55。

96 湖南省文物考古研究所、益阳市文物处：《湖南益阳兔子山遗址九号井发掘简报》，《文物》2016年第5期，第32—48页。

## 第2章

# 帝国之前：长江中游的互动空间

在某些重要方面，长江中游可谓东亚南北间的过渡地区（参见图1.2）。此地位于长江中游主河道南北两侧的支流网络，这些网络便利了信息传递、文化互动、贸易往来及政治巩固。北部的重要支流汉水是连接长江与黄河的关键通道，早在公元前四千纪，汉水流域北部、南阳及汉中盆地就已成为长江流域社会与黄河流域社会间的文化边缘地带。[1] 南部的流域则构成了大湖南地区（greater Hunan region），可通向东亚南部另外两个重要区域——岭南与西南高原（参见图1.1），两者都是前往东南亚高地与海洋世界及印度洋的门户。在环境与经济方面，长江中游是北方旱地农业与南方水稻农业之间的过渡地区。今天，湖北省境内约有半数主要位于长江以北的农田种植着水稻，水稻农业在其南方邻省湖南省则占据主导地位，[2] 但正如第6章所述，这些地区在古代可能更多种植着旱地作物。

本章第一节介绍了长江中游互动空间的地理概况，并追溯了其在秦帝国兴起前约3 000年的历史。在中国考古学界，张光直（1931—2001）普及了"中国相互作用圈"（Chinese interaction sphere）的概念，用以解释中国文明在新石器时代的起源："各地域文化在分布上适时地变得更加广泛，其彼此间的相互影响得以强化。这一趋势在公元前四千年出现于一个地理范围内，该范围为文化间的相互作用提供了场所，为中国历史上最早的文明确定了地理舞台。"[3] 笔者用于描述这一地理区域特征的术语与其略有不同，并认为，该区域内的社会文化互动因交通而更加便利，因此比在张光直所言的整个"相互作用圈"内更为显著。

第二节考察的是长江中游互动空间的起源。在公元前四千纪晚期至公元前三千纪，长江中游互动空间随着屈家岭与石家河文化（两者有时被视作同一个连续的考古文化[4]）的出现而成形，这两种文化拥有独特的围垣聚落（walled settlements）和可能以奠酒仪式（libation ceremonies）为中心的公共礼仪活动。石家河社会在公元前二千纪初期走向了衰落，但长江中游社群间的互动仍延续到了青铜时代，当时用于生产青铜的金属作为重要的新商品被引入流通，这使重构的贸易网络得以复兴。

第三节分析了公元前一千纪长江中游互动空间在政治上的巩固，这与楚国的兴起和扩张有关。楚国约在公元前400年后成为一个领土国家，并宣称在其自然与人为边界相对明确且拥有领土行政单位的地理区域内，可独享对人力与物质资源的控制权。[5] 正是由于该区域内的交通、军事与政府基础设施，楚国才能够在公元前3世纪秦国的大举进攻中幸存；不过，这些基础设施最终也推动了该区域融入秦帝国。

第2章　帝国之前：长江中游的互动空间

## 地理概况

长江中游地区以两湖平原为中心，这是一片沿长江中游分布的约6万平方千米的低地（参见图1.2）。两湖平原因长江以北的云梦泽与长江以南的洞庭湖而得名，这两个湖泊作为长江的天然蓄洪水库而吸收了季节性的洪水。这一平原的出现是此前1万年间长江沉积物在古云梦泽内堆积的结果，[6] 到公元前一千纪或更早时，云梦泽已成为周长约900千米的巨大沼泽，且再也无法通航。[7] 云梦泽因可捕猎种类繁多的陆生与水生野生动物而闻名。与此同时，汉水与长江之间也修建了绕云梦泽而行的运河。[8]

在西面，长江以南的武陵山与长江以北的大巴山将长江中游低地与四川盆地分隔开来。连接两地的长江三峡是绵延200千米的狭窄河道，其间分布着更宽阔的河谷。在北面及西北面，大洪山、桐柏山与大别山是两湖平原的边界，后两座山脉也被称为鄂东北低山丘陵，构成了长江与淮水水系的分水岭。在东面，鄱阳湖与今湖南省及江西省边沿的低山山脉（幕阜山、连云山、九岭山及罗霄山），则是长江中游与下游之间的天然分界。

两湖平原位于长江以北的部分也被称为江汉平原，这一名称源自其两侧的长江（在历史上也被称为"江"）与汉水。历史上，后者是长江中游与北方地区，尤其是黄河及淮水流域之间的主要通道，其中的部分联系将在下一章中更详细地讨论。

洞庭平原则位于长江以南的洞庭湖泊周围。洞庭湖作为长江河

49

床的一部分，吸收了长江南部的四条主要支流，从西北至东南分别为澧水、沅水、资水及湘水（参见图2.1）。当湖泊面积在旱季缩减时，这四条河流全部直接流入长江。[9] 这些河流的中下游在任何季节均可通航，因此为进出洞庭湖地区提供了便利的南向及西南向出口。

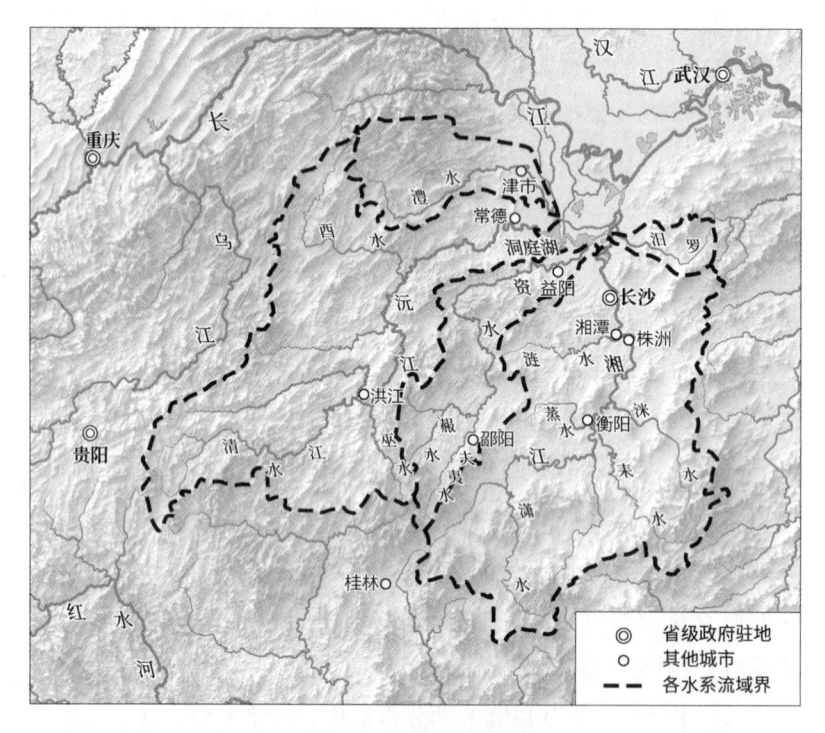

图2.1　湖南省水系图

在今湖南省东部，流域面积达94 660平方千米的湘江是长江与珠江水系间的天然通道。湘江流域与洞庭平原共同构成了今湖南省大部分人口的栖居地。湘江流域亦称湘东，其特点是地势相对平坦，河谷相对宽阔，周边的山脉也相对较矮，平均海拔高度为500米至1 000米。[10]

此外还有三条水系横穿了湖南省西部山区——被称为湘西，并在下游穿越洞庭湖冲积平原汇入洞庭湖。其中最长的一条水系为沅水（1 033千米），其主河道可通向云贵高原，西部支流的上游则邻近乌江水系，并在向西穿越武陵山后与长江上游汇合于三峡。[11] 从沅水流域出发则可前往西南高原，那里居住着在汉语文献中被划分为不同民族身份的人口，如巴（三峡地区）、滇（滇中湖泊流域）等，但他们在民族语言学上的身份认同仍存在争议。[12]

## 长江中游互动空间的出现

公元前四千纪晚期至公元前三千纪早期，农业与水利技术、生产工具、食物储存及交通运输方面的进步，共同促进了整个东亚低地内的人口增长。在长江中下游流域、淮水沿岸及黄河下游流域，大量人口聚居于围垣聚落，并依赖腹地提供食物以及木材、石材等资源。[13] 社会政治分层也在加快，墓葬礼仪体现了新兴的社会等级与政治权威，尤其表现为精英阶层对玉器与陶器等精美工艺品的聚积和陈列。[14] 此外，社群间日益增长的贸易与合作推动了区域间的互动，有学者认为，这代表着一种围绕重要礼仪中心分布的广阔而松散的早期政治网络。[15]

其中一个这样的互动空间兴起于长江中游及其支流沿岸。该互动空间内规模最大的一些中心地点位于汉水下游沿岸的两湖平原、云梦泽与洞庭湖周边以及澧水流域。这一互动空间与大溪文化晚期（前4300—前3300）有关，尤其与屈家岭及石家河文化（前3000—前2100）关系密切。屈家岭与石家河文化可能代表了以大溪围垣聚落为基础发展而来的同一社会，但人口相比大溪文化更为稠密，技术和社会更加复杂，横向整合程度也更高。[16]石家河文化的稻作农业利用了为数众多的水利基础设施（堤坝的建设在公元前3000年至公元前2500年间达到了巅峰），加之黍的栽培及水果（桃、李与猕猴桃）等植物的驯化，使得石家河文化最大的聚落面积达到了500公顷，人口数量远超1万，甚至可能达到过5万。[17]据估计，石家河城墙的建成需要1000名劳工持续劳作十年之久，且需要2万至4万名农民提供后勤保障，这表明要建设并维护石家河文化主要的城邑中心，首先必须在政治上对其周边以外的区域加以控制和整合。[18]

目前可确认的石家河文化围垣城邑（walled towns）超过20处，共形成了三个不同的集群：第一处在洞庭湖以西，位于澧水下游的澧阳平原（今湖南省西北部的常德市澧县）；第二处位于长江与汉水下游之间（大致相当于今湖北省荆州市、荆门市南部以及天门市）；第三处位于汉水以北（今湖北省天门市北部与孝感市南部），考古学家在当地发现了石家河遗址，这是目前已知规模最大的石家河文化聚落（参见图2.2）。每个集群的围垣城邑都彼此邻近，表现出了高度的文化同质性，这涉及聚落布局及公共仪式的特点，可能也涉及在大规模建设工程中的合作。一些学者根据这种文化同质性认为，这些社群从属于与宗教有关的松散领土联盟。[19]

迄今为止，屈家岭—石家河文化的重要中心地点仍未见于洞庭

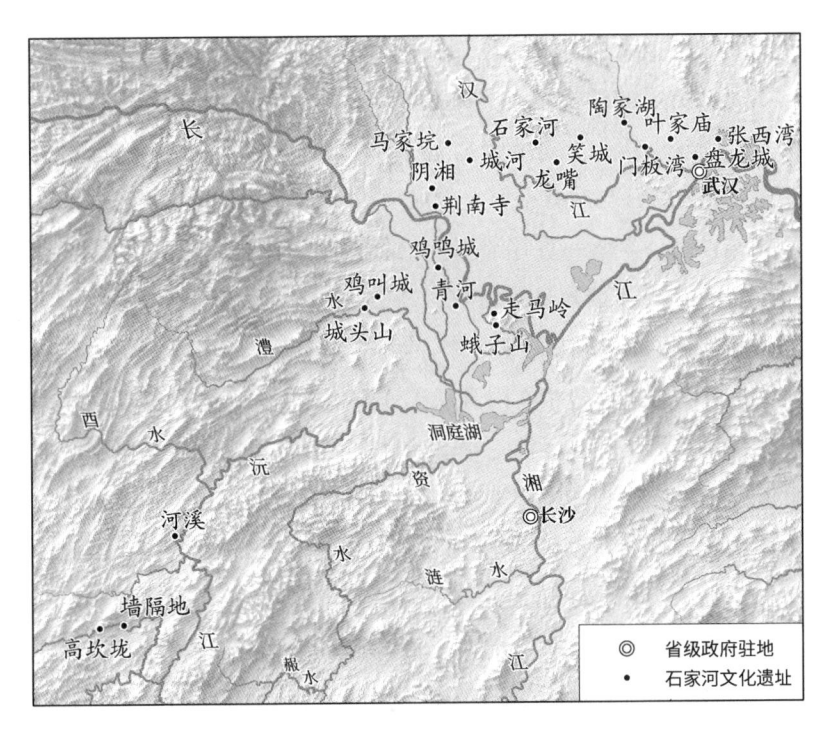

图2.2 长江中游互动空间的诞生

湖以南，但考古证据表明，石家河社会与长江中游南部支流流域的人们，包括沅水流域的社群之间有过互动。沅水的西部支流武水由峒河与沱江合流而成，两条河流交汇于今吉首市东南20千米处的河溪镇，当地发现了新石器时代的聚落遗址。该遗址属于大溪文化晚期与屈家岭文化时期（公元前四千纪晚期至公元前三千纪早期），其中发现了大量大溪文化的陶器碎片，以及防护土堤与建筑基址的遗迹。对当地的发掘表明，洞庭地区的新石器时代文化极大地影响了当地的陶器生产。这些聚落一直存续到汉代，并在当时进行了大规模的土木工程建设。[20]

沅水更上游还发现了另外两个与屈家岭—石家河文化有联系的聚落遗址。第一处是墙隔地遗址,位于今怀化市以西40千米处,面积约8公顷,与洞庭平原上的城头山这种较小型的石家河文化城邑相当。这一聚落一直存续到公元前1500年至公元前1000年间。[21] 第二处遗址位于墙隔地上游20千米处的高坎垅,面积相比之下要小得多,据估计为1200平方米。[22]

尽管考古发现数量有限且缺乏详细报告,但既有的证据已经表明,沅水流域早在公元前三千纪就已在文化上高度融入长江中游地区。这一融入过程涉及制陶与筑墙等技术成果的传播,或许还涉及大溪与屈家岭—石家河文化的人口向核心聚落区外围的移民,这既可能是被人口压力所驱离,也可能是被可运回本土的资源所吸引。总之,当石家河社会在公元前2000年前后遭遇重大危机时,沅水流域的很多居民已被迫进入新石器时代晚期长江中游沿岸的互动空间。

石家河社会的人口与聚落在公元前2000年之际急剧收缩,其衰落曾被描述为"文化崩溃"(cultural collapse)。[23] 这可能与公元前三千纪末期的环境变化有关,即全新世事件3(Holocene event 3)或4.2ka BP气候事件,其中可能涉及气候变冷及降水量的剧烈波动,导致了洪水与干旱。[24] 一些学者认为,来自北方的进攻加速了石家河社会的衰落,由洛阳盆地腹地扩张而来的新政治中心二里头可能也参与了其中。[25] 其他学者则质疑崩溃并非事实,并主张变化是逐步发生的,虽然人们从洪水波及的地区迁出,且聚落的规模在逐渐缩小,但社会并未完全分崩离析。[26]

在长江中游地区,石家河围垣城邑衰落的同时,位于今武汉市内长江北岸的盘龙城聚落(约前1800—前1300)开始兴起(参见图2.2)。当地在石家河文化时期已有人类定居,并在约公元前1500年后迅速发展,面积据估计达到了约300公顷。[27] 遗址中心被城墙包围的区域占地约7.5公顷,包含三座可能为宫殿的大型建筑基址。[28] 与位于今河南省中部郑州市的中原二里岗文化遗址(约前1500—前1400,常被视为早商时期)的中心聚落,在文化上高度相似,这被视为二里岗文化在军事上征服长江流域的证据。[29] 盘龙城所发现的青铜礼器与郑州二里岗精英阶层所使用的青铜礼器几乎相同,这有力地证明了两者之间的关联。[30] 不过,对于将文化上的相似性直接作政治解释的做法,一些考古学家持保留意见,他们主张:"即使二里岗王室的确直接控制着盘龙城,这种控制也可能并不稳定,且取决于地方政治与精英阶层间不断变动的联盟。"[31] 有学者猜想,石家河文化与盘龙城在陶器类型和纹饰、聚落规划以及丧葬习俗方面可能存在延续性,这或许表明盘龙城内居住着一些来自石家河的人口。[32]

盘龙城的兴起也是长江中游网络重构过程中的一环,这次重构是以金属矿石这一重要新资源的开采与分配为中心。长江中下游流域是东亚地区重要的铜矿与锡矿矿床所在地,从约公元前1500年开始,人们就已发现并开采了铜绿山(湖北省东部)与铜陵(安徽省南部)的矿藏。[33] 盘龙城的青铜器在铸造过程中,可能也使用了开采自德安(江西省)古矿的锡。[34] 郑州与盘龙城所使用的金属在同位素特征及合金成分上存在差异,这挑战了将盘龙城视为二里岗获取铜的前哨站的观点。不过,盘龙城的兴起似乎的确与金属在长江流域内外的流通密切相关,这些金属包括铜、锡,可能还有铅。[35]

在长江中游地区，石家河文化走向了衰落，盘龙城则作为新的重要区域中心而兴起，这似乎与聚落分布地点的普遍东移相一致。在洞庭湖以东，位于今湖南省岳阳市的一处遗址曾是新兴的冶铜中心。[36] 在洞庭湖以西，以皂市与宝塔遗址为代表的澧水流域本土文化，与长江以北及岳阳地区的政治与礼仪中心保持着定期的交流，其中就包括与盘龙城的交流。[37] 这些与盘龙城及其他长江中游以北的金属冶炼中心的互动，促进了长江以南本土青铜工业在晚商（安阳）时期（约前1300—前1045）的发展，其中心之一位于今长沙以西的宁乡市，考古学家在那里发现了一座围垣城邑，其建筑特征明显有别于盘龙城和郑州。[38]

更引人注目的则是区域间长途连接的扩张，其中最先发生的是金属、金属制品与金属冶炼技术的流通。近期的一项研究猜想，含镍铜未见于郑州而见于盘龙城这一现象，可能与含镍铜从汉水上游流域的汉中盆地转运到盘龙城有关。这是长江中游地区与西北高原间产生联系的早期证据，下一章将对此展开讨论。[39]

公元前1500年至公元前1000年间，重要的产铜中心沿着长江下游及其支流流域进一步向东涌现。[40] 其中一些明显与二里岗的礼仪文化相关，但另一些则发展出了独特的当地传统，其中最引人注目的是吴城（前1530—前1050），那里所制造的青铜器集中于武器、农具和铜钟，而缺乏在二里岗与安阳精英阶层文化中处于核心地位的酒器。[41] 长江中下游地区所共有的青铜器类型，尤其是湖南、湖北、安徽、江西、江苏、浙江及福建省均曾出土的铙，可能代表了一系列特殊的"南方"礼仪，这与青铜器共有的装饰图

第 2 章　帝国之前：长江中游的互动空间

案共同证明了这些地区内的铸铜工匠间存在交流。[42] 在西面，长江中游地区的作坊产出的金属或许已为人所知，并且可能最远输送到了成都平原。在那里，一个奇特的青铜文明正蓬勃发展，它以三星堆（前1700—前1150）为中心，拥有面积超过3平方千米的大型围垣聚落，并以两处装满珍贵玉器、象牙器、陶器、石器与青铜器的祭祀坑闻名，其中包括人形头像与等人大小的青铜像。[43]

　　随着青铜时代的到来，长江中游互动空间的格局及其与更广阔的东亚世界的联系都发生了重大变化。公元前1500年至公元前1000年间，新的地区中心（其中最重要的是盘龙城）开始出现资源与人员的流动及青铜技术的传播，以及相关的物质文化与经济组织要素。长江中游社群之间的持久联系，则体现在二里岗物质文化特征向长江南北、江汉平原以及洞庭湖周边的传播。同时还可注意到的是，长江中游地区的远距离交流得到了强化，这可能包括与中原二里岗间某种形式的政治互动，以及对长江流域经济与礼仪网络的参与。

## 从互动空间到领土国家

　　盘龙城聚落约在公元前1300年被废弃，这是二里岗世界全面危机的一部分。这场危机或许肇因于扩张过于迅速，以及国家在管理遥远飞地时的无能为力。[44] 盘龙城作为重要的中心而消失之后，长江中游地区发展出了更多具有当地特征的金属冶炼传统。其中一些中心地点可能与洹北及安阳（今河南省北部）的中商及晚商中央保持着联系，两者均位于黄河下游以北；[45] 但另一些则发展出了独特的青铜工业。⁴⁶ 这些中心地点生产的青铜器虽受到晚商铸造艺术风格的影响,却被用于与商祭祀祖先的方式明显不同的宗教活动。安阳出土的甲骨文以及晚商(安阳时期,约前1250—前1045)物质文化的地理分布也表明,商文化圈局限于黄河下游的中原地区,并未向南延伸至长江中游地区。⁴⁷

公元前二千纪之际,中国北方出现了一个新的政治网络,其地域范围超过了二里岗,并且首次留下了关于其组织和运作的详细文字证据。处于这一网络中的西周政权(前1045—前771)在公元前1046年击败并征服了商,形成了一个松散的自治政体联盟,其领土被分封给周王的亲属与盟友,甚至包括此前敌对但后来承认周朝统治地位者。⁴⁸ 这一联盟的地域范围北至今北京市附近,南至长江中游地区,西至渭河流域,东至山东半岛,其内部成员通过融入周朝统治者及其先祖为中心的宗教文化,共同参与军事行动,共享植根于礼制的贵重资源(尤其是用于铸造器皿与武器的金属)再分配网络。⁴⁹

西周致力于在长江中游地区确立制度化的政治势力,是文献记载中首个做出这种尝试的北方国家。周统治者击败商后不久,就在长江以北、汉水以东的地区,于大洪山与桐柏山之间的随枣走廊建立了曾国,曾国与另外一些较小的军事驻地,成了周文化影响南方并从中获取经济利益的主要渠道。⁵⁰ 曾国统治者墓葬中出土的青铜器铭文表明,他们接受了周朝的贵族等级制度与周式的祭祀祖先礼仪。此外,曾国在公元前9世纪中叶以后开始使用新型的青铜礼器和一系列标准化的饪食器,并且引入了新型的几何纹饰,而周王室正是在公元前850年前后实施了重大的礼制改革,这表明曾国精英阶层遵从了周王室的礼制乃至社会政治规范。[51]

西周青铜器在洞庭湖地区的发现表明，长江中游社会间的互动在这一时期有所加强。例如，高砂脊（今湖南省长沙市附近）出土的青铜器反映了西周礼制文化中的精英阶层的活动。[52]西周向当地的扩张，及其长江以北的盟友与当地政权之间的贸易，可能是由对金属矿石的需求推动的。铜绿山的铜矿开采规模在这一时期也有所扩大。[53]叶家山墓地（今湖北省随州市附近）的曾国贵族墓葬中发现的铜锭，属于公元前11世纪至公元前10世纪，这表明曾国是将长江流域的金属向北运往周王室进行铸造的交通枢纽。[54]

西周在公元前9世纪末至公元前8世纪初衰落，并在公元前771年最终覆灭。与此同时，地方政权兴起与扩张，其中之一即楚国。楚国兴起于东周时代（前771—前221），推动了长江中游互动网络转变为拥有共同的社会组织和文化习惯的独特地方社会，并在此后通过领土行政制度整合了长江两岸地区，进而将这一社会转变为领土国家。

关于早期楚政权的起源及地理位置问题，在考古学家、古文字学家与历史学家之间一直存在争议。[55]据传世文献记载，公元前1046年商亡之前及此后不久，未来的楚国统治者曾是周的亲密盟友，被分封于丹水下游的丹阳，即今湖北、陕西与河南省的交界处。[56]但到了西周中期，楚国逐渐成为周朝在南方的主要对手，周昭王因此发动了一场针对楚国的失败远征（前977或前975—前957），致使周朝的核心正规军被击溃。[57]一些学者指出，楚国精英阶层仍遵守周朝的礼制与奢侈禁令，这表明他们在身份认同上仍属于周文化；[58]但也有学者认为，楚国文化的来源可追溯至石家河时代的长江中游地区的城邦。[59] 两种观点皆有可取之处，因为汉水与长江中游流域当地的精英阶层正处于接纳北方社会文化准则的过程之中。

楚国位于丹水与汉水的交汇处，那里地理位置优越，前往汉水中下游、河南西南部的南阳盆地以及淮水上游流域都很便利。西周覆灭后不久，楚国便从当地开始向外扩张领土。[60] 扩张过程中，一些最引人注目的成就是在南方取得的，楚国在那里控制了长江中游地区，使其成为新的统治重心，并在公元前7世纪初迁都至此。[61]

传世文献较为详细地概述了楚国征服的过程，而以墓葬为主要代表的考古发现，也为楚社会文化圈的形成提供了另一条独立的证据链。考古学家已经发现了一种与楚国有关的独特墓葬文化，其代表了日常生活习惯，如陶制及青铜饪食器与盛食器的使用，埋葬方位与墓葬建筑等丧葬习俗，以及能够体现社会等级的墓葬规模、墓葬配置（墓室与棺椁）与随葬品的组合。[62] 虽然不同地区间仍有差异，但楚墓的这些共同特征标志着一种相对同质的物质文化，据此能够合理且可靠地确认楚文化的影响及楚人抵达特定区域的年代。[63] 正是这些通常被称为"楚式"的物品与装饰特征（如楚式鼎与鬲、楚式陶器、楚式随葬品等），使得在长江中游以南等缺乏文字记载的地区，楚文化与政治影响的研究成为可能。

要确定楚国在湖南地区扩张的时间序列，有赖于对当地以楚文化相关墓葬为主的考古材料进行分期，而这需要与江汉平原及汉水流域的楚文化遗址进行对比，因为后者的年代序列相对可靠。此前的研究倾向于将楚文化在长江中游以南存在的最早时期上溯至西周，[64] 近期的研究则认为，虽然当地在春秋早期已可见楚文化的影响，也可能是楚人的聚落，但上述时期仍应不早于春秋中期

（公元前7世纪至公元前6世纪初）。[65]

最早在长江以南定居的楚人，起初似乎更倾向于那些在历史上长期参与长江中游互动空间的地区。被考古学家确认为楚人聚落的最早遗址，如周家湾、黄泥岗及周家坟，均位于洞庭湖以西的澧水下游地区。[66] 其他属于春秋中期的楚国早期墓地，则见于今洞庭湖以东的岳阳市、洞庭湖以南的益阳市以及常德市内的沅水下游流域（参见图2.3）。后一地区发现了超过1 500处属于春秋战国时期的楚式墓葬，其中还包括一些贵族墓葬。[67]

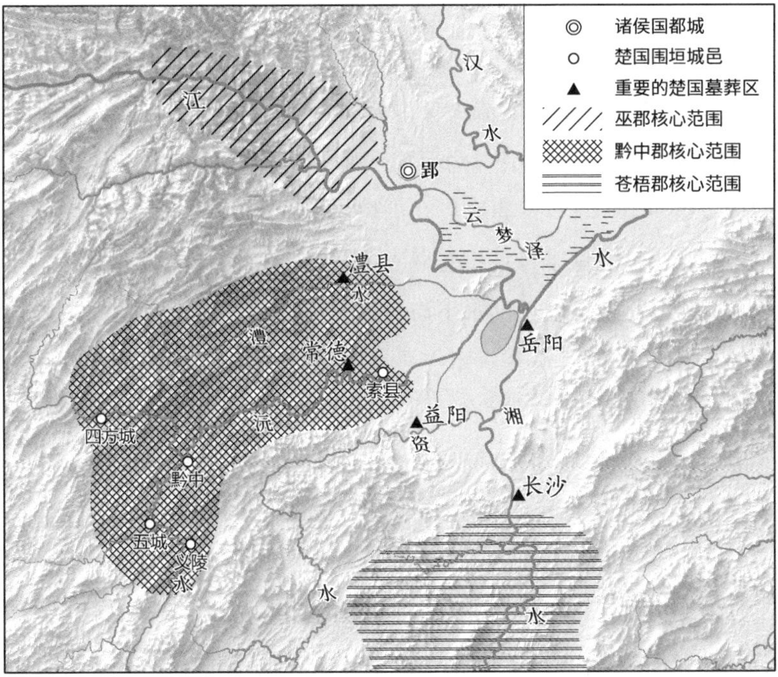

图2.3　战国时代楚国在长江中游以南的疆域

在战国时代，位于湘水下游的长沙地区作为楚人的重要聚落而兴起。这一发展至少部分是由楚国组织或支持的。无论是移民的规模，将原住民（可能是暴力地）迁往冲积平原周边的沼泽与丘陵地带的证据，还是楚国在长江以南建立行政管理机构的文字记载，皆可作为证明。到了战国末年，"楚国物质文化已称霸整个湘水流域"。[68] 公元前3世纪70年代的楚秦战争期间，江南（这时期指长江中游以南地区）已是楚国抵御秦国的关键屏障之一。有学者曾认为，楚国在战国中晚期向湖南地区大规模移民，是因为秦国日益威胁楚国位于长江以北江汉平原上的核心地区（参见第3章）。[69]

楚国在东周时代的重要聚落集中于洞庭湖周围，但也有一些楚人移民到了沅水及其支流地区。沅水中上游及其支流沿岸发现了大量楚式墓葬，且其中一些形成了墓群，这些墓葬的年代主要为战国中晚期。[70] 许多墓葬聚集在围垣聚落周边，在沅水流域，这样的聚落已有9处见于考古报告。[71]

其中4处聚落位于沅水下游流域。一处最初被视作楚国黔中郡郡治的围垣城邑，是在沅水与酉水交汇处——今沅陵县附近——发现的（参见图2.3）。而在沅水西部支流酉水沿岸，则有另外两处筑有防御工事的聚落，其中之一位于里耶，其在秦国治下被选定为迁陵县县治所在地。在下游约50千米处的四方城（位于今保靖县），还有一处面积约9公顷的围垣城邑，高耸于酉水与清水的交汇处。尽管城墙建造时间不明，但紧邻该城以北的一大群战国楚墓以及战国粮仓的遗迹表明，其应建立于战国中晚期。[72]

在沅水与其西部主要支流锦江交汇处的山顶，还建有一座五

## 第2章 帝国之前：长江中游的互动空间

城。与黔中郡相似，五城也使控制前往沅水流域的道路更为便利。此外，五城可能还是一处关卡，经此可通往锦江上游重要的麻阳铜矿，该铜矿开辟于东周时代，并在楚国移民推进至沅水中上游流域时得到了积极开采。[73] 最后，位于义陵的古城在控制沅水东部支流溆水沿岸的民众与商品流动方面，也发挥了重要作用。

上述围垣聚落共有的一些特征表明，它们不仅可能大致建造于同一时期，还可能拥有相同的规划。这些城邑均呈南北走向的矩形布局，并在四面建有城门。[74] 除今天常德市附近的索县城邑（参见图2.4a和b）及沅陵附近的城邑外，其他城邑的防御工事均由单层城墙组成。它们均位处河流附近的高地，这使补给与防御更为便利。其中一些城邑附近的烽火台遗迹表明，它们当时正面临着军事威胁。[75]

战国中晚期湖南西部城邑建设的时间与规模，证实了传世文献与出土文献的记载，即楚国在公元前4世纪至公元前3世纪间向长江中游以南进行扩张。在此期间，楚国与立足于四川西部及三峡地区（今重庆市）的巴国，在洞庭湖以西的武陵山地区的竞争日益激烈。公元前316年秦国征服巴人后，从三峡到两湖平原的长江南岸成为楚秦两国交战的战场。楚国面对西面不断升级的军事威胁，开始将其西南外围转变为驻防的军事边疆，对该地区有组织的拓殖可能也是这种战略的组成部分。[76]

楚国为了调动当地的人力与物力，并巩固军事上的防御，所采取的措施之一是推行领土行政。湖南省西北部及西部的一些设防城邑，已被确认为楚王指派的世袭封君的所在地，并且是领土行政单位的中心。[77] 从春秋时期开始，这些行政单位有助于巩固中

63

古代中国的帝国网络：中华帝国在东亚南部的建立

图2.4 （a）索县战国楚城的卫星照片;（b）索县的战国城墙

图片由藤田胜久（Katsuhisa Fujita）提供。

第 2 章　帝国之前：长江中游的互动空间

央政府对新征服地区的统治。据传世文献记载，楚国是最早实行县制的国家之一，而县制最终成为中华帝国领土组织的支柱。[78] 但与之相对的是，楚国出土文献，以公元前4世纪末的包山楚简为代表，反映出了一种由不同名称的行政单位构成的复杂领土行政体制。[79] 有些学者主张，与北方的魏、赵、秦等国不同，战国时代的楚国并没有叫"县"的行政地区，而是有各种其他的行政单位，其中一部分由中央指派的官员来管理，另一部分则被赐予以楚王家族成员为代表的世袭封君。[80]

楚国从公元前6世纪晚期开始设立的这些领土行政单位中，有关赐予世袭封君的领地记载最为详实，这些领地可能意在强化楚王室的权力。[81] 尤其值得注意的是，包山楚简详细记录了封地的地理分布信息。约公元前4世纪中叶开始，楚国统治者就在长江中游以南设立封地，其中有记载者半数集中于澧水与沅水流域。尽管在公元前5世纪至公元前4世纪初，有关封地的记载仍未见于长江以南地区，但在公元前381年至公元前263年间，已知的封地中已有五分之一位于长江以南。[82] 类似地，关于其他几类楚国行政单位的详细年代记录也未见于长江以南地区，但当地发掘的众多围垣城邑似乎均是作为地方政府中心而建设的。

楚国统治者在长江以南拓殖新地区、建设城邑并设立新行政中心的同时，也将该地区重组为郡这一更大的领土单位。郡是战国时代的一项重要行政创新，最初设立于各国的边疆地区，用来控制广阔但人口稀少的领土，并加强军事指挥、政府采购以及武器制造。[83] 公元前3世纪时，郡已成为管理所征服领土的常见形式。尽管战国时代的大多数国家对郡都并不陌生，但郡主要是由发动侵略性领土扩张的国家所建立的,其中尤以秦国为代表。燕国与赵国也在北方边疆设立了郡,楚国则将一些面积较大的郡设立在长江以南。[84]

关于楚郡的最早记载是战国中期。[85]公元前4世纪末,楚国已在洞庭湖以西的长江南岸设立了巫郡与黔中郡。[86]两郡确切的地理范围均难以确定,大多数学者认为,巫郡监视着三峡地区的巫峡西部入口(今重庆市巫山县),黔中郡则位于巫郡南侧及东南侧,包括澧水和沅水流域的大部分地区及武陵山的前沿地区,后者守卫着洞庭湖地区与其西侧乌江流域之间的道路(参见图2.3)。[87]前文提及的沅水流域的设防城邑最有可能位于黔中郡,其郡治地点仍有争议。[88]

秦国在公元前280年至公元前276年间入侵楚国,在此期间,楚国在长江以南的领土行政被证明是至关重要的。楚国虽然永远失去了位于江汉平原的腹地,但仍有能力在长江以南发动反攻。据《史记》记载,楚国在公元前276年为收复前一年丢失的15座城邑,发动了约十万大军。[89]有学者认为,军中的士兵可能来自当时未被秦国占领的黔中郡东部的长江以南地区。[90]

楚国完成这次收复后,随即将洞庭湖以西地区重组为一个新郡,专门用以"距秦"。[91]传世文献并未提及这一新郡的名称,大多数学者认为,楚国并未恢复西部已落入秦国之手的黔中郡,而是新设立了洞庭郡。[92]可能在同一时期,楚国在今湖南省南部的湘水上游流域又新设立了苍梧郡。这两个郡最终都被并入秦国在长江以南的行政组织。苍梧郡的设立可能是为了控制当地的越人,[93]纵观中华帝国历史,在南方的战役中,从本土招募的民兵都发挥了重要作

## 第 2 章　帝国之前：长江中游的互动空间

用，因此设立该郡可能正是为了招募这些军队来抵御秦国。[94]

通常认为，战国时代形成的领土国家，以清晰的政权边界及统一的领土行政为核心特征。[95] 考古证据与文献资料显示，长江以南地区出现了有规划的围垣城邑与郡，这表明政府力图在拥有防御边界的地理区域内控制民众与资源。但值得注意的是，楚国及其在当地的后继者都未能控制连续不间断的领土。正如第 4 章与第 5 章所言，虽然国家声称普遍控制着民众与土地，并不断尝试将其行政管理拓展至腹地，但国家势力仍仅限于经济生产、交通线路及军事据点等关键领域。

楚国的南向扩张不仅保障了统治者和精英阶层的战略安全，调动了当地资源，还开辟了通向长江中游地区内部和外部贸易网络的通道。在战国时代，长江中游以北楚国城市中心的贵族及富人对海洋及热带雨林物产的需求，刺激了他们与岭南地区之间的贸易，后者位于长江流域与珠江水系（今广东省及广西壮族自治区境内）的分水岭——南岭山脉——以南。贸易路线最远可能延伸到了海南岛与越南北部。楚国进口了象牙、珍珠、银、铜、水果、龟壳、香木及药品等物产，[96] 与此同时，楚式青铜器及其他器物开始在岭南精英阶层间流行。[97] 虽然湘水上游的楚国游商可能参与了上述贸易，[98] 但岭南地区的贸易不应被简单地视为民间商业活动，国家在其中可能扮演了重要角色，且楚国精美的工艺品在岭南领导者之间的流传，可能有助于楚国实现"即使不拉拢或颠覆，至少也要吸引当地精英阶层"的目标。[99]

楚国对长途贸易的管理长期以来一直受到关注，尤其是在奢侈品、贵金属及战略物资等领域。楚怀王在公元前 4 世纪末向鄂君启颁发了数枚青铜节,授予其商队沿规定路线免税通行的权利,这可能有助于新征服的领土融入楚国经济圈。[100] 考虑到楚国复杂的政体及比秦国较弱的政治集权,对于维护楚国统一而言,控制关键的贸易路线并对贸易流动加以管理可能至关重要。[101] 楚国在湖南南部设立苍梧郡,部分目的可能就是对跨越南岭山脉的贸易进行监督与征税。

正如湘水流域连接了长江中游与南方沿海地区,沅水流域也为前往西南高原提供了途径。在西南高原地区,云南凭借着锡和铅的丰富供应,在公元前二千纪已成为青铜时代网络的重要组成部分。[102] 由于长江中游地区是冶炼青铜的重要中心,大量来自云南的锡可能正是在那里被加工,供当地使用或进一步输出到更北方的地区。西南高原在长途贸易网络中也发挥着重要的中介作用,这一网络包括了四川与东南亚,最远还可能延伸至印度洋地区,那里的社会进行着贝壳、象牙、盐、宝石、银、金、马匹和奴隶等资源的贸易。[103]

楚军在战国中期远征云南可能是出于战略目的,但也无法排除是受到了控制贸易路线及云贵高原金属资源将带来的利益的驱使。[104] 据《史记》记载,楚威王(前339—前329年在位)派遣将军庄蹻攻占了云南中部滇池(亦称昆明湖)周边的冲积平原,这是当地最重要的农业中心之一。[105] 据《后汉书》记载,庄蹻沿着沅水流域向西南方推进,在穿越贵州时击败了当地被称为夜郎的政权。[106] 据《史记》记载,楚军在滇池附近建立了据点,但最终因秦国对楚国的入侵而与故土相隔绝,庄蹻及其后裔最终成为独立的滇国统治者。[107]

考古学上则几乎没有支持上述叙事的证据。尽管滇文化与楚文化的确拥有一些共同的武器类型与纹饰，滇国精英阶层也熟悉楚国贵族的丧葬习俗，[108] 但这并不能表明滇国采用了楚国的行政与经济制度，也无法表明楚国向云南中部进行了大规模移民，这不同于人们预想的楚国彻底征服了滇国。如弗朗西斯·阿拉德（Francis Allard）所言："如果楚将庄蹻确如文献所言在公元前4世纪末或公元前3世纪初获取了滇国领导权，那么滇国大多数独特的工艺品也可印证文献中进一步的论断，即庄蹻并未将楚国习俗与艺术形式强加给原住民，而是接受了当地的习俗。"[109] 不过，庄蹻的故事或许也暗示着楚国对西南高原的政治介入日益加强，且沅水开始日益发挥军事路线的作用。

## 结语：互动、巩固与扩张

长江中游互动空间形成于公元前三千纪，是当地新兴城邑中心间进行经济与文化交流的舞台。约1 000年以后，当地社会与北方王朝间的早期联系也发生在这一地区。这段时期内，当地社会面临着气候变化、人口重心转移、外部影响以及新资源与新技术出现的境况，这促成了经济、政治与文化联结的新格局。其中一种影响持久的格局，是该地区以长江为界分为南北两部分。这或许最显著地体现在公元前276年至公元前222年间秦楚两国的相持中，当时秦国虽然攻占了长江以北的领土，却无法将楚国驱逐出长江以南地区。不过，这种分立从长期来看并未严重阻碍该地区内部的连通性，这是由密集的通航河流网络所决定的。

到战国时代，长江中游互动空间已转变为楚国这一实施领土行政的国家，其从当地人口中获取劳动力与资源，并组织了军事防御。楚国拥有大致明确的自然边界，如南侧的南岭山脉与西侧的武陵山脉。边境的防御工事则巩固了这些边界，尤其是守卫着从周边高地通向重要流域路线的围垣城邑。尽管楚国位于长江中游的势力在战国晚期分布并不平衡，但其开采资源、动员人力与发动战争的能力超越了当地此前的所有政权。建立新的领土国家并不能完全归功于军事征服与行政创新，楚国在此之外还利用了经济交流网络，以及长江中游地区属于石家河围垣城邑的社会政治整合传统。

一旦长江中游地区完成了政治巩固，国家权力便可借助当地的资源以进一步向外拓展。楚国在战国晚期扩张到了湖南南部，可能还曾试图对云贵高原发起进攻。这次扩张的确切动机仍然不明，但可能是为了控制重要的战略资源（如金属）与稀有商品（象牙、珍珠及宝石等）的贸易路线，或是为农业用地与劳动力寻求新的来源。

公元前一千纪中期以后，长期存在的区域间连通以及互动网络在政治军事上的巩固，也意味着楚秦等强国寻求控制整个长江中游地区。楚国在公元前280年至公元前277年间秦国入侵后得以幸存，并沿长江以南的地理边界重建西部边疆，将秦国拒于武陵山以西。不过，秦国在长江以北的持续存在意味着战争只是暂时中止，在公元前226年至公元前222年间的最后一轮战役中，秦国占领了楚国位于长江以南的所有领土。秦国征服湖南地区之迅速也反映了该地区内部的连通性。秦国作为新的主宰者，最终也延续了楚国向南方及西南方扩张的步伐。

## 第 2 章 帝国之前：长江中游的互动空间

## 注释

1 关于汉中盆地作为黄河流域与长江流域间边缘地区的角色，详见本书第3章。关于南阳盆地，参见樊力：《豫西南地区新石器文化的发展序列及其与邻近地区的关系》，《考古学报》2000年第2期，第147—182页；Richard Ehrich, "The Culture Problem in Neolithic Archaeology: Examples and Possible Solutions in the Middle Yangzi River Region," Ph.D. dissertation, University of California, Los Angeles, 2017, 88-92。感谢安可提醒笔者注意到后一研究成果。

2 Thomas Talhelm and Shigehiro Oishi, "How Rice Farming Shaped Culture in Southern China," in A.K. Uskul and S. Oishi, eds., *Socioeconomic Environment and Human Psychology* (New York: Oxford University Press, 2018), 53-76.

3 Kwang-chih Chang, *The Archaeology of Ancient China, 4th edition*, 234; 以及Chang, "China on the Eve of the Historical Period," 54-59。

4 Zhang Chi, "The Qujialing-Shijiahe Culture in the Middle Yangzi River Valley," in Anne Underhill, ed., *A Companion to Chinese Archaeology* (Chichester: Wiley-Blackwell, 2013), 510-34.

5 "领土国家"这一概念植根于中世纪晚期与现代早期的西欧历史背景。领土国家的中央当局通过官僚组织、职业军队以及定期征税来维持广阔且稳定的领土，这与封建政权相反。相关的讨论，可参见如Scott Abramson, "The Economic Origins of the Territorial State," *International Organization* 71.1（2017）: 97-130。划定的有形边界在古代中国是领土国家的决定性特征，关于其重要性，参见Yuri Pines, "The Earliest 'Great Wall'? The Long Wall of Qi Revisited," *Journal of the American Oriental Society* 138.4（2018）: 743-62。

6 关于长江中游湿地的环境史，参见朱育新、王苏民、吴瑞金：《全新世江汉平原地区长江南移末代的沉积学依据》，《科学通报》1997年第18期，第659—662页；邹逸麟、张修桂主编：《中国历史自然地理》，北京：科学出版社，2013年，第336—358页；Brian Lander, "From Wetland to Farmland: The Human Colonization of the Central Yangzi basin"（unpublished manuscript）。

7 在文学传统中,云梦泽被称为"广泽",可参见如《史记》卷一一七,第3003—3004页。

8 关于云梦泽在公元前三千纪成为沼泽,可参见如周宏伟:《云梦问题的新认识》,《历史研究》2012年第2期,第4—26页。

9 参见谭其骧:《鄂君启节铭文释地》,中华书局上海编辑所编辑:《中华文史论丛》第二辑,北京:中华书局,1962年,第169—190页;邹逸麟、张修桂主编:《中国历史自然地理》,第344页。

10 朱翔主编:《湖南地理》,北京:北京师范大学出版社,2014年,第22—23页。

11 在中华帝国晚期,沅水及其支流被用作军队在贵州作战时的主要补给路线,参见Wiens, *China's March Toward the Tropics*, 19。

12 将滇人的身份推测为藏缅语使用者,是基于包含西南高原大部分地区在内的东汉益州当地的民歌记录,这些记录被保存于《后汉书》。参见R. F. Its, *Etnicheskaja istorija juga Vostochnoj Azii*〔The ethnic history of southern East Asia〕(Leningrad: Nauka, 1972), 226-27;以及M. V. Kryukov, L. S. Perelomov, M. V. Sofronov and N. N. Cheboksarov, *Drevnije kitajci v epokhu zentralizovannykh imperij*〔The ancient Chinese in the era of centralized empires〕(Moskva: Nauka, 1983), 71-74。亦可参见Stanley Starosta, "Proto-East Asian and the Origin and Dispersal of the Languages of East and Southeast Asia and the Pacific," in Laurent Sagart, Roger Blench and Alicia Sanchez-Mazas, eds., *The Peopling of East Asia: Putting together Archaeology, Linguistics and Genetics*(London and New York: Routledge, 2005), 182-97。关于四川地区藏缅语族起源的假说,参见George Van Driem, "Tibeto-Burman vs. Indo-Chinese: Implications for Population Geneticists, Archaeologists and Prehistorians," in Sagart et al., eds., *The Peopling of East Asia*, 81-106。

13 关于新石器时代晚期东亚人口、经济与社会动态的概述,参见Li Feng, *Early China: A Social and Cultural History*(Cambridge: Cambridge University Press, 2013), 15-40;郭静云:《夏商周:从神话到史实》,上海:上海古籍出版社,2013年,第21—61页;Shelach-Lavi, *The Archaeology of Early China*, 127-60;以及Li Min, *Social Memory and State Formation*, 42-81。

14 关于新石器时代晚期社会分层发展的其他分析，参见 Shelach-Lavi, *The Archaeology of Early China*, 156-58; Elizabeth Childs-Johnson, "Jade Age Adornment of the Liangzhu Elite," in Sheri Lullo and Leslie Wallace, eds., *The Art and Archaeology of Bodily Adornment: Studies from Central and East Asian Mortuary Context*（New York and London: Routledge, 2019）, 141-60。

15 良渚文化（约前3300—前2300）或许是这些网络中的一个代表，它是新石器时代晚期长江下游与东海沿岸的社群网络，主要的礼仪中心位于莫角山（今浙江省杭州市附近）。参见 Li Liu and Xingcan Chen, *The Archaeology of China: From the Late Paleolithic to the Early Bronze Age*（Cambridge: Cambridge University Press, 2012）, 236-42; Qin Ling, "The Liangzhu Culture," in Underhill, ed., *A Companion to Chinese Archaeology*, 574-96; Li Min, *Social Memory and State Formation*, 45-59; 以及 Childs-Johnson, "Jade Age Adornment of the Liangzhu Elite," 141-60。

16 关于长江中游地区新石器时代晚期文化的讨论，参见郭立新：《长江中游地区初期社会复杂化研究》，上海：上海古籍出版社，2005年，第78—98页；Zhang Chi, "The Qujialing-Shijiahe Culture," 510-34; 郭静云：《夏商周：从神话到史实》，第38—61页；Ehrich, "The Culture Problem in Neolithic Archaeology"; Li Min, *Social Memory and State Formation*, 63-70; 以及 Pei, *A Study of Prehistoric Settlement Patterns*, 97-165。

17 关于石家河农民耕种的作物，参见陈雪香、周广明、宫玮：《江西新干牛城2006~2008年度浮选植物遗存初步分析》，《江汉考古》2015年第3期，第100—108页。对与石家河文化同名的石家河聚落人口的其他估算，参见 Zhang Chi, "The Qujialing-Shijiahe Culture," 530; 郭静云：《夏商周：从神话到史实》，第43页。

18 关于建造石家河聚落的城墙与城壕所需劳动力的估算，参见［日］中村慎一：「石家河遺跡をめぐる諸問題」，『日本中国考古学会会報』7，1997年，41—45页；以及 Zhang Chi, "The Qujialing-Shijiahe Culture," 519。

19 关于将石家河文化圈的三个城邑集群认定为属于不同的联盟，参见郭静云：《夏商周：从神话到史实》，第39—47页；关于猜想石家河是举行"重大节日与重要宗教活动"的礼仪中心,参见 Li Min, *Social Memory and State Formation*, 65-66。亦可参见 Ehrich, "The Culture Problem in Neolithic Archaeology," 92-99。傅罗文(Rowan Flad)与陈伯桢(Pochan Chen)怀疑,石家河文化圈内没有"对整个地区拥有政治控制的扩张主义政体",但他们同时也承认,"天门附近的石家河遗址群似乎已经成为一个重要的中心"。参见 Flad and Chen, *Ancient Central China*, 123-24。

20 湘西自治州文物管理处、吉首市文物管理所:《吉首市河溪教场遗址发掘简报》,湖南省文物考古研究所湖南省考古学会编:《湖南考古 2002》,长沙:岳麓书社,2003 年,第 52—71 页。

21 国家文物局主编,湖南省文物局编制:《中国文物地图集·湖南分册》,长沙:湖南地图出版社,1997 年,第 411 页。

22 中国考古学会编:《中国考古学年鉴 1985》,北京:文物出版社,1985 年,第 197 页。

23 可参见如刘德银:《论石家河文化早期与屈家岭文化晚期的关系》,《江汉考古》1990 年第 3 期,第 45—50 页;刘顺:《湖南新石器时代的特色文化》,《怀化学院学报》2007 年第 7 期,第 9—11 页;Flad and Chen, *Ancient Central China*, 124。

24 参见郭立新:《长江中游地区初期社会复杂化研究》,第 1—24 页;郭静云:《夏商周:从神话到史实》,第 58—59 页;Flad and Chen, *Ancient Central China*, 36-37; Li Wu et al., "Mid-Holocene Palaeoflood Events Recorded at the Zhongqiao Neolithic Cultural Site in the Jianghan Plain, Middle Yangtze River Valley in China," *Quaternary Science Reviews* 173(2017):145-60; Li Min, *Social Memory and State Formation*, 84。

25 高崇文:《试论长江中游原始文化的变迁与古史传说》,严文明、安田喜宪主编:《稻作、陶器和都市的起源》,北京:文物出版社,2000 年,第 189—197 页;向桃初:《二里头文化向南方的传播》,《考古》2011 年第 10 期,第 47—61 页。关于二里头在公元前 1900 年至公元前 1600 年间的领土扩张,参见 Li Liu and Xingcan Chen, *State Formation in Early China*(London: Duckworth, 2003), 57-84; Li Feng, *Early China*, 42-48。但应注意的是,也有考古学家质疑二里头是否有过有组织的扩张，他们认为二里头不具备发动长途军事战役的组织能力。参见Shelach-Lavi, *The Archaeology of Early China*, 189-90。

26 郭静云：《夏商周：从神话到史实》，第57—60页。近期一项对中国西北地区4.2ka BP气候事件相关的考古证据的重新评估表明，"几乎没有证据可以表明，在4.2ka BP气候事件发生后，生存系统发生了突然的（更不用说是彻底的）转变⋯⋯地形条件与人类文化反应的差异，产生了不同的社会结果"。参见Yitzchak Jaffe and Anke Hein, "Considering Change with Archaeological Data: Reevaluating Local Variation in the Role of the ~4.2k BP Event in Northwest China," *The Holocene* 2020, https://doi.org/10.1177/0959683620970254。

27 Liu and Chen, *The Archaeology of China*, 288; Li Min, *Social Memory and State Formation*, 251.

28 对盘龙城考古的总结，参见Liu and Chen, *State Formation in Early China*, 116-19; 以及Zhang Changping, "Erligang: A Perspective from Panlongcheng," in Kyle Steinke and Dora Ching, eds., *Art and Archaeology of the Erligang Civilization*（Princeton: Princeton University Press, 2014), 51-63。

29 可参见如Wang Haicheng, "China's First Empire? Interpreting the Material Record of the Erligang Expansion," in Steinke and Ching, eds., *Art and Archaeology of the Erligang Civilization*, 67-97。

30 Robert Bagley, "P'an-lung-ch'eng: A Shang City in Hubei," *Artibus Asiae* 39.3/4（1977): 165-219; Robert Bagley, "Shang Archaeology," in Loewe and Shaughnessy, eds., *The Cambridge History of Ancient China*, 124-231, esp. 168-71; 以及Kyle Steinke, "Erligang and the Southern Bronze Industries," in Steinke and Ching, eds., *Art and Archaeology of the Erligang Civilization*, 151-70。这两处遗址在文化上的其他相似之处，还包括夯土城墙、大型公共建筑（可能为宫殿）、丧葬习俗、玉器贮藏及一些陶器类型。不过，盘龙城出土的某些陶器代表了一种与河南腹地二里岗不同的本土传统。参见Zhang Changping, "Erligang: A Perspective from Panlongcheng," 53-55。

31 Roderick Campbell, *Archaeology of the Chinese Bronze Age from Erlitou to*

*Anyang*（Los Angeles：Cotsen Institute of Archaeology Press，2014），86.

32　郭静云：《夏商周：从神话到史实》，第88—102页。

33　Shelach-Lavi，*The Archaeology of Early China*，241-42.

34　参见Li Liu and Xingcan Chen，"Cities and Towns：The Control of Natural Resources in Early States，" *Bulletin of the Museum of Far Eastern Antiquities* 73（2001）：5-47。

35　关于盘龙城与郑州铸造金属器物所用的金属，对其化学成分与同位素成分的比较，参见Ruiliang Liu，Mark Pollard，Jessica Rawson，Xiaojia Tang，Peter Bray and Changping Zhang，"Panlongcheng，Zhengzhou and the Movement of Metal in Early Bronze Age China，" *Journal of World Prehistory* 32（2019）：393-428。

36　参见Robin McNeal，"Erligang Contacts South of the Yangzi River：The Expansion of Interaction Networks in Early Bronze Age Hunan，" in Steinke and Ching，eds.，*Art and Archaeology of the Erligang Civilization*，173-87。

37　参见何介钧、曹传松：《湖南澧县商周时期古遗址调查与探掘》，湖南省文物考古研究所、湖南省考古学会合编：《湖南考古辑刊》第四集，长沙：岳麓书社，1987年，第1—10页；何介钧、王文建：《湖南石门皂市商代遗存》，《考古学报》1992年第2期，第185—219页；Liu and Chen，*State Formation in Early China*，123-25；McNeal，"Erligang Contacts，" 180-82；Flad and Chen，*Ancient Central China*，129-30。

38　关于湖南北部本土早期青铜时代文化的简要讨论，参见McNeal，"Erligang Contacts，" 184-85。关于洞庭湖周边祭祀坑出土的青铜器及铜钟的更详细分析，参见Lai，*Contacts between the Shang and the South*。宁乡市的围垣聚落可能是洞庭湖地区青铜生产社会的中心或中心之一，其发掘情况可参见向桃初：《炭河里城址的发现与宁乡铜器群再研究》，《文物》2006年第8期，第35—44页。

39　Liu et al.，"Panlongcheng，Zhengzhou and the Movement of Metal，" 408-15.

40　参见Virginia Kane，"Bronze Industries in the South of China Contemporary with the Shang and Western Chou Dynasties，" *Archives of Asian Art* 28（1974/1975）：77-107。

## 第 2 章 帝国之前：长江中游的互动空间

41 关于吴城，参见 Virginia Kane，"Bronze Industries in the South of China Contemporary with the Shang and Western Chou Dynasties," *Archives of Asian Art* 28（1974/1975）：77-107。

42 参见 Lai，*Contacts between the Shang and the South*。

43 这些祭祀坑普遍可追溯至三星堆文化晚期或末期，参见 Flad and Chen，*Ancient Central China*，89-94。关于三星堆的青铜器，参见 Jay Xu，"Bronze at Sanxingdui," in Robert Bagley, ed., *Ancient Sichuan: Treasures from a Lost Civilization*（Princeton：Princeton University Press，2001），59-70，以及第 71—151 页所载三星堆青铜器的目录。关于长江中游地区（尤其是湖南）与四川盆地的居民所使用的青铜酒器类型，它们共同的纹饰，以及湖南、四川和此后云南地区的社群可能将这些青铜器用于盛放贝壳、玉珠及其他珍贵贡品，而非像商朝礼仪文化那样将其用作酒器，参见 Jessica Rawson，ed.，*Mysteries of Ancient China: New Discoveries from the Early Dynasties*（London：British Museum，1996），70-74。

44 Liu and Chen，*State Formation in Early China*，145.

45 郭元咀是晚商的重要金属冶炼中心，位于盘龙城以北约 15 千米处，发掘表明，当地铸铜工匠很熟悉洹北的铸铜技术。参见湖北省文物考古研究所：《黄陂鲁台山郭元咀遗址发现商代晚期铸铜遗址》，考古中国，http://kgzg.cn/a/397084.html，2021/01/20 访问。郭元咀铜器生产的规模之大及其位置与盘龙城相邻近表明，在盘龙城衰落后，城内的一些铸铜工匠可能移民到了郭元咀这一新的中心地点。

46 Flad and Chen，*Ancient Central China*，130.

47 Kane，"Bronze Industries in the South of China，" 77-107。关于晚商撤出长江流域，参见 Li Min，*Social Memory and State Formation*，273-74。关于晚商文化圈的地理范围，参见 Li Feng，*Early China*，83-85。

48 关于周朝的同盟，参见 Li Min，*Social Memory and State Formation*，313-95。

49 关于西周历史的研究，参见 Edward Shaughnessy，"Western Zhou History," in Loewe and Shaughnessy，eds.，*The Cambridge History of Ancient China*，292-351。在地理方面对周朝扩张的更详细研究，参见 Li Feng，*Landscape*

and Power in Early China: The Crisis and Fall of the Western Zhou, 1045-771 BC（New York: Cambridge University Press, 2006）。

50 关于曾国，可参见如石泉:《古代曾国—随国地望初探》,《武汉大学学报（哲学社会科学版）》1979年第1期，第60—69页；Olivier Venture, "Zeng: The Rediscovery of a Forgotten State," in Gábor Kósa, ed., *China across the Centuries: Papers from a Lecture Series in Budapest*（Budapest: Department of East Asian Studies, Eötvös Loránd University, 2017）, 1-32；方勤:《曾国历史与文化：从"左右文武"到"左右楚王"》，上海：上海古籍出版社，2018年；以及 Beichen Chen, *Cultural Interactions during the Zhou Period（c. 1000-350 BC）: A Study of Networks from the Suizao Corridor*（Oxford: Archaeopress Publishing, 2019）。关于周朝在长江中游以北其他地区的军事驻地，参见吴晓松、洪刚:《湖北蕲春达城新屋垸窖藏青铜器及相关问题的研究》,《文物》1997年第12期，第52—54页。

51 Chen, *Cultural Interactions during the Zhou Period*, 36-95。关于西周中期的礼制改革及其背景与结果，参见 Jessica Rawson, "Western Zhou Archaeology," in Loewe and Shaughnessy, eds., *The Cambridge History of Ancient China*, 352-449；以及 Falkenhausen, *Chinese Society*, 29-73。

52 湖南省文物考古研究所等:《湖南望城县高砂脊商周遗址的发掘》,《考古》2001年第4期，第27—44页。

53 胡新生:《黄石文化遗产》，武汉：长江出版社，2015年，第74—93页。

54 Chen, *Cultural Interactions during the Zhou Period*, 58-59.

55 郭珏的两部著作即将由剑桥大学出版社出版，即 *Becoming the South: A Deep History of Region and Identity Formation in Early China* 与 *Lifeworlds of Chu Noblemen in Early China（5th-3rd Centuries BCE）*（暂定名），将有助于我们理解楚国的起源、地理、文化、社会结构及楚政权的历史。

56 可参见如 Barry Blakeley, "The Geography of Chu," in Cook and Major, eds., *Defining Chu*, 9-20；尹弘兵:《商末周初的丹阳及其考古学探索》，楚文化研究会编:《楚文化研究论集》第十集，武汉：湖北美术出版社，2011年，第378—391页。

57 关于周昭王的南征及其对西周政权衰落的影响，参见Li Feng, *Landscape and Power*, 93-95。楚国当时已扩张至汉水下游。一些学者相信，到西周末年，楚国的中心已南移至今湖北省襄阳市以南的宜城市附近。参见笪浩波：《从近年出土新材料看楚国早期中心区域》，楚文化研究会编：《楚文化研究论集》第十集，武汉：湖北美术出版社，2011年，第361—377页。

58 Falkenhausen, *Chinese Society*, 262-71.

59 关于将"楚文化"起源追溯至湖北省西南部的史前文化序列，早期的尝试可参见俞伟超：《关于楚文化发展的新探索》，《江汉考古》1980年第1期，第17—30页；俞伟超：《先楚与三苗文化的考古学推测——为中国考古学会第二次年会而作》，《文物》1980年第10期，第1—12页。近年来对楚国长江中游起源说的重申，参见郭静云：《夏商周：从神话到史实》，第102—120页；以及Mark Ulyanov, "Tsarstvo Chu v XII-Xvv. do n.e.: formirovanije i stanovlenije gosudarstva"［The state of Chu in the twelfth-tenth centuries BCE: formation and consolidation of a state］, *Vestnik Universiteta Dmitrija Pozharskogo* 3（2019）: 114-48。

60 《春秋左传》与《史记·楚世家》是有关东周时代（前771—前221）楚国政治史的两份重要传世文献。此外，近年公布的清华大学藏战国竹简中，一篇题为《楚居》的文献记载了楚王先祖居地的变迁。关于楚国沿汉水扩张及吞并较小政权的过程，考古证据提供了更为细致与复杂的叙述。参见Glenda Chao, "Culture Change and Imperial Incorporation in Early China: An Archaeological Study of the Middle Han River Valley（ca. 8th century BCE -1st century CE），" Ph.D. dissertation, Columbia University, 2017。

61 对于楚国在湖北的战役及约公元前690年的迁都，相关的概述可参见Blakeley, "The Geography of Chu," 13-15。学者们所认为的楚国新都郢的位置，涉及楚皇城、纪南城及季家湖等众多不同地点，参见Flad and Chen, *Ancient Central China*, 134-35。

62 Falkenhausen, "Social Ranking in Chu Tombs: The Mortuary Background of the Warring States Manuscript Finds," *Monumenta Serica* 51（2003），439-526；Flad and Chen, *Ancient Central China*, 243-57；Chao, "Culture Change and

Imperial Incorporation," Chapter 5.

63 这并不是说楚物质文化是一个封闭体系。楚物质文化在整个东周时代都接受了外部技术与艺术的影响，这在楚国的青铜铸造中体现得最为明显，而这些影响在很大程度上与楚国的扩张进程有关。参见 Colin Mackenzie, "Chu Bronze Work: A Unilinear Tradition, or a Synthesis of Diverse Sources," in Thomas Lawton, ed., *New Perspectives on Chu Culture during the Eastern Zhou Period* ( Princeton: Princeton University Press, 1991 ), 107-58.

64 可参见如曹传松:《湘西北楚城调查与探讨——兼谈有关楚史几个问题》，楚文化研究会编:《楚文化研究论集》第二集，武汉：湖北人民出版社，1991年，第177—190页，尤其是第187页；郭伟民:《关于早期楚文化和楚人入湘问题的再探讨》,《中原文物》1996年第2期，第62—68页。

65 李海勇:《湖南早期楚文化的历史地理分析》,《中国历史地理论丛》2001年第2期，第97—103页；李海勇:《楚人对湖南的开发及其文化融合与演变》，武汉大学2003年博士学位论文。相关的学术综述，参见［日］藤田勝久:『中国古代国家と郡県社会』，京都：汲古書院，2015年，186—187頁。最近在岳阳市发现的罗城遗址属于春秋中期，或许是湖南最早的楚人聚落，参见崔俊杰、李紫薇:《罗城遗址新发现——楚文化入湘可追溯至春秋中期》，考古中国，http://kgzg.cn/a/397079.html，2021/01/20访问。

66 李海勇:《湖南早期楚文化的历史地理分析》，第100—101页。

67 李海勇:《湖南早期楚文化的历史地理分析》，第99—101页；Flad and Chen, *Ancient Central China*, 255-56;［日］藤田勝久:『中国古代国家と郡県社会』，187頁；已出版的沅水下游流域楚墓资料，参见湖南省常德市文物局等编著:《沅水下游楚墓》，北京：文物出版社，2010年。

68 Falkenhausen, *Chinese Society*, 285-86.

69 何介钧:《湖南晚期楚墓及其历史背景》，楚文化研究会编:《楚文化研究论集》第二集，武汉：湖北人民出版社，1991年，第112—124页。

70 包括战国楚式墓葬在内的众多沅水流域古墓的考古发掘报告，收录于湖南省文物考古研究所与湖南考古学会所编《湖南考古2002》一书，可参见如湘西自治州文物管理处、古丈县文物管理所:《古丈县白鹤湾战国西汉墓发掘报告》，第147—173页；湘西自治州文物管理处、保靖县文物管理所：《保靖四方城战国、汉代墓葬发掘报告》，第174—224页。里耶附近的麦茶也有一座大型楚墓群，发掘报告记录了2002年5月至6月间发掘的236座墓葬，参见《里耶发掘报告》，第240—373页。报告的作者将大部分墓葬描述为典型的战国晚期楚墓。

71 此后对沅水流域楚国围垣城邑之发现与研究的总结，主要基于曹传松：《湘西北楚城调查与探讨》，第177—90页；[日]藤田勝久：「秦漢簡牘と里耶周辺の調査ノート」，藤田勝久编：『里耶秦簡・西北漢簡と実地調査による秦漢地域社会の研究』，松山：愛媛大学法文学部，2015年，41—62頁。

72 近年来四方城的考古发现，参见龙京沙：《里耶古城遗址反映的几个问题》，中国社会科学院考古研究所等编：《里耶古城·秦简与秦文化研究：中国里耶古城·秦简与秦文化国际学术研讨会论文集》，北京：科学出版社，2009年，第74—83页；[日]藤田勝久：「秦漢簡牘と里耶周辺の調査ノート」，47頁。

73 曹传松：《湘西北楚城调查与探讨》，第186页；Joseph Needham and Peter Golas, *Science and Civilisation in China*, Vol. 3: *Chemistry and Chemical Technology*, Part XIII: *Mining*（Cambridge: Cambridge University Press, 1999），83-84。

74 曹传松：《湘西北楚城调查与探讨》，第184—185页。

75 同上。

76 在战国中晚期楚国、巴国与秦国发生军事对抗的背景下，关于湖南西部楚国考古遗址的分析，参见高崇文：《从里耶古城、丹凤古城的考古发现谈秦楚关系》，中国社会科学院考古研究所等编：《里耶古城·秦简与秦文化研究：中国里耶古城·秦简与秦文化国际学术研讨会论文集》，第60—67页。

77 曹传松：《湘西北楚城调查与探讨》，第185—186页。

78 Li Feng, *Early China*, 166-70.

79 参见陈伟：《包山楚简初探》，武汉：武汉大学出版社，1996年，第67—107页。

80 关于战国时代楚国无县的争论，参见[日]土口史记：『先秦時代の領域支配』，京都：京都大学学術出版会，2011年，95—121頁。楚特有的州、路等领土行政单位,在规模、人口及管理机构方面可能大致相当于县,参见郑威:《"夏州"小考——兼谈包山楚简"路"的性质》,《江汉考古》2014年第4期,第122—125页。

81 郑威:《楚国封君研究》,武汉:湖北教育出版社,2012年,第51—52页。

82 郑威:《楚国封君研究》,第170—187、212—214页。

83 但应注意的是,战国时代各国的郡可能承载着不同的功能。藤田胜久注意到,秦国最早将县的上级行政单位设立在渭河流域而非边疆,旨在协调对国家腹地而非边疆防御的管理。参见[日]藤田勝久:『中国古代国家と郡県社会』,64页。此外,有些国家的郡最初可能是县的下级单位,如《逸周书》记载:"县有四郡。"参见黄怀信、张懋镕、田旭东:《逸周书汇校集注》卷五,上海:上海古籍出版社,2007年,第5—30页。

84 关于战国郡制及其在秦国与其他国家间的差异,全面的概述可参见[日]土口史記:『先秦時代の領域支配』,123—164页。

85 近期对楚郡的研究,参见陈若松:《战国楚郡研究》,武汉大学2018年硕士学位论文。

86 《史记·楚世家》记载,公元前302年,秦国要求被俘的楚怀王(前328—前299年在位)用这两个郡换取自由,但被楚怀王拒绝。参见《史记》卷四〇,第1728页。

87 可参见贺刚:《楚黔中地及其晚期墓葬的初步考察》,楚文化研究会编:《楚文化研究论集》第四集,郑州:河南人民出版社,1994年;赵炳清:《楚、秦黔中郡略论——兼论屈原之卒年》,《中国历史地理论丛》2006年第3期,第107—115页;周书灿:《战国时期楚国置郡问题三论》,《贵州师范大学学报(社会科学版)》2010年第3期,第17—21页;以及陈若松:《战国楚郡研究》,第二章。

88 大多数学者认为黔中郡郡治位于沅水流域,在今沅水与酉水交汇处的沅陵县附近,一座围垣城邑是其可能的位置之一。可参见如曹传松:《湘西北楚城调查与探讨》,第183页。但也有学者认为,根据《史记》对公元前280年至公元前276年间秦国进攻楚国的记载,黔中郡郡治应位于武陵山脉以西的乌江流域。参见陈若松:《战国楚郡研究》,第二章。

89 《史记》卷四〇,第1735页。

90 高崇文:《从里耶古城、丹凤古城的考古发现谈秦楚关系》,第65页。

91 《史记》卷四〇,第1735页。

92 可参见如徐少华、李海勇:《从出土文献析楚秦洞庭、黔中、苍梧诸郡县的建置与地望》,《考古》2005年第11期,第63—70页;以及钟炜、晏昌贵:《楚秦洞庭苍梧及源流演变》,《江汉考古》2008年第2期,第92—100页。

93 徐少华、李海勇:《从出土文献析楚秦洞庭、黔中、苍梧诸郡县的建置与地望》,第66—68页。

94 关于部落民兵对于维持中华帝国晚期南方边境的公共秩序及镇压叛乱的重要性,参见 Leo Shin, *The Making of the Chinese State*, 63-64。从中古早期到元代,西南高原各族群在帝国征战越南过程中的参与,参见 Herman, "The Kingdom of Nanzhong," 266;以及 Baldanza, *Ming China and Vietnam*, 24。

95 Mark Lewis, "Warring States Political History," in Loewe and Shaughnessy, eds., *The Cambridge History of Ancient China*, 587-650; Li Feng, *Early China*, 183-86; Shelach-Lavi, *The Archaeology of Early China*, 267-68; Pines, "The Earliest 'Great Wall'," 743-62.

96 对楚国与岭南地区间贸易的研究,以及与楚国在湘水上游流域的贸易聚落相关的考古证据,参见 Heather Peters, "Towns and Trade: Cultural Diversity and Chu Daily Life," in Cook and Major, eds., *Defining Chu*, 99-117; Francis Allard, "Lingnan and Chu during the First Millennium B.C.: A Reassessment of the Core-Periphery Model," in Roderich Ptak and Thomas Höllmann, eds., *South China and Maritime Asia*(Wiesbaden: Harrassowitz, 2004), 1-21;高至喜:《湖南楚墓与楚文化》,长沙:岳麓书社,2012年,第305—313页。一些学者主张,秦汉时期位于岭南地区的交通网络,是基于战国时代楚国与岭南社会互动过程中形成的路线。参见 Michele Demandt, "Reaching 'the Southern Wilderness': Expansion and the Formation of the Lingnan Transportation Network during the Qin and Han Dynasties," *Journal of the Economic and Social History of the Orient* 63(2020): 157-94。

97 Lothar von Falkenhausen, "The Use and Significance of Ritual Bronzes in the

Lingnan Region during the Eastern Zhou Period," *Journal of East Asian Archaeology* 3.1-2（2002）：193-236；以及 Shing Müller, "Gräber in Guangdong während der Zhanguo-Zeit," in Shing Müller, Thomas Höllmann and Putao Gui, eds., *Guangdong: Archaeology and Early Texts (Zhou-Tang)*（Wiesbaden: Harrassowitz, 2004）, 23-49。

98 Peters, "Towns and Trade," 116-17.

99 Falkenhausen, "The Use and Significance of Ritual Bronzes," 221.

100 ［日］船越昭生：「鄂君啓節について」,『東方学報』43，1972年，55—95頁；陈伟：《〈鄂君启节〉与楚国的免税问题》,《江汉考古》1989年第3期，第52—58页；Falkenhausen, "The E Jun Qi Metal Tallies: Inscribed Texts and Ritual Contexts," in Kern, ed., *Text and Ritual in Early China*, 79-123。

101 郭珏，私人交流，2019年3月20日。

102 对商朝与西周青铜器同位素数据的讨论表明，云南东北部可能是以铅为代表的金属矿石的重要来源之一，可参见如 Ruiliang Liu, Peter Bray, A. M. Pollard and Peter Hommel, "Chemical Analysis of Ancient Chinese Copper-Based Objects: Past, Present and Future," *Archaeological Research in Asia* 3（2015）：1-8；Zhengyao Jin, Ruiliang Liu, Jessica Rawson and A. Mark Pollard, "Revising Lead Isotope Data in Shang and Western Zhou Bronzes," *Antiquity* 91（2017）：1574-87；Ruiliang Liu, Jessica Rawson and A. Mark Pollard, "Beyond Ritual Bronzes: Identifying Multiple Sources of Highly Radiogenic Lead Across Chinese History," *Scientific Reports* 8（2018）：1-7。亦可参见 Tzehuey Chiou-Peng, "Incipient Metallurgy in Yunnan," 79-84。还可参见 Shelach-Lavi, *The Archaeology of Early China*, 251-53。

103 Yao, *The Ancient Highlands of Southwest China*, 7; Beaujard, *The World of the Indian Ocean*, vol. 1, 526-27.

104 一些学者认为，楚国远征西南高原的首要目的是防止当地政权被秦国吞并，当时秦国的步伐即将或已经推进到了四川盆地。参见 Herman, "The Kingdom of Nanzhong," 251-52。

105《史记》卷一一六，第2993页。

106（南朝宋）范晔：《后汉书》卷八六，北京：中华书局，1965年，第2845页。亦可参见曹传松：《湘西北楚城调查与探讨》，第188页。

107《史记》卷一一六，第2993页。

108 可参见如Allard, "The Archaeology of Dian," 83; Yao, *The Ancient Highlands of Southwest China*, 132-36。

109 Allard, "The Archaeology of Dian," 83.

# 第3章

# 战国时代秦的南向扩张

　　帝国在东亚的诞生与秦的发展历程密不可分。[1]秦在公元前4世纪中叶至公元前221年间征服了整个中华文化圈，建立了中央集权的帝国，其统治者则自称始皇帝。这种"统一"在中华民族历史叙事中占据着关键地位，统一叙事中时代较早的部分将"中国"王朝序列确立在黄河下游流域，秦帝国的建设也被认为以北方中原为中心。20世纪中国考古学前辈苏秉琦（1909—1997）曾宣称，秦的帝业实质上在于征服中原地区的"三晋"（韩、赵、魏），这是中华世界人口最密集且经济最发达的地区。[2]

　　但就领土征服而言，直至战国时代最后十年之前，秦国最重要的扩张方向一直是"南下"，即沿着长江北部支流向南方扩张领土。正是在这些地区，秦国尝试了不同的整合政策，包括借助附庸政权实施间接的霸权统治，彻底取代当地的政治结构，以及推行中央集权式的领土行政。[3]在注重中原的汉代史家看来，秦在公元前4世纪晚期转向南方是一个戏剧性的、违背常理的决策，即便确实是出于偶然。本章第一节将首先重述这种观点，并进而提出质疑。

第二节探讨了一个互动空间的历史轨迹，其范围包括东亚大陆西部的高地与长江北部支流流域，秦在关中地区（位于渭河中下游流域）的腹地正处于其交汇处。正如上一章所述，战国时代中央集权式国家的出现，以及其核心城市地区的经济网络重新受到关注，共同促进了这一互动空间的政治巩固。在本章中，这一框架将用于解释秦军在公元前4世纪中叶关键的强国改革后所进行的扩张。当时包括长江中游的楚国在内，中华世界的其他强国也在推行类似的领土化行政。本章第三节叙述了秦楚两国间不断升级的冲突过程，随着秦国在公元前4世纪晚期至公元前3世纪间日益介入长江流域，两国都试图控制其重叠的互动网络。

## 一个意外的战略转向？

商鞅（卒于公元前338年）主持的变法曾推动秦国成为东亚地区最活跃的扩张势力，在其死后的二十年里，秦惠文王（前338—前311年在位）的扩张战略更为激进。[4]秦军在东方取得了一系列辉煌的军事成就，最终在公元前332年战胜了魏国这一宿敌，并在黄河以东建立了首个据点，但在其向中原推进的过程中仍遭遇了强硬的抵抗。秦军在战场上大都继续取胜，但公元前330年以后的十年间，联合抗秦的外交行动变得密集起来。公元前318年，魏、赵、韩、燕、楚五国联军逼近函谷关，即秦位于渭河流域关中故土东部的门户，最终被秦的反攻击退。[5]

第 3 章　战国时代秦的南向扩张

正是在这样的背景下，《史记》作者在200年后记录了一场令人难忘的宫廷辩论，这场辩论推动了新战略的形成。这次针锋相对的言辞交锋被描绘为典型的戏剧场景，其中一方是秦相张仪（卒于公元前309年）这位当时伟大的战略家，另一方则是将军司马错。张仪提出了进攻周王畿这一合乎情理的行动主张，因为控制中华文明的象征性中心至关重要。但司马错认为，秦国应当利用四川盆地各政权间持续不断的冲突，消灭成都平原上的蜀国，后者位于秦都咸阳西南方直线距离约600千米处。司马错最终胜出，秦军于公元前316年向南方进发，并征服了蜀国。[6] 这是秦国士兵与官吏首次踏足长江沿岸，四川盆地也自此成为供给秦国征战的粮食生产基地。

## 从连通到征服

在汉代史家看来，秦国在四川的大胆开拓严重偏离了立足中原的战略，但其开拓是基于东亚低地西缘长期存在的区域间连通性。这一广阔的地理空间起自中国东北的辽河流域，穿越内蒙古与青藏高原东部，一直延伸至云南，被今天的考古学家称为"半月形文化传播带"（crescent-shaped cultural-communication belt）、"亚洲内陆边疆"（Inner Asian frontier）或"高原弧"（the arc of highland）。[7] 地形崎岖的西部高原上，山脉边沿贯穿着水草丰美的走廊与重要的河流，这为前往西面的内亚及北面的草原地带提供了通道，与此同时，众多穿越山口与支流河谷的小道也使得高原

89

内部的交流成为可能。

上述东亚与内亚的领土边缘从公元前三千纪开始，成为欧亚社会间加强互动的舞台。这些互动源自中亚及南西伯利亚的铜与青铜冶金术的传播，并在流动性日益增强的内亚民众为寻求肥沃牧场与矿物资源而进行迁徙促动下，最终推动了新的习俗、技术与生活方式的传播。它们包括新作物的耕种，如驯化了的小麦在公元前三千纪末期通过河西走廊（位于今甘肃省）被引入东亚；以及烹饪习惯、飨宴礼仪与消耗致醉物质的习俗，这体现在拥有独特纹饰的新式烹饪器、盛食器及饮酒器中；还有使用由异域原料经过精美工艺制作而成的物品作为身份标识，它们受到了特权阶层的青睐，并促成了拥有共同象征语言的松散而广泛的精英阶层网络。[8]

李旻（Li Min）近期在研究东亚地区新石器时代晚期至青铜时代的社会记忆及国家形成时，概述了龙山文化时期，即新石器时代最后阶段，所形成的精英文化要素。当时，位于汾河流域的陶寺等大型聚落，以及位于鄂尔多斯的石峁等集中于仪式中心的广泛联盟，纷纷兴起于西部高原。[9]这些遗址中的祭品与丧葬仪式等物质文化——镶嵌绿松石的私人饰品、铜手镯、货贝及玉器——反映出整个高原内已形成了一种共同的礼仪结构，这得益于物资、商品、民众及知识的流动。[10]高原交流网络在公元前的两千年间，促进了信仰、美学、制造技术、经济实践及军事策略的传播，这证明拥有相似地理与生态条件的社群间存在持续不断的互动。[11]

秦故地位于渭河上游流域及关中平原，自公元前8世纪开始，秦国在这里逐渐扩张，当地处在西部高原与长江流域这两个远距离互动空间的交汇处。[12]在渭河流域以南，秦岭山脉是黄河水系与

第 3 章 战国时代秦的南向扩张

长江水系间的分水岭（参见图3.1），当地虽有海拔高度远超3 000米、令人望而生畏的山峰，但从未给迁徙与贸易造成无法逾越的障碍。秦岭以北的渭河流域与秦岭以南的汉水流域间的物质文化交流，可追溯到公元前六千纪。[13] 在关中西部，位于甘肃东部天水地区的早期秦文化遗址俯瞰着长江与黄河的分水岭。大堡子山聚落则守卫着通往嘉陵江上游的门户，后者是长江北部支流与四川盆地东部最大的水系。巨大夯土墙、高等级秦贵族（可能为统治者）墓葬及出土了秦公专用铜钟的祭祀坑，表明其在秦政权形成时期的重要性。这一聚落在西周（前1045—前771）与春秋时期（前771—前453）被继续使用，甚至一直持续到了秦都东迁之后。[14]

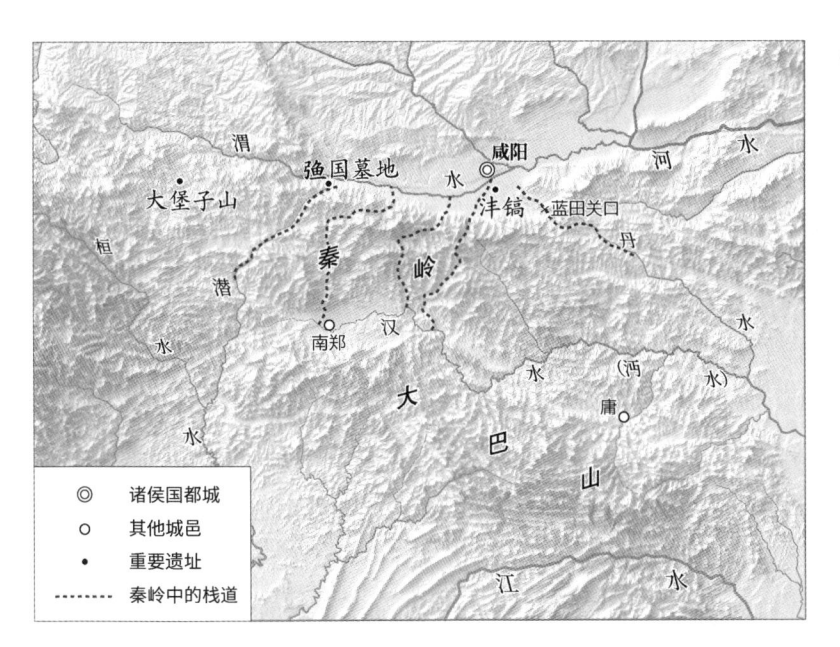

图3.1 关中地区与长江流域的早期联系

公元前三千纪到来之际，秦岭山脉周边地区的社群已参与了两个交叉的互动空间：其一是西部高原的内陆世界，其二是长江水系网络。这些交流的确切路线仍然不明，但可能与北方人沿汉水勘探金属并进入长江中游的铜矿带有关。[15] 冶金工业在公元前二千纪仍然是区域间贸易的驱动力。最近对晚商（约前1300—前1046）青铜器的同位素分析支持了以下假设，即公元前1250年至公元前1000年间，包括安阳与渭河流域的商代铸造作坊以及四川盆地与长江中下游本土的冶金中心在内，东亚的这些青铜工业所需的铜与铅，有重要的一部分来自汉水上游流域的汉中地区。[16] 汉中出土的青铜器、兵器、饰物及礼器贮藏，揭示了当地在文化上与四川成都平原的紧密联系，以及与位于汉中和中原商朝中央之间的北方关中地区的紧密联系。[17]

汉中出土青铜器的年代跨越了公元前11世纪中叶的商周之交这一关键时期，当时整个秦岭山脉地区的交流大为加强。关中西部的宝鸡地区位于渭河与汉水流域间四个关键山口之一的北端，当地发现的墓葬证据凸显了汉中、四川与当地贵族彊族之间的联系，后者是周朝政治体系的一员。[18] 有学者甚至认为，彊族可能是从更西或更西南的某地迁徙到关中的。[19]

此后的一些文献表明，关中盆地与其南方近邻的关系首次明确地带有政治色彩是在西周初年。《尚书·牧誓》将位于四川盆地西部、约700年后被秦征服的蜀国，列为周在西方建立的反商联盟的参与者，[20] 同时参与其中的可能还包括其他四川或汉中的族群。[21] 此后的很长时间内，蜀国都未见于周朝文献的记载，这表明两者的联系中断于西部高原政治整合的高峰期后不久。如此广泛的同

第 3 章　战国时代秦的南向扩张

盟再也未能组建过。到东周时期（前771—前256），《尚书》提到的这些同盟成员已被周文化圈的参与者视为彻头彻尾的"蛮夷"。[22] 在公元前一千纪的后半期，所谓巴蜀传统中的四川青铜兵器具有复古的特征，延续了晚商与西周早期的型式与纹饰，这或许表明四川的族群与北方的中华世界在西周早期到战国之间的时期内缺乏交流。[23]

尽管关中与西南的联系在西周初年的鼎盛期后逐渐式微，但周朝政治活动向东方的重新转向催生了另一条通往长江流域的路线，这最终在秦的南向扩张中起到了关键作用。公元前11世纪至公元前10世纪间，曾国兴起于汉水下游东部的随枣走廊，以保障关中的周王室及其东方诸侯国能够获取长江中游丰饶的矿产资源（参见第2章）。曾国与关中地区间的金属运输路线并不明确，但汉中本地冶金生产在公元前一千纪初期的中断可能表明，其在当时已不再参与区域间的青铜流通。[24] 可作为替代的运输路线是沿汉水北部支流丹水而上，直至长约10千米的蓝田关口，后者可通向周朝的丰、镐二京。这一路线在新石器时代已被开发利用。[25] 正如本章后续将会提到的那样，这一路线在战国时代对于秦楚两国的军事战略都至关重要。

目前我们仍知之甚少的周初西部联盟，以及文献记载更为丰富的曾国，代表了将跨越西部高原与长江流域远距离互动网络加以制度化的最早的明确尝试。尽管西部联盟在周灭商后不久就不复存在，但周王室与曾国之间的正式关系，为物资与商品提供了一种流通机制，其中最为重要的是金属的流通，此外还有玉石、红玉、象牙，以及铸铜技术、纹饰风格、新式器型和相关礼仪知

70

93

识。[26] 公元前771年西周覆灭后，周王室势力走向衰落，但此前政治、军事与文化联结的记忆以及关于行进路线的知识仍保留了下来，一些初级的交通基础设施或许亦然。[27]

周王室在公元前771年东迁，导致关中地区与长江流域间的联系再次发生改变。此后数百年间，秦人填补了周王室东迁后留下的政治真空，他们出身微贱且很可能来源混杂，在接受了周朝社会组织与礼制文化后，于东周初年正式成为周朝的诸侯国。[28] 秦国向渭河下游流域逐渐扩张的过程中，不仅吸纳了周王室东迁后仍留在关中地区的民众，还吸纳了当时在文献中被统称为"戎"的牧民族群。[29] 这些文献主要记载中原与山东地区的重要事件，因而很少提及秦国与周朝范围外近邻之间的关系。宝鸡地区一座春秋时期的秦墓中所发现的广口陶器与柳叶形剑，均被视作四川盆地所谓巴蜀文化的代表，这表明关中与四川两地的人口在关中盆地西缘有过互动，当地也是西周早期强氏的封地，且与南方联系密切。[30] 在此后的战国时代，宝鸡与关中盆地东缘地区均使用了四川风格的青铜炊器。[31] 上述考古发现并未为交流的性质提供更多细节，但其地理分布似乎表明，四川地区在据称置身于周朝世界之外的数百年间，仍继续或重新使用了西部路线——途经汉中或渭河与嘉陵江的分水岭而前往长江流域。

秦国与汉水流域人口间的直接交往，因缺乏文字证据而很难被衡量，但也有个别迹象表明，秦统治者维系着横跨秦岭山脉的低强度外交，或是至少注意到了秦岭山脉以南的重大事件。例如，公元前611年，秦国联合汉水流域兴起的楚国与四川东部的巴国，共同消灭了汉水以南较小的庸国。[32] 公元前475年，蜀国统治者则向秦公室进献了礼物。[33] 公元前5世纪中叶，秦国在关中与四川盆地间设立了南郑（邻近今汉中市）这一重要关卡（参见图3.1），这是史料记载中秦国在秦岭山脉以南建立永久据点的首次尝试。在传世文献中，南郑给人留下一种争夺激烈的印象：公元前451年，秦国派遣一位高级将领驻防南郑；十年后，南郑发起了反秦叛乱；公元前387年，蜀国从秦国手中夺取了南郑；同一年，秦国再次夺回南郑。[34]

据文献记载，秦国在秦岭以南的活动从公元前5世纪中叶开始增多，并非一种巧合。正是在公元前500年前后的一个世纪间，各国君主的权力因席卷整个周朝的社会经济、行政及军事变革而重振，他们开始寻求控制此前群龙无首的、多面向的区域间连通网络。在长江流域，秦楚两国作为东周时代的重要强国，都企图独自控制这些存在已久的互动空间。大约在秦国的军事与外交首次涉足汉水上游流域的同时，楚国也在巩固以长江中游为中心的政治经济圈。

楚国在战国早期确立了在湖南北部的势力，当地数百年来吸引着来自长江以北楚国核心领土的移民（参见第2章）。在三峡地区，当地的巴人为下游约400千米处的楚国都城提供盐、咸肉及鱼露制品。[35] 大约在春秋中期，楚国消灭了三峡东部当地的政权，并以长江中游的郢都为门户统治着该地区。[36] 与之相反，当时身处今重庆周边腹地的巴人，则因距离与地形的陡峭而得以免受楚国这一东部强邻的攻击。三峡西部产盐地附近的楚式墓葬，被解读为游商与当地居民进行交易的证据，或是当地巴人精英阶层迷恋楚物质文化与随葬品的证据。[37] 但长途贸易双方间这种"平衡的悬浮状态"(balanced state of suspension)[38] 在战国早期被打破,位于三峡中部的李家坝墓地反映出当地葬礼习俗在当时发生了明显的中断,新迁徙至此的人口用楚式墓葬安葬逝者,且在建造自己的墓葬时毫无顾忌地破坏先前的墓葬——类似事件此前在当地从未发生过。[39] 有学者认为,这些考古发现及传世文献所载楚国在公元前4世纪上半叶对三峡地区巴人领土的侵占,表明了楚国正对其经济与文化交流网络施加领土控制。[40] 也正是在这一时期,楚国在三峡地区与湖南北部设立了一系列的郡(参见第2章)。

与三峡地区相似,长江下游地区虽然保存了独特的青铜器类型与墓葬礼仪,但所受楚文化的影响及楚物的输入量,自春秋晚期以来一直在增长。[41] 公元前4世纪下半叶,楚国与长江下游地区当时最强大的越国发生了一系列战争,文献对此仅有模糊的记载。[42] 楚国最终在当地设立了江东郡,这与整合其他地区的方式相同,也是通过设立领土行政单位来实现制度化。[43]

秦楚两国通过建造要塞及设立驻防的行政中心,在长江流域划定了各自的势力范围,同时也力求对当地的经济与社会拥有更强的影响力,并在获取当地资源上具有更强的排他性——理想情况下则是完全独占这些资源。与中原地区各种青铜钱币可跨国界流通的"开放"货币体制相反,秦楚两国都试图建立封闭的货币流通区,中央政府在其中独享对货币发行量及货币价值的控制权,并打击其他货币的流通。[44] 两国政府为了整合其经济影响范围内的新兴地区,进行了一系列的政策试验,其中包括管制国家核心地区与边境地区间的商品流通,以及向附属国及附属族群的领导者分发货币。[45]

对社会经济面貌更具侵入性的改造，是从扩张国家的核心人口征召农业移民以取代本土人口，前文所述楚国的物质文化比较突然地取代了三峡当地的物质文化，背后的原因可能正在于此。由于在考古资料之外还有文献资料可以利用，关于秦国类似行动的记载更加详细，这将在本章后续部分加以讨论。政府的目标在于巩固军事控制，提高农业生产，开采自然资源及统一计税依据，这成了战国时代各国发起移民计划的重要原因。这些计划开展的背景是周朝外围国家的原生族群凝聚力日益增强，文献所载秦国精英阶层与平民对中原各国的"异己感"正暗示了这一点。[46]

到公元前4世纪中叶，秦楚两国为了在军事政治上进一步控制长江沿岸已存在千年之久的互动空间，各自都已蓄势待发。两国间注定要发生冲突，而汉水上游流域正在成为战争的温床。《史记》所概述的秦孝公（前361—前338年在位）统治初期的战略形势，传达出了秦国在地缘政治上的不安全感，因为楚国已扩张至汉中地区，并已接近可通向秦国关中腹地的山口。[47]《战国策》将汉中地区描述为决定秦楚两国战略优势及最终军事胜负的关键。[48]不过，渭河与长江水系间的另一条通道则较少受到关注，即蓝田走廊与丹水河谷，正如后文将要述及的，它同样引起了秦楚两国的争夺。秦统治者将与秦岭以南社群间长期存在的联系，转变成直接行政控制的支配关系，并不使其落入竞争者楚国之手，秦国以这种方式日益介入长江流域，并通过河流连通性的逻辑进一步扩张。

## 南下：秦国抵达长江中游

随着在秦岭山脉以南的一系列军事行动，秦国的"南下"逐渐展开。开始是公元前4世纪中叶前后与楚国间规模较小的冲突，而大约60年后，秦军已抵达长江中游的楚国都城。其中大多数战事发生在公元前316年至公元前278年之间，当时秦国向两个方向推进：一是沿西部高原通向关中西南部的路线进发，穿越汉中至四川盆地；二是向东南方穿过蓝田走廊，并向汉水下游流域进发（参见图3.2）。秦国在公元前280年至公元前278年间将楚国势力逐出其位于江汉平原的都城，这使秦国得以巩固对整个汉水流域的控制，并建立了进一步南扩的据点。正如第2章所述，第二轮征服迟至战国末年才进行，这既是由于秦军迂回到了其他战场，也是由于楚国能够沿长江前线组织起有效的抵抗。

秦国对四川的征服被视为战国时代的关键事件之一，但在更广阔的背景下，这也是一场针对楚国的大规模侧翼进攻，后者直至公元前316年都是秦国在长江流域的首要对手。正是对长江中游而非四川的征服，明确了秦帝国时期（前221—前207）向南推进的地理方向，更宽泛地说，也明确了整个秦汉帝国时期向南推进的地理方向。直至汉武帝统治时期（前141—前87），四川才成为进一步向西南方扩张的据点，但即使在当时，汉帝国对成都平原以南土地与民众的兴趣，也是出于西南高原以外的动机，如

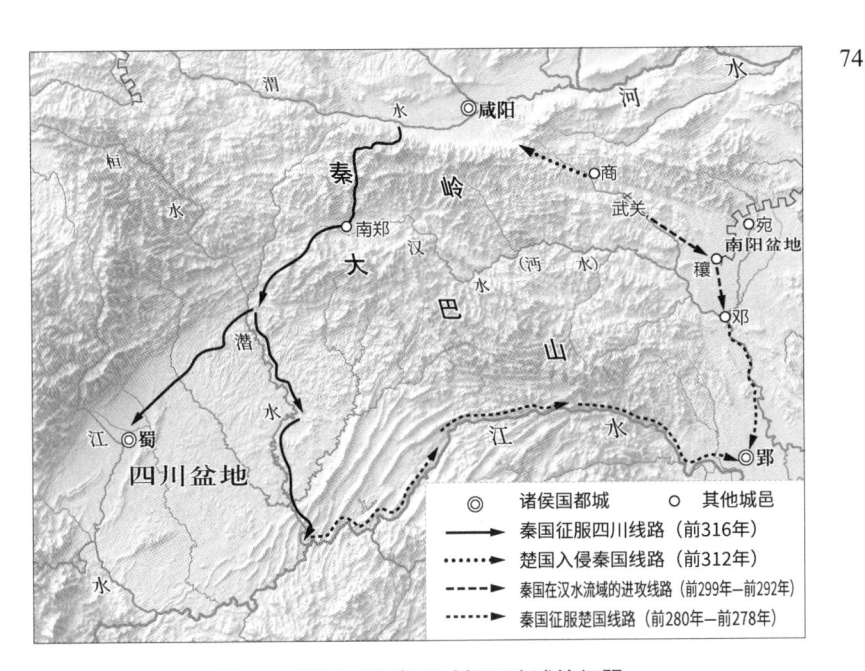

图3.2 战国时代秦国对长江流域的征服

在中亚与抗击匈奴的潜在盟友建立联系，或是如200年前秦楚两国对抗时那样，要从侧翼包围岭南地区的南越国这一新的南方劲敌。[49]

虽然跨越秦岭山脉与大巴山对秦国而言需要大量的工程与后勤准备，[50]但秦国对四川盆地当地政权发动的战役既为时短暂，同时也似乎毫不费力，学界对此已有详尽的分析。[51]与此不同的是，汉水流域的军事竞争持续了数十年之久，且直到近年来才被视为一个自有其地理与军事逻辑的独立进程。[52]无论是对汉水流域还是对四川盆地的征服与整合，都为秦国此后向长江以南推进时管理边疆领土提供了范例。

## 对楚国的战争（公元前4世纪中叶至公元前221年）

公元前4世纪中叶前后，秦楚两国在蓝田走廊以南的丹水上游流域发生了冲突，这是渭河与汉水水系间的重要通道之一（参见图3.2）。当地社群在春秋晚期至战国早期，与汉水下游的楚国腹地维系着交流。[53] 在楚国看来，丹水流域是从东南方进攻关中的潜在跳板；而对秦国而言，丹水流域则可能是沿汉水向南方推进的据点。哪一种情形将会成为现实，取决于哪一方控制了丹水东岸的重要关卡武关（参见图3.3a和b）。[54]

秦国抵达丹水流域的详细情况仍无从得知。传世文献并未提及当地在公元前340年之前发生过任何军事冲突，但当时丹水上游流域及当地的商城已成为秦国领土，武关也已建立起秦楚两国的边界。[55] 秦国进入这一地区，可能与力图驻防南郑以控制前往其核心领土的通道是在同一时期。楚国在丹水流域也致力于相似的目标，近年来在距秦国武关城墙仅数千米处发现的楚国分界墙可作为印证，[56] 其修建似乎是为阻挡通向丹水流域的其中一条峡谷，这或许是绕行丹水沿岸主路的一条旁道。

公元前4世纪中叶后不久，秦国进一步巩固了对丹水上游流域的控制。公元前340年，秦国政治家与军事统帅公孙鞅（亦称商鞅，卒于公元前338年）被封为商君，其封地紧邻蓝田关口以南并非偶然，因为当时秦楚两国的冲突在这一地区愈演愈烈。[57]

下一场战事发生于公元前318年，当时楚国参与了抗秦联盟。[58]

第 3 章 战国时代秦的南向扩张

图3.3 （a）武关的丹水河谷；（b）武关的秦城墙遗迹

这些敌对行动为汉水流域的一系列战事铺平了道路，秦国也因此将其边疆向下游推进，以消除楚国对关中地区的威胁，只要楚国军队仍在丹水流域，这种威胁就不会消失。公元前316年，秦军采取了侧翼行动，并在四川盆地确立了其势力，这被古今历史学家视为进一步进攻楚国的序幕。[59] 接下来的三年内，秦国外交官致力于建立攻楚联盟，瓦解楚国自身的联盟，为决定性的军事交锋做准备。[60]

战争于公元前312年爆发，当时楚国试图沿丹水流域与蓝田走廊攻入关中地区。[61] 虽然楚军最终战败，但这场战争表明，只要丹水流域与汉水上游流域仍部分处在楚国控制之下，秦国腹地就依然容易遭受攻击。秦国为加强对汉水流域的控制，夺取了汉中地区余下的楚国领土，并设立了汉中郡，其郡治即过去秦国在秦岭以南的据点南郑。南郑作为新的行政中心，也监视着通往秦国在四川新征服领土的路线。[62]

秦楚之战在公元前304年两国议和而暂停后，又在公元前301年重新开始，这可能因为楚国支持四川地区的反秦起义。[63] 公元前299年至公元前298年间发生于汉水流域的战事中，秦军从汉水与丹水的交汇处向南推进，最远抵达汉水下游流域的楚国都城地区。[64] 公元前292年发生的一轮战事中，秦军则在白起（卒于公元前257年）率领下取得了对楚国的重大胜利，并征服了汉水以东的南阳盆地西部，从而控制了汉水中游所有支流流域及多条补给路线，这为即将对楚国都市圈发动的进攻提供了保障。[65] 三位秦国王室成员被封于南阳盆地，这也是对此次征服的巩固。[66]

围绕着争夺汉水流域统治权所进行的战争持续了60年，并在公元前280年至公元前278年间达到了顶点,当时发生了战国时代规模最大且后勤补给最为艰巨的战争之一。秦军跨越了约800千米的距离,对楚国都城发动了钳形攻势:一面是由白起率领的主力部队沿汉水流域逼近,另一面则是由经验丰富的将军司马错从四川发起进攻。在这次进攻之下,楚国郢都遭到洗劫,秦国则在长江中游以北建立了南郡。[67] 此后,楚王室越过大别山向东北方逃亡,并在今河南省南部的城阳建立了一座新都。[68]

秦国力图进一步征服长江以南地区,但其攻势遭到了当地的抵抗与楚国的反击,以失败告终。秦国在公元前277年短暂占领了今湖南西部地区,但楚国不久后又重新控制了该地,并在次年夺回了长江沿岸的更多领土。[69] 秦国之所以遭遇挫败,可能是由于楚国在长江中游以南的行政管理相对高效(参见第2章),且拥有组织军队与管理军事后勤的能力。此后的50年间,南郡成为秦国的南方边疆,以及在南方抵御楚军的首要堡垒。直至战国末年,秦楚两国在领土上都未有显著扩大。[70]

秦国在战国时代的最后一轮扩张被称为统一战争,以公元前230年韩国的灭亡为起点,以公元前221年齐国投降结束。秦国在公元前224年至公元前222年间征服楚国时,动员了史书所载规模最大的军队,[71] 其首要目标是楚国位于淮水以北的新核心地区。秦国攻陷楚国最后一座都城寿春,加速了楚国势力的瓦解,也使秦得以接管楚国位于长江以南的其他领土,这一过程出乎意料地迅速,且并未遭到有组织的抵抗。到公元前222年,此前楚国位于长江中游南部支流沿岸的中心地区即使不是全部,也有多数落入了秦国控制之下。[72] 负责将这些广阔的边境地区融入秦帝国的官吏,则带来了秦国数十年来在长江以北行政管理中所积累的经验，尤其是在四川盆地与南郡的管理经验。

## 整合长江以北所征服的领土

在战国时代，所有扩张领土的诸侯国都尝试了各种形式的边疆管理。各国采取的一系列措施介于两者之间：一是通过当地精英阶层进行间接统治，二是通过建设行政中心、军事驻地、交流路线及其他基础设施而进行中央集权式行政管理。[73] 基于史书所保存的一部分秦官方编年史记载，加之新近出土的秦国文献，我们对秦国边疆管理及整合政策的了解远胜于战国时代的其他国家。对此，考古学家已开始通过研究其他"扩张性社会"的出土证据来平衡这种偏向性。[74] 但同时也必须认识到，秦国能够成功战胜对手，在很大程度上应归功于其对所征服领土的有效控制。

秦国在战国时代获得了四川盆地与汉水流域这两处重要领土，由于两地的政治形势及征服情形各自不同，秦国在整合它们时也采取了不同的方式。在四川，秦国需要应对的是一些在行政上缺乏组织的政权，当地的君主权威或仅限于都城周边地区，如蜀国那样；或可能根本就不存在，像巴国那样。[75] 这些政权间的冲突有助于秦国攻入其中。即使是规模最大且最强的蜀国，面对秦军时似乎也仅有象征性的抵抗。秦国当局在蜀国故都成都立足后，又让当地政权存续了30年，直至公元前285年，其间的"间接"统治遭到了当地人的抵抗，且秦国自己的官吏也至少发起过一次分裂行动。[76]

秦国在公元前316年征服四川盆地后不久，就开始组织向当地移民。据《华阳国志》记载，有"秦民万家"迁居至此，这或许意在表明移民规模之大，而非指移民者的实际数量。[77] 一些当代学者认为，战国至秦帝国时期共有数十万人移民到了四川盆地。[78] 这种估计缺乏证据支持，不过，岳麓书院藏秦简中秦帝国时期的一则令文曾提到，流放至四川东部与三峡地区巴县盐场的人数过多，故须命令官吏将他们转而送往新近占领的长江中游以南地区。[79]

秦征服四川盆地后的移民活动已得到考古证明。有两类墓葬同时存在于成都平原：一类是拥有船棺及本地风格武器的当地特有墓葬；另一类则是包括秦国在内的周文化圈内典型的坑墓，其中随葬品有陶器及秦半两钱。[80] 后者形成的墓地或墓群往往与前者不同，且集中在成都附近及四川盆地与关中之间的汉水上游流域的交通路线。[81]

位于成都东北200余千米处的郝家坪就是这样一处移民地，当地有一处超过100座墓葬的墓地，其中72座发掘于1979年至1980年。墓葬结构与随葬品的组成表明，这是一个混合了关中移民、中原移民，也可能包括楚国移民在内的社群，其中可能有战俘或强制迁移而来的被征服国家的人口。[82] 尽管墓葬构造与墓坑规模的差异，一定程度上表明了其社群成员不同的社会经济地位，但他们之中即使并非全部，至少也有大多数属于平民阶层。[83] 其中一座墓葬出土了一枚木牍，其上所载的律文概述了土地测量程序，这可能是为了在当地实施，以便此后向居民分配耕地。[84] 墓主或许是当地官吏或乡间小吏。该墓葬还出土了七枚半两钱，这是郝家坪墓地中仅有的秦国钱币。[85]

这枚木牍的年代为公元前309年，距秦国征服后仅7年，证明秦国致力于在新领土推行其农业管理体制。[86] 同时，也有助于一窥秦国早期控制四川盆地时的社会经济背景。[87] 秦国政府为移民的定居提供了土地与基础设施（一则令文提到对当地道路系统的修复），可能还保护了他们，使其免受装备精良且好战的当地人的侵犯。移民不仅缴纳粮食税，还为秦国行政与军事的运作提供必要的劳动力。尚不清楚土著人口作出了多大的贡献，此后的文献表明，他们可能被免除了对国家的一般义务，并且仅上交适量的当地物产作为贡赋。[88]

这种间接统治结束于公元前285年，当时秦国正准备对汉水流域的楚国发动决定性进攻。秦国此后便从中央任命蜀郡与巴郡的官吏，并由他们管理四川盆地。[89] 当时可能也是农业拓殖势头正盛的时期，这在公元前277年李冰被任命为蜀郡郡守时达到了顶峰。李冰主持修建了都江堰这一划时代的水利工程，这有助于减少成都平原的洪水，并为更加密集的人口聚居和经济集约化开辟了道路。[90]

由此可见，四川盆地经历了从间接统治向中央集权式领土行政的转变，从农业拓殖地等政府控制的中心地点，逐渐扩展到了当地族群居住的周边腹地。与之相对，在汉水中下游流域，虽然秦国采取了不同的整合措施，但移民活动在其中同样发挥了关键作用。传世文献表明，秦人在当地定居与对楚战争有密切关联。公元前281年至公元前280年间，秦国在南阳盆地西部发起了两次移民活动,将被赦免的刑徒迁居至汉水支流湍水沿岸,以及沘水与汉水的交汇处。这两处聚落的地理分布表明,其目的在于提高通向汉水流域的河道沿岸的粮食产量,而秦军正准备在汉水流域对楚国发动一场重要的战争。[91] 公元前279年至公元前278年间,楚国都城陷落后,另一波移民活动随即席卷了长江中游以北的楚国核心地区。[92] 公元前273年,秦国在汉水流域实施了进一步的移民活动。[93]

考古发现支持了上述文献记载。今襄阳市以北的173座墓葬,属于春秋至东汉时期(25—220),其中99座墓葬属于战国晚期至秦帝国时期(前221—前207)。与早前的墓葬不同,这些墓葬的随葬陶器与关中地区的秦物质文化相似,墓葬结构也符合秦式墓葬构造的典型特征,如腰坑与竖穴墓底部的洞室墓。[94] 考古学研究判定的秦国抵达当地的时间,与文献所载公元前3世纪80年代晚期——南阳盆地的移民活动时间——正相符。

尚不清楚秦国的移民拓殖者定居于汉水中游流域时,是否替代了当地居民,抑或是像在四川地区一样与他们共处。其间可能发生过某些人口的替代。[95] 在汉水下游流域与江汉平原,移民活动显著地改变了当地的文化与人口面貌。秦国攻陷楚国都城是战国时代史无前例的事件:这是首次有大国的核心地区被他国占领。公元前3世纪初,江汉平原人口密集,其城邑网络的中心恰好位于楚国郢都(纪南城考古遗址)这座当时最大的几座城邑之一。[96] 关于楚政权的性质,目前仍有争议。尽管楚国是最早尝试新的领土管理形式的国家之一,[97] 且与秦国的商鞅变法相似,早在公元前4世纪初就尝试引入中央集权式的官僚政府,[98] 但楚国在战国时代可能仍由有权势的贵族及王族控制的，都城四周的平原上也散布着他们壮观的墓葬。[99]

这些精英阶层是东周时代长江中游地区经济增长的主要受益者，也是以当地为中心的更广阔贸易网络的主要受益者。秦国征服江汉平原后，彻底清除了这些当地资源的原有竞争者。秦国将楚国都城夷为平地，将其改用作墓地，并将南郡郡治设立在当地以南约10千米处。[100] 楚国先王陵墓也遭到了烧毁。[101] 楚国宗族墓葬的突然终止及高级精英墓群的中断表明，楚国都城贵族已被驱逐出这一地区。而大致同一时期，秦式墓葬开始在新设立的行政城邑附近密集增多。[102] 其中一些秦式墓葬中出土的文献表明，被埋葬的移民包括官吏、士卒以及随家庭一同迁徙的已决刑徒。

与四川盆地形成鲜明对比的是，汉水下游与江汉平原处于中央集权式领土行政之下，且在被秦国征服后随即经历了人口与文化的剧变。秦采取的措施在很大程度上取决于军事需求，因为南郡在战国晚期，仍是对抗大别山以北及长江中游以南残存楚国势力的前线。在长江流域，楚国都城这一最大的消费中心被摧毁后，当地资源也转而为秦的帝国计划服务，其中就包括进一步南扩。

## 结论：帝国扩张的长期视角

本章认为，所谓秦国在战略上急剧转向南方，仅在立足于中原的观察者及其后的史学传统看来是如此，他们所关注的是"中

第 3 章　战国时代秦的南向扩张

原国家"(central states)。从有考古证据可循的东亚大陆社会间最早的远距离互动来看，秦国在公元前一千纪早期的发源地西北高原与渭河流域，同长江流域间连通着多条路线，其中汉水上游流域及其支流至关重要。青铜时代早期，关中地区参与了黄河流域一些最大的冶金中心与长江流域社会间的资源交换。从新石器时代晚期直至青铜时代衰落，随着上述广阔的网络不断扩张或收缩，区域间的融合、分裂、关系中断及路线改道等也交替出现。要理解秦国后期的扩张，我们不能仅将其视为周文化圈的外围参与者，而是要认识到它已经深入到了西部高原、中原及长江流域间的边缘。

82

人口、经济、社会与政治在公元前一千纪中期前后（春秋晚期至战国早期）的剧变，改变了各诸侯国参与区域间交流的方式。随着各国在行政上巩固对其核心区域的控制，各国统治者与精英阶层日益寻求垄断更广阔的资源流通网络，意图加强他们的军事力量，使财富重新流向他们所在的都城中心，并迫使外部竞争者进一步远离各国的核心区域。

楚国作为战国时代长江流域的强国，力图将以长江中游地区为中心的长期互动网络，转变为一个中心与外围区域都界定清晰的国家，并通过领土行政、贸易管制及统一的货币体制来衔接中心与外围区域。而在公元前4世纪中叶，秦国在汉水流域北部开始与楚国竞争，这最初可能是出于对其秦岭山脉以北核心区域战略安全的考虑。大约60年后，秦国最终取得了战争的胜利，这为其沿长江中游互动空间进一步向南扩张创造了机会。

109

## 注释

1. 正因如此，一部关于秦史的重要英文著作即以《帝国的诞生：再探秦国》为题，参见 Pines et al., eds., *Birth of an Empire: The State of Qin Revisited*。

2. 苏秉琦:《华人·龙的传人·中国人——考古寻根记》，沈阳：辽宁大学出版社，1994年，第22—30页。

3. 对于前现代帝国的领土与霸权政策，或直接与间接的控制策略，相关的分析可参见如 Edward Luttwak, *The Grand Strategy of the Roman Empire from the First Century A.D. to the Third* (Baltimore: John Hopkins University Press, 1976); Terence D'Altroy, *Provincial Power in the Inka Empire* (Washington, D.C.: Smithsonian Institution Press, 1992); 以及 Yuri Pines with Michal Biran and Jörg Rüpke, "Introduction: Empires and Their Space," in Yuri Pines, Michal Biran and Jörg Rüpke, eds., *The Limits of Universal Rule: Eurasian Empires Compared* (Cambridge: Cambridge University Press, 2021), 1-48。

4. 有关商鞅变法的文献浩如烟海，对此简要的总结，参见 Yuri Pines, ed. and transl., *The Book of Lord Shang: Apologetics of State Power in Early China* (New York: Columbia University Press, 2017), 7-24。

5. 关于战国中期这一多事之秋所发生的战事及外交的详细叙述，参见 Lewis, "Warring States Political History," 587-650; 以及杨宽:《战国史》，第341—421页。关于秦国征服四川盆地前夕的地缘政治情况的分析，参见 Sage, *Ancient Sichuan*, 103-12。

6. 《史记》卷七〇，第2281—2284页。

7. "半月形文化传播带"这一概念在20世纪80年代由中国著名的考古学家童恩正（1937—1997）提出，以描述青铜时代中国东北、西北及西南高原社会间远距离的文化相似性。对童氏的研究、理论及方法论背景的概述，以及对"半月形地带"互动性质正在进行的考古调查，参见 Anke Hein, ed., *The 'Crescent-Shaped Cultural-Communication Belt'*。关于不仅包含"半月形地带"的东北与西北部，还延伸到了内亚更深处的新疆的"亚洲内陆边疆"，参见 Linduff et al., *Ancient China and Its Eurasian Neighbors*。关于在地理上大致与"半月形地带"相吻合的"弧"（Arc），参见 Jessica

Rawson, "Statesmen or Barbarians? The Western Zhou as Seen through Their Bronzes," *Proceedings of the British Academy* LXXV（1989）: 71-95；以及 Jessica Rawson, "Ordering the Material World of the Western Zhou," *Archaeological Research in Asia* 19（2019）: 1-11。

8 有关小麦与大麦被引入中国种植，参见 Robert Spengler, *Fruit from the Sands: The Silk Road Origins of the Foods We Eat*（Oakland: University of California Press, 2019）, 115-61。关于河西走廊的马家窑晚期文化（约前2150—前2050）社群——其对于冶铜在东亚的接受与传播也至关重要——在小麦与大麦农业的传播中所发挥的作用，参见 Li Jaang, "The Landscape of China's Participation in the Bronze Age Eurasian Network," *Journal of World Prehistory* 28（2015）: 179-213。关于西部高地龙山时期（约前2300—前1800）的社群在烹饪习惯、饮酒礼仪以及可能在消费作物的思想观念方面发生的改变，参见 Li Min, *Social Memory and State Formation*, 100-5。在从甘肃东部到四川西部及青藏高原东部的"半月形地带"，粟农业、养猪业及马家窑式彩陶的传播，参见 Jade d'Aploim Guedes, "Millet, Rice, Social Complexity, and the Spread of Agriculture to the Chengdu Plain and Southwest China," *Rice* 4（2011）: 104-13。西部高原的龙山社会中出现了一种表示权力与社会地位提升的共同符号语言，其中一些元素延续到了青铜时代早期，参见下文。

9 关于龙山时期的"城邑文化"及龙山文化重要中心地点的政治分类，整体的概述参见 Li Feng, *Early China*, 30-40。关于陶寺，参见 He Nu, "The Longshan Period Site of Taosi in Southern Shanxi Province," in Underhill, ed., *A Companion to Chinese Archaeology*, 255-77。关于石峁，参见 Zhouyong Sun, Jing Shao, Li Liu, Jianxin Cui, Michael F. Bonomo, Qinghua Guo, Xiaohong Wu and Jiajing Wang, "The First Neolithic Urban Center on China's North Loess Plateau: The Rise and Fall of Shimao," *Archaeological Research in Asia* 14（2018）: 33-45；以及 Li Jaang, Zhouyong Sun, Jing Shao and Min Li, "When Peripheries Were Centers: A Preliminary Study of the Shimao-Centered Polity in the Loess Highland, China," *Antiquity* 92（2018）: 1008-22。

10 详细的讨论，参见 Li Min, *Social Memory and State Formation*, 82-174。

11 "半月形地带"内的一些共同文化要素经常被援引为例证，即石墓、草原风格的金属武器及纹饰中的动物图案，这些也证明当地参与了欧亚北部更广泛的互动。相关的概述可参见 Anke Hein, "Introduction: Diffusionism, Migration, and the Archaeology of the Chinese Border Regions," in Hein, ed., *The 'Crescent-Shaped Cultural-Communication Belt,'* 1-17。关于青铜冶金的传播，以及随之而来的使用金属工具进行的农业与手工业实践，可参见如 Tzehuey Chiou-Peng, "Incipient Metallurgy in Yunnan," 79-84。民众在"弧"地区内所使用的武器与战术，此后传播到了东亚低地，参见 Rawson, "Steppe Weapons in Ancient China and the Role of Hand-to-hand Combat," *Gugong xueshu jikan* 33.1（2015）: 37-97。

12 关于最早的秦国考古遗址，参见 Zhao Huacheng, "New Explorations of Early Qin Culture," in Pines et al., eds., *Birth of an Empire*, 53-70。关于秦向关中盆地的扩张，可参见 Teng Mingyu, "From Vassal State to Empire: An Archaeological Examination of Qin Culture," in Pines et al., eds., *Birth of an Empire*, 71-112。

13 Falkenhausen, "The Bronze Age of the Upper Han River Basin," 378-516。

14 关于大堡子山遗址，参见 Zhao, "New Explorations of Early Qin Culture," 60-66。在长江与黄河的分水岭以北，位于渭河上游流域同时期的秦文化遗址，参见滕铭予：《秦文化：从封国到帝国的考古学观察》，北京：学苑出版社，2003年，第48—53页。

15 这是对汉水下游流域考古发现的玉璋（高原政治权威的重要象征）的最新解释。参见 Li Min, *Social Memory and State Formation*, 198-99。

16 应当指出，秦岭山脉目前仍未发现公元前二千纪晚期的矿址。参见 Kunlong Chen, Jianjun Mei, Thilo Rehren, Siran Liu, Wei Yang, Marcos Martinón-Torres, Congcang Zhao, Yoshimitsu Hirao, Jianli Chen and Yu Liu, "Hanzhong Bronzes and Highly Radiogenic Lead in Shang Period China," *Journal of Archaeological Science* 101（2019）: 131-39。

17 关于汉中地区所发现青铜器的讨论，参见 Falkenhausen, "The Bronze Age of the Upper Han River Basin," 378-516；以及 Kunlong Chen, Jianjun Mei,

Thilo Rehren and Congcang Zhao, "Indigenous Production and Interregional Exchange: Late Second-Millennium BC Bronzes from the Hanzhong Basin, China," *Antiquity* 90（2016）: 665-78。

18 可参见如 Sun Yan, "Material Culture and Social Identities in Western Zhou's Frontier," 52-72。

19 可参见如田仁孝、刘栋、张天恩:《西周强氏遗存几个问题的探讨》,《文博》1994年第5期,第17—27页。

20 一般认为,《牧誓》的创作时期远晚于本章所述的周克商时期。参见 Edward Shaughnessy, "*Shang shu*（Shu ching）," in Michael Loewe, ed., *Early Chinese Texts: A Bibliographical Guide*（Berkeley: Society for the Study of Early China, 1993）, 376-89。

21 李学勤主编:《十三经注疏·尚书正义》卷十一,北京:北京大学出版社,1999年,第284页。关于该文献及另一篇较早提及四川政权但真实性更加可疑的传世文献,参见 Sage, *Ancient Sichuan*, 34-42。

22 罗泰（Lothar von Falkenhausen）认为,这种孤立可能成了一种优势:四川与汉中地区的政权作为反商联盟的成员,可能并未被周克商之后的军事占领所影响。参见 Falkenhausen, "The Bronze Age of the Upper Han River Basin," 378-516。

23 参见 Sage, *Ancient Sichuan*, 38-46; Sophia-Karin Psarras, "The Han Far South," *Asiatische Studien: Zeitschrift der Schweizerischen Asiengesellschaft* 51（1997）: 757-74, esp. 765-67。

24 关于汉中当地的青铜生产,及其在约公元前2000年之际终止,参见 Chen et al., "Indigenous Production and Interregional Exchange," 665-78。

25 关于丹水上游流域及蓝田走廊的新石器时代遗址,参见国家文物局主编:《中国文物地图集·陕西分册》,西安:西安地图出版社,1998年,上册,第350—363页;下册,第1167—1223页。

26 参见 Chen, *Cultural Interactions during the Zhou Period*, 44-64 et pass。

27 关于西周时代国家对改善交通网络的参与,参见雷晋豪:《周道:封建时代的官道》,北京:社会科学文献出版社,2011年。

28 早期秦人在甘肃省东部的起源及其民族文化身份仍是有争议的话题,一些学者认为他们可能从属于商;另一些学者强调秦人与周人在物质文化上的相似性,秦人将逝者埋葬在天水地区的毛家坪墓地,周人则将逝者埋葬在位于关中西部周故地周原的郑家坡墓地;还有一些学者指出了秦人丧葬礼仪中不同于周人的特征,其中最重要的是屈肢葬,这也被用于追溯秦国向关中盆地的扩张进程。尽管秦人的丧葬习俗与物质文化,不出意外地受到了周边文化及秦政权东扩过程中所吸纳人口的影响,但同样可以明确的是,早自公元前8世纪开始,秦统治者及精英阶层就参与了正统的周朝礼制,而且使用汉字的方式与周人无异。相关的讨论,参见滕铭予:《秦文化》,第47—60页;以及 and Falkenhausen and Shelach, "Introduction: Archaeological Perspectives on the Qin 'Unification' of China," in Pines et al., eds., *Birth of an Empire*, 37-51。

29 "戎"这一术语在晚商甲骨文中指代一个特定且相当小的当地族群,但在西周与东周时代指代从西方与西北方入侵的所有非周族群。关于其语义扩张,参见姚磊:《先秦戎族研究》,武汉:武汉大学出版社,2016年。

30 关于谭家村墓地的两座墓葬中出土的釜,参见滕铭予:《论秦釜》,《考古》1995年第8期,第731—736页。关于高庄与宝鸡地区的秦墓中出土的"巴蜀式"铜剑,参见滕铭予:《秦文化》,第89页。

31 滕铭予:《秦文化》,第136—137页。

32 李学勤主编:《十三经注疏·春秋左传正义》卷二〇,第564页。《史记》亦提及了这一事件,但并未记载秦国与巴国的参与,参见《史记》卷十四,第609页。

33 《史记》卷五,第199页。

34 关于秦国在南郑的驻防,参见《史记》卷十五,第697页。关于南郑的反秦叛乱,参见《史记》卷十五,第700页。关于蜀国从秦国手中夺取南郑,参见《史记》卷十五,第713页。关于秦国在同年重新夺回南郑,参见《史记》卷五,第200页。后一事件在《史记·秦本纪》中有所记载,但记录秦在南郑其他活动信息的《史记·六国年表》却并未提及。

35 Rowan Flad, *Salt Production and Social Hierarchy in Ancient China: An Archaeological Investigation of Specialization in China's Three Gorges* (New

York: Cambridge University Press, 2011), 226-27.

36 关于楚国在春秋时期对三峡东部的政治与文化整合,相关的讨论可参见朱萍:《楚文化的西渐:楚国经营西部的考古学观察》,成都:巴蜀书社,2010年,第263—266页。

37 参见Falkenhausen, "The Salt of Ba: Reflections on the Role of the 'Peripheries' in the Production Systems of Bronze Age China," *Arts Asiatiques* 61 (2006): 45-56; 以及Flad and Chen, *Ancient Central China*, 260-77。

38 Falkenhausen, "The Salt of Ba," 53.

39 朱萍:《楚文化的西渐》,第216—217页。

40 同上,第229—238、266—270页。

41 Falkenhausen, "The Waning of the Bronze Age: Material Culture and Social Developments, 770-481 B.C.," in Loewe and Shaughnessy, eds., *The Cambridge History of Ancient China*, 450-544, esp. 525-39; and Falkenhausen, *Chinese Society*, 271-84.

42 《史记》将越国被楚国征服追溯至楚威王(前339—前329年在位)统治时期,参见《史记》卷四一,第1751页。历史学家早已指出,《史记》不同篇目对楚灭越的描述存在矛盾,且《史记·越王勾践世家》与《竹书纪年》的记录亦有差异,后者是另一部战国时代重大事件的重要文献。将公元前306年视为楚国征服越国的年份,可参见如杨宽:《战国史》,第364—365页。

43 楚国江东郡最早被记载是在公元前304年,参见《史记》卷七一,第2318页。

44 关于战国时代货币体制的"开放"与"封闭",及其与更广泛的经济发展趋势之间关系的讨论,参见Peng Ke, "Coinage and Commercial Development in Eastern Zhou China," Ph.D. dissertation, University of Chicago, 2000; 以及Von Glahn, *The Economic History of China*, 62-64。

45 关于公元前4世纪晚期楚国对其国内贸易的管制,参见Falkenhausen, "The E Jun Qi Metal Tallies," 79-123。一些附属族群在公元前4世纪至公元前3世纪间融入扩张中的秦国。关于其精英阶层获取秦国货币的特权,参见[日]柿沼阳平:『中国古代貨幣経済史研究』,東京:汲古書院,2011,183—184頁。

46 相关的讨论,参见Yuri Pines, "Biases and Their Sources: Qin History in the

Shiji," *Oriens Extremus* 45（2005/06）：10-34。"原始族群"（proto-ethnic groups）比其他人种分类更合乎逻辑，但在种族自我认知与边界维持方面的主位证据（emic evidence）有限，参见Chittick, *The Jiankang Empire*, 28-29。

47 《史记》卷五，第202页。

48 （西汉）刘向集录：《战国策》卷三，上海：上海古籍出版社，第121—123页。

49 参见《史记》卷一一三，第2975页；卷一一六，第2993—2996页；《汉书》卷九五，第3839—3857页。

50 （晋）常璩：《华阳国志校注》卷三，成都：巴蜀书社，1984年，第187—194页；相关的讨论，参见Sage, *Ancient Sichuan*, 109。

51 最详尽的英语文献可参见Sage, *Ancient Sichuan*, 112-17。亦可参见杨宽：《战国史》，第354—355页。

52 参见孙闻博：《秦据汉水与南郡之置——以军事交通与早期郡制为视角的考察》，曾磊、孙闻博、徐畅、李兰芳编：《飞軨广路：中国古代交通史论集》，北京：中国社会科学出版社，2015年，第42—66页。

53 杨亚长、王昌富：《陕西丹凤县秦商邑遗址》，《考古》2006年第3期，第32—38页。

54 关于武关的地理位置与考古发掘，参见王子今：《"武候"瓦当与战国秦汉武关道交通》，《文博》2013年第6期，第23—26页。

55 对公元前4世纪至公元前3世纪间秦楚冲突的时间序列所作的概要，参见[日]鹤间和幸：『秦帝國の形成と地域』，168頁。

56 国家文物局主编：《中国文物地图集·陕西分册》上册，第1354—1355页；下册，第1188页。

57 《史记》卷五，第204页；卷四〇，第1720页。关于商鞅被赐封与秦楚两国在汉水流域开始发生冲突之间可能的关系，相关的讨论参见孙闻博：《秦据汉水与南郡之置》，第45—47页。

58 《史记》卷十五，第731页；卷四〇，第2064页。

59 四川在秦国对楚国战争中的战略地位，参见《史记》卷七〇，第2769页；相关的讨论，参见杨宽：《战国史》，第354—355、402—405页；以及Steven

## 第 3 章 战国时代秦的南向扩张

Sage, *Ancient Sichuan*, 145-46。

60 这些外交策略主要与著名的秦国战略家张仪（卒于公元前309年）有关。参见《史记》卷五，第207页；卷七〇，第2768—2779页；《战国策》卷三，第120—132页；卷四，第133—143页。

61 《史记》卷四〇，第2066页。

62 《史记》卷五，第207页。战国时代连接关中、汉中与四川盆地的道路中已被发掘的部分，参见国家文物局主编：《中国文物地图集·陕西分册》上册，第306—307页；下册，第969页。

63 《史记》在记载四川地区蜀国的反秦起义后，接着记载了秦国对楚国的战争；参见《史记》卷五，第210页。

64 据称，秦军攻占了楚国郢都东北约150千米处的新市，参见《史记》卷五，第210页。秦国是否永久地控制了这一聚落，以及这是否标志着秦国进入楚国领土的最远位置，目前尚不清楚。

65 《史记》卷五，第212页。

66 秦昭襄王（前306—前251）的兄弟公子市、公子悝分别被封于宛和邓，宛后来成为南阳郡郡治，邓则是汉水与沘水交汇处的战略重镇。参见《史记》卷五，第212页。昭襄王的舅舅魏冉（卒于公元前271年）被封于穰，这是另一条支流淯水西岸的聚落（参见图3.2）。参见《史记》卷七二，第2325页。关于秦对邓地的征服及其对当地人口的影响，相关的考古证据可参见Chao, "Culture Change and Imperial Incorporation"。

67 关于这场战役的概述，参见《史记》卷五，第213页；卷七三，第2331页。

68 近年来的考古发掘在相当程度上复原了战国时代的楚都城阳，参见信阳市平桥区城阳城址保护区编：《楚都城阳》，郑州：中州古籍出版社，2011年。

69 《史记》卷五，第213—216页；卷十五，第742—743页；卷四〇，第1735页。

70 公元前262年，秦国占领了楚国在云梦泽以东的"州"地，参见《史记》卷十五，第746页。

71 据《史记》记载，秦国在最初遭遇挫败后，又令经验丰富的将军王翦统帅被动员的60万大军，王翦最终在公元前223年成功攻取了楚国都城，并彻底击败了楚国。参见《史记》卷六，第234页；卷七三，第2339—2341页。关于战国时代最后这场动员的惊人规模,参见[日]宫宅潔:《秦国战役史与远征军的构成》,陈捷译,武汉大学简帛研究中心主办:《简帛》第11辑,上海:上海古籍出版社,2015年,第153—170页。

72 迁陵档案表明,公元前222年,苍梧与洞庭两郡已为秦国所控制。参见《里耶秦简牍校释》第1卷,简8-755+8-756+8-757+8-758+8-759。

73 D'Altroy, *Provincial Power*.

74 参见Falkenhausen, *Chinese Society*, 244-88。

75 参见Falkenhausen, "The Salt of Ba," 52。

76 这一时期发生的重大事件被详细记载于《华阳国志》,它是公元4世纪时对四川与汉中地区的传说与历史记录的汇编。参见《华阳国志》,第194—214页。关于其年代、作者及文献史,参见J. Michael Farmer, "Huayang guo zhi," in Cynthia Chennault, Keith Knapp, Alan Berkowitz and Albert Dien, eds., *Early Medieval Chinese Texts: A Bibliographical Guide*(Berkeley: Institute of East Asian Studies, University of California, Berkeley, 2015), 123-30。公元前316年秦国征服后的四川历史概述,可参见如杨宽:《战国史》,第354—356页;以及Sage, *Ancient Sichuan*, 124-42。

77 《华阳国志》卷三,第194页。

78 Sage, *Ancient Sichuan*, 134.

79 《岳麓书院藏秦简》(伍),第43—44页,简13—18。蜀、巴两地的盐场是被判重劳役刑徒的流放地,可参见如《史记》卷六,第227页;卷六,第231页;以及《睡虎地秦墓竹简》,第155页,简46—49。

80 关于所谓巴蜀墓葬文化,参见Michèle Pirazzoli-t'Serstevens, "Sichuan in the Warring States and Han Periods," in Bagley, ed., *Ancient Sichuan*, 39-57。

81 关于四川地区的秦墓,参见李明斌:《论四川盆地的秦人墓》,《南方文物》2006年第3期,第91—99页;宋治民:《蜀文化》,北京:文物出版社,2008年,第111—170页;Alaine Thote, "The Archaeology of Eastern Sichuan at the End of the Bronze Age(Fifth to Third Century BC)," in Bagley, ed., *Ancient Sichuan*, 203-51;四川省博物馆、青川县文化馆:《青川县出土秦更修田律木牍——四川青川县战国墓发掘简报》,《文物》1982年第1期,第1—21页。

关于秦国对成都的重建，参见《华阳国志》卷三，第196—199页。

82 四川省博物馆等:《青川县出土秦更修田律木牍——四川青川县战国墓发掘简报》，第12页。

83 同上，第3—5页。

84 参见于豪亮:《释青川秦墓木牍》，《文物》1982年第1期，第22—23页；李昭和:《青川出土木牍文字简考》，《文物》1982年第1期，第24—27页；以及陈伟主编:《秦简牍合集：释文注释修订本》(肆)，武汉：武汉大学出版社，2016年，第187—201页。英译青川木牍文字，参见 Hulsewé, *Remnants*, 211-15。

85 四川省博物馆等:《青川县出土秦更修田律木牍——四川青川县战国墓发掘简报》，第12页。

86 参见 Barbieri-Low and Yates, *Law, State, and Society*, vol. 2, 710-11, n. 47。

87 关于在秦吞并四川盆地的背景下对郝家坪秦牍的讨论，参见 Sage, *Ancient Sichuan*, 131-32。

88 秦汉时期为"西南夷"设立了特殊的进贡制度，这至少适用于四川部分人口，参见《后汉书》卷八六，第2831、2842页。亦可参见(东汉)许慎:《说文解字》六篇下，北京：中华书局，2002年，第131页。以包括织物与禽兽在内的当地物产缴纳贡赋，参见《后汉书》卷八六，第2860页。

89《华阳国志》卷三，第200页。

90 关于李冰在成都平原主持的水利工程，参见《华阳国志》卷三，第201—214页。

91《史记》卷五，第213页。公元前281年，秦国移民于穰定居，这是秦国重要的政治家魏冉不久前被赐封之地（参见上一节）。尽管《史记》并未详细说明穰的位置，但唐朝注家张守节（公元8世纪）认为其位于汉水与沘水交汇处的邓地，参见《史记》卷五，第215页，注释一八。

92《史记》卷五，第213页。

93 同上。

94 湖北省文物考古研究所、襄樊市考古队、襄阳区文物管理处编著:《襄阳王坡东周秦汉墓》，北京：科学出版社，2005年，第64—217页。

95 参见Chao,"Culture Change and Imperial Incorporation"。

96 纪南城占地1600公顷，面积大于齐国都城临淄与鲁国都城曲阜，且与赵国都城邯郸相当。参见许宏:《先秦城邑考古》上册，北京：西苑出版社，2017年，第251—326页。关于江汉平原的城邑网络，参见王琢玺:《周代江汉地区城邑地理研究》，武汉大学2019年博士学位论文。

97 早在春秋时期，楚国与北方的晋国就在新征服的边疆领土设立了由王室成员而非贵族管理的行政单位。这些行政单位被称为"县"，并最终为周朝的其他政权所采纳，用以推进中央集权式的领土行政，尤其是对领土核心区域的管理。关于县制的起源，参见Herrlee Creel, "The Beginnings of Bureaucracy in China: The Origin of the Hsien," *Journal of Asian Studies* 22（1964）: 155-83;以及Li Feng, *Early China*, 166-70。

98《史记》卷六五，第2165—2169页。

99 楚王室墓地密集地集中于纪南城周边半径约30千米至40千米的区域，参见许宏:《先秦城邑考古》上册，第296页。

100 关于秦国南郡郡治所在地，仍有争议。大多数学者认为，在战国晚期至秦帝国时期的大多数时间里，南郡郡治位于秦征服前就已存在的江陵县城。可参见如曲英杰:《史记都城考》，北京：商务印书馆，2007年，第312页;以及徐龙国:《秦汉城邑考古学研究》，北京：中国社会科学出版社，2013年，第122—123页。也有学者认为，江陵县是在嬴政（前246—前210年在位）统治时期成为南郡郡治。参见辛德勇:《北京大学藏秦水陆里程简册初步研究》，李学勤主编《出土文献》第4辑，上海：中西书局，2013年，第177—279页。

101《史记》卷四〇，第1735页。

102 参见赵化成:《秦统一前后秦文化与列国文化的碰撞及融合》，宿白主编:《苏秉琦与当代中国考古学》，北京：科学出版社，2001年，第619—630页;滕铭予:《秦文化》，第130—133页;陈洪:《秦文化之考古学研究》，北京：科学出版社，2016年，第241—243页。

# 第4章

# 秦帝国在南方：领土、组织与挑战

秦帝国在近十五年间不断进行着行政方式的尝试。其中最广为人知的是，秦帝国在公元前221年完成统一后，将天下划分为36个由县构成的郡。[1] 郡在多国并存的战国时代只是领土管理形式之一，除此之外还有由世袭贵族管理的土地，由中央直接控制的县，以及有时被中央政府赋予相当程度自治权的城邑。[2] 整个秦帝国在行政上的这种统一是前所未有的。但传世文献并未提到的是，秦帝国设立郡制数年后就不得不对其进行改革。出土的官方档案中记载了传世史书未曾提及的一些郡名。秦帝国废除了一些郡，拆分或合并了一些郡，并在扩张其南北边疆后又新设了一些郡。[3]

秦帝国领土组织的复杂性不仅在于郡界的不断变动。在战国时代最后十年间所占领的广阔领土内，秦的官吏与军队面对的是陌生的地形、怀有敌意甚至公然反叛的人口，以及憧憬恢复此前特权的精英阶层。秦帝国当局意识到了这些挑战，并将其领土正式划分为"故地"与"新地"。"新地"这一术语，直到20世纪70年代秦官方文书陆续出土并公布后才为人所知,很可能指公元前230年后秦国新占领的所有领土,秦国正是在这一年发动了一系列征战,并在十年内消灭了其余六国。长江中游以南的楚国故土同样属于"新地"。

出土文献清晰地表明,秦国在"新地"内是一个不稳定的占领政权,其统治依赖于军事驻地与农业拓殖地,而不甚了解周边腹地的情况,这些腹地内藏匿着各种敌对且有组织的武装群体,他们不时攻击秦国人员,甚至能够发动对秦故地的战争。秦管理"新地"的特点,颇有助于解释秦帝国的命运,以及东亚地区的政治组织在秦覆灭之后的转变。[4]

本章讨论了秦帝国领土组织的总体特征,以及秦官吏在新征服地区所面临的挑战。第一节考察了帝国在"新地"内的行政管理特征,这有助于解释公元前209年叛乱爆发后,秦帝国对其南部及东部地区的控制何以迅速瓦解。第二节聚焦于帝国南部边境,以论证秦帝国的持续南扩耗尽了资源,而这些资源本可投入到战国末年被秦军占领的湖南地区,以使其更持续稳定地融入帝国。

第三节进一步聚焦于长江中游以南的洞庭郡,当地丰富的出土文献表明,秦政府的统治在南方并不稳定,当局也在寻求一种管理当地的最佳方式。第四节概述了秦官吏力图将国家势力延伸至行政城邑以外时所面临的挑战,即本地人群的抵抗,这在官方档案中被描述为动荡、贼盗及叛乱。将政府的控制延伸至腹地是一个旷日持久的进程,这需要使当地族群融入帝国贸易网络,与当地精英阶层谈判政治权力的分配,并在制度上作出相应的调整。在秦帝国时期,这一进程仍处于初始阶段。

*122*

第 4 章　秦帝国在南方：领土、组织与挑战

## 故地与新地：秦帝国领土

秦在公元前221年统一了六国，并如《史记》所载，设立了36个郡，这看似形成了一体化的行政空间，但事实并非如此。相反，秦帝国政府严格地区分"故地"与"新地"，前者是在公元前230年之前控制的领土，包括四川盆地与汉水流域等，后者则是此后占领的领土（参见图4.1）。在属于战国晚期的睡虎地11号墓出土的法律文献中，"新地"并未出现，这表明上述区分应晚于公元前221年；而在迁陵档案与岳麓书院藏秦律令简等秦帝国时期的文献中，"新地"则反复出现。

秦故地与新地间的界线，很可能与统一战争（前230—前221）前夕的旧国境"故徼"一致。故徼内存在着一些驻防边界，还分布着受特殊法律制度管辖的作为秦之补给的县，这可确保对可能来自"新地"的攻击始终保持警戒。秦律谨慎地规定了"故徼县道"地区应做的军事准备，如防御演习与紧急征税，核实新兵身份以防止敌人渗透，以及在遭受进攻时发动平民守卫城墙。[6] 发起进攻的敌人被界定为"盗"，这可指代任何有组织的反政府武装群体，而无论其目的为何，其中包括了叛军[7]及南方的本地部落人口。[8]

秦帝国的立法渗透着对故徼外部入侵的担忧。惩罚军官怯战行为的规定表明，这种攻击可能升级为严重的交战。[9] 故徼也是常被提及的各种强制劳动者的服役地，已定罪的刑徒亦包括在其中。[10] 一封秦国士兵的家书表露了他对危险处境的担忧，即当地的"盗"

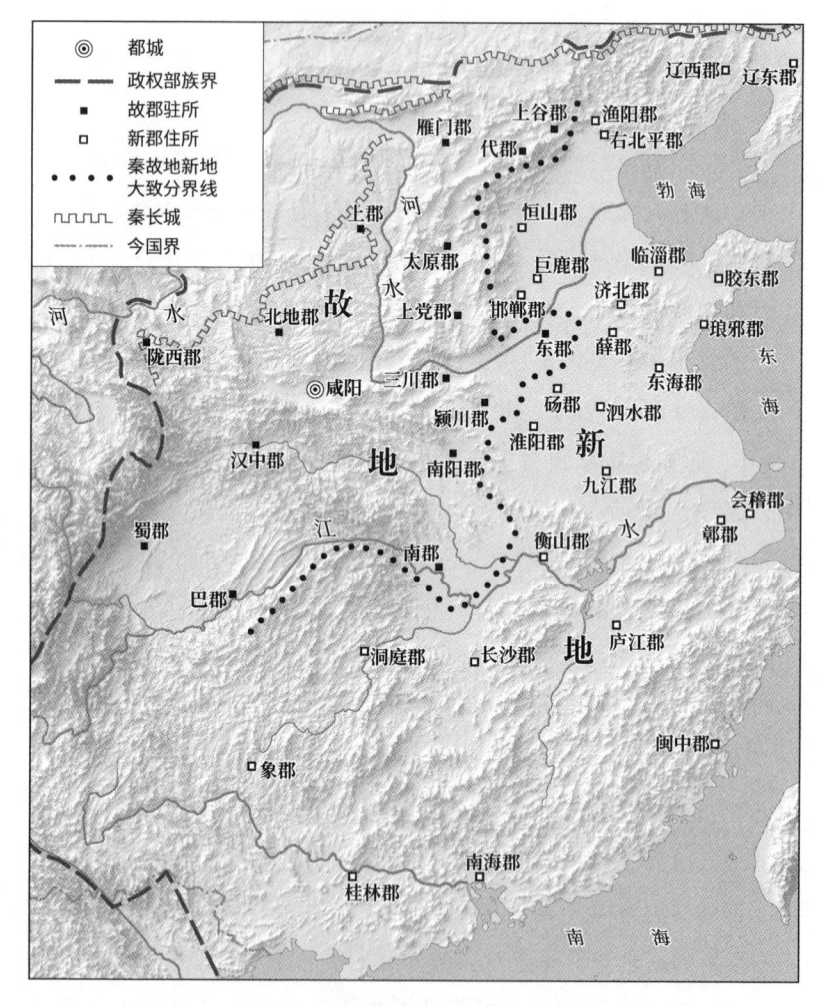

古代中国的帝国网络：中华帝国在东亚南部的建立

图4.1 秦帝国的故地与新地[5]

与来自秦国腹地的不法之徒相互勾结:"闻新地城多空不实者,且令故民有为不如令者实……新地多盗,衷(中)唯毋方行新地,急急急。"[11] 这封家书写于秦军准备歼灭楚国并向长江中游以南挺进之际,写信人被征召的地点可能是当时已被秦国统治50余年之久的故地南郡。秦国虽然成功征服了楚国领土,但显然未能控制当地人口,他们集体逃离聚居地,迫使秦当局从刑徒中招募移民来充实这些领土,这是秦国自战国中期以来就一直实行的政策。[12]

不仅"新地"内的移民如此,任职于"新地"行政机构的秦官吏,也常常是犯有某些轻罪或考核不佳者。[13] 在"新地"任职是一种与非自由劳动类似的处罚。[14] 一批特别的法律也为此而制定,其中就包括"遣新地吏令"。[15] 迁陵档案中的一份文书说明了这样一种偏离常轨的职业生涯:[16]

廿六年十二月癸丑朔庚申,迁陵守禄敢言之:沮守瘳言:课廿四年畜息子得钱殿。沮守周主。为新地吏,令县论言史(事)。●问之,周不在迁陵。敢言之。

●以荆山道丞印行。(正)

(秦王政,即秦始皇)二十六年十二月,该月第一天为癸丑日,在庚申日这天(前221年1月5日)。迁陵县的临时长官禄斗胆报告以下内容:沮县[17]的临时长官瘳报告称,"[本县]在二十四年(前223年)[卖出]家畜幼崽换取金钱的评比中表现最差。沮县的临时长官周对此负责,因此他被任命为新地吏。[贵县]被命令对此事进行宣判"。我们询问得知,周不在迁陵县。斗胆报告此事。

　　在运送时，[本文书]用荆山道[18]丞的印封印。

　　管理"新地"并非受人尊敬的工作，新地吏即使没有实际的违法行为，至少也被认为不适合在他处任职。中央政府也不认为新地吏特别可靠，并制定了针对他们犯罪的特殊法律。[19]但即使是这种并非最理想的官吏，也并不总是容易找到。在一份未注明日期的迁陵吏志中，所列出的103个岗位仅有86人任职，且仅51人实际在岗，其余35人被调往从事临时劳役。[20]类似的情形也反映在另一份同样未注明日期的文书中，其中记载的104名官吏有50人在岗，35人缺勤，其余人员则正从事临时劳役。[21]对官吏缺员的抱怨可见于各类行政机构，这种缺员有时严重到足以使整个机构无法履行职能，这在迁陵档案中并不罕见。[22]

　　秦国在很大程度上依赖于各种非自由劳动者——服兵役者、刑徒以及向政府偿债者——来控制"新地"。很多官吏之所以在新郡工作，是因为要偿还因各种轻微的不当、过错、失期或未遵守程序等而被判处的罚金。在秦的法律体系下，这种罚金是一种常用于对官吏的刑罚。罚金可能是为了创造临时的非自由劳动工作，以强制合格的行政人员留在新征服的领土上。[23]其他被强制送往服役地的劳动者，还包括戍卒、已定罪的刑徒及被流放者，戍卒又可进一步划分为几类群体，其中一些是专业的军人，另一些更像是普通劳动者，还有一些则是因轻罪而被判前往边疆服役者。[24]

　　秦奠定了从刑徒中招募边防力量的帝国传统。秦国在战国晚期已将去往边疆服役定为一种刑罚。[25]岳麓书院藏秦简所见秦帝国时期的令文表明，政府将刑徒从内地征调至"新地"成为定制。这些令文提到了约在公元前221年担任秦相的王绾，或可据此相对精确地确定其年代。[26] 令文提及的大多数郡均可见于传世文献或出土的官方印文，唯一的例外是尚未被证实的江湖郡，其地理位置仍不明确，但"江湖"之名可能暗示其位于长江中下游流域。[27] 派遣服役者的郡位于战国时代最后十年之前已被秦国控制的故地，接收服役者的郡则位于"新地"（参见表4.1及表4.2）。

**表 4.1　岳麓书院藏秦令所见边疆服役者的来源**

| 郡　名 | 设 立 时 间[28] | 地 理 位 置 |
| --- | --- | --- |
| 河内郡 | 前290年至前266年间 | 今河南省郑州市以东 |
| 南　郡 | 前278年 | 今湖北省内长江中游以北 |
| 南阳郡 | 前277年 | 今河南省西南部的南阳盆地 |
| 上党郡 | 前260年至前247年间 | 今山西省东南部汾河流域以东 |
| 三川郡 | 前249年 | 今河南省东部的洛阳市 |
| 太原郡 | 前247年 | 今山西省内汾河上游流域 |
| 东　郡 | 前242年 | 今河南省开封市以北 |
| 颍川郡 | 前230年 | 今河南省中部的许昌市附近 |

服役地所在的四个郡中有三个郡的设立时间不明，但其地理位置表明，它们均位于公元前224年至公元前222年间所征服的楚国领土之上。其中九江与衡山两郡，或许还有江湖郡，均位于秦国旧据点南郡以东的长江沿岸。与此相对，派遣服役者的郡除颍川

郡之外，大都设立于统一战争之前。这些地区包括南阳盆地、汾河流域、江汉平原及三门峡在内，自战国中期开始就被秦国全面拓殖。[29] 这些郡能够相对较好地融入秦国，它们的人口亦有助于秦国稳固在"新地"最初的势力。

表 4.2　岳麓书院藏秦令所见边疆服役者的服役地

| 郡　名 | 设 立 时 间 | 地 理 位 置 |
| --- | --- | --- |
| 四川郡（泗水郡） | 前224年 | 安徽省北部睢水与泗水沿岸 |
| 九江郡 | 不明 | 安徽省合肥市附近 |
| 衡山郡 | 不明 | 湖北省东部 |
| 江湖郡 | 不明 | 未知，或位于长江中下游流域 |

洞庭郡属县迁陵县的档案记录表明，秦国对长江以南实施行政管理之初，驻扎于洞庭郡的服役者主要来自长江沿岸的秦故郡南郡与巴郡。这种模式似乎在公元前214年后发生了转变，当时服役者开始在"新地"的各郡之间调动。[30] 在迁陵县服役一年的人员中，来自泗水郡（参见图4.1）属县城父县者数量尤其多。[31] 尚不清楚这是不是一个整体性计划——从泗水郡向洞庭郡输送人力——的一部分。如果的确如此，这可能会使人力输送更加便利，同时也会形成一个"驻防社会"（garrison society），其中新到来的服役者会因为身边皆是同乡而更容易适应陌生环境。这一政策最终成为中华帝国的拓边手段之一。[32]

被派往包括长江以南地区在内"新地"的非自由劳动者中，边疆地区的刑徒只是其中一类群体。迁陵档案显示，刑徒在该县人口中占据了非常高的比例，可能达到了三分之一，如果只考虑达到服役年龄者，这一比例还会高得多。[33] 这些刑徒代表了当地政府所能调用的主要劳动力，也是完成劳动任务的主要力量，这些任务包括开垦耕地，建造基础设施，运输粮食与其他物资，制造工具、车辆、兵器，传送官方信件，甚至在当地行政机构中担任低级职位。[34] 秦需要将大量人力输送至战国末年所征服的领土，这使强制劳动制度得以复兴；秦帝国覆灭后，随着中央政府暂时撤离"新地"，强制劳动的管理体制也一并衰落。[35]

## 多变的南方边疆

秦国攻陷楚国在长江中游以南的领土后，南方边境经历了动荡且混乱的十年。秦军在镇压南岭山脉以北的抵抗后挺进岭南地区，经过一番激烈的战斗，在当地设立了南海郡与桂林郡。至于秦设立的第三个郡——象郡的地理位置，则仍有争议，大多数观点认为其位于云贵高原东缘，可沿沅水流域抵达（参见图4.1）。[36]

尚不清楚秦帝国是否有一贯的南扩战略。秦军行动的缘由及年代记录仍不明确，相关的文字记载或是太过简练，或是仅见于时代较晚而可靠性存疑的文献。[37] 秦始皇力图征服长江下游以南及南岭山脉地区的族群，在战国晚期至秦帝国早期的文献中，他们被视为同一个民族文化群体，即越人。这种征服是通过两种方式实现的：第一是当地领导者名义上的屈服，如长江三角洲以南（今浙江省与福建省）所谓的闽越或东越；第二则是军事征服，如岭南地区的南越。[38]

相比之下更明确的是，秦帝国在公元前221年后的南扩路线，主要是从长江中游前往南方及西南地区，尤其是沿湘水及穿越湘桂走廊前往珠江水系。这一路线在战国时代曾为楚国商人所用。楚国统治者为了将岭南的精英阶层纳入楚文化，可能曾向他们赏赐过贵重的青铜器，但从未认真尝试过占领或管理南岭以南的土地。[39] 不过，尤以长江下游地区为代表的其他越人领地，到公元前4世纪晚期时已进入楚国政治圈（参见第3章），因而楚国统治者可能一直将所有"越地"视为潜在的领土扩张方向。[40]《后汉书》曾记载："楚子称霸，朝贡百越。"[41] 可以推测的是，形成于战国晚期文献中的越人身份，如果不是合乎实情的话，至少也反映了中华国家在政治上控制这些人口的主张。[42] 秦国在公元前223年至公元前222年间占领了楚国位于长江下游及湖南地区的领土，并因此继承了连接南方越地的贸易与军事通道，可能还延续了由中华国家统治越人的规划。

《史记·秦始皇本纪》并未提到边疆地区在公元前221年后发生过重要的军事行动。相反，秦始皇似乎专注于巡视其帝国，并通过刻石向上天报告其空前的成就。秦帝国直至六年后才开始实施扩张性的边疆政策，向北方的匈奴发起进攻，并攻取了岭南。[43]《史记》的其他篇章及《淮南子》中的一篇则记载了更多细节，尤其是《淮南子》提到秦军有50万人，且两部文献均记载了秦军在一场长达三年的战役中遭遇重大挫败，秦将屠睢也遭越人杀害。[44]

上述两部文献对秦帝国与越人早期作战的记录均未载明时间，一些学者怀疑其可靠性，[45] 另一些学者则认为，《淮南子》所记述的秦帝国与越人间的战争，是秦楚战争的延续，当时经验丰富的

## 第4章 秦帝国在南方：领土、组织与挑战

秦将王翦统率了60万大军。根据后一种观点，王翦所率领的秦军在击溃楚国后，又继续向南方的"百越"发起进攻。[46] 或许是秦帝国首次对越人作战时的耻辱结局，使秦的史官决定不作详细记载，而他们的记载正好成为《史记》的基础。

张家山出土的《奏谳书》中有一个年代为公元前220年至公元前219年间的案例，进一步揭示了秦帝国征服越人的背景。此案例提到了苍梧郡的郡尉徒唯，该郡位于今南岭以北的湖南省东南部地区，[47] 原由楚国设立，在公元前222年被秦国占领后大致维持了原有边界。[48] 徒唯可能与《淮南子》提到的秦将屠睢是同一人，[49] 二者姓氏发音相同，"唯""睢"字形亦相近，其差异可能源于误抄。徒唯（屠睢）在公元前220年担任苍梧郡郡尉，当时秦军刚刚完成对楚国的征服，正在为对越人作战进行重新部署。因为苍梧郡是秦帝国征服南岭地区活动的据点，故其郡尉有可能参与对越人的作战，继而成为被越人杀害的秦帝国最高级别的军官，这或许解释了其姓名为何能存于传世文献。[50]

根据以上观点，秦帝国与越人的首次战争发生于公元前222年至公元前219年后，以秦帝国的惨败而告终，但这为公元前214年的第二场准备更充分的战争铺平了道路，秦帝国最终在这场战争中短暂占领了岭南地区。[51] 在两场战争间的几年内，秦帝国建设了用于补给岭南军队的基础设施，其中包括开凿长江与珠江分水岭的灵渠。[52] 正如下一章所言，持续不断的战备与遥远南方的战事，可能转移了帝国加强控制长江中游新征服领土所需的资源。长江中游地区在整个秦帝国时期一直是大规模战役的后方基地，这一事实也影响了秦的经济政策，并且决定了如迁陵县的独特社会面貌。

## 长江中游以南的行政组织

楚国自战国中期开始在长江中游以南推行领土行政。秦国对楚国位于江汉平原核心区域的占领,促使楚国努力巩固对当地的控制,并将当地作为抵御秦国进一步攻击的壁垒(参见第2章)。到战国末年,楚国在长江中游以南已设立洞庭与苍梧两郡,前者位于今湖南省西部的沅水与澧水流域,后者位于东侧的湘水流域(参见图2.3)。[53] 两郡在公元前222年被秦军占领。[54] 不过,裴骃《史记集解》(公元5世纪)所列出的36个秦郡名中,未见苍梧与洞庭两郡,而有地理位置分别与两者重合的长沙与黔中两郡。[55] 迁陵档案所见的其他诸多秦郡,尤其是长江流域的秦郡中,却未见长沙与黔中两郡(参见图4.1)。[56]

如何解释这两种关于秦行政地理的冲突记载?历史地理学家考察了秦郡制在秦始皇治下的几次重构。辛德勇认为,帝国统一时存在的42个郡在公元前221年减少至36个郡;而在秦帝国公元前214年攻占岭南后不久,郡再次被改组为48个。在这两次重要改革之外,还有次数不明的较小调整,这涉及对个别郡的重新命名以及对郡界的重新划定。据辛德勇论证,长沙郡在公元前220年前后改称苍梧郡,黔中郡西南部则约在同一时期被重新定名为洞庭郡。[57] 他还猜想,秦覆灭之后,在项羽(卒于公元前202年)领导的西楚政权短暂复兴期间,苍梧郡又重新改称长沙郡。[58]

上述考证的基本立论——郡制在秦帝国存续的十五年间经历了

## 第4章 秦帝国在南方：领土、组织与挑战

数次重组——及诸多细节依然能够成立，不过，迁陵档案出版后，有必要进行一些修正，因为档案明确记载苍梧与洞庭两郡在公元前222年已经存在。黔中郡是从战国晚期秦楚两国在三峡东部与湖南西部山区的对抗之中发展起来的，当时两国都试图在长江沿岸划定各自的势力范围。正如第2章所言，黔中郡原由楚国设立，以对抗来自秦国控制下的四川盆地的威胁。公元前280年至公元前278年间的战争中，秦国从楚国手中夺取了黔中郡，但楚国在两年后又重新占领了东部地区，并将其整合为洞庭郡，秦的辖地则缩小到西部地区，这种状态可能一直持续到战国时代结束。但该郡在地理上并不规则，由地貌各不相同的几部分组成：西部的乌江，东北部的清水水系（位于今湖北省西南部），还可能包括东部澧水与沅水流域的一些据点。因此，黔中郡在楚国灭亡后被划分为地理界定更加清晰的巴郡、南郡与洞庭郡，[59] 这或许可以解释黔中郡为何未见于公元前222年后的秦代出土文献。

尽管对秦郡制的各种复原在历史地理的细节方面仍有差异，但它们都揭示了秦帝国在领土行政构造上的极度不稳定，这在南方边境尤甚。例如，直至张家山汉简、里耶秦简与岳麓书院藏秦简出版后，苍梧、洞庭与江湖三郡才为人所知。而迁陵档案中一枚尚未正式公布的木牍所提到的"武陵泰守"表明，公元前222年至公元前208年间还存在过武陵郡。[60] "武陵"此前被视为洞庭郡自西汉初年才开始使用的新郡名，[61] 武陵郡在秦已存在则表明，其在秦时已从洞庭郡分立出来，或已成为洞庭郡的新郡名，原因可能在于郡治的变动。[62]

洞庭郡因其属县迁陵县内发现的行政档案，成为目前文献记载最多的秦郡。洞庭湖西南地区拥有同时代证据，可据以研究行

政地理，这样的地区在秦帝国内仅有少数几个，对其他地区行政地理的研究，只能凭借时代更晚（且一般晚得多）的文献来推断。洞庭郡由澧水与沅水流域的15个或16个县构成（参见图4.2与表4.3），其间的河流网络有利于郡内的交流。[63]

继续讨论洞庭郡的行政地理之前，有必要先对地图的绘制加以简要说明。图4.2用点而非多边形表示诸县，这不仅是为了表明我们对各县之间确切的地理边界缺乏了解，更重要的是要表明这种边界可能并不存在。如下一章所言，南方边境内以军事要塞、征税官吏或特殊设施（生产中心与邮驿等）等形式存在的国家势力，仅限于在战略与经济上重要的地点，而并不包括全部聚落。正因如此，最好以点状网络来绘制地图，而非将有边界的空间拼接起来。[64]

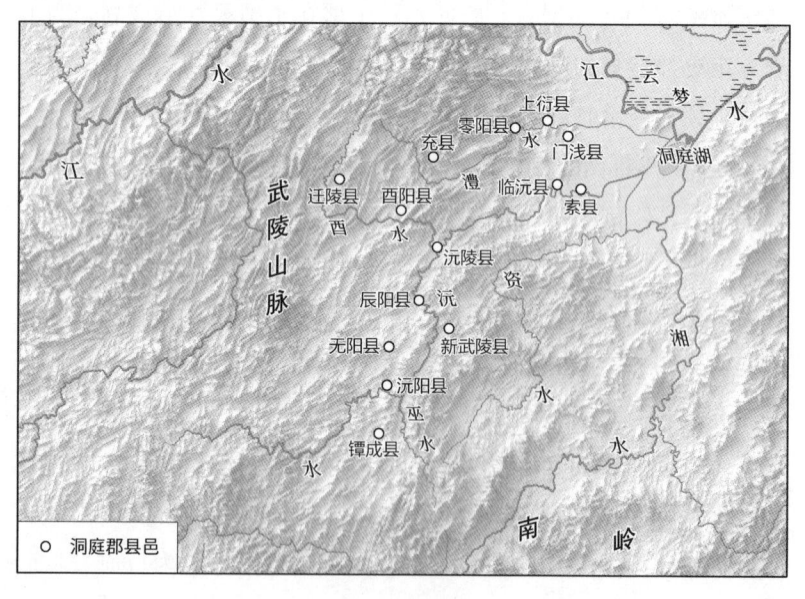

图4.2 洞庭郡

### 表 4.3 洞庭郡属县

| 序号 | 县 名 | 地 理 位 置 | 注 解 |
|---|---|---|---|
| 1 | 临沅县 | 沅水下游 | 属汉武陵郡[65] |
| 2 | 索县 | 沅水下游 | 属汉武陵郡 |
| 3 | 门浅县 | 澧水下游 | 位于索县至零阳县之间 |
| 4 | 上衍县 | 澧水下游 | 位于索县至零阳县之间 |
| 5 | 零阳县 | 澧水流域 | 属汉武陵郡 |
| 6 | 充县 | 澧水上游 | 属汉武陵郡 |
| 7 | 沅陵县 | 沅水与酉水交汇处 | 属汉武陵郡 |
| 8 | 酉阳县 | 酉水中游 | 属汉武陵郡 |
| 9 | 迁陵县 | 酉水上游 | 属汉武陵郡 |
| 10 | 辰阳县 | 沅水与辰水交汇处 | 属汉武陵郡 |
| 11 | 新武陵县 | 沅水与溆水交汇处 | 可能即汉义陵县[66] |
| 12 | 沅阳县 | 沅水与无水交汇处 | 其位置根据出土楚玺印确定[67] |
| 13 | 无阳县 | 无水下游 | 属汉武陵郡 |
| 14 | 蓬县 | 不明 | |
| 15 | 镡成县 | 南岭山脉 | 属汉武陵郡 |

其中一些县常为迁陵档案所提及，但另一些县仅出现在一两份文书中。那些列出了特定通信路线上有哪些县的文书，在复原行政地理时尤其有价值，由此，此前无人知晓的地名可与《汉书·地理志》等传世文献中所载地点联系起来。其中有这样一份文书，勾勒出了一则制书在洞庭郡各县间传送的次序，这使我们有可能找到此前不为人知的门浅与上衍两县的位置，两县皆位于洞庭湖西南的索县至澧水流域的零阳县之间的路线上（参见图4.2）。[68]

上述文书来自洞庭郡府,但并未明确记载郡府的位置。里耶出土的其他文书为此提供了一些线索。一份由郡守在公元前220年下达给迁陵县的指示,是由当时郡治所在的新武陵县的印章封缄。[69] 值得注意的是,代理郡守("假守")使用了县的印章而非自己的印章,这似乎已成为秦的惯例,洞庭郡的其他文书及起草于其他郡的文书皆可为证。[70]

也有其他迹象表明,新武陵县在洞庭郡设立后的几年内是郡治所在地。一份由洞庭郡郡守于公元前219年3月26日下发的通知,命令从新武陵县沿四条路线传送通知的四份副本。[71] 相同的命令亦可见于另一份在公元前220年起草于洞庭郡府的文书,[72] 以及一份日期不明的文书残片。[73] 也有其他文书提到"课"被传送到了新武陵县,[74] 这些"课"是由县当局提交给郡上级的。

新武陵县作为洞庭郡郡治的时间并不久。公元前213年,洞庭郡郡守从沅水上游的沅阳县(参见图4.2)下达指令,该县的印章也被用于封缄同一年起草于郡府的另一份文书。[75]

郑威在研究洞庭郡的行政地理时认为,郡治在公元前213年之前的迁移,与公元前214年发生于南方的战争有关,郡守需要距离战场足够近才能组织后勤支援,或许还需要统率军队。[76] 尽管这种设想并非不可能,但也应注意到,郡治的位置在这段时期的变化不止一次。如在公元前214年3月7日,洞庭郡代理郡守就使用了临沅县的印章;不到一个月之后的4月2日,他又使用上衍县的印章核准了另一份信件。[77] 临沅与上衍两县分别位于沅水与澧水下游地区。

在没有直接证据的情况下,将郡治迁移与当时的政治事件相联系只能是推测。例如,完全可以假设在公元前214年初,洞庭郡当

第 4 章　秦帝国在南方：领土、组织与挑战

局决定将郡治迁移至拥有全郡大多数人口及农业生产的东北部地区，以监督为再次南扩而进行的资源调动。同一年晚些时候，郡治又迁移到了沅水上游的沅阳县，那里是秦军向云贵高原进军的正后方。

郡行政机构在长江中游以南的频繁迁移表明，其功能与秦故地的郡不同，后者相对稳定且位于重要城邑的中心。尽管洞庭郡郡守在相对较长的时期内将郡治设立在特定的县，但如有必要，郡治即可被轻易迁移。这或许可以解释为何要用县的印章来封缄文书，[78]因为收信者可据此获知郡守当前所在地。这同样适用于"新地"内的其他郡级高级官员。公元前220年，在位于今山东省南部的琅琊郡内，郡守便将郡尉府的新位置通知给了整个帝国内的同僚。[79]郡级高级官员可能驻扎在郡内的不同地点，以便能够迅速应对危机或起义。[80]

如果洞庭郡可以代表"新地"，或至少代表秦在长江以南的行政机构，那么缺乏固定的郡治也是秦帝国势力在新征服领土上并不稳固的一种表现。秦帝国中央政府力图为其新辖区寻求一种理想的领土构造，与此同时，郡当局也通过迁移郡治来寻找监督属地的合适地点，并应对来自郡内外的持续挑战。

## 来自内部的挑战：叛乱、动荡及人口控制

公元前220年初，苍梧郡设立后不足两年，郡当局就发现其处境岌岌可危。始于一个属县的局部动荡逐渐升级为全面叛乱，政府正规军及后备部队也很快战败。由于畏惧逃避战斗后将会遭受的严厉

惩罚，很多士兵逃亡，藏匿山中，以免受罚，这使危机进一步加剧。郡当局将这一处境描述为"甚害难"，并声称他们担心"为败"。[81] 虽然特派的御史最终能够"诱召寅（聚）城中，潛（潜）讯……以别，捕毄（系）战北者"，但尚不清楚叛乱本身最后是否被平息。[82] 逃兵面临着可怕的命运，根据秦代军法，即使调查表明战败的责任完全在于军官不称职，"儋（胆）乏不斗"者也将被处以死刑。[83]

这种严厉的惩罚并没有提升秦政府在当地百姓心目中的地位。耐人寻味的是，尽管苍梧郡当地的官吏立场较为宽容，并主张赦免逃兵，但来自秦故地南郡的御史仍然坚持毫不留情地处罚。南郡是秦在长江中游以北的重要据点，在战国后期涌入了大量秦国移民（参见第3章）。到帝国统一时，南郡居民看待长江以南"新地"的目光是怀疑的和恐惧的，这与政府"所取荆新地多群盗"的看法正可呼应。[84]

我们尚不清楚这样的叛乱在秦帝国南方是否典型。史书并未提到公元前209年秦帝国开始衰落前发生过大规模的起义，但很多地区都发生过局部动乱。在文献记载更为丰富的中华帝国晚期，湖南西部高地因其目无法纪与贼盗活动而声名狼藉，可能自秦帝国统治初期开始就是如此。洞庭郡成立之初，关于"盗"活动的报告就开始传来，官吏抱怨兵力不足，并乞求增援。

［廿］六年二月癸丑朔丙子，唐亭叚（假）校长壮敢言之：唐亭旁有盗可卅人。壮卒少，不足以追。亭不可空。谒遣卒索（索）。敢言之。/二月辛巳，迁陵守丞敦狐敢告尉、告卿（乡）主，以律（正）

第 4 章　秦帝国在南方：领土、组织与挑战

令从吏（事）。尉下亭鄣，署士吏谨备。贰卿（乡）上司马丞。/亭手。/即令走涂行。

二月辛巳，不更與里戍以来。/丞半。壮手。（背）

（简正）

[秦王政，即始皇帝二十] 六年二月，该月第一天为癸丑日，在丙子日这天（前221年3月21日），[85] 唐亭的代理校长壮斗胆报告以下内容："唐亭附近有盗，约三十多人。[本亭] 健壮的士兵少，不足以追捕 [他们]。本亭不能无人驻守。我恳请派遣 [更多] 士兵以应对 [该情况]。我冒昧报告这些。"/二月辛巳日（前221年3月26日），迁陵 [县] 临时县丞敦狐要求 [县] 尉[86]和乡主

（简背）

根据律与令来处理此事。在 [县] 尉下辖的 [防卫] 亭与鄣内，士兵与官吏 [应当] 谨慎地做好准备。贰 [春] 乡应当上报 [郡的？] 司马丞。/由亭书写。/立即命令走涂运送 [本文书]。

二月辛巳日，由與里拥有不更爵位的戍运送。/由丞开封。由壮书写。[87]

迁陵县存在的整个时期内，关于"盗"的报告在迁陵档案中不断增长。[88] 一枚日期不明的木牍残片提到了"反寇"发起的一次进攻，以及政府为反击他们所付出的努力。[89] 有些报告更精确地记录了敌人身份，如一枚残断的木牍记录了一场调查，事关两位当地官吏未能抵挡"越人以城邑反"。[90] 另一份文书还提到"变（蛮）夷时来盗"。[91] 洞庭郡当局将原住民——可能占当地人口主体——视

139

为威胁，并试图将他们清除出对秦政府运作至关重要的地区，如一枚残断的日期不明的木牍记载，都乡的黔首中没有濮人、杨人和奥人，这三者都是当地族群。[92]

原住民与秦政府之间的关系并不一定是敌对的。迁陵县当局在公元前213年报告称，当时县内没有"蛮夷"服劳役或兵役，[93]这暗示一些原住民原则上被要求与普通秦国人口共同服役。[94]问题在于，即使官吏们知晓当地人群的存在，政府在很大程度上依然无法控制他们。迁陵档案中的一份文书提到了一群共106户的"新黔首"，其中包括1 046名成年男性。[95]这一群体中每户的平均规模极大，几乎包含10名成年男性，这表明他们代表了当地的宗族，而非秦式的核心家庭。这一群体在总人数上可能超过了县内全部户籍人口。[96]目前已出版的里耶秦简并未再次提及这一群体，这表明他们尽管人口众多，但在秦帝国税收与劳役制度中处在相对边缘的位置。[97]

秦官方档案中缺乏原住人口信息，这有助于解释为何迁陵县人口数量很低。迁陵县内常住户籍人口可能从未超过200户。[98]环绕县城的北护城壕出土了22份完整或部分保存的户籍簿，其中记载的每户平均规模为6.2人。[99]若据此计算，官方统计的191户全县人口（这是已出版的迁陵档案中最大的数目）可能包含了约1 200人，其中成年男性的数量自然远少于上文提到的可能为原住民的群体。当地官吏因在籍纳税居民的数量太少而懊恼，并抱怨"多田宇、少黔首"。[100]

出土于马王堆（今湖南省长沙市附近）一座贵族墓葬中的西汉长沙国帛书地图，为秦覆灭约50年后当局控制长江中游以南地区的空间格局提供了图像证据（参见图4.3）。[101]以圆圈标记的聚落聚集在湘水及其支流沿岸，有人口信息记录的18个聚落中，户数少

第4章 秦帝国在南方：领土、组织与挑战

图4.3 马王堆3号墓驻军图（残片）
裘锡圭主编：《长沙马王堆汉墓简帛集成》（柒），北京：中华书局，2014年，第265页。

至4户，多至108户，平均为38.6户。[102]若以此计算，地图上标注的25个聚落的总户数将达到965户，根据迁陵户籍簿所见每户的平均规模，总人口数约为6 000人。

马王堆地图对应的是西汉早期长沙国的西南部。[103]当地在公元前111年新设立了零陵郡，其户籍人口在公元初年达到了21 092户，共139 378人，[104]这在过去约170年间增长了23倍。据此可知年增长率为13％，这不可能是完全自然的增长。增长的一部分原因可能在于移民，但另一个重要原因可能是汉朝成功地将原住民载入了户籍。这通常涉及原住民或多或少自愿地从高地向农业谷地移居，而农业谷地更易于政府进行管理与征税（参见第7章）。

当秦帝国在长江以南的"新地"设立行政管理机构时，上述进程才刚刚开始。在秦帝国崩溃前的十五年间，绝大多数当地人可能仍不受政府的控制。秦官吏、士兵与移民身处城墙卫护的河流谷地，但迁陵县当局对周围山地上的"蛮夷"数量仅有模糊的概念。秦帝国中央政府担忧来自"新地"的敌人发动战争，很大程度上是因为在行政与军事网络节点之外，对新征服领土的人口与资源缺乏控制和了解。这一帝国网络的分布与组成将是下一章的主题。

## 结论：内部分裂？

公元前209年10月，当反秦叛乱爆发的消息传到山东时，一个名叫田儋的人来到距齐国故都临淄西北方约40千米处的狄县。田儋是齐王室成员，而齐国在公元前221年败于秦国之手正标志着

## 第4章 秦帝国在南方：领土、组织与挑战

战国时代的终结。田儋佯称家奴有罪，要见县令将其处决；见到县令后，田儋乘机将县令杀死。之后，田儋立即召集当地的豪吏子弟（他们或许可成为战斗力量），并向他们发表了一番激昂的演讲："诸侯皆反秦自立。齐，古之建国；儋，田氏，当王。"这不仅让田儋立即成了齐地的统治者，而且还让他很快掌控了一支规模庞大的军队，并在整个齐地范围内树立了权威。[105]

六国旧王室和贵族后裔的迅速崛起，也出现在《史记》对秦帝国末年的记述中。杀死当地的秦官吏、郡守，甚至如田儋传记中那样的县令，通常都能够有效破坏秦帝国对"新地"的统治。[106] 这些记述除了使人严重怀疑秦帝国铲除六国政治阶层的措施是否有效，以及秦帝国是否有能力监管这些领土上的局势之外，[107] 还表明叛军领导者已经能够迅速掌控所有必需的通信及后勤基础设施，这些可用于动员、组织、补给及领导大规模的军队作战。这正符合秦帝国立法时担忧"新地"内存在足以进攻秦故地的军事力量。

"新地"占秦帝国领土的一半，拥有大概一半以上的人口，与其说新地从未完全融入秦帝国，不如说新地可视为一种共存政治势力相互争夺人口与资源的空间：秦帝国行政机构关注的是驻防城邑附近及重要交通路线沿线的地区；与之相对的六国旧贵族、被废黜的王室成员及本地族群的领导者等地方当权者，则控制着大部分腹地。秦帝国在不足十五年间对行政边界进行了至少三次重大改变，与此同时，不断迁移的各郡当局也在紧张地寻求控制领土与人口的理想格局，以使他们的军事、财政与交通优势最大化。

而在南部边疆，上述努力因持续的战事而受挫，使本已捉襟见肘的资源被投入到了其他优先事项。这些资源的质量也不尽如人

意：官吏、士兵及移民，通常是以刑徒或居赀赎债者的身份被强制送往当地，他们除了通过在艰险的"新地"服役来赎身外几乎别无选择。这些人的效率与忠诚始终存疑，因此当地政府还另外肩负着监督其下属并向上级报告的职责，这增加了处理行政事务的成本。

我们应当思考的，与其说是这一体制为何崩溃，不如说是它何以设法延续了如此之久，以及它如何能够留下一份遗产，促使东亚南部在秦覆灭不到一个世纪后又重新融入中华帝国。尽管存在诸多不利条件，但当地的秦官吏不仅生存了下来，同时也在探索新环境、绘制地图、管理社群与改造经济，并设法使这片遥远的领土融入帝国，他们实现这些目标的方式将是接下来两章的中心论题。

## 注释

1 《史记》卷六，第239—240页。郡名，参见裴骃（公元5世纪）的《史记集解》。
2 楚国的郡在第1章中已有讨论。关于魏国的郡，参见［日］土口史记：『先秦時代の領域支配』，148—156頁。关于楚国的封地，参见郑威：《楚国封君研究》，第195—246页；更全面的研究，参见杨宽：《战国史》，第259—269页。战国时代齐燕两国的领土行政集中于重要的城邑中心（"都"），而并不涉及郡，参见钱林书：《战国齐五都考》，中国地理学会历史地理专业委员会《历史地理》编辑委员会编：《历史地理》第5辑，上海：上海人民出版社，1987年，第115—118页；以及游逸飞：《战国至汉初的郡制变革》，台湾大学2014年博士学位论文。
3 对秦郡制改革最全面的复原之一，参见辛德勇：《秦始皇三十六郡新考》，辛德勇：《秦汉政区与边界地理研究》，北京：中华书局，2009年，第3—92页。
4 "新地"这一术语直至两封秦国士兵的家书被发现后才为人所知，其中一封为

## 第 4 章 秦帝国在南方：领土、组织与挑战

公元前223年，参见《秦简牍合集：释文注释修订本》(贰)，第589—603页。近年来对这些家书的译注与研究，参见 Enno Giele, "Private Letter Manuscripts from Early Imperial China," in Antje Richter, ed., *A History of Chinese Letters and Epistolary Culture* (Leiden and Boston: Brill, 2015), 403-74。

5 该地图是基于辛德勇所撰《秦始皇三十六郡新考》，第87页，地图3。

6 《岳麓书院藏秦简》(肆)，第126—127页，简177—180。

7 在秦始皇驾崩后的反秦叛乱时期，秦官吏用"盗"或"群盗"指代叛军。参见《史记》卷六，第269—270页。与之相似，秦苍梧郡当局将参与严重的反秦起义者称为"群盗"或"反群盗"。参见《二年律令与奏谳书》，第363—370页，简124—161；Barbieri-Low and Yates, *Law, State, and Society*, vol. 2, 1332-58。关于这些术语的讨论，参见蒋非非：《〈二年律令·盗律〉"桥（矫）相以为吏、自以为吏以盗"考释》，卜宪群、杨振红主编：《简帛研究（二〇〇七）》，桂林：广西师范大学出版社，2010年，第76—84页。

8 可参见如《里耶秦简牍校释》第2卷，第155页，简9-557。

9 《岳麓书院藏秦简》(肆)，第139页，简215。

10 关于成故徼者，可参见如《岳麓书院藏秦简》(肆)，第159页，简274—275；第191—192页，简292-293；第220页，简377-378。关于对抓获"新地"叛乱者的刑徒的奖励，参见《岳麓书院藏秦简》(伍)，第126—127页，简176—179。

11 《秦简牍合集：释文注释修订本》(贰)，第599页；英译据 Giele, "Private Letter Manuscripts," 463, 并做了部分修改。

12 参见 Anthony Barbieri-Low, "Coerced Migration and Resettlement in the Qin Imperial Expansion," *Journal of Chinese History* 5 (2021): 181-202。

13 关于将秦官吏送往"新地"从事各种惩罚性劳动，近期的讨论可参见朱锦程：《秦对新征服地的特殊统治政策——以"新地吏"的选用为例》，《湖南师范大学社会科学学报》2017年第2期，第150—156页。

14 《岳麓书院藏秦简》(伍)，第56—57页，简53—55。

15 《里耶秦简牍校释》第2卷，第383—384页，简9-1881。

16 《里耶秦简牍校释》第1卷，第343—344页，简8-1516。

17 西汉时期,沮县位于今汉水上游流域的汉中市西北方的武都郡。当地在秦帝国内属汉中郡,是故秦地的一部分。

18 荆山道的位置仍然不明。西汉时期存在一个名为荆山的地点,已被证实位于都城长安以东约70千米处的城市地区,但与本文书提到的荆山道不太可能是同一地点。

19 《岳麓书院藏秦简》(伍),第51—53页,简39—44。

20 《里耶秦简牍校释》第2卷,第167—168页,简9-633。

21 《里耶秦简牍校释》第1卷,第282页,简8-1137。

22 可参见如《里耶秦简牍校释》第1卷,第108—109页,简8-197;第279页,简8-1118(关于"囚");第366页,简8-1593(关于县"少内")。其中第一份文书由迁陵守丞发出,抱怨"居吏少,不足以给事"。

23 关于秦帝国居赀赎债者的讨论,参见 Maxim Korolkov, "Between Command and Market"。

24 关于服兵役与劳役者的类别、不同的服役期限及通常从事的任务,可参见如杨剑虹:《秦汉简牍研究存稿》,厦门:厦门大学出版社,2013年,第362—371页;以及沈刚:《里耶秦简所见戍役种类辨析》,杨振红、邬文玲主编:《简帛研究(二〇一五秋冬卷)》,桂林:广西师范大学出版社,2015年,第93—103页。

25 可参见如《睡虎地秦墓竹简》,第82—83页,简11—15;Hulsewé, *Remnants*, 108-9。

26 该论文公布于陈松长:《岳麓书院藏秦简中的郡名考略》,《湖南大学学报(社会科学版)》2009年第2期,第5—10页。

27 参见陈松长:《岳麓书院藏秦简中的郡名考略》,第9—10页。

28 对《史记》所提到的秦郡设立时间的总结,参见[日]土口史记:『先秦時代の領域支配』,142頁。

29 赵化成:《秦统一前后秦文化与列国文化的碰撞及融合》,第619—630页;滕铭予:《秦文化》,第126—127页。

30 关于这一转变及可能的影响,相关的讨论参见王勇:《里耶秦简所见迁陵戍卒》,姚远主编:《出土文献与法律史研究》第7辑,北京:法律出版社,2018

年，第102—118页。

31 可参见如《里耶秦简牍校释》第1卷，第35页，简8-26+8-752；第83—84页，简8-143；第256页，简8-980；第259页，简8-1000；《里耶秦简牍校释》第2卷，第220页，简9-885；第225页，简9-918；第401页，简9-1980；第432页，简9-2203。

32 对于从同一地区被招募往汉帝国西北边疆服役的士兵而言，这种互信关系使他们更容易进行包括借贷在内的经济交易，参见李振宏：《居延汉简与汉代社会》，北京：中华书局，2003年，第79—89页。

33 关于刑徒在迁陵县常住户籍人口数量中所占的比例，对相关证据的分析参见高震寰：《从劳动力运用角度看秦汉刑徒管理制度的发展》，台湾大学2017年博士学位论文。

34 关于迁陵县刑徒劳动者所从事的各种任务，相关的讨论可参见如高震寰：《从〈里耶秦简（壹）〉"作徒簿"管窥秦代刑徒制度》，中国文化遗产研究院编：《出土文献研究》第12辑，上海：中西书局，2013年，第132—143页；以及Maxim Korolkov, "Convict Labor in the Qin Empire: A Preliminary Study of the 'Register of Convict Laborers' from Liye"，复旦大学历史学系、复旦大学出土文献与古文字研究中心编：《简帛文献与古代史——第二届出土文献青年学者国际论坛论文集》，上海：中西书局，2015年，第132—156页。

35 关于劳役刑体系在汉帝国初年的衰落，参见[日]宫宅潔著，杨振红等译：《中国古代刑制史研究》，桂林：广西师范大学出版社，2016年，第60—158页。

36 大多数当代历史地理学家认为，象郡包括沅水上游的领土，还可能包括位于湖南西南部、贵州东部及广西壮族自治区西部的其他领土，它们构成了岭南与云贵高原间的过渡区域。参见周振鹤：《西汉政区地理》，北京：商务印书馆，2017年，第197—220页。

37 相关的讨论，参见林岗：《秦征南越论稿》，广州：广东人民出版社，2017年，第66—130页。

38 据《史记》记载，秦在公元前221年统一前后确立了对东越的部分控制，称当地领导者为"君长"，并设立了闽中郡。参见《史记》卷一一四，第2979

页。史料缺乏对东越作战的记载,这表明秦在当地的正式权威依赖于当地精英的合作而非军事控制,可参见如林岗:《秦征南越论稿》,第83—89页。但迁陵档案中的一份文书提到,公元前220年,有官吏与士兵在新设的郡郡被杀害,这表明长江下游以南正发生战事。参见《里耶秦简牍校释》第2卷,第181—183页,简9-705+9-1111+9-1426。关于秦对岭南的征服,参见下文。

39 Falkenhausen, "The Use and Significance of Ritual Bronzes," 221-22.

40 相关的讨论,参见Allard, " Lingnan and Chu during the First Millennium B.C.," 1-21。

41 《后汉书》卷八六,第2835页。

42 战国晚期文献中越人共有的特征即使不是全部,至少有大部分都形成于中国北方,参见Brindley, *Ancient China and the Yue*, 126-31。

43 《史记》卷六,第252—254页。

44 《史记》卷一一二,第2958—2959页。刘文典:《淮南鸿烈集解》卷一八,北京:中华书局,1989年,第1289—1290页。《淮南子》篇章的英译,参见John Major, Sarah Queen, Andrew Meyer and Harold Roth, transl. and ed., *The Huainanzi: A Guide to the Theory and Practice of Government in Early Han China* ( New York: Columbia University Press, 2010 ), 744-45。关于《淮南子》的历史背景,参见Griet Vankeerberghen, *The Huainanzi and Liu An's Claim to Moral Authority* ( Albany: State University of New York Press, 2001 )。亦可参见Charles Le Blanc, "Huai nan tzu," in Loewe, ed., *Early Chinese Texts*, 189-95。

45 林岗:《秦征南越论稿》,第94—98页。

46 辛德勇:《秦始皇三十六郡新考》,第73—75页。

47 关于这一案例,参见《二年律令与奏谳书》,第363—370页,简124—161; Barbieri-Low and Yates, *Law, State, and Society*, vol. 2, 1332-58。

48 对苍梧郡领土范围的讨论,可参见如后晓荣:《秦代政区地理》,北京:社会科学文献出版社,2009年,第429—435页; Barbieri-Low and Yates, *Law, State, and Society*, vol. 2, 1351, n. 20。

49 参见辛德勇:《秦始皇三十六郡新考》,第80—81页; Ulrich Lau and Michael

Lüdke, *Exemplarische Rechtsfälle vom Beginn der Han-Dynastie: Eine Kommentierte Übersetzung des Zouyanshu aus Zhangjiashan/Provinz Hubei*（Tokyo: Research Institute for Languages and Cultures of Asia and Africa [ILCAA], Tokyo University of Foreign Studies, 2012）, 249, n. 1226; Barbieri-Low and Yates, *Law, State, and Society*, vol. 2, 1352, n. 22。

50 辛德勇:《秦始皇三十六郡新考》,第74—75页。

51 [日]鹤间和幸:『秦帝國の形成と地域』,171—179頁。

52 林岗:《秦征南越论稿》,第105—106页。

53 可参见如徐少华、李海勇:《从出土文献析楚秦洞庭、黔中、苍梧诸郡县的建置与地望》,第63—70页。

54 《里耶秦简牍校释》第1卷,第217—218页,简8-755+8-756+8-757+8-758+8-759。

55 《史记》卷六,第239—240页,集解"一"。

56 关于已出版的《里耶秦简(壹)》所提到的秦郡名,参见晏昌贵:《秦简牍地理研究》,武汉:武汉大学出版社,2017年,第116—188页;以及游逸飞:《战国至汉初的郡制变革》,第141—144页。

57 辛德勇:《秦始皇三十六郡新考》,第3—92页。

58 同上,第90页。

59 对黔中历史的复原,参见辛德勇:《秦始皇三十六郡新考》,第77—78页。

60 《里耶发掘报告》,第181页。

61 据《汉书·地理志》记载,武陵郡设立于汉高祖(前202—前195年在位)统治时期。《汉书》所载武陵郡的13个属县中,有11个县在秦时属洞庭郡,这表明两郡间存在相当程度的延续性。参见《汉书》卷二八上,第1594—1595页。关于秦洞庭郡与汉武陵郡之间关系的讨论,可参见如庄小霞:《〈里耶秦简〔壹〕〉所见秦代洞庭郡、南郡属县考》,卜宪群、杨振红主编:《简帛研究(二〇一二)》,桂林:广西师范大学出版社,2013年,第51—63页;晏昌贵:《秦简牍地理研究》,第185—187页;以及后晓荣:《秦代政区地理》,第425页。

62 参见郑威:《出土文献所见秦洞庭郡新识》,《考古》2016年第11期,第84—

88页。

63 随着更多里耶秦简的出版，洞庭郡属县名单可能需要进一步修改。目前最全面的名单，可参见晏昌贵：《秦简牍地理研究》，第186页（15个县）；以及游逸飞：《战国至汉初的郡制变革》，第129—130页（16个县）。

64 参见 PeterBol, "Mapping China's History," in Erica Brindley and On-cho Ng, eds., *Asian Empires and Imperialism, Special volume, Verge: Studies in Global Asias* 2.2（Fall 2016）：70—82。

65 这表明该县在西汉时期属武陵郡，而武陵郡在很大程度上与洞庭郡重合。

66 参见郑威：《出土文献所见秦洞庭郡新识》，第86页。

67 印文为"沅阳"的这枚玺印，出土于今湖南省西南部黔阳县黔城镇附近的107号战国楚墓。参见陈松长：《湖南古代玺印》，上海：上海辞书出版社，2004年，第38页。如县名"沅阳"所表明的那样，当地位于沅水北岸。相关的讨论，参见郑威：《出土文献所见秦洞庭郡新识》，第86页。

68 《里耶秦简牍校释》第1卷，第96—97页，简8-159。

69 《里耶秦简牍校释》第2卷，第35—37页，简9-23。相关的讨论，参见郑威：《出土文献所见秦洞庭郡新识》，第84—85页。

70 可参见如《里耶秦简牍校释》第1卷，第46—47页，简8-61+8-293+8-2012。该文书制作于巴郡，并以该郡属县江州县之印封缄。

71 《里耶秦简牍校释》第2卷，第85页，简9-2283。

72 《里耶秦简牍校释》第1卷，第193—194页，简8-657。这枚木牍的文字部分残缺，涉及年份的内容未能保存下来，但能够基于文书中出现的日期而复原，可信度很高。

73 《里耶秦简牍校释》第2卷，第357页，简9-1759+9-1855+9-1889。

74 《里耶秦简牍校释》第1卷，第377页，简8-1677。

75 《里耶秦简牍校释》第1卷，第348页，简8-1523。

76 郑威：《出土文献所见秦洞庭郡新识》，第85—87页。

77 里耶秦简博物馆、出土文献与中国古代文明研究协同创新中心中国人民大学中心编：《里耶秦简博物馆藏秦简》，上海：中西书局，2016年，第135页，简12-1784。

第 4 章　秦帝国在南方：领土、组织与挑战

78 郭涛在近期的一篇会议论文中提出，使用不同县的印章来封缄郡的文书，表明各县长官在不同时间点履行了郡守的职能，因而不一定意味着郡治在各县间发生了迁移。参见郭涛：《秦洞庭郡治辨正》，第九届出土文献青年学者国际论坛，武汉大学，2021年3月20日—21日。这一假说虽然反对郡治的反复迁移，但也暗示着郡内的决策中心地点在不断改变。

79 《里耶秦简牍校释》第1卷，第193—194页，简8-657。

80 作为秦郡组织架构的一部分，郡守府、尉府、监府在空间上是分离的，参见游逸飞：《守府、尉府、监府——里耶秦简所见郡级行政的基础研究之一》，武汉大学简帛研究中心主办：《简帛》第8辑，上海：上海古籍出版社，2013年，第229—238页。

81 《二年律令与奏谳书》，第364页，简129—130；Barbieri-Low and Yates, *Law, State, and Society*, vol. 2, 1338-39。

82 《二年律令与奏谳书》，第365页，简153。翻译遵从Barbieri-Low and Yates, *Law, State, and Society*, vol. 2, 1345。

83 在法律层面对这些案例的讨论，参见Barbieri-Low and Yates, *Law, State, and Society*, vol. 2, 1357, n. 64。

84 《二年律令与奏谳书》，第365页，简157。关于秦代出土文献所见南郡居民的忠诚度与身份认同，相关的讨论参见［韩］琴载元：《秦代南郡编户民的秦、楚身份认同问题》，第78—92页。

85 尽管木牍首字无法识读，但基于文字内容中提到的日期，能够确信该文书时间为秦始皇二十六年。亦可参见里耶秦简牍校释小组：《〈里耶秦简（贰）〉校读（一）》，简帛网，武汉大学，http://www.bsm.org.cn/show_article.php?id=3105，2020/11/23访问。

86 县尉是县内最高军事长官。

87 《里耶秦简牍校释》第2卷，第260—261页，简9-1112。

88 可参见如《里耶秦简牍校释》第1卷，第404页，简8-1899；第458页，简8-2313；《里耶秦简牍校释》第2卷，第563页，简9-3241。

89 《里耶秦简牍校释》第2卷，第45—46页，简9-32。

90 《里耶秦简博物馆藏秦简》，第57页，简12-10。

91 《里耶秦简牍校释》第2卷，第155页，简9-557。

92 《里耶秦简牍校释》第2卷，第466页，简9-2300。这三个名称可能都是指土著族群。参见里耶秦简牍校释小组：《〈里耶秦简（贰）〉校读（一）》，http://www.bsm.org.cn/show_article.php?id=3105，2020/11/23访问。

93 《里耶秦简牍校释》第1卷，第328页，简8-1449+8-1484。

94 西汉初年的一个案例涉及一位被征召服兵役但逃亡的"蛮夷"。参见《二年律令与奏谳书》，第332—337页，简1—7；Barbieri-Low and Yates, *Law, State, and Society*, vol. 2, 1171-83。

95 张春龙：《里耶秦简所见的户籍和人口管理》，中国社会科学院考古研究所等编：《里耶古城·秦简与秦文化研究》，第188—195页，尤其是第190页。

96 关于里耶秦简中提到这一特殊群体的文书残片的分析，参见唐俊峰：《里耶秦简所示秦代的"见户"与"积户"》，简帛网，武汉大学，http://www.bsm.org.cn/show_article.php?id=1987#_ftnref34，2020/11/23访问。

97 关于这一特殊群体的另一种观点认为，他们是当地本就存在的楚国人口，而非秦征服后才到达的移民，参见金钟基：《秦代县廷的功能》。感谢叶山（Robin D. S. Yates）提醒笔者注意到这一研究成果。应当指出的是，出土于里耶古城护城壕内的22份户籍簿，对楚国人口与新到来的秦国人口均有记载，而其中均未见上述文书提到的大规模家庭。这些户籍簿中的平均家庭规模为每户6.2人，大致与传世文献所描述的5人核心家庭规模相近。

98 公元前219年至公元前214年间，迁陵县户籍人口在155户至191户之间。参见《里耶秦简牍校释》第1卷，第166—167页，简8-2004。

99 关于户籍簿，参见《里耶发掘报告》，第203—210页。平均家庭规模的估算，是基于10份保存完整的记录了各户所有成员的户籍簿。这些户籍簿不仅记录了家庭成员，还记录了奴仆"臣"。关于这些户籍簿的讨论，可参见如Charles Sanft, "Population Records from Liye: Ideology in Practice," in Yuri Pines, Paul Goldin and Martin Kern, eds., *Ideology of Power and Power of Ideology in Early China* (Leiden and Boston: Brill, 2015), 249-69。关于里耶户籍簿所反映的奴隶作为家庭成员的地位，参见Yates, "The Changing Status of Slaves in the Qin-Han Transition," in Pines et al., eds., *Birth of an Empire*, 206-23。

100 《里耶秦简牍校释》第2卷，第422页，简9-2119。

101 曹婉如等编：《中国古代地图集（战国—元）》，北京：文物出版社，1990年，图26。

102 鲁西奇：《汉宋间长江中游地区的乡村聚落形态及其演变》，中国地理学会历史地理专业委员会《历史地理》编辑委员会编：《历史地理》第23辑，上海：上海人民出版社，2008年，第128—151页，尤其是第131页，表1。这些聚落中有很多在地图绘制时已被废弃。当地人口可能是在吕后摄政时期（前188—前180）至文帝（前180—前157年在位）早期因南越的进攻而逃离。参见《史记》卷一一三，第2969—2970页。

103 葛剑雄：《中国古代的地图测绘》，北京：商务印书馆，2004年，第53页。

104 《汉书》卷二八上，第1595—1596页。

105 《史记》卷九四，第2643页。田儋演讲的英译据 William Nienhauser, Jr., ed., *The Grand Scribe's Records, Vol. VIII: The Memoirs of Han China, Part I* (Bloomington and Indianapolis: Indiana University Press, 2008), 141, 并做了部分修改。

106 可参见如《史记》卷七，第297页。

107 秦帝国统一后削弱传统政治精英及东方六国军事力量的措施中，有两项最值得注意：一是将12万户"豪富"迁往秦都咸阳；二是没收大量的兵器，重铸为12个巨大的铜人，并在皇帝的宫廷内展示。参见《史记》卷六，第239页。

## 第5章

## 南方的地方行政

里耶出土的约1.7万枚有字竹木简牍,提供了有关秦迁陵县行政地理、地方政府组织及资源管理的全面情况,该县是在公元前222年设立于酉水上游流域的(参见图4.2)。虽然迁陵县不足以代表秦帝国整体,但当地情况反映了上一章概述的边境社会特征。在这类边境地区的县内,常住纳税户籍人口通常很少。公元初年,汉帝国的县以人口规模区分等级,1万户成为大县与小县的划分标准。[1] 相比之下,迁陵县的户籍人口可能从未超过200户。如上一章所言,这并不意味着当地人口稀少,而是秦政府控制的领土面积很少。类似的情况在帝国的其他边疆地区也很典型。例如,汉帝国在公元前108年征服朝鲜半岛后,于其北部设立了乐浪郡,郡内一些县仅有二三百户甚至更少的人口。[2] 西北边疆地区很多县级行政单位的户籍人口也仅有数百户。[3]

迁陵县不得不从其他地区引入地方军事、行政及国家经济运作所必需的人力资源,且通常是以强制的方式。多达600名戍卒驻扎在迁陵县,这远超该县的成年男性人口。[4] 该县也管理着包括数以百计的刑徒在内的非自由劳动力。[5] 由此产生的职业与性别失衡,以及庞大的暂住人口数量,给行政与经济上带来了挑战,而这在帝国内人口更多、生产力水平更高且军事化程度更低的地区可能远没有那么严重。一个首要的问题是为不事生产的人口供给粮食。据估算,仅迁陵县驻军每年所需的平均粮食数量就达到了1.4万石(约28万升),而该县在公元前212年全年的粮食税收不足1 000石。[6] 尽管粮食税收因官营农场的生产而有所增加,但当地的农业生产可能仅能满足全部需求的一小部分,这使大量的粮食引进成为必需。迁陵县官府为提高当地的粮食产量,命令大批强制劳动者开辟新的耕地,并使他们劳作于其中。

管理这种独特的社会需要大量政府文书。迁陵档案中体量最大的一部分就是关于政府日常必须移送、供给食物并加以组织的人口,即有关刑徒劳作的簿册以及向士兵、刑徒及公务人员禀食的记录。秦官僚行政机构就是为了管理这些依附于国家在边疆发挥重要作用的群体。与此同时,秦官吏也在努力重新组织当地社群,以最大限度地削弱他们对秦统治的反抗,有效降低行政成本,并使帝国统治能够持续下去。

本章将继续讨论上一章已论及的一些话题。本章在论述时首次采取地方视角,追寻特定人群的轨迹,他们从一个村庄被迁往另一个村庄,行进数百千米到达指定地点服兵役或劳役,或从当地政府那里获取金钱奖励。这种独特的视角,可以一窥国家权力的地方维度,以及个体身份认同、人员流动及贸易网络,是怎样通过参与更大范围的政治与经济架构而被重新塑造的。

第 5 章　南方的地方行政

本章第一节总结了秦征服前夕酉水流域当地社会的考古证据，为论述奠定基础。第二节讨论了迁陵县的领土行政，为长江以南中华国家空间的面貌补充了细节。第三节讨论了官方为当地人口与外来移民建立新的社群与身份认同。第四节探讨了秦代边疆社会最显著的特征：对国家经济与行政运作至关重要的大量非自由劳动力。秦对非自由劳动力的利用，使其更容易控制新征服的领土，并开发资源，但这也带来了巨大的行政成本，并给政府的监管能力造成了巨大的压力。第五节随之考察了在边境调动资源并扩展帝国网络的另一种措施，即依靠私人市场采购国家运行所必需的物资。迁陵档案与秦代钱币的考古发现，是长江以南地方经济普遍货币化的最早证据。事实证明，这一发展对于东亚南部可持续地融入中华帝国是至关重要的。

## 秦征服前夕的酉水流域

里耶镇位于云贵高原东北缘的湘西高地，湖南省西北部的酉水上游流域，与重庆市接壤。[7]酉水发源于沅水与巫水水系间的武陵山脉分水岭（参见图4.2），是进入沅水流域的西部通道。当地也是长江中游移民首次与高地人口接触的地方。楚国在沅水西部支流沿岸建立要塞（相关的讨论参见第2章），可能是为了保卫前往长江中游的道路，使其免受来自西面的入侵。巫水沿岸发现的巴人贵族墓葬中有很多青铜武器，这表明在战国时代，紧邻沅水流域以西存在着好战的高地精英阶层。[8]

迁陵古城东北1.5千米处的麦茶战国晚期墓群（参见图5.1），反映了当地在秦征服前夕的人口组成。其中52座墓葬发掘于1989年，另有236座墓葬发掘于2002年。基于墓葬构造及对随葬陶器的分析，大部分墓葬属于公元前4世纪末至公元前3世纪间来到此地的楚国平民与下级官吏。[9] 不过，其中80座墓葬里的随葬陶器中有绳纹陶罐，它是东周时代（楚人到来前）湖南当地社群丧葬文化的典型代表，却未见独特的楚式鬲。这被解释为可能反映了与楚国不同的烹饪及礼仪习俗。墓坑较浅、随葬品相对较少，以及墓葬群处在墓地的边缘位置，或许表明这一独特的群体地位较低。[10] 此外，还有17座墓葬以壶、豆组合为特征，一些考古学家认

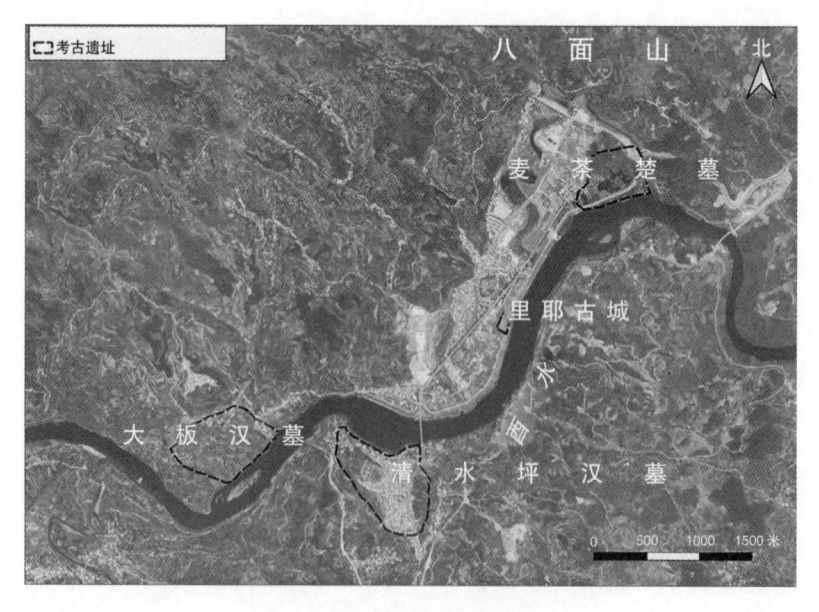

图5.1　里耶地区的考古遗址[11]

为这在另一个当地族群中很典型,其成员通常随葬宽格短剑,而几乎从不随葬楚式鬲与仿青铜礼器的陶器。[12]

楚国在酉水上游流域建立聚落后,当地仍存在非楚国人口,这并不令人意外。较为困难的则是界定他们的身份及与楚国移民间互动的性质。麦茶墓群中上述据称是本土的族群,《里耶发掘报告》的作者暂将其界定为"蛮"与"濮"。两者在战国至秦汉时期的文献中是相当模糊的概念,用于描述沿中华世界南缘居住的、在文化上异质的各类族群。"蛮"一般用于指代所有"南蛮"。[13] "濮"也无法确定是指何特定的族群或考古文化,不过,有学者认为其指西南方的人口,可能在四川,与三峡地区的巴国有关。[14] 也有学者提出,这些人群中有一部分被楚国拓殖者与官吏征服或奴役。[15] 上一章讨论的秦代档案为这些解释提供了一些佐证,不仅表明"濮""越"及沅水流域的其他非中华族群是存在的,还可能表明当地政府努力将他们清除出行政及经济中心。不过,几乎没有证据表明存在系统性的压榨或奴役,相反,迁陵县内绝大多数非自由民是帝国户籍人口中的刑徒与居赀赎债者。

同样无法确定的是,秦官吏于公元前222年在酉水沿岸设立行政机构时,在多大程度上借鉴了楚国的拓殖经验。秦官吏在当地管理着种族、文化及语言上混杂的人口,其中一部分人以村庄为单位被组织成小家庭,其他人则可能形成了以亲属关系为基础的宗族。在这些人群中维持和平与统治能力,对当地的秩序与经济生产至关重要,这对于秦控制沅水流域并向长江中游以南持续扩张而言,具有重要的战略意义。下文将要讨论秦从有组织地防御敌对的"蛮夷",到旨在使当地人口融入帝国社会的共同体建设等一系列政策。

## 迁陵县的领土行政

迁陵县如秦帝国内其他所有县一样，也被划分为乡这一更小的领土单位。迁陵县内有都乡、启陵乡与贰春乡三个乡，每个乡都由乡啬夫主管。

都乡由县城及周边地区组成，居民即使并非全部，至少有大部分都居住在城墙之内。其中两三个里的人口虽在不同年份略有差异，但大多数时期都在60户上下。[16] 都乡是迁陵县内唯一已知确切位置的乡，其他两个乡的地点仅能通过与县廷的关系来确定。因此，关于县廷与各乡间传送文书所需时间的记载尤其有价值。启陵乡已知的记录表明，所需时间为2天至8天不等。[17] 造成这种差异的部分原因是文书传送方式不同，部分是因为天气状况，如大雨会导致长时间延误。

启陵乡则是通信网络中的一个重要节点，维护着一座中转站（"邮"）和相关人员。[18] 在秦汉帝国，"邮"雇佣人员徒步传送紧急文书。[19] 西汉初年的法律要求他们在24小时内行进200里（约83.2千米），[20] 而秦所要求的行进速度更快，故该标准在秦统治下甚至可能更高。假设记录所见的2天，这一最短传送时间，是由人员接力实现的，再采用汉初的速度标准，我们可假定迁陵县城与启陵乡之间的陆路行进路线约长160千米。在现实中，由于延误以及低于规定的行进速度，这一距离可能会缩短，而两地间的直线距离当然也更短。

## 第5章　南方的地方行政

另外，启陵乡约位于迁陵县县治与东部邻县酉阳县之间中点的位置（参见图4.2）。一份传送记录提到，公元前219年3月8日从酉阳县经"邮"中转至迁陵县的一份文书，在3月11日经过了启陵乡。[21] 另一份记录则再次确认，从酉阳县以邮接力传送至启陵乡需要3天。[22]

启陵乡在迁陵县行政地理中的重要性，可能是由其在交通与通信系统中的地位决定的。县廷发送给郡上级的文书，以及郡上级发送给县廷的文书，都会经过启陵乡。[23] 迁陵档案中很多与启陵乡有联系的文书，都与官方通信延误或使用了错误路线有关。[24] 启陵乡的常住人口很少，其户籍人口在公元前215年与公元前213年分别为27户与28户，都居住于成里。[25]

迁陵县的最后一个乡，即贰春乡，拥有独特的地理与行政特征。与启陵乡不同，贰春乡并非通信路线上的重要节点，因而没有县与县之间通信经过该乡的记录。贰春乡与迁陵县城间传送文书所需的时间，如启陵乡的情况一样，差别很大。曾有一份文书在发送当天就已送达，而在其他情形下，传送时间可能多至6天。[26] 与启陵乡的情况相似，这样的差别给评估两地间实际距离的所有尝试都造成了挑战。不过，当天送达的事例意味着贰春乡比启陵乡距离县城更近。[27]

贰春乡与启陵乡可能分别位于迁陵县城的不同方位。[28] 根据贰春乡的具体特征，或许有助于初步确定其地理位置。首先，贰春乡似乎有丰富的自然资源，尤其是野生动植物。当地可获取鸟羽[29]、皮毛[30]及收集枳枸果实，[31] 其中一些会被作为上呈帝国朝廷的贡赋送往县廷。[32] 贰春乡还因漆树而闻名，种植在漆园内的漆树为县城

161

的作坊供应了漆汁。[33]

其次，即使以"新地"较低的安全标准来衡量，贰春乡也并不安全。迁陵档案提到，该乡的亭附近有"盗"活动。[34] 贰春乡内至少有三个亭，而都乡与启陵乡内均未见有亭，这表明迁陵县内安全方面的工作大多集中于贰春乡。[35] 迁陵档案记录了贰春乡当地的敌对活动。如在公元前213年，粮食不得不被输送至贰春乡，以供应部署在当地对抗"盗"的军队。[36] 次年年末，贰春乡参与组织了对口粮的紧急征收，这可能是为了在当地应对某些严重的威胁。[37] 贰春乡也是储存兵器的地方。[38]

上述记录意味着贰春乡位于迁陵县（以及洞庭郡）面向武陵山脉的边缘地区。一个可能的地点是里耶西北的八面山高原，当地至今仍以漆树而闻名（参见图5.2）。[39] 虽然无法精确确定贰春乡的位置，但有理由认为该乡被群山环绕，且山中动植物繁多，以及敌视政府的本土族群。当地也是所有官方通信的终点。贰春乡约有60户人口，这在不同时期或许有所差异，因为迁陵档案提到了与贰春乡相关的一些移民（参见表5.1）。[40]

迁陵县的行政地理揭示了秦国势力在长江中游以南的空间布局。其县城位于一座狭窄的农业谷地中央，两侧皆为山丘。从县城可便利地前往一条通航河流（参见图5.3）。县内包括常住居民、官吏及军人在内的大多数人口都集中于该地区，这里也是农业生产的主要中心地点。附近的河流确保了交通的便利与人员的流动。县城的选址部分受到既有人口分布的影响，尽管政府也能够且经常通过组织移民及建设共同体来加以干预（参见下一节）。秦军抵达酉水沿岸时，迁陵县城已存在。

图5.2 从酉水河谷所看到的八面山脉景观

表5.1 迁陵县的行政地理

| 乡名 | 地理位置 | 特征 | 人口 | 里 |
|---|---|---|---|---|
| 都乡 | 今里耶镇附近的酉水河谷 | 县城及周边地区 | 61户 | 高里 阳里 上里 |
| 启陵乡 | 里耶以东，可能在酉水沿岸 | 官方通信网络的节点 | 27—28户 | 成里 |
| 贰春乡 | 里耶以北，可能在八面山高原附近 | 亭，野生动物与木材资源 | 60户 | 南里 东城里 舆里 |

图5.3　酉水北岸的迁陵县城遗迹

在县城外，国家飞地位置的选择，取决于安全与交通方面的考虑。正如迁陵城的建立是为了控制沿沅水西部支流酉水前往沅水流域的道路（参见图4.2），酉水流域自身也必须得到保护，以抵御周围山地高原内不受控制的敌对部落，这些山地高原在历史上是劫掠低地农业人口的基地。[41] 迁陵县依靠驻军与当地募兵来保卫其腹地，一旦出现严重的紧急情况，还可请求郡提供外部支援。秦政府为了供给部队并增加当地可动员的人口，将农业移民迁往边疆的县与乡。其他的乡则被设在重要的通信与交通枢纽，负责维护道路、桥梁、渡口及其他基础设施（参见图5.4）。

第 5 章　南方的地方行政

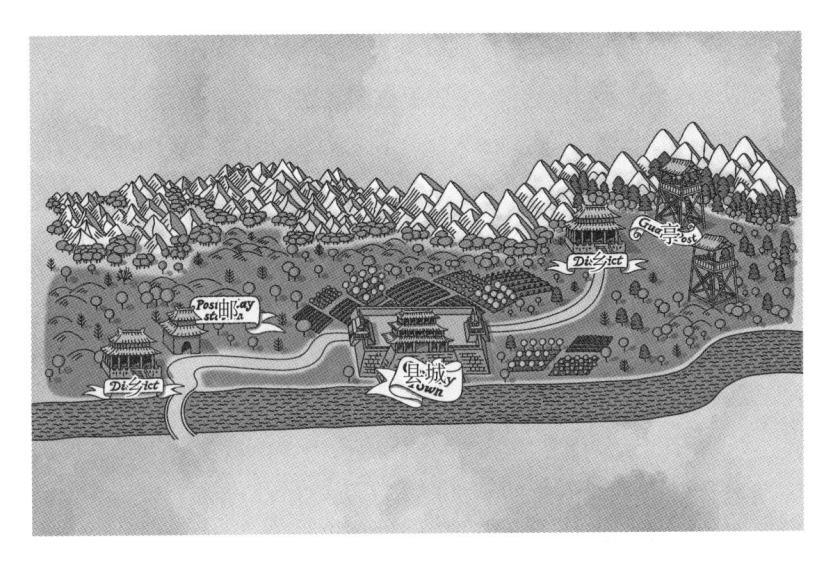

图 5.4　迁陵县国家势力的空间分布

图片来源：©Nadezhda Davydova。

## 聚落与里

里耶古城是发掘最充分的秦帝国时期的县城之一。[42] 楚国移民在战国晚期抵达酉水北岸时，在当地建立了这一矩形古城。该城的东南部被河流冲垮后，仅有部分遗址残留。考古学家最初在1996年确认了这座古城，并在2000年进行了首次考古调查。2002年的发掘过程中，秦代档案得以出土。[43]

残存的城墙包围着一片面积近2万平方米的区域。城墙经夯筑而成，这是中国北方与长江流域自新石器时代晚期开始使用的建造技术（参见第2章）。城墙巨大的规模表明了当地不稳定的军事形势：墙基宽度超过26米，现存高度约3.7米。其中出土的陶器碎片表明，古城与麦茶墓群均建造于战国晚期。[44]

城墙外环绕着一条宽15米、深6.5米的护城壕。壕中的水引自酉水支流溪口河，此河后来改道，古河床至今仍可辨认。战国晚期至秦帝国时期，该城只有一座横跨护城壕的土桥通向南城门。[45] 西汉时期建造了另一座类似的横跨西护城壕的桥，还可能建造了一座横跨北护城壕的木桥。护城壕与城墙间铺设了一条卵石护坡路。这些发展或许可解释为安全状况改善的标志。

城墙内已发掘的5 500平方米区域揭示了该城址的历史。战国晚期至秦帝国时期最初的城址遭遇了大规模的破坏，并在秦末遭到焚毁。城墙内的区域在西汉初数十年间被夷为平地，以便重建该城。秦末摧毁该城的可能是叛军，他们在起义之初占领了这片区域。此外，迁陵档案中年代最晚的文书时间为公元前208年，秦行政机构可能是在这一年不复存在。

城墙内的空间围绕着两条宽约13米的道路展开，两者在城中央呈直角相交。目前已发布的建筑遗迹主要属于汉代，但有六口井例外，其中一口井内发现了秦代文书。在城墙南北两侧，考古学家发现了两排柱状框架建筑结构，它们可能是存储设施。另有一座更大的汉代建筑，可能是县廷（参见图5.5a，b）。

城址内还有陶窑、壕沟、沟渠及坑洞，其中一些用于存放生活垃圾，另一些则用于生产陶器。护城壕内发现的一些陶窑表明，壕内可能仅在该城面临威胁时才注水。尽管自先秦时期开始，陶器类型在整体上具有延续性，但秦占领时期的考古学特征是盘与陶量等新的陶器类型的出现，以及包括釜与簋在内的一些楚式器型的消失。

第 5 章 南方的地方行政

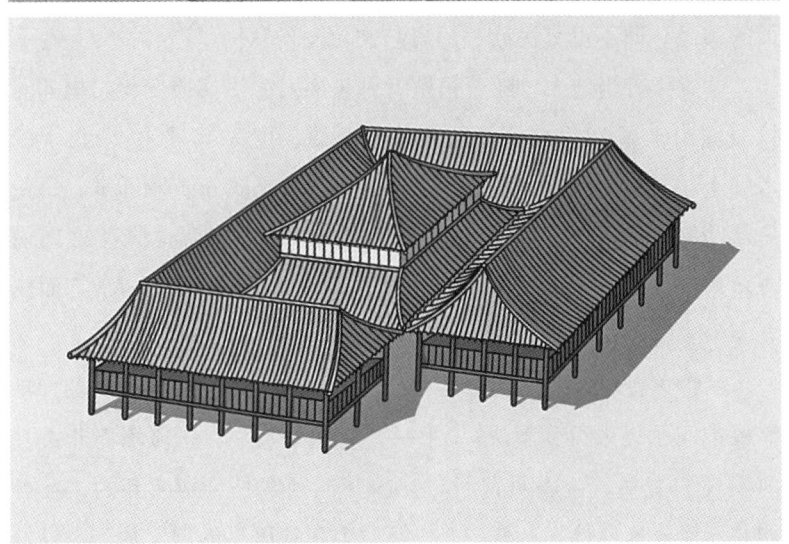

图5.5 （a）里耶遗址的建筑F4（可能为县廷）；（b）对建筑F4的当代复原

图片来源：（a）作者供图；（b）©Nadezhda Davydova。

考古报告的作者认为，一些熟悉秦式厨具及其他陶器的陶工可能与士兵及官吏一同抵达了当地，并为陶器生产的发展作出了贡献。[46]

陶器组合的延续性和变化表明，当地人口随着秦的征服而迁移，且发生了构成上的变化。但秦势力在当地存续时间过短，无法像在其他地区那样留下足够的墓葬证据，用以追溯秦的拓殖造成的影响（参见第3章）。随之而来的疑问是，酉水流域内秦国拓殖者是否数量庞大，或者他们究竟在多大程度上属于秦文化。如上一章所言，驻扎在"新地"的戍卒通常来自人口混杂的郡，如长江中游以北的南郡，甚至还包括刚落入秦控制之下的其他"新地"。尽管官吏有时在"秦"与"楚"的臣民间（参见下文）、中华族群与土著人群间作出区分，但"秦"大概是指来自"故"秦郡的移民，而不论其民族、语言与文化身份认同。[47]

这意味着当地人口随着拓殖者到来而发生了实质变化。里耶北护城壕出土了28份户籍簿，皆载有原始长度为46厘米（2尺）的木牍上。其中21份户籍簿的文字依然全部或部分清晰可辨。每份户籍簿都列出了南阳里内某一户的成员。记载有此类信息的15份户籍簿中，14份提到了其户人（即户主）为荆（即楚）人，[48]而仅有一份未特别指明户人的出身，可能表明为秦人。[49]

尽管学者对这些户籍簿已有广泛的讨论，但它们的性质及背景等根本问题仍未得到解决：[50]第一，它们是唯一在护城壕而非古井内发现的文书，这表明它们与县内其他档案是分别废弃的，且可能并不属于这些档案；第二，户籍簿中随处可见的荆（楚）人身份标记，在其他已公布的迁陵档案中几乎未见；第三，这些户所属的南阳里，在其他迁陵文书所载的里中并未见到。

针对上述三个问题，历史地理学者晏昌贵提出，南阳原本为楚里，后被秦当局划分为南里与阳里。[51]南里属于贰春乡，阳里则属于迁陵县城。晏昌贵注意到，此前属于南阳里的一些户人在其他里耶文书中是南里或阳里居民。一位名为强的男子（1号户籍簿[52]）在一份文书中是南里居民，[53]拥有第五级大夫爵位，而一位与其同名者被登记为南阳户人时拥有第四级不更爵位，如果两者确为同一个人，那么他在南里居住的时间可能晚于登记为南阳户人的时间。重要的是，南里的记录不再记载强是荆（或楚）人。另一位名为说的男子（8号户籍簿）是一位南阳里户人的弟弟，而与其同名者在另一份文书中则被称为"阳里小男子"。[54]

如果关于南阳里户籍簿年代相对较早的猜想是正确的，那么，"荆"这一身份标记的消失可能是与南阳里的拆分同时发生的。尽管南阳里最初的位置并不明确，但其中一部分居民最终定居在县城，其他居民则定居在城郊的贰春乡。楚国故臣民并不必然可靠，但部署忠诚度可疑的各类群体正是秦汉帝国边疆策略的特征（参见第3章）。其理由可能在于，遭遇"蛮"敌时，这些人别无选择，只能团结在秦当局周围来组织防御。

新设立的里很可能是由久居酉水流域的楚人与外来的拓殖者共同组成。笔者推测，在负责户籍登记的秦行政官吏看来，建设新的里需要迁移县内的一些居民，这使他们此前的身份变得无关紧要。这或许可以解释为何大部分迁陵文书并未提及荆人。旧的户籍簿则未存入县内档案，继而被丢弃在护城壕内。

如果上述对迁陵县移民动态的复原是正确的，这将揭示秦帝国在新征服领土内进行的身份管理、共同体的建设及领土控制之间的关系。政府需要民众处在从后勤和安全角度来看都重要的特定地点。如果交由当地农民自己决定,他们不会移居到贰春乡这样危险且处于边缘的地方。秦官吏通过拆分当地的社群,建设当地人与移民混居的新聚落,不仅削弱了对国家组织的移民活动的反抗,还如他们所相信的那样,促进了新的混合身份的形成,使得战国时代的身份标记成为过去。[55]

如果说有些里确实是由政府重组的,那么其他人则似乎是利用了酉水流域楚秦行政管理的过渡时期而自发移民。公元前221年,原本属于启陵乡渚里的17户人口移居到了县城。[56] 他们可能利用了官方记录遗失的事实,因而能够通过谎报更高年龄来逃避应承担的税收与劳役。文书中并未详细说明他们的身份是楚国故臣民,还是来自秦故地的移民等其他人群。这群人都进入了县城人口,渚里此后也在官方记录中消失了。[57]

秦对酉水流域的行政管理终止于叛乱普遍爆发后不久,这令人怀疑秦在共同体的建设与身份建构方面的措施是否成功。秦在长江中游以南的势力并不稳固,且国家控制的飞地面积过小,以至于一旦整个帝国开始倾覆,这些飞地就无法继续维系。不过,迁陵档案记载的混居社群也是一种预兆,预示着秦覆灭后,在南方边境展开了更广泛且更少受到规制的社会文化融合。

## 强制移民与非自由民

强制移民是秦扩张战略的重要组成部分。本书第3章注意到,秦征服的年代顺序与新征服地区人口的物质文化面貌变化之间存在关联。传世文献与出土文献均表明，跟随战胜的秦军而来的移民有很多，即使不是大多数，且并非出于自愿。国家调动了各种非自由民——流放者、被赦免的罪犯、刑徒及被解放的奴婢——以在征服的领土上建立农业拓殖地，并建设与领土控制及经济开发相关的基础设施。国家组织的移民在秦帝国时期扩大了规模，重大的移民活动集中于"新地"。[58] 在那里，政府在控制当地人口时遇到了困难，因此依靠强制移民提供劳动力，并依靠流放的官吏进行行政管理。

公元前214年，秦帝国在征服岭南后立即组织了最知名的一次向长江以南的移民，命令被捕的罪犯及赘婿、贾人等社会地位较低者迁往南岭山脉以南。[59] 这些人群加入了已在遥远南方三个新郡驻扎的戍卒群体，他们可能构成了公元前3世纪晚期至公元前2世纪间形成于岭南地区的"越—中华"（Yue-Sinitic）混合社会的核心（参见第7章）。

迁陵档案表明，强制移民同样涌入了当地。依据这些档案可确认136个个体与群体的来源（常住户籍地），他们大都是官吏、服兵役与劳役者及居赀赎债者，但具体身份在很多情况下都因木牍保存不佳而无法确认（参见图5.6及附录1）。秦政府在实践中以县和里而非郡来确定个人的隶属关系，这使得分析更加复杂。郡这一较大行政单位的位置相对容易确认，但县的位置通常很难确定，更不用说传世文献中几乎不曾提及的里。因此，虽然下文的总结应审慎对待，其中一些地理位置可能需要修正，但笔者仍相信主要趋势并不受影响。

迁陵县超过半数（约52.2%）人员来自战国晚期设立于长江流域的秦郡，这涉及汉水沿岸、四川及长江中游以北地区。这些领土经历了数十年来全面的行政整合与拓殖（参见第3章），在公元前222年后成为秦征服南方的基地。沿长江水系确立已久的路线，如连接四川、汉水上游流域及长江中游的路线，使移民更加容易。此外，南郡是秦政府与秦军在湖南西部最重要的人力资源供给地

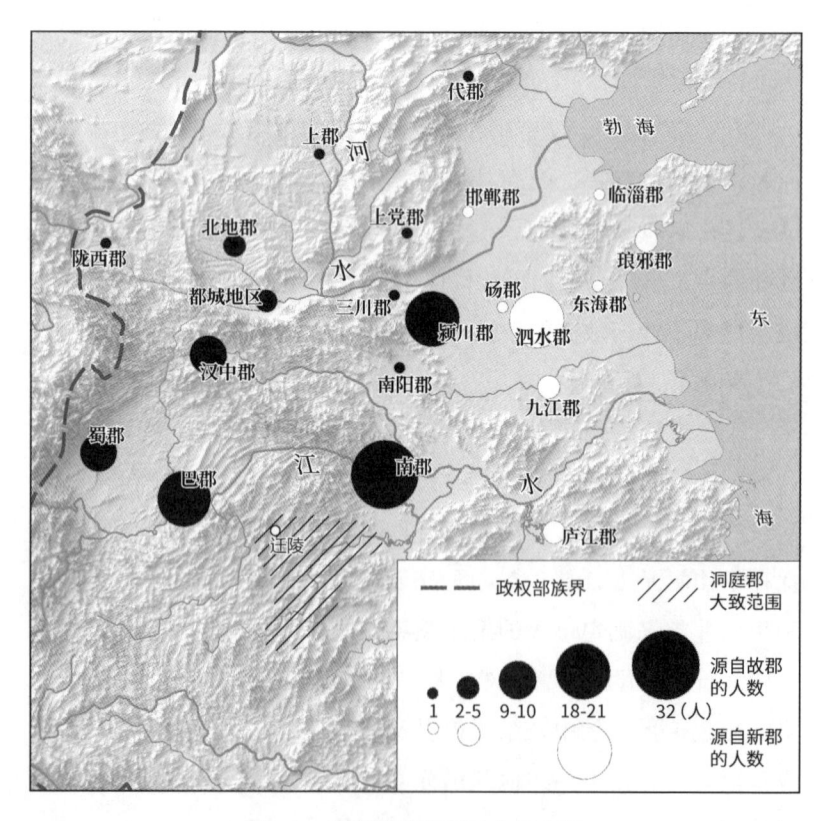

图5.6 迁陵档案提到的人员来源

（提供了约23.5%的人力资源），这一事实进一步说明了区域间的连通对于塑造秦的扩张方向，以及在"新地"建立最初的立足点方面所发挥的作用。

秦帝国似乎也沿用了战国时代敌国的通信路线，可能还利用了相关的基础设施。在新郡中，泗水郡作为迁陵县最重要的人员来源地而格外突出（提供了约16%的人员，而其他所有新郡提供的人员总数仅占9.5%），该郡南面紧邻战国末年的楚都寿春，后者与长江中游以南的楚国领土联系紧密。最后，从北方黄河流域（包括中原、山东、关中及黄河大拐弯地区的故郡与新郡）而来的人员占据了总人数的26.5%，表明帝国促进了东亚的空间连通，闻名于世的秦道路建设以及政府资助的流动性"知识基础设施"（intellectual infrastructure）——官方地图与里程记录——也证明了这一点。[60]

遗憾的是，对于占迁陵县人口相当大比例的刑徒，未见与上文所述类似的人员来源地信息。刑徒在法律上被排除在一般社会之外，并成为典型的流动人口，可随时迁移到国家需要的地方。[61] 虽然缺乏这一时期的确切数字，但刑徒从事劳役任务的月度记录表明，公元前216年有125名刑徒从事苦役，公元前213年则有145名隶臣妾从事较轻劳役。[62] 这些数字虽然看着不多，但迁陵县户籍人口最多时仅有约1 200人。刑徒总数超过了全县人口的20%，他们也是当地政府所能调动的相当大的一部分劳动力。迁陵县内也有众多居赀赎债者，如公元前219年便有151人。[63] 上述人群承担了种类繁多的任务，其中一些将在下一章进一步讨论，这凸显了县行政机构与国家经济运作在很大程度上依赖于可利用的强制劳动。

迁陵县内的非自由人口能够被无限期地迁往政府需要其劳动的地点，这一重要特征实际上是他们对政府的价值所在，这在秦帝国的其他地区可能同样如此。由于仅有零星的档案得以保存，精确衡量刑徒人数在不同年份的差异是不可能的。有关刑徒从事劳役的记录共有45份，年代在公元前220年至公元前212年之间，这些记录的时间分布表明非自由劳动有所增多，并在公元前217年至公元前216年间达到了顶峰，其中24份记录即起草于这段时期。非自由劳动在公元前215年至公元前214年间显著下降，当时秦帝国在岭南发动了一场重要战役。[64] 这种变化也体现在禀食记录中，其中主要涉及刑徒、居赀赎债者及服兵役与劳役者（参见第6章）。近期的一项研究表明，从秦故郡人口中招募的屯戍者，在公元前214年后不再驻扎于迁陵县。从其他新郡招募的劳动力取代了这些屯戍者，他们不能携带武器，且经常与刑徒一同从事苦役任务。有学者认为，这些可能被派往守卫南岭山脉以南新征服领土的屯戍者更可靠且更受优待，屯戍者的减少使秦帝国对"新地"的控制越来越弱。[65]

上述证据表明，秦帝国在部署与重新部署非自由劳动力时，很少考虑地方政府的需求，这使地方政府最终失去了一个关键的劳动力来源，且实质性地削弱了它们管理县的能力。在长江以南，国家权力并不稳定，另一个可能的原因在于，中央政府重新分配非自由劳动力时，优先考虑的是征服岭南等战略目标，而非地方政府的利益。

对非自由劳动力的管理涉及大量的官僚机构之间的互动、文书流转与监控。出土的秦及西汉律令清晰地表明，服役者、刑徒及居赀赎债者的逃亡始终是地方官吏关注的重要问题，他们必须定期汇报逃亡者的数量。[66] 在公元前220年与公元前219年，迁陵县内分别有16%与18%的居赀赎债者被报告死亡或逃亡。[67]对刑徒的监督通常集中在仓官与司空官这两个机构,其官吏不仅运营着役使众多刑徒劳动者的作坊,还负责将被监管的刑徒派往包括乡在内的县内其他行政机构。[68]

所有计划役使刑徒的官吏都必须向县令提交书面申请,详细说明工作性质、持续时间及完成工作所需的刑徒数量。县令继而向仓官与司空官发出命令,由它们派遣所需的劳动力。在役使期内,役使刑徒的官署或乡负责监管并供给食物。每项任务完成后,所涉及的所有机构都要各自提交一份记录,并在县廷核对,以确保劳动时间,以及按配给发放的口粮等资源不被浪费或挪用。在已出版的迁陵档案文书中,役使刑徒的记录与禀食记录这两类文书数量最多,这不仅表明了强制劳动管理在秦官僚政府发展中的核心地位,还体现了行政管理成本的高昂。

上述结论适当修正后,也同样适用于其他非自由劳动群体。一组迁陵文书表明,某县官府试图确定在秦帝国南方边疆服役的12名居赀赎债者的下落,并令他们在当时身处的迁陵县偿还欠款。两县官署间的交流耗时长达两年多,最终对全部12人的债务追偿程序才得以启动。[69]政府对于有意或无意造成的错误信息——它们使得官署间须进行额外沟通——采取了特别的法律措施,这可能表明当局担心管理非自由劳动力时会付出过高的执行成本。[70]各级政府针对非自由劳动力的分配不足发出的警告与威胁,表明上述管理措施通常执行不到位。下级官吏站在其自身立场上,则抱怨完成必要任务的劳动力不足。[71]

协调整个广阔帝国内的劳动力供给与需求时持续面临的问题,

以及非自由劳动经济运作的高昂成本，促使地方政府将国家采购的来源多样化，尤其是从私人手中购买必要的商品与物资。政府支出对于秦帝国南方边境的经济货币化发挥了重要作用。

## 政府支出与货币化

里耶出土和从当地居民中收集的近200枚秦与西汉早期的半两钱，不仅是酉水流域发现的最早钱币，也是整个湘西地区发现的最早钱币。[72] 长江中游以南地区在被秦征服前，曾有100年甚至更久的时间被楚国管理，但当地使用楚国青铜钱币的证据主要限于长沙地区。[73] 直至2012年，湖南省内仍未发现楚国的黄金货币，仅有一些墓葬出土了黄金货币的泥质明器。[74] 里耶及其他地区的楚墓出土的陶权，被一些考古学家解释为在商业交易中按重量使用黄金的佐证，[75] 但目前仍未发现实物证据，如统一型制的金块。

迁陵档案记录了使用钱币的交易与庞大的钱币数量，这充分表明沅水流域在秦人抵达后很快改用青铜钱币，且当地经济的货币化程度越来越高。这些记录大部分与政府支出有关。里耶秦简记载的最大规模的钱币数量超过9.7万枚，这很可能是某个政府机构支付的款项，[76] 但由于木牍保存状况极差，我们无法进一步了解这场交易的背景。

第二大规模的钱币数量为8万枚，这出现在为刑徒购买衣物的报告中。[77] 根据官方采购价格，这些钱足以为485名成年男性刑徒购置各一套冬装与夏装。[78] 换言之，迁陵县是以市场采购的方式为所有刑徒提供衣物。或许迁陵县这一落后地区并没有数量如此庞大的钱币，因此县当局请求其上级洞庭郡从临沅县的少内发放钱币，临沅县曾是洞庭郡的郡治所在地（参见第4章）。临沅县的地理位置靠近洞庭湖与长江这一交通与商业动脉，这或许可以解释它为何成为郡内分配钱币的中心（参见图4.2）。文书的残缺使一些关键问题，包括地方政府在商业交易中的身份、交易的组织以及市场的位置，不得而知。

上述市场采购是必要的，因为官营作坊的产量无法满足地方政府的需求。尤其是，虽然秦县官府役使织工与刑徒来运营纺织作坊，但为县内劳作的刑徒制作衣物所需的纺织品仍供给不足。[79] 一份记录提到，白布与大枲缺少的数量分别为需求量的50%与81%。[80] 迁陵县当地虽然也生产一些纺织品，但县内人口较少意味着其市场规模无法满足上述需求。[81] 事实上，里耶出土的其他文书清楚地表明，迁陵政府将代理采购者派往临沅县，那里有更大的纺织品市场，可能还存在其他商品市场。[82]

国家支出，特别是从当地市场采购，可能是迁陵县内某些个人积累大量钱币的重要来源之一。记录所载个人拥有的最大钱币数为6万钱，它属于县城内的一位居民。[83] 不过，由于该数额出现在财产普查的背景下，也可被解释为对个人财产的估值而非现钱。

迁陵档案记载的绝大部分钱币数量要少得多，通常是数千、数百或数十钱。如官府祭祀后出售剩余食物这类较小的交易，涉及的钱币数量通常少至1钱。在一些事例中，商品或服务的价值以钱币计算，实际交易则以实物支付。[84] 因此，对于将迁陵档案中随处可见的钱币记录视为经济交易货币化的证据，应持谨慎态度。但几乎不容置疑的是，秦的行政管理推动了货币化的进程。

国家采购导致现金大量涌入，这是地方经济货币化的关键。一份文书提到了"县官有买用钱"这笔特殊的政府采购资金，其后记载有"铸段（锻）"二字，这一耐人寻味的标注可被译为"铸造与锻造"，或许意味着当地为进行政府采购而制造了钱币。[85]

政府也以奖励的形式发放钱币。迁陵档案曾提到，被奖励给逮捕或告发罪犯者的金额有350钱、1 152钱及576钱等。[86] 其中，1 152钱似乎是对逮捕犯赎耐罪者的奖励，赎耐即"耐的赎金"；[87] 576钱则可能是对逮捕罪行较轻者的奖励。这种奖励额度受到了秦政府的宣传，以鼓励人们参与执法。[88] 里耶秦简的记载表明，该政策不仅提高了法律实施的效率，还为个人提供了获取钱币的渠道。

最后，支付俸禄与报酬是国家给经济注入货币的另一种机制。不过，这在迁陵县内发挥的作用似乎相对较小。一份文书提到，有1 000钱曾被支付给令佐，但尚不清楚这是俸禄或其他形式的报酬，还是用于某些官方目的的付款。[89] 另一份文书记载，公元前212年有160钱被用于廪食。[90] 但以现金而非实物廪食的做法，在迁陵档案或其他秦代文书中并未有其他例证，因而这可能是特例（以实物廪食在下一章中有更详尽的讨论）。

这种钱币的涌入对长江中游以南的地方经济产生了何种影响，虽然很难量化评估，但现存的记录表明，迁陵县居民经常在彼此及与政府之间的交易中使用钱币。一份文书提到，有盐商携带1 000钱，这显然是用于贸易的。[91] 另一份私人文书记载，2斗（约4升）粮食卖出了30枚"美钱"。[92] 甚至连苦役刑徒也拥有少量钱币，可用于购买政府组织祭祀后剩余的物资。[93]

迁陵县居民也用钱币缴纳税与罚金。原先的一些实物税在秦帝国时期全部或部分货币化。[94] 一份文书记载了用于支付某种税的1 107钱,[95] 另一份文书残片则记载了用于支付某种税或租的120余钱。[96] 虽然以劳作偿还债务仍是秦帝国解决债务问题的常见机制,但正如迁陵档案中的一些文书所示,有些债务与罚金是以现金形式支付的。[97]

私人文书中提到的"美钱"与"恶钱"凸显了钱币的选择性流通问题,即个人赋予优质钱币以较高价值,而以折扣价格接收毁坏或磨损的钱币。秦律禁止这种行为,并要求"美恶杂之,勿敢异"。[98] 西汉早期的法律继承并细化了这种规定,这意味着对官方钱币的选择性使用继续贯穿于秦汉时期。[99] 部分原因在于,受到始自秦二世统治时期(前210—前207)钱币大幅贬值的影响,秦帝国及西汉早期的钱币较不稳定。[100]

虽然秦国财政仍然强调实物收入与政府对劳动力和资源的直接分配,但到了帝国统一时期,钱币在国家采购中已必不可少,且有大量物资采购自市场。国家支出通过钱币注入地方经济中,这使得民间交易及个人与政府间交易的货币化成为可能。尽管秦未能成功要求人们普遍无差别地承认其法定货币,[101] 但迁陵县当局提出的政府采购的主要问题并非钱币流通的困难,而是钱币本身的短缺。[102]

## 结论: 国家权力的地方维度

酉水流域的迁陵县位于湖南西部的山脉与高原之间,人口稀少且资源有限。如果不持续输入非自由劳动力、粮食、衣物及其他资源，国家势力在当地几乎无法维系。我们有理由怀疑秦国为何决定在当地建立行政中心：在此后帝国历史的大多数时期内，当地都由部落首领治理，即使在今天，当地也是少数民族自治州（湘西土家族苗族自治州）而非常规的市。秦帝国在存续的十五年间进行了一场庞大的实验，将新征服的土地并入了领土面积空前的政治实体，而迁陵县使我们能够从地方维度一窥这场实验。

国家势力在酉水沿岸的空间布局，体现了帝国在该地区的战略重点。酉水作为农业基地的价值虽然有限，但作为一条通道，一方面连接着洞庭湖周边肥沃的低地，那里在战国末年密集居住着可为国家提供农业生产与劳动的耕作人口，另一方面也连接着仍在帝国控制之外的高地。军事人员在迁陵县的高度集中表明，该县是抵御敌对势力入侵沅水流域与泛长江中游地区的重要堡垒。就国家基础设施的分布而言，迁陵县也是秦帝国在长江以南的缩影，其驻防的中心位于冲积平原之上，一部分行政区域聚焦于对交流路线的管理，另一部分则面对着危险但资源丰富的外围山区。

迁陵县的首要功能是，在该地守卫通往更重要的秦中心区域的通道，但这并不意味着县当局仅止于防御，且并未采取改造当地社会的措施。迁陵县官吏遵循着历史悠久的秦国社会工程传统，主持了当地共同体的重构与新身份认同的形成，从而消除统一前对各国的政治归属。这些官吏通过整合当地居民与秦征服后抵达酉水流域的移民——两个群体在民族与文化上可以肯定是多元的，而官方文书中的简单分类在很大程度上隐去了这一现实——力图创造一种新的帝国臣民，即"迁陵黔首"。[103]

　　有时自愿但通常是被强制的移民，短期内是秦政府在新征服领土上的效率来源，但长远来看，也是潜在的不安定来源。民众在帝国南方边疆是关键而稀缺的资源。由于很多当地人口成功逃脱了国家的控制，秦当局高度依赖调动通常来自远方的强制人力，他们不仅承担体力劳动，也负责监督、管理及行政工作。国家在短期内运送来的大量刑徒及其他强制劳动者的能力，是开拓耕地、勘探矿藏、开发生物资源以及沿着帝国广泛的交流网络运输商品的关键。然而，如果更高的行政当局确认了人力资源需求的新目标，对非自由劳动力的集中部署以及这些劳动力的流动性，就隐含着当地人力骤然消耗殆尽的风险。此外，随着领土的扩张，非自由劳动体制运作所固有的高昂监督成本与行政成本也会剧增。

　　由于前现代交流的局限性，中央集权式的经济管理日益低效，解决方案之一是使国家采购越来越多地依赖于市场采购。虽然当地贸易与长途贸易早在秦征服很久之前就是长江中游以南经济生活的一部分，但迁陵档案详细记载了沅水流域显著的经济货币化，这表明钱币数量一旦充足，就会在私人间或国家参与的交易中成为强大且受欢迎的工具。秦政府努力控制着帝国扩张所需的运作成本，这同时也使钱币的使用在南方边境迅速传播，且并未受到秦帝国覆灭的影响。公元前2世纪间，汉朝青铜钱币的使用在长江以南日益广泛，汉朝国家财政同时也经历了彻底的货币化，并重新转变为扩张的市场。[104]这种趋同预示着帝国政治经济网络在帝国第二轮南扩前夕的发展趋势。

## 注释

1 《汉书》卷一九上，第742页。

2 胡平生：《新出汉简户口簿籍研究》，中国文化遗产研究院编：《出土文献研究》第10辑，北京：中华书局，2011年，第249—284页。

3 Chun-shu Chang, *The Rise of the Chinese Empire*, 2 vols.（Ann Arbor: The University of Michigan Press, 2007）, Vol. 2: *Frontier, Immigration, and Empire in Han China, 130 B.C.-A.D. 157*, 118-19.

4 《里耶秦简牍校释》第2卷，第70页，简8-132+8-334。该文书残片的日期仍不确定。

5 目前已出版的里耶秦简所记载的最大规模的刑徒，包括被判服苦役刑的125名男性刑徒、101名女性刑徒及儿童刑徒，被判较轻刑罚的146名刑徒，以及189名被判服各种不同等级劳役的刑徒与居赀赎债者。关于这些数量的讨论，参见［日］宫宅潔：「秦代遷陵県志初稿」，1—32页。

6 ［日］宫宅潔：「征服から占領統治へ」，52页。

7 朱翔主编：《湖南地理》，第118—119页。

8 Flad and Chen, *Ancient Central China*, 266-67.

9 《里耶发掘报告》，第240—373页。

10 同上，第371页。

11 基于《里耶发掘报告》，第6—7页，地图3。

12 《里耶发掘报告》，第372页。

13 可参见如（清）孙希旦：《礼记集解》卷十三，北京：中华书局，1989年，第359页。

14 参见 Sage, *Ancient Sichuan*, 52-53。

15 《里耶发掘报告》，第371—372页。

16 《里耶秦简牍校释》第1卷，第297页，简8-1236+8-1791；晏昌贵：《秦简牍地理研究》，第189—231页，尤其是第209—210页。

17 关于这些数据的总结，参见晏昌贵：《秦简牍地理研究》，第214页。其中并未包括已出版的第二卷里耶秦简中的新数据，但这并没有推翻晏昌贵的估算。参见《里耶秦简牍校释》第2卷，第42—43页，简9-30；第52—53页，简9-48；第126—127页，简9-450。

18 可参见如《里耶秦简牍校释》第1卷，第94—95页，简8-157；《里耶秦简牍校释》第2卷，第280页，简9-1237。

19 近年来对早期中华帝国邮驿制度的讨论，参见Barbieri-Low and Yates, *Law, State, and Society*, vol. 2, 729-37。

20 《二年律令与奏谳书》，第203页，简273；Barbieri-Low and Yates, *Law, State, and Society*, vol. 2, 740-741。

21 《里耶秦简博物馆藏秦简》，第62页，简12-1799。

22 《里耶秦简博物馆藏秦简》，第62页，简12-1798。

23 可参见如《里耶秦简牍校释》第2卷，第142页，简9-486；第194页，简9-730。

24 可参见如《里耶秦简牍校释》第2卷，第231页，简9-963；第335页，简9-1609；第441页，简9-2259。

25 《里耶秦简牍校释》第1卷，第94—95页，简8-157；第172页，简8-518。

26 在已出版的第一卷里耶秦简中，有5份关于贰春乡与迁陵县之间通信的传送记录，对其中数据的总结可参见晏昌贵：《秦简牍地理研究》，第219页。此外，里耶秦简第九层的一枚残牍似乎表明，一份文书在贰春乡与据推测位于迁陵县城内的一个官署之间可能传送了两天时间。参见《里耶秦简牍校释》第2卷，第440页，简9-2256。这6份记录的平均传送时间为3.66天。

27 关于这一结论，参见晏昌贵、郭涛：《里耶秦简所见秦迁陵县乡里考》，武汉大学简帛研究中心主办：《简帛》第10辑，上海：上海古籍出版社，2015年，第145—154页。

28 一份残损的文书表明了这一点，其内容为命令将一份洞庭郡郡守的通知副本从迁陵县廷"分别"传送至贰春乡与启陵乡。参见《里耶秦简牍校释》第2卷，第448—452页，简9-2283。里耶出土的其他文书清晰地表明，"别"这一词语用于表示不同的传送路线，如《里耶秦简牍校释》第2卷，第374—375页，简9-1861。这意味着贰春乡可能并不位于县城以东。

29 《里耶秦简牍校释》第1卷，第343页，简8-1515；《里耶秦简牍校释》第2卷，第43—45页，简9-31；第369—370页，简8-673+8-2002+9-1848+9-1897。

30 《里耶秦简牍校释》第2卷，569页，简9-3311。

31 《里耶秦简牍校释》第1卷，第153—154页，简8-455；第350页，简8-1527。笔者遵从《里耶秦简牍校释》编者的意见，将"枳枸"视同为"枳椇"，这种植物在《毛传》中有所提及。参见《里耶秦简牍校释》第1卷，第153—154页，注释[1]。根据包括晚明《本草纲目》在内的后世医学文献，这种植物被确定为北枳椇（Hovenia dulcis，或oriental raisin tree），分布在东亚地区，特别是中国东部与南部。参见Francine Fèvre and Georges Métailié, *Dictionnaire Ricci des plantes de Chine*（Paris：Association Ricci -Les Éditions du Cerf, 2005），578。

32 迁陵县献官派遣吏徒前往贰春乡寻找"薏"这种植物，但未能找到，参见《里耶秦简牍校释》第2卷，第79—80页，简9-165+9-473。《尔雅》可证明"薏"是莲子的古称，参见Fèvre and Métailié, Fèvre and Métailié, *Dictionnaire Ricci*, 545。莲子因其药用价值而受到重视，参见*Dictionnaire Ricci*, 273。

33 关于贰春乡向迁陵县城供应漆汁，参见《里耶秦简牍校释》第1卷，第355页，简8-1548；《里耶秦简牍校释》第2卷，第267页，简9-1136。关于漆园，可参见如《里耶秦简牍校释》第1卷，第141页，简8-383+8-484。

34 《里耶秦简牍校释》第2卷，第260—261页，简9-1112。

35 《里耶秦简牍校释》第1卷，第279页，简8-1114+8-1150；《里耶秦简牍校释》第2卷，第440页，简9-2256。唐亭位于贰春乡境内，参见晏昌贵：《秦简牍地理研究》，第225页。

36 《里耶秦简牍校释》第2卷，第54—55页，简9-50。

37 《里耶秦简牍校释》第2卷，第261—262页，简9-1114。

38 《里耶秦简牍校释》第1卷，第341页，简8-1510。

39 参见马本立主编：《湘西文化大辞典》，长沙：岳麓书社，2000年，第204页；晏昌贵：《秦简牍地理研究》，第221页。

40 贰春乡在公元前213年与公元前212年的人口数量，分别参见《里耶秦简牍校释》第2卷，第173页，简9-661；以及《里耶秦简牍校释》第1卷，第381

页，简8-1716。后一数字为"积"，除以一年的天数就得到该乡一年内的平均户数。一份残损的记录似乎与从贰春乡迁居而来的一些个人有关，参见游逸飞、陈弘音：《里耶秦简博物馆藏第十至十六层简牍校释》，周东平、朱腾主编：《法律史译评（第四卷）》，上海：中西书局，2017年，第1—27页，尤其是第26页，简B9-581。

41 尤其是八面山，直至20世纪60年代仍是法外之地，当地的帮派向酉水流域的农民勒索钱财。政府将所有这些群体归为"土匪"，但他们在当地的持续存在、庞大的数量、对广阔土地的控制以及高效的开发与再分配制度表明，他们对民众与资源的管理或多或少是稳定的，这使得这些帮派近似于准国家（quasi-states）。相关的实物证据散布在整个高原上，或许也散布在湖南西部的其他山区，正如笔者在2011年与2015年两次前往八面山时所观察到的那样，其存在形式是驻防的藏身之所。根据当地农民的口述，"土匪"是在20世纪50年代晚期至60年代早期被肃清的。

42 关于长江中下游流域发掘的其他秦汉时期县城，参见徐龙国：《秦汉城邑考古学研究》，第125—134页。

43 《里耶发掘报告》，第5—8页。下文对迁陵县城考古遗址的叙述是基于《里耶发掘报告》，参见《里耶发掘报告》，第11—239页。

44 《里耶发掘报告》，第232页。

45 关于该遗址的年代分期，参见《里耶发掘报告》，第32页。

46 《里耶发掘报告》，第229页。

47 官府将户划分为"秦"与"楚"，其与个人身份间的关系需要更彻底的研究。关于战国时代特定国家区域性身份认同的形成，参见Gideon Shelach and Yuri Pines, "Secondary State Formation and the Development of Local Identity: Change and Continuity in the State of Qin（770-221 B.C.），" in Stark, ed., *Archaeology of Asia*, 202-29。

48 "楚"字的使用在战国晚期至秦帝国时期是一种禁忌，因为它是秦庄襄王（前250—前247年在位）的名字，秦庄襄王是秦始皇的父亲。对此的讨论及秦官方文书中禁用的另一个字，参见Olivier Venture, "Caractères interdits et vocabulaire officiel sous les Qin: L'apport des documents administratifs de

Liye," *Études chinoises*, vol. XXX（2011）: 73-98。

49《里耶发掘报告》，第203—208页。

50 近年来的研究及相关学者的概述，参见Sanft, "Population Records from Liye," 249-69。

51 晏昌贵：《秦简牍地理研究》，第228—231页。

52 这些数字来自《里耶发掘报告》，第203—210页。

53 晏昌贵将简8-238、8-585、8-2476这三枚残简缀合为了一份文书，参见晏昌贵：《秦简牍地理研究》，第231页。关于残断的简8-238与8-585属于同一份文书的意见，也可参见何有祖：《里耶秦简牍缀合（五）》，简帛网，武汉大学，http://www.bsm.org.cn/show_article.php?id=1704，2020/11/24访问。

54《里耶秦简牍校释》第1卷，第412页，简8-1972。需要注意的是，在该文书起草时，以说的年龄，他已经足以在司法程序中作出法律陈述。另一份出土于里耶的文书记载，可能是同一个名为说的人被县令招募为"求盗"。参见《里耶秦简牍校释》第1卷，第420页，简8-2027。

55 秦帝国试图为其臣民建构一种新的共同身份，这体现在一些措施中，如引入"黔首"这一新的官方术语来描述帝国内的所有平民，以及树立刻石来颂扬帝国统一给所有人带来的利益，而不论其地域来源或身份。参见《史记》卷六，第239页。

56《里耶秦简博物馆藏秦简》，第70页，简16-9。

57 另有一枚日期不明的文书残片提到一个来自渚里的人，此文书可能写于这17户人口移居之前，他们即使没有构成渚里的全部人口，至少也占了大多数。参见《里耶秦简牍校释》第2卷，第569—570页，简9-3319。

58 近年来关于秦国与秦帝国组织的移民的讨论，参见Barbieri-Low, "Coerced Migration and Resettlement," 1-22；以及Maxim Korolkov and Anke Hein, "State-Induced Migration and the Creation of State Spaces in Early Chinese Empire: Perspectives from History and Archaeology," *Journal of Chinese History* 5（2021），203-25。

59《史记》卷六，第253页。东晋注家徐广（352—425）引述的人数为50万，这与《淮南子》所载征服岭南的秦军规模一致（参见第4章）。两篇文献所指的可能都是秦军整体，包括从刑徒与其他依附于国家的群体中招募的士兵及后勤人员。其中很多人及一些将领在公元前214年后留在了岭南，南越国的创建者赵佗（卒于公元前137年）就包括在内。参见《史记》卷一一三，第2967—2969页。

60 关于秦帝国的道路，可参见如王子今：《秦汉交通史稿》，北京：中共中央党校出版社，1994年，第28—38页；Charles Sanft, *Communication and Cooperation in Early Imperial China: Publicizing the Qin Dynasty* ( Albany: State University of New York Press, 2014 ), 101-21; Michael Nylan, "The Power of Highway Networks during China's Classical Era ( 323 BCE -316 CE ): Regulations, Metaphors, Rituals, and Deities," in Susan Alcock, John Bodel and Richard Talbert, eds., *Highways, Byways, and Road Systems in the Pre-Modern World* ( Chichester: Wiley-Blackwell, 2012 ), 33-65。关于秦代的地图，参见葛剑雄：《中国古代的地图》，第47—55页；晏昌贵：《秦简牍地理研究》，第286—325页。关于秦代长途行程与交通路线的说明，可参见如《里耶秦简博物馆藏秦简》，第73页，简17-14；以及辛德勇：《北京大学藏秦水陆里程简册初步研究》，第177—279页。

61 西汉早期内容相似的法律规定，几乎可以肯定源于秦代法律，参见《二年律令与奏谳书》，第216页，简307；Barbieri-Low and Yates, *Law, State, and Society*, vol. 2, 789。

62 《里耶秦简牍校释》第2卷，第455—463页，简9-2289；《里耶秦简博物馆藏秦简》，第56页，简10-1170。

63 《里耶秦简博物馆藏秦简》，第4页，简7-304。

64 关于这些文献的讨论，参见Maxim Korolkov, "Empire-Building and Market-Making," 382-85。

65 王勇：《里耶秦简所见迁陵戍卒》，第102—108页。

66 秦帝国对"亡"的规定，参见《岳麓书院藏秦简》（肆），第39—91页，简1—105；西汉早期的相关规定，参见《二年律令与奏谳书》，第153—158页，简157—173；Barbieri-Low and Yates, *Law, State, and Society*, vol. 2, 574-93。

67 《里耶秦简博物馆藏秦简》，第4页，简7-304。

68 可参见如贾丽英：《里耶秦简牍所见"徒隶"身份及监管官署》，卜宪群、杨振红主编：《简帛研究（二〇一三）》，桂林：广西师范大学出版社，2014年，第68—81页。

69 《里耶秦简牍校释》第2卷，第1—19页，简9-1—9-12。

70 参见《岳麓书院藏秦简》（肆），第154页，简261。

71 可参见如《里耶秦简牍校释》第1卷，第217—218页，简8-755+8-756、8-758+8-759；《里耶秦简牍校释》第2卷，第35—37页，简9-23；第432页，简9-2203；《岳麓书院藏秦简》（陆），第171—174页，简227—235。

72 关于里耶发现的秦代钱币，参见龙京沙、郭立格：《湘西里耶出土秦"半两"钱初探》，《武汉金融》2008年第12期，第64—66页；以及《里耶发掘报告》，第169—170页。关于秦代钱币的历史与考古发现，参见François Thierry, *Les monnaies de la Chine ancienne: Des origines à la fin de l'empire*（Paris: Les belles lettres, 2017），55-79；以及王雪农、刘建民：《半两钱研究与发现》，北京：中华书局，2005年，第1—33页。

73 ［日］江村治樹：『春秋戦国時代青銅貨幣の生成と展開』，東京：汲古書院，2011年，313—353頁。

74 高至喜：《湖南楚墓与楚文化》，第306—307页。

75 龙京沙、郭立格：《湘西里耶出土秦"半两"钱初探》，第64—66页。

76 《里耶秦简牍校释》第2卷，第134页，简9-469。

77 《里耶秦简牍校释》第1卷，第20—21页，简6-7；第179页，简8-560。该文书是由这两枚残片缀合而成，参见何有祖：《读里耶秦简札记（五）》，2019/11/27访问。

78 关于刑徒衣物的官方价格，参见《睡虎地秦墓竹简》，第42页，简94—96。

79 关于刑徒对县内纺织生产的参与，参见《里耶秦简牍校释》第1卷，第217—218页，简8-755+8-756+8-757+8-758+8-759；第351—352页，简8-1531。关于迁陵县内的清单所记载的织机及织机部件，可参见如《里耶秦简牍校释》第1卷，第25—26页，简6-25；第377页，简8-1680；《里耶秦简牍校释》第2卷，第60页，简9-69。关于政府经营的纺织作坊中女性刑徒及绣工相关的法律规定，参见《睡虎地秦墓竹简》，第46页，简110。

80 《里耶秦简牍校释》第2卷，第463—464页，简9-2291。

81 迁陵县当局从当地居民手中收集蚕茧作为贡品，这一事实表明当地有纺织生产。参见《里耶秦简牍校释》第1卷，第172页，简8-518。

82 《里耶秦简牍校释》第2卷，第185页，简9-709+9-873。

83 《里耶秦简牍校释》第1卷，第356—357页，简8-1554。

84 与非法雇佣依附于国家的劳动者相关的案例，可参见如《里耶秦简牍校释》第1卷，第385—386页，简8-1743+8-2015。

85 《里耶秦简牍校释》第1卷，第152—153页，简8-454。秦代钱币与铸造模具的考古发现表明，秦国不仅在都城铸造货币，也在都城以外，还可能在地方铸造货币。参见François Thierry, "Archéologie et numismatique: Les cinq découvertes qui ont bouleversé l'histoire monétaire du Qin," in Wolfgang Szaivert, Nikolaus Schindel, Michael Beckers and Klaus Vondrovec, eds., *Toyto apech th xwpa: Festschrift für Wolfgang Hahn zum 70. Geburtstag* (Wien: Veröffentlichungen des Instituts für Numiskatik und Geldgeschichte, 2015), 433-51。

86 《里耶秦简牍校释》第1卷，第231页，简8-811+8-1572；第258页，简8-992；第261页，简8-1008+8-1461+8-1532；第263页，简8-1018。

87 关于西汉早期法律中的这类罪名，参见Barbieri-Low and Yates, *Law, State, and Society*, vol. 1, xci-xciii。

88 相关的讨论，参见Maxim Korolkov, "Calculating Crime and Punishment: Unofficial Law Enforcement, Quantification, and Legitimacy in Early Imperial China," *Critical Analysis of Law* 3.1 (2016): 70-86。

89 《里耶秦简牍校释》第1卷，第19—20页，简6-5。

90 《里耶秦简牍校释》第1卷，第292页，简8-1214。

91 《里耶秦简牍校释》第1卷，第191页，简8-650+8-1462。

92 《里耶秦简牍校释》第1卷，第223—234页，简8-771。

93 关于这些文书的翻译与讨论，参见彭浩:《读里耶秦简"校券"补记》，中国社会科学院考古研究所等编:《里耶古城·秦简与秦文化研究：中国里耶古城·秦简与秦文化研究国际学术研讨会论文集》，北京：科学出版社，2009年，第196—200页；吕亚虎：《试论秦汉时期的祠先农信仰》，《江西师范大学学报（哲学社会科学版）》2013年第5期，第103—111页；以及 Charles Sanft, "Paleographic Evidence of Qin Religious Practice from Liye and Zhoujiatai," *Early China* 37（2014）：327-58。

94 关于秦税制在秦帝国时期的新发展，参见 Korolkov, "Fiscal Transformation," 207-24。

95 《里耶秦简牍校释》第2卷，第152—153页，简9-543+9-570+9-835。

96 《里耶秦简牍校释》第1卷，第288页，简8-1180。

97 一位官吏支付了776钱罚金，参见《里耶秦简牍校释》第2卷，第70—71页，简9-119；还有一位迁陵县城居民以现金支付罚金，参见《里耶秦简牍校释》第2卷，第64页，简9-86+9-2043。

98 《睡虎地秦墓竹简》，第35页，简65；译文遵从 Hulsewé, *Remnants*, 52。

99 《二年律令与奏谳书》，第168—169页，简197—198；Barbieri-Low and Yates, *Law, State, and Society*, vol. 2, 633。

100 关于秦货币在秦二世时期的贬值，可参见如何清谷：《秦史探索》，台北：兰台出版社，2003年，第318—324页。

101 关于被征服国家的货币在秦帝国统一后的继续流通，可参见如［日］柿沼阳平：『中国古代貨幣経済史研究』，東京：汲古書院，2015年，60—62页。

102 可参见如《里耶秦简牍校释》第1卷，第172页，简8-517；第179页，简8-560。

103 参见《里耶秦简牍校释》第1卷，第108—109页，简8-197。关于官方引入"黔首"这一新术语来指代帝国臣民，参见《史记》卷六，第239页。户籍登记制度也是一种意识形态工具，参见 Sanft, "Population Records from Liye," 267-69。

104 关于西汉帝国财政的货币化，参见［日］佐原康夫：『漢代都市機構の研究』，東京：汲古書院，2002年，522—557頁；［日］柿沼阳平：『中国古代貨幣経済史研究』，123—127頁；Von Glahn, *The Economic History of China*, 100-28；以及 Korolkov, "Fiscal Transformation," 234-35。

# 第6章

# 资源与资源开发

　　秦帝国将大量的行政精力用于组织开采资源,这涉及在地方层面维持国家机构所需的大量物资,征服新领土等宏大帝国计划所需的资源,以及在帝国精英阶层中财富的再分配。虽然资源的可得性取决于环境条件,但这些资源不应仅被视为一种自然事实。更确切地说,是国家的政治优先考量、经济管理战略及地方官吏的经验与知识,决定了如何界定资源及资源开发方式。本章关注长江以南出土的秦代行政文书中较为突出的三类资源:农作物、金属及野生动植物。

　　本章第一节讨论的是迁陵县的农业资源。粮食是当时帝国扩张中最重要的资源。从商鞅时代开始,秦统治者就热衷于提高农业产量,这在处于重要战场后方的地区尤其迫切,这些地区必须为战场上的秦军提供补给。因此,地方政府的首要任务是开辟新耕地,向耕种者分配这些耕地,以及组织粮食生产。这些任务的成败也决定了官吏的职业生涯。在占领政权下,行政官员往往缺乏对当地情况的基本了解，他们急于向上级报告成果，故无法做出最理想的农业管理决策。本章认为，这些决策对帝国在南方的发展轨迹有重要影响。

第二节主要讨论金属。秦征服长江中游沿岸及洞庭湖以南流域时，当地社群早已成为广阔的金属流通网络的一部分。当地拥有东亚最富饶的一些铜矿，这对于青铜时代中国北方王朝的政治经济至关重要，也使它们试图将当地融入中华政治网络乃至国家之中。长江南部支流也是其他矿物资源的重要航道，可用于从更远的南方与西南方运输朱砂与铅等（参见第2章）。

楚国与曾国等较为广阔且强大的国家，虽然在公元前一千纪初就兴起于长江中游，但并未实际控制大规模开采矿藏或其他资源的组织。相反，这些国家专注于控制贸易路线，并通过在城邑的作坊中大量生产精美物品来提升原材料的价值，这些物品包括有嵌饰的青铜器、漆器与玉器等，它们不仅在统治者的宫廷中被赐赠，也越来越多地在城邑的市场中出售。[1]

与迁陵档案相比，当地文献较为匮乏，这限制了我们对楚国经济体制的了解，在未来更多证据出现后，我们的观点可能还需要修正。[2] 不过，秦人的到来似乎宣告着国家作为资源管理者的角色发生了重大改变。出土档案文书表明，存在一个管理铁工业的专门机构，且国家管理的刑徒参与了采矿。在长江流域的其他地区，大量刑徒也参与了盐业生产，这很可能是在官方监督下进行的。[3]

第三节关注南方的植物、动物与野生动植物制品等生物资源。这些南方特产作为贡品而奇货可居，秦帝国对它们的占有则体现了其影响力范围之广。[4] 其中一些生物资源也具有作为军事或医疗物资的价值。许多在湖南西部新设立的县内承担行政管理职责的秦官吏，不知不觉间进入了一个完全不熟悉的环境，他们在必须满足上级对当地特产的需求之前，几乎没有时间去考察这一环境。迁陵档案记录了他们为寻找这些资源所付出的艰苦努力，以及开发获取这些资源的最佳机制——其中一些资源在湖南西部的自然界中并不存在，而只存在于制定进贡配额的皇帝与高官的想象之中。

## 农业资源

公元前209年9月28日，在叛乱者进攻并烧毁迁陵县城的几个月前，县内负责农业事务的临时长官（田官）獾，亲自前往县廷提交了当年的垦田课，即被划入耕种范围的土地清单。他在同一天稍早些时候起草了这份文书。[5] 獾亲自送交这份文书的决定有些不同寻常，因为传送信件者通常是官府内的佐或史。[6] 秦代规定官吏必须在农历八月提交课，当时已经接近月底，因此獾可能只是要确保这份文书被正式接受。此外，獾的到来也可能透露了日常行政的中断，并预示着即将到来的灾难。真相或许永远无法得知。

相比之下更为确定的是，獾的汇报属于一种悠久的政治经济传统，这一传统强调耕地是最重要的国家资源，耕地扩张则是国家的第一要务。《商君书》中年代较早的一篇体现了"商鞅与志同道合的政治家在改革之初的心态"，[7] 其中充斥着将开垦荒地视为经济与军事力量唯一来源的思想。[8] 秦律呼应了这种思想：[9]

律曰：已狠（垦）田，辄上其数及户数，户婴之。

法律规定：当田地已被开垦，立即［向上级机构］报告其［在各行政单位内的］数量及户的数量，并将［田地］分配给每户。

事实上，县廷每年都提交这种报告，如迁陵县在秦始皇三十五年（前213/前212）及秦二世元年（前210/前209）提交了垦田课。[10] 私人也被鼓励开垦耕地，不过，政府通过调动刑徒及其他非自由劳动者参与农业劳动的方式，直接推动了耕地扩张。另一枚迁陵档案残简记载了对派遣刑徒"益田"的引述或要求。[11] 田官不仅是被提及次数最频繁的役使刑徒的机构，还以其役使劳动力的规模之大而引人注目。[12] 为田官劳作的刑徒有23至26人，这是迁陵档案中目前所见规模最大的刑徒劳动者群体。[13] 此外，还有可能包含刑徒与服劳役及兵役者在内的158名成年男性被要求参加农业劳动，这最有可能是在田官监督下进行的，[14] 而这一人数可能与县内全部成年男性户籍人口相当。

秦帝国政府在长江以南的农业管理中表现得激进与否，取决于其在新征服领土上立即扩大农业生产的需求，而不论是否有可征税的人口。对当地农业群体进行安置和户籍登记可能是一个漫长的过程，但对粮食的需求是迫切的。公元前213年，迁陵县的司空厌因未能动员非自由劳动者参与县内的农业劳动而被控告，这种劳动始于当地落入秦国控制之下的公元前222年。司空厌被指控的主要理由是未能向中央政府报告缺乏劳动力，而中央政府如果及时得到通知，就能够提供支援。[15] 这表明劳动者或许是从其他很遥远的地区运送而来的。

迁陵档案所见依附于国家的劳动者中，即使有当地居民，数量也相当少（参见第5章）。[16] 服兵役者主要是从长江沿岸招募的邻郡居民，但官方文书记载的很多居赀赎债者都来自中原及汉水上游流域等遥远地区。[17] 迁陵县当局担忧劳动者不了解当地的耕种方法，[18] 这或许是因为长江以南的农耕习俗不同于黄河流域的"中县"，[19] 而秦官吏可能更熟悉后者。

为了在短期内提高长江中游以南的粮食产量，秦帝国官员在农业领域有哪些选择？对此，迁陵档案及其他考古证据，揭示了当地农业资源的构成及国家对农业资源的利用。在处理这些秦代史料之前，我们需要简要回顾一下，这片在公元前3世纪晚期成为秦帝国南方边境的地区有着怎样的农业历史背景。

今天以湖南为代表的长江中下游流域主要种植水稻，但在古代，当地人从事着涉及多种作物的多样化自耕农业。[20] 在长江中游与四川地区，"稻与狐尾粟因其多样的用途、可强化的能力与降低风险的潜力，形成了农业扩张的完美组合"。[21] 以粟为代表的北方农作物，早在新石器时代晚期就已从黄河流域引入。在长江中游地区，稻与粟组合的农业在考古学上已由城头山大溪文化（约前4400—前3300）遗址（参见图2.2）证实。古植物学证据表明，随着人口进一步向高地推进，当地的旱地农业也随着时间推移而扩张。[22]

有学者认为，水稻与诸如粟等旱地作物的组合是一种生存策略，尤其适应湖南西部与四川成都平原边缘等地形多变且陡峭的地貌。粟生长季节短且耐旱，是向山麓与高地等环境扩张的人口首选的作物。作物的多样化也在歉收的年份为当地社群提供了退路。[23] 在长江中游更加多山的三峡等地区,高粱与狐尾粟直至秦汉时期仍是最主要的作物。[24]

长江流域的许多墓葬遗址都表明,当地在青铜时代晚期至秦汉时期同时种植水稻与旱地作物(参见表6.1)。根据已公布的发现,狐尾粟的数量仅次于稻(分别有14与19处发现)。此外,发现的还有高粱、小麦与大麦。还应注意的是,粟在考古记录中可能代表性不足,因为其颗粒的体积比稻要小得多。[25]

表6.1 长江中游农作物的考古证据(约前1500—约200)[26]

| 序号 | 作物 | 发现地点 | 历史时期 | 公布时间 |
| --- | --- | --- | --- | --- |
| 1 | 狐尾粟(72.7%)、稻(27%)、高粱(0.2%)[27] | 江西新干牛城 | 商至西周早期 | 2015 |
| 2 | 狐尾粟、稻 | 四川成都金沙 | 晚商,周朝早期 | 2011 |
| 3 | 狐尾粟、稻 | 四川什邡桂圆桥 | 西周 | 2015 |
| 4 | 粳稻 | 湖北蕲春毛家咀 | 西周 | 1962 |
| 5 | 糙米 | 湖北汉川南河 | 西周 | 1984 |
| 6 | 狐尾粟(81.2%)、稻(3.8%)、高粱(15%)、大麦(0.03%)[28] | 四川阆中郑家坝 | 商朝至春秋中期 | 2013 |
| 7 | 稻 | 湖南澄县双堰 | 春秋 | 1992 |

续 表

| 序号 | 作 物 | 发现地点 | 历史时期 | 公布时间 |
|---|---|---|---|---|
| 8 | 稻、麻 | 江西靖安李洲坳 | 春秋 | 2008 |
| 9 | 粳稻 | 江西新干界埠 | 战国 | 1981 |
| 10 | 狐尾（？）粟 | 四川荥经曾家沟 | 战国 | 1984 |
| 11 | 狐尾粟 | 湖北荆门左家1号墓 | 战国晚期 | 2006 |
| 12 | 谷类（？） | 湖北江陵纪南城陈家台 | 战国 | 1982 |
| 13 | 稻 | 湖北云梦睡虎地 | 秦 | 1986 |
| 14 | 狐尾粟 | 四川汶川 | 战国晚期至西汉中期 | 1973 |
| 15 | 稻 | 四川西昌 | 战国晚期至西汉早期 | 1976 |
| 16 | 狐尾粟 | 四川汶川萝卜寨 | 西汉 | 1983 |
| 17 | 狐尾粟 | 四川成都 | 汉 | 1959 |
| 18 | 豆 | 湖南马王堆3号墓 | 西汉 | 1974 |
| 19 | 狐尾粟、小麦、大麦、高粱、大豆、红豆、麻 | 湖南马王堆1号墓 | 西汉 | 1974 |
| 20 | 稻 | 湖南余家台子 | 东汉 | 1982 |

续 表

| 序号 | 作 物 | 发现地点 | 历史时期 | 公布时间 |
|---|---|---|---|---|
| 21 | 狐尾粟、稻 | 湖北江陵凤凰山 | 西汉 | 1974 |
| 22 | 稻穗、黑大豆 | 湖北江陵凤凰山 | 西汉 | 1976 |
| 23 | 狐尾粟、大豆、黑豆 | 湖北江陵凤凰山168号墓 | 西汉 | 1993 |
| 24 | 长粒稻 | 湖北云梦大坟头 | 西汉 | 1981 |
| 25 | 狐尾粟、稻 | 湖北云梦 | 西汉 | 1986 |
| 26 | 稻 | 湖北荆州谢家桥 | 西汉 | 2007 |
| 27 | 狐尾粟 | 湖北光化 | 西汉 | 1976 |
| 28 | 狐尾粟、稻 | 湖北荆州萧家草场 | 西汉 | 1999 |
| 29 | 粳稻 | 江西南昌 | 东汉 | 1981 |

上述发现表明，当地从新石器时代晚期至汉代一直种植旱地作物。[29] 随着秦行政官员、拓殖者与强制劳动者向长江以南推进，长期积累的各种农业经验获得了新的重要意义。

战国晚期的秦国立法者与行政官员在领土迅速扩张的过程中充分认识到了农业的多样性。当地官吏使用的法律与算数书提到了各种作物。睡虎地（位于今湖北省内）出土的《仓律》列出了秦国农民种植并作为农业税而缴纳的谷物与豆类。律文提到了稻、麻、麦、黍、苔与菽，此外还提到了"禾"，这一名词在睡虎地秦简中非特指某种谷物时泛指谷物的穗。[30] 何四维（A. F. P. Hulsewé）将"禾"译为"小麦"（wheat），将"麦"译为"大麦"（barley）。[31] 但小麦的种植范围要广得多，而大麦的种植主要限于西北地区，[32] 因此传世文献中的"麦"在大多数情况下可能指的是小麦。

睡虎地秦简中的另一条律文涉及各种谷物与豆类的重量与体积之比，以及谷物加工各阶段（如舂）前后的体积变化。[33] 其中提到的作物有稻、麦、麻、菽与苔，但列于首位的是可能最重要的粟。"粟"在现代汉语中指狐尾粟，但在古代文献中通常泛指粮食，尤其是脱粒的谷物。[34] 不过，"粟"在此处与特定的作物名称并列，表明可能也指的是一种特定的作物，最有可能的是本条律文未提到的小米。

涉及各种谷物体积比例的算数书中，也存在同样的模糊性。[35] 例如，岳麓书院藏秦简《数》所见的一些算题提到了谷物加工的各个阶段，如"稻粟""稻米"或"黍粟"。[36] 类似地，当算题试图确立粟与"毇"之间的体积关系时，粟最有可能指加工阶段；[37] 而其他算题要求确立粟与小麦等其他作物间的体积比例时，粟也可指一种特定的作物，可能即狐尾粟。[38]

迁陵档案文献与长江中游地区作物多样性的面貌相契合，其中提到了各种稻、粟以及小麦、豆和芋。稻是经常被提及的作物之一，迁陵档案中其他许多术语所指的可能就是当地的不同稻种。[39] 一座名为西廥的特殊粮仓，部分或全部被用于储存稻。[40] 一份文书记载，启陵乡当局在公元前221年将4斗（约8升）小麦种子借给了一位贫农，这表明当地种植小麦。[41] 另一份文书记载了作为农业税征收的 82.5 升小麦，这也表明当地存在小麦生产。[42] 此外，迁陵县官府发布的公元前 218 年 11 月中旬至公元前 217 年 10 月初之间的"市平价"目录中也出现了小麦与大豆。[43]

粟在迁陵档案的很多文书中所指是明确的。公元前 213 年底以来关于"市平价"的报告引用了粱与秫这两种粟的价格。[44] 秦律也提到了秫，并规定秫不应用于"禀人"。[45] 事实上，迁陵的价格规定清晰地表明，秫比普通的粟价值更高，二者每石（约 20 升）的价格分别为 25 钱与 20 钱。原因之一可能是东亚人口在新石器时代发展出了对黏性谷物口感的偏好。[46] 此外，秫可能被保存下来用于酿酒，这进一步了提升了其价值。[47] 由于对小麦等其他作物征收的税款是按谷物类型规定的，作为农业税征收的粟最有可能是指当地种植的小米。[48]

迁陵档案中的南方作物里，除稻以外，芋的出现也相对频繁。一枚私人信件残简表明，官营农场种植芋来代替谷物；[49] 有关刑徒负责为芋田除草的记录也表明了这一点。[50] 国家将芋用作口粮，这在谷物歉收的年份尤其如此。反秦叛军首领项羽（前 232—前 202）对宋义的指控说明了这一点，他声称楚将宋义在"饮酒高会"时，士兵只能以芋和豆维生，已经很久未见到谷物。[51]

迁陵档案中包含一组禀食记录，有助于评估上述作物在秦长江中游以南地区经济中的相对重要性。目前已发表的禀食记录超过 160 份，其中一些保存完整，但另一些仅存有残简。这些记录被用于研究向官吏、士卒及刑徒等国家雇佣的人员禀食的制度。[52] 笔者在此运用这些资料考察迁陵县谷物资源的构成（参见附录 2）。

第 6 章　资源与资源开发

图6.1展示了发放的口粮中各种谷物所占的比例。所用资料的年代是公元前221年至公元前211年之间,但161份记录中仅103份载有明确日期。有两份记录的日期仅部分残存,因此只能确定其起草于秦始皇三十年(前218/前217)或以后。原始记录都注明了谷物种类,但这仅在其中107份记录中得以保存,且其中9份记录并无日期。这些记录也注明了禀食的官吏与领取口粮的人,其中一些记录还记载了储存粮食的具体粮仓。[53] 以下是其中两份记录:[54]

粟米一石二斗半斗。卅一年三月癸丑,仓守武、史感、禀人援出禀大隶妾并。
令史犴视平。感手。

去壳的粟有1石2.5斗(约25升)。[秦王政,亦即秦始皇]三十一年三月癸丑日这天(前216年4月1日),仓的临时长官武、史感及禀人援向大隶妾并禀食。
令史犴监督[这次事务执行的]公平。由感起草。

稻三石泰半斗。卅一年七月辛亥朔己卯,启陵乡守带、佐冣、禀人小出禀佐蒲、就七月各廿三日食。
令史气视平。冣。

稻有3石2/3斗(约61.3升)。[秦王政,亦即秦始皇]三十一年七月,该月第一天为辛亥日,在己卯日这天(前216年8月25日),启陵乡临时长官带、佐冣及禀人小向佐蒲、就

153

*201*

禀食，每人按7月内的23天发放。

　　令史齐监督［这次事务执行］的公平。最。

　　还应注意的是，迁陵的粮食供给并不全部来自当地，其中一些是从县外调入的，[55] 因此下文的讨论不仅涉及迁陵，也涉及沅水流域，甚至更远的地区。

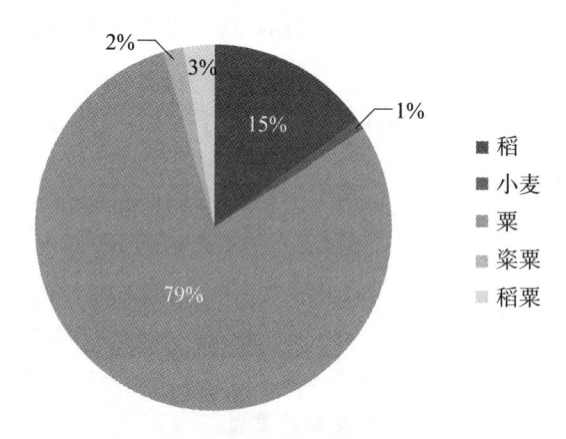

图6.1　迁陵县的口粮配给，前221—前211年[56]

　　禀食记录中有79%涉及"粟"的发放，这一术语可以泛指粮食，也可以特指小米。在本书讨论的例子中，稻与小麦都以专有名称出现，因此"粟"可能指一种特定的谷物，很可能即小米。在迁陵县禀食记录所见其他谷物中，三处"稻粟"可被理解为"稻粒"或"稻和粟"，一处"粱粟"可被理解为"粟粒"或"粱和粟"，都有特定语境。负责禀食的是廥舍，这是类似于医院的专门医疗机构。[57] 上述记录都属于秦始皇二十六年（前222/前221）。将不同谷物混合配制成粥，可能是一种治疗方法。[58]

迁陵档案所反映的农业状况与长江中游其他地区的考古证据相一致，但令人意外的是，稻在当地粮食供给中的占比相对较低。禀食记录提到了径廥、丙廥与乙廥，这三个不同的粮仓都储存和发放粟。与此相对，前文提到的西廥似乎仅储存和发放稻。虽然我们不了解这些粮仓的储存量，但3∶1的比例与禀食记录相当吻合。

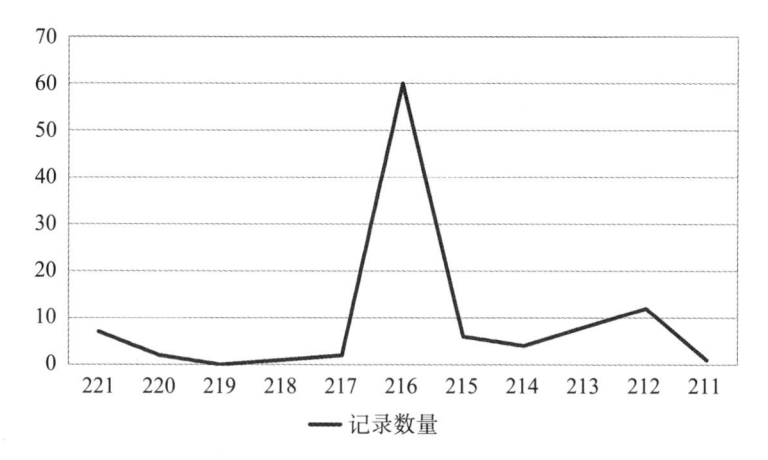

图6.2　按年代分布的禀食记录[59]

最后需要考察禀食记录的年代。除了一份记录属于秦始皇二十六年（前222/前221），另一份记录日期不明以外，其余14份发放稻的记录都属于秦始皇三十一年（前217/前216），当年的记录数量在所有已知年代的禀食记录中占了60%（参见图6.2）。迁陵县可能在这一年发生了粮食调入增长等特殊情况，但这只有等到迁陵档案全部公布后才能得到证实。假设事实的确如此，可能是因为刑徒劳动者与其他依附于国家的人员正在集结到一起，为南方即将到来的战役做准备,这将需要大量的粮食供给。

迁陵档案与考古证据揭示了湖南西部的农业资源在秦统治之下的独特面貌。长江中游流域长期种植着水稻与旱地作物,这种组合符合优先考虑规避风险的生存策略。这也很好地适应了当地的陡峭地势,随着聚落扩张到了高地,这种地势需要引入旱地作物。秦行政官员、士兵与拓殖者——尤其是他们中来自北方的人——可能会发现,这样的农业环境比今天长江以南普遍的稻田景观更为宜人。

中央政府对开辟新耕地的大力支持也有利于旱地作物的推广。建造灌溉系统与以坡式梯田为代表的稻田,古往今来都是费时费力的过程,刑徒几乎不可能拥有这方面的专门技能,他们中的很多人都是这片地区的外来者。[60] 稻田也更加适合小规模的家庭种植,而非秦国经济中普遍实行的那样,由官营农场内的刑徒劳动者耕种。迁陵县这样的地区尤其如此,当地政府可动用的农业劳动力大多为非自由劳动者。自然环境、当地农业传统,以及由强制劳动推动的国家组织的农业扩张的政治经济,共同促成了迁陵档案所反映的特定农作物选择。

## 金属

今天湖南省境内蕴藏着丰富的矿藏资源。[61] 沅水流域的麻阳铜矿在青铜时代就已得到开采。但由于缺乏书面记录,且关于湖南西部古代矿址的考古研究有限,迁陵档案仍然是相对详细地记载

第 6 章　资源与资源开发

当地金属资源开发情况的最早文献。

自商鞅变法以后,秦国的首要目标便是军事征服与农业扩张,其前提条件是有可利用的金属武器与农具。战国晚期,秦律中有官府向普通百姓发放与售卖铁制工具的规定,[62] 这些工具是在官营作坊制造的,由官营矿场供应原材料。[63] 迁陵档案记载了铁、铜与锡的开采。金布曹负责监督县内手工业生产机构的工作,并定期报告铁矿的开采与金属制品的制造情况。[64]

洞庭郡设立的铁官可能直接隶属于中央政府,这体现了冶铁在湖南西部的重要性。[65] 我们尚不清楚这是否属于官方对铁制工具生产与分发的垄断,以及秦代铁官是否为更知名的汉代铁官的原型。[66] 无论如何,铁官不是唯一负责铁具制造的机构。迁陵县库是生产武器的重要地点。一份属于秦二世统治(前210—前207)初期的文书记载,曾有9千克铁与铜被送往迁陵县库,[67] 县库的官吏则将金属转交给由他们监督的工匠。[68]

值得注意的是,在上文提到的一份文书中,库接收了来自司空官的金属,而司空官是县内负责非自由劳动管理的两个机构之一。与后期的情形类似,刑徒经常被派去开采金属矿石。[69] 迁陵档案也记载了参与开采金属的"徒",[70] 他们的身份尚不清楚,但在至少一份文书中,监督他们的是县内另一个管理刑徒的仓官。[71] 在矿场中工作的也有服徭役者。[72]

已出版的迁陵档案给人留下的印象是,地方政府是采矿与冶金的主要组织者。官方对铁工业的行政管理,在长江中游的其他地区也得到了证实。[73] 就民间冶金而言,迁陵档案中仅有一份残损的记录提到了私人间的金属交易,涉及租钱与质钱。[74] 我们无从得

156

知这些金属是由民间商人开采，还是以某种方式获取自官营矿场。约20年后，即西汉初年，官方文书充分证明存在民间采矿，且政府对银、铁、铅与金的开采征税。[75]《史记·货殖列传》也记载了以铁矿主为代表的金属实业家，他们在家乡被秦征服后被迫迁离，并发现或许在新的地方可以重启事业，而秦当局并不反对。[76]

里耶的考古发掘凸显了秦的行政管理对酉水流域铁具使用的影响。麦茶战国晚期墓地曾出土9件铁器，其中5件是剑。[77] 相比之下，里耶遗址的秦汉时代地层中出土了135件铁器，其中大部分是斧、锸、刀、凿、锥及钩等工具，但也有厨具。[78] 清水坪西汉墓（参见图5.1）已发掘的墓葬数量与麦茶墓群相当，[79] 其中出土了58件铁器，大多数是刀、斧、锸等器具及釜、釜架等厨具。[80]

秦楚两国是东亚冶铁的先驱，[81] 年代最早且最精美的一些钢铁兵器的考古样本就来自楚文化地区。[82] 在战国中晚期，楚国的制铁似乎集中在长江中游以北的城邑，[83] 尤其是洞庭湖周边密集的楚人聚落，[84] 大多数楚国人可能在公元前278年秦军摧毁楚国都城后逃往了当地。[85] 酉水流域等外围地区获取铁器的途径有限，[86] 而在战国晚期至西汉时期，铁器在当地的普及程度显著提高，这或许表明秦政府采取了鼓励冶金与发放金属工具等措施。[87]

冶铜同样如此。虽然江汉地区的楚墓盛行青铜器、武器及其他陪葬品，[88] 但麦茶楚墓仅出土了35件青铜器，这可能反映了墓主是地位相对较低的平民。[89] 与之相比，清水坪西汉墓出土了468件青铜器及4 989枚青铜钱币，[90] 使用者也主要是平民；[91] 里耶聚落遗址则出土了55件青铜器与191枚钱币。[92]

基于迁陵县的考古证据与文献记载，很难充分归纳秦帝国官营冶金业的规模及其对当地经济变革的影响。但出土文书所载国家对采矿与金属生产的参与，同考古记录所见金属器物数量的大幅增长是在同一时期，这表明秦帝国对金属资源的需求及金属可利用性的增长影响了当地经济。

## 植物、动物与野生动植物制品

秦军占领沅水流域的几个月后，洞庭郡郡守发出了一份通知，劝告下属适应新形势：[93]

［廿］六年二月癸丑朔庚申，洞庭叚（假）守高谓县丞：干蘳及菅茅善用殹（也）。且烧草矣，以书到时，令乘城卒及徒隶、居赀赎责（债）勉多取、积之，必各足给县用，复到干草。勉毋乏。它如律令。新武陵布四道，以次传，别书。书到相报，不报者追之。新［武陵］□书到，署廥曹，以洞庭发弩印行事。

［秦王政，亦即秦始皇］二十六年二月，该月第一天为癸丑日，在庚申日这天（前221年3月5日），洞庭［郡］临时郡守高对［下属的］县丞说：干蘳[94]与菅茅[95]是有用的［草］。随着烧草［的时间］将近，在本通知送达时，请命令乘城卒与徒隶、居赀赎债者勉力收集并储存这些草。各县应当自给自足，将这些草存入［县内储藏的］干草。［让他们］不知疲倦

地勉力。其余事项［的处理应］依据律和令。［本通知］从新武陵沿四条路线发送，在县与县之间传送，［附带适时制作的］单独的副本。［各县应当］在本通知送达时互相报告；如果他们不报告，则催促他们。新武陵……通知送达，由庑曹签署，凭借洞庭发弩之印来处理。

洞庭郡郡守是在何时何地及何种情况下了解到南方的植物的，我们无从得知。对于在长江以南的秦行政机构的官吏而言，了解这类知识并不是理所当然之事。草在秦的经济中是一种必不可少的资源，干草可用作牛与马的饲料、粮仓的草垫及建造官府的材料。[96] 虽然繁育动物在长江中游经济中并不盛行，但迁陵档案表明，迁陵县内存在由畜官管理的畜牧场与马，这些马可能被用于传递消息与军事目的。[97] 对于成功整合新征服的地区而言，辨识有用的草与建造要塞、驻扎军队及开辟耕地同样重要。

毫无疑问，秦政府尤其关注可能具有军事用途的生物资源。迁陵县的刑徒劳动者一直忙于收集用于制造箭的羽毛。[98] 当地以雉鸡闻名，雉鸡羽毛显然被视作制造箭羽的绝佳材料。[99] 迁陵县官府也收取羽赋，并从市场上购买羽毛。[100] 以弩为代表的远程武器是秦军械库的重要组成部分，[101] 因此箭的储存量极大。迁陵档案中的一份文书提到了36 400支箭，另一份文书提到了超过40 900支箭，它们都储存于县库。[102] 这些箭是从迁陵输出的少数几种重要物品之一：[103]

卅五年正月庚寅朔甲寅，迁陵少内壬付内官……

## 第 6 章　资源与资源开发

（第一栏）翰羽二当一者百五十八镞，三当一者三百八十六镞，

（第二栏）•五当一者四百七十九镞，•六当一者三百卅六镞，

（第三栏）•八当一者五［百］廿八镞，•十五当一者□百七十三镞。

（第四栏）•卅五年四月己未□……，•凡成镞四百□……

［秦王政，亦即秦始皇］三十五年一月，该月第一天为庚寅日，在甲寅日这天（前212年3月12日），迁陵［县］少内壬向内官发放……

（第一栏）每支用2根翰羽［制造的］箭有158支，每支用3根翰羽［制造的］箭有386支，

（第二栏）每支用5根翰羽［制造的］箭有479支，•每支用6根翰羽［制造的］箭有336支，

（第三栏）每支用8根翰羽［制造的］箭有528支，•……每支用15根翰羽［制造的］箭有……73支[104]，

（第四栏）•［秦始皇］三十五年四月（公元前212年5月至6月）己未日……•制成的箭一共400……[105]

上述清单由迁陵县少内发往内官，内官可能是中央政府机构，[106]这表明在迁陵制造的箭被送往了秦帝国位于咸阳或其他地区的军械库。迁陵县也输出作为箭原材料的羽毛，因为其负责缴纳羽毛作为每年的贡赋。[107]当迁陵县官府所能获取的羽毛不足时，官吏会从民间市场购买羽毛以补足所需的贡赋。[108]

159

到战国晚期，朝贡体系概念成为政治意识形态的重要内容，它以一位共同统治者为中心，覆盖了全部人居地。[109] 在这一理想的体系中，已知世界的每一地区都要向帝国朝廷进贡当地特产。吸引这些贡品的能力，被视为统治者宣称其霸主地位的证明。[110] 塑造贡品需求的不仅有朝廷的消费偏好，还有对地方异域风情的想象，而后者未必符合当地的现实。

地方设立了特别的献官来组织收集贡品。出土文书提到了洞庭郡临沅县与迁陵县的献官。[111] 一份文书表明了地方官吏被迫满足中央政府的贡品需求时所面临的困难：[112]

卅四年五月乙丑朔己丑，贰春□兹敢言之：廷下献官丑书曰：献官吏徒莫智（知）蘁□，问有智（知）者言。今问之，莫智（知）。敢言之。仓。

[秦王政，亦即秦始皇]三十四年五月，该月第一天为乙丑日，在己丑日这天（公元前213年6月20日），贰春乡［长官］兹斗胆报告如下：［所收到的］来自［县］廷内献官长官丑的文书声明［以下内容］："献官的吏徒不知道蘁［这种植物］……［我们］询问是否有［任何人］知道［这种植物］。"现在［我］已询问过，［这里］没有人知道。斗胆报告这些。仓［官］。[113]

中央政府分派的贡品任务可能与现实环境不符。负责收集与上交贡品的地方官吏往往很难辨识所需的贡品，并抱怨贡品的缺

210

乏。[114] 例如，迁陵县在公元前212年未能上交两种作为贡品的特产鱼类，其中的鲛鱼可能是大型海洋鱼类，[115] 迁陵这种内陆县显然无法提供。

中央对贡品的需求偶尔会无法得到满足，但这仍为探索生态环境并绘制地图提供了动力。迁陵档案多次提及各种贡品，如干鱼、鸟、冬瓜与枳枸果实。[116] 对贡品的需求也在一定程度上决定了行政区划，因为乡被设立在所需资源丰富的地区。

秦帝国的到来使一些物种成为广受欢迎的资源，其他物种则因此被视为公敌和猎杀的目标，尤其是被认为对人类、作物及家畜有威胁的大型哺乳动物。[117] 迁陵档案中的一枚文书残简列出了这类危险的物种：虎、猿、象、狼与豹。[118] 虎还被单独列为主要威胁，县官府会奖励杀死它们的当地人：[119]

> 廿八年五月己亥朔甲寅，都乡守敬敢言之：……
> 得虎，当复者六人，人一牒，署复［年］于［券/牒］……
> 从事，敢言之。……

> ［秦王政，亦即秦始皇］二十八年五月，该月第一天为己亥日，在甲寅日这天（前219年6月17日），都乡的临时长官敬斗胆报告以下内容："……［因为］捕获虎，6人应被免除［劳役］。为每人［提供］一枚［木］牒，在［这些牒］上写明免除年限……办理这件事。斗胆报告这些。"

免除劳役是政府奖励特定行动或表现时最有力的手段之一，[120]

秦统治者也乐于利用这一手段朝所期望的方向改造自然环境。迁陵居民以参与猎虎作为响应，并将虎肉上交给县当局进行销售。[121] 传世史料表明，秦政府也鼓励猎杀长江沿岸其他地区的虎。[122] 虎或许是最广为人知的牺牲品，但肯定不是唯一的牺牲品。迁陵县官府还命令刑徒捕捉猿，[123] 且需要每年报告捕获豹的数量。[124] 我们尚不清楚这些动物只是被猎杀，还是有一部分最终被送往了秦帝国的猎场与苑囿。[125]

迁陵档案表明，国家介入了自然环境的某些重要领域。在官方看来，自然环境中危险与资源并存。有些资源可用于当地，如草可用作饲料或草垫。有些资源具有军事用途，它们被大量获取并经过长途运输，最远可能运抵秦帝国都城。还有一些野生动植物被作为贡品上交到宫廷。这些军事与贡品资源在整个帝国内流通，有时甚至受到精英阶层的称颂。[126] 传世文献中几乎未记载地方对生物资源的开发，但这种开发呈现了一种真正的独创性，因为秦帝国行政管理与国家经济的运作，取决于官吏理解和利用当地植物、动物及野生动植物制品的能力。从秦国最初向长江中游以南扩张之初，其官吏就开始探索新环境，积累地方知识，并为同僚与下属制定和普及关于如何利用此前未知资源的行动指南。

## 结论：帝国的原料

《史记》将秦帝国的建立作为天下一统的胜利。从实行郡县制，到书同文、车同轨，整个帝国都遵循首都制定的标准。[127] 但如前文所述，即使是在理论上可由中央推行的行政制度层面，这些标准的执行也并非一帆风顺。通过法律来规范"帝国的原料"远没有那么现实——这些原料包括维持军队、官营作坊、粮仓及朝廷所需的大量物资。在物质资源方面，秦帝国拥有适应新环境的能力，这涉及探索、记录与学习利用新的植物、动物及矿物，其中一些此前在国家经济中并不重要，还有一些则几乎前所未闻。

这一进程不应被视为完全取决于当地的客观条件。资源远不只是自然事实，而必须首先被界定，这正涉及文化知识与政治经济制度。例如，本章提到了旱地农业适于秦代的农业扩张政策，其前提是由国家管理的刑徒开辟耕地。几个世纪以来，生活在长江中游以南崎岖地带的社群一直在种植水稻与旱地作物，但秦国首要关注的似乎是后者。长远来看，秦帝国在南方的生存与繁荣取决于开发所有重要农业类型的能力，尤其是产量增长潜力很大的水稻农业。但要在新领土上立足，同样重要的是，在既定的经济管理与开采模式下利用最易开发的资源。

长江中游的矿藏自青铜时代早期开始便是当地融入东亚互动网络的主要动力，且保障了曾国、楚国及其他地方政权的青铜业在整个周代的蓬勃发展。但秦人的到来，通过由国家管理的采矿与冶金生产，以及精心设计的制度，如为农民与工匠供应批量生产的铁制工具，在短期内改变了当地经济。里耶的考古发现表明，当地使用的金属自秦代开始有了稳定的增长。笔者将在下一章中论述，秦帝国短暂统治时期内的积极经济实践，是南方边境重新融入汉帝国的背后原因之一。

湖南西部对帝国流通网络的参与不只限于金属领域。秦帝国征服长江中游以南后的几个月或几年内，其行政官员设法使当地融入了整个帝国的军事采购及贡品获取链。随着当地植物、动物及野生动植物制品进入官方的资源地图，当地也融入了帝国的经济秩序。当秦帝国的官吏学习利用当地植物、对付老虎，甚至似乎接受了虎肉可食用的观念时，帝国的行政管理便在当地生根发芽。

## 注释

1　关于战国时代国家对长途贸易路线的控制，参见第2章。东周时代城邑市场与次级精英消费群体的出现促进了"大众奢侈品"（mass luxury）的生产，参见Lothar von Falkenhausen, "The Economic Role of Cities in Eastern Zhou China," *Archaeological Research in Asia* 14（2018）: 161–69。

2　2016年，考古学家报告了湖南省北部益阳市兔子山发现的大量楚国行政文书（参见第1章）。除少数样本外，其余文书在本书写作时仍未公布。

3　关于在三峡地区等产盐地的盐场役使刑徒与流放者，参见《岳麓书院藏秦简》（肆），第66页，简82；《岳麓书院藏秦简》（伍），第43—44页，简13—18。相关的讨论，参见庄晓霞：《秦汉简牍所见"巴县盐"新解及相关问题考述》，《四川文物》2019年第6期，第49—53页。

4　关于在整个秦汉时期广受中华世界精英阶层欢迎的南方"异域"野生动植物制品，其中一例可参见Catrin Kost, "Chasing the Halcyon Light — Human-Kingfisher Relations in Eastern Han-Dynasty China（CE 25-220）and Their Material, Sociocultural and Ecological Articulations," *Environmental Archaeology* 24（2019）: 411-33。汉代诗歌对这些作为帝国普遍影响力之有形代表的特产的称颂，参见Tamara Chin, *Savage Exchange: Han Imperialism, Chinese Literary Style, and the Economic Imagination*（Cambridge, MA, and London: Harvard University Press, 2014）, 69-142。

5　《里耶秦简牍校释》第2卷，第377页，简9-1865。

6　田官的相关事例，可参见如《里耶秦简牍校释》第1卷，第199页，简8-672；

第362页，简9-1566。

7 Pines, *The Book of Lord Shang*, 124-25.

8 蒋礼鸿：《商君书锥指》卷一，北京：中华书局，1986年，第6—19页；英译文参见 Pines, *The Book of Lord Shang*, 123-131。关于本篇年代较早的观点，参见 Pines, *The Book of Lord Shang*, 52-53。

9 《里耶秦简牍校释》第2卷，第49页，简9-40。

10 《里耶秦简牍校释》第1卷，第345—347页，简8-1519；《里耶秦简牍校释》第2卷，第377页，简9-1865。

11 《里耶秦简牍校释》第2卷，第96页，简9-258。

12 根据近期的统计，有关迁陵县机构役使刑徒劳动者的75份记录中，有12份提到了田官，数量仅次于贰春乡。参见 Korolkov, "Empire-Building and Market-Making," 387-89。由田官提交刑徒劳作簿的事例，参见《里耶秦简牍校释》第1卷，第31页，简8-16；第106页，简8-179；第128页，简8-285。

13 《里耶秦简牍校释》第1卷，第196—197页，简8-663；《里耶秦简牍校释》第2卷，第455—463页，简9-2289。

14 《里耶秦简牍校释》第2卷，第342页，简9-1647。

15 《里耶秦简牍校释》第1卷，第217—218页，简8-755+8-756+8-757+8-758+8-759。关于该文书的翻译及讨论，参见 Ma Tsang-wing, "Qin Management of Human Resources in Light of an Administrative Document from Liye, Hunan Province," paper presented at the Creel Lecture Conference, University of Chicago, November 7, 2015。岳麓书院藏秦简中近期公布的一条秦令，命令县官府在收获季节向其郡上级报告刑徒及其他劳动者的短缺情况，然后郡上级不得不分配所需的劳动力。参见《岳麓书院藏秦简》(陆)，第171—174页，简228—235。

16 根据现有文献，迁陵县的所有戍卒都来自洞庭郡以外。参见游逸飞：《里耶秦简所见洞庭郡》，《中国文化研究所学报》第61期，2015年，第29—67页。他们大多主要参与农作等劳动而非军事任务。

17 迁陵档案所记载的最大的居赀赎债群体，由颖川郡（今河南省中部）或关中郡的常住居民组成。参见《里耶秦简牍校释》第2卷，第1—19页，简9-1—

9-12。关于他们来源地的讨论,参见马怡:《秦简所见赀钱与赎钱——以里耶秦简"阳陵卒"文书为中心》,武汉大学简帛研究中心主办:《简帛》第8辑,上海:上海古籍出版社,2013年,第195—213页。

18 《里耶秦简牍校释》第2卷,第33—35页,简9-22。

19 《里耶秦简牍校释》第1卷,第136—137页,简8-355;《里耶秦简牍校释》第2卷,第356—357页,简9-1754。

20 关于今天中国旱地农田与水稻农田分布的地图,参见Talhelm and Oishi, "How Rice Farming Shaped Culture in Southern China," 73。

21 Jade d'Alpoim Guedes, "Millets, Rice, Social Complexity, and the Spread of Agriculture to the Chengdu Plain and Southwest China," *Rice* 4 (2011): 104-13。

22 Hiroo Nasu, "Land-Use Change for Rice and Foxtail Millet Cultivation in the Chengtoushan Site, Central China, Reconstructed from Weed Seed Assemblages," *Archaeological and Anthropological Sciences* 4.1 (2012): 1-14。关于大溪文化时期聚落向新地势的延伸,参见Pei, *A Study of Prehistoric Settlement Patterns*, 98-99。

23 D'Alpoim Guedes, "Millets, Rice, Social Complexity," 104-13; Jade d'Alpoim Guedes, Ming Jiang, Kunyu He, Xiaohong Wu, and Zhanghua Jiang, "Site of Baodun Yields Earliest Evidence for the Spread of Rice and Foxtail Millet Agriculture to South-West China," *Antiquity* 87 (2013): 758-71。

24 Flad and Chen, *Ancient Central China*, 193-95。

25 D'Alpoim Guedes, "Millets, Rice, Social Complexity," 109。以下表格基于刘兴林:《先秦两汉农业与乡村聚落的考古学研究》,北京:文物出版社,2017年,第187—194页。刘兴林提供了中国各地的数据,笔者从中选取了关于四川盆地与长江中游地区(今四川、湖北、湖南与江西省)的条目。

26 本表格列出了所有已知的从各遗址中复原的每种作物在所有谷物中所占的比例。由于刘兴林的表格并不包含这些信息,表6.1第二列提供了包含这些数据及可以进一步参考的资料。

27 陈雪香等:《江西新干牛城2006~2008年度浮选植物遗存初步分析》,第100—108页。

28 闫雪、郭富、王育茜、郭晓蓉:《四川阆中市郑家坝遗址浮选结果及分析——兼谈四川地区先秦时期炭化植物遗存》,《四川文物》2013年第4期,第74—85页。

29 刘兴林认为,虽然有些旱地作物从外地输入,但当地也种植着旱地作物,参见刘兴林:《先秦两汉农业与乡村聚落的考古学研究》,第194—195页。

30 《睡虎地秦墓竹简》,第29页,简38—39; Hulsewé, Remnants, 41。术语"禾"可指代谷物的穗,也可更普遍地指代所有谷物,可参见如《睡虎地秦墓竹简》,第25—27页,简21—27; Hulsewé, Remnants, 34-38;《二年律令与奏谳书》,第176—177页,简216; Barbieri-Low and Yates, Law, State, and Society, vol. 2, 652-53。

31 Hulsewé, Remnants, 41.

32 刘兴林:《先秦两汉农业与乡村聚落的考古学研究》,第196—198页。渭河流域在新石器时代晚期就种植小麦,且其重要性在青铜时代继续上升。近年来的讨论,可参见Brian Lander, "Environmental Change and the Rise of the Qin Empire: A Political Ecology of Ancient North China," Ph.D. dissertation, Columbia University, 2015, 139-43。

33 《睡虎地秦墓竹简》,第29—30页,简41—43; Hulsewé, Remnants, 42-43。

34 Hulsewé, Remnants, 35, n. 1。粟在战国至秦汉的传世文献中通常泛指谷物,参见焦循:《孟子正义》卷一,北京:中华书局,1987年,第15页。

35 这组算题的设计目的可能是要教导仓的官吏更高效地管理贮藏空间。相关的讨论,参见萧灿:《岳麓书院藏秦简〈数〉研究》,北京:中国社会科学出版社,2015年,第141—143页。

36 萧灿:《岳麓书院藏秦简〈数〉研究》,第72—73页,简780、981、760。

37 萧灿:《岳麓书院藏秦简〈数〉研究》,第69页,简974。

38 萧灿:《岳麓书院藏秦简〈数〉研究》,第72页,简776。古克礼(Christopher Cullen)在研究张家山247号西汉早期墓葬出土的算数书时,得出了相似的结论:"粟指处于未加工状态的谷物,其以脱粒的方式被从穗上取下,仍带有外皮(或外壳)。但我们或许会注意到,在中国西汉时代,粟在一个孤例中所指的谷物很可能是狐尾粟。"参见Christopher Cullen, The Suàn shù shu "Writings

on Reckoning": A Translation of a Chinese Mathematical Collection of the Second Century BC, with Explanatory Commentary（Cambridge：Needham Research Institute，2004），30。

39 《里耶秦简牍校释》第1卷，第238页，简8-860，校释［1］；第315—316页，简8-1361。

40 可参见如《里耶秦简牍校释》第2卷，第503页，简9-2543；第547页，简9-3079。关于后一份文书的校读，参见里耶秦简牍校释小组：《〈里耶秦简（贰）〉校读（三）》，简帛网，武汉大学，http://www.bsm.org.cn/show_article.php?id=3127，2020/11/29访问。

41 《里耶秦简牍校释》第2卷，第150—151页，简9-533+9-886+9-1972。

42 《里耶秦简牍校释》第2卷，第245—246页，简9-1039+9-2160。

43 《里耶秦简牍校释》第2卷，第274页，简9-1185。汉代是在十月基于上一周期内对实际市场价格的观察而决定"市平价"，参见Barbieri-Low and Yates, *Law, State, and Society*, vol. 2, 474, n. 2。这在秦帝国可能已得到实践，迁陵档案中另一份关于"市平价"的报告可作为佐证。参见《里耶秦简牍校释》第2卷，第253—254页，简9-1113+9-1090+9-1088。

44 《里耶秦简牍校释》第2卷，第253—254页，简9-1113+9-1090+9-1088。

45 《睡虎地秦墓竹简》，第28页，简34；Hulsewé, *Remnants*, 40。

46 Dorian Fuller and Mike Rowlands, "Ingestion and Food Technologies: Maintaining Differences over the Long-Term in West, South and East Asia," in Wilkinson et al., eds., *Interweaving Worlds*, 37-60.

47 一则可能是私人的简短消息或许体现了这一点，其请求提供装在卮中的秫，参见《里耶秦简牍校释》第1卷，第111—112页，简8-200+8-296。西汉初期曾利用糯米生产药酒，参见Donald Harper, transl. and comm., *Early Chinese Medical Literature: The Mawangdui Medical Manuscripts*（London and New York：Kegan Paul International，1997），329（III.4），351（III.74）。

48 《里耶秦简牍校释》第2卷，第72—73页，简9-128+9-204；第205页，简9-785+9-1259。

49 《里耶秦简牍校释》第2卷，第155—156页，简9-563。

50 《里耶秦简牍校释》第2卷，第360—361页，简9-1781+9-2298。另外两枚可确定为刑徒劳作簿的残简，及为芋除草的记录残简，参见《里耶秦简牍校释》第1卷，第142—143页，简8-395；第401页，简8-1861。

51 《史记》卷七，第305页。

52 可参见如黄浩波：《〈里耶秦简（壹）〉所见禀食记录》，武汉大学简帛研究中心主办：《简帛》第11辑，上海：上海古籍出版社，2015年，第117—139页；[日]宫宅潔：「征服から占領統治へ」，51—85頁。

53 关于禀食记录公文格式的讨论，参见[日]宫宅潔：「征服から占領統治へ」，55—67頁。

54 《里耶秦简牍校释》第1卷，第219页，简8-763；第356页，简8-1550。

55 关于运往迁陵的粮食，参见《里耶秦简博物馆藏秦简》，第60页，简12-1516；《里耶秦简牍校释》第1卷，第369页，简8-1618。

56 关于数据的细节，请查阅附录2。

57 关于廥舍的讨论，参见杨先云：《秦简所见"廥"及"廥舍"初探》，简帛网，武汉大学，http://www.bsm.org.cn/show_article.php?id=3102，2020/11/29访问。

58 出土于马王堆（今湖南省长沙市附近）一座汉代贵族墓葬中的医书，记载了很多以粟和米为原料的粥的配方，这表明这种医疗形式盛行于西汉初年。其中一些粥是由谷物或谷物与豆类混合熬制而成。参见 Harper, *Early Chinese Medical Literature*, 240 (I.E.50), 256 (I.E.105), 257 (I.E.113), 284 (I.E.194)。

59 关于数据的细节，请查阅附录2。

60 关于维持水稻耕种基础设施所必需的大量劳动力，参见 Joseph Needham and Francesca Bray, *Science and Civilisation in China, Vol. 6: Biology and Biological Technology*, Part II: *Agriculture* (Cambridge: Cambridge University Press, 1984), 499-501。

61 朱翔主编：《湖南地理》，第37—38页。

62 《睡虎地秦墓竹简》，第23—24页，简15；第40—41页，简86—88。关于战国时代冶铁在东亚传播的文献证据与考古证据，尤其是在秦楚两国传播的证据，参见 Joseph Needham and Donald Wagner, *Science and Civilisation*

in China, Vol. 5: Chemistry and Chemical Technology, Part 11: Ferrous Metallurgy (New York: Cambridge University Press, 2008), 115-70; 以及 Wengcheong Lam, "Iron Technology and Its Regional Development During the Eastern Zhou Period," in Elizabeth Childs-Johnson, ed., The Oxford Handbook of Early China (New York: Oxford University Press, 2020), 595-614。

63 关于官营矿场，参见《睡虎地秦墓竹简》，第84—85页，简21—23。亦可参见 A. F. P. Hulsewé, "The Influence of the 'Legalist' Government of Qin on the Economy as Reflected in the Texts Discovered in Yunmeng County," in S.R. Schram, ed., Foundations and Limits of State Power in China (Hong Kong: Chinese University Press, 1987), 211-35。

64 《里耶秦简牍校释》第1卷，第152—153页，简8-454。

65 《里耶秦简牍校释》第2卷，第186—189页，简9-713;《里耶秦简博物馆藏秦简》，第56页，简10-1170。

66 一些学者认为，汉武帝作为盐铁专卖的创立者，可能是"遵循秦的先例设立了这些机构"，参见Barbieri-Low and Yates, Law, State, and Society, vol. 2, 647, n. 12。但由于缺乏与秦帝国铁官相关的证据，无法得出有关秦与西汉铁官之间关系的任何定论。

67 《里耶秦简牍校释》第2卷，第269页，简9-1146+9-1684。

68 库的官吏向个别工匠发放青铜，可参见如《里耶秦简牍校释》第2卷，第65页，简9-89+9-739；第146页，简9-506+9-2332；第437页，简9-2232。关于秦汉帝国政府管理的作坊中生产线与质量控制的分析，参见Anthony Barbieri-Low, Artisans in Early Imperial China (Seattle and London: University of Washington Press, 2007), 6-16, 76-83。

69 参见Barbieri-Low, Artisans, 227-45。

70 《里耶秦简博物馆藏秦简》，第57页，简12-3；第58页，简12-447。

71 有观点认为这两份文书中提到的劳动者是刑徒，参见里耶秦简牍校释小组：《新见里耶秦简牍资料选校》（三），2020/11/30访问。

72 《里耶秦简博物馆藏秦简》，第65页，简14-469。

73 湖北省荆州市周梁玉桥遗址博物馆编：《关沮秦汉墓简牍》，北京：中华书局，

2001年，第94页，简16—30。
74 《里耶秦简牍校释》第1卷，第447—448页，简8-2226+8-2227。
75 《二年律令与奏谳书》，第256—257页，简436—438；Barbieri-Low and Yates, *Law, State, and Society*, vol. 2, 926-29.
76 《史记》卷一二九，第3277—3279页。
77 《里耶发掘报告》，第350—351页。
78 同上，第170—179页。
79 里耶发掘报告记述了麦茶墓群的236座墓葬与清水坪墓地的255座墓葬，参见《里耶发掘报告》，第240、374页。
80 同上，第525—528页。
81 Needham and Wagner, *Science and Civilisation in China*, Vol. 5: *Chemistry and Chemical Technology*, Part 11: *Ferrous Metallurgy*, 122-28.
82 长沙铁路车站建设工程文物发掘队：《长沙新发现春秋晚期的钢剑和铁器》，《文物》1978年第10期，第44—48页。
83 高至喜：《楚文化的南渐》，武汉：湖北教育出版社，1996年第279—284页；杨权喜：《楚文化》，第173—178页；高至喜：《湖南楚墓与楚文化》，第267—275页。
84 Lam, "Iron Technology and Its Regional Development, 606-7.
85 关于楚人在长江以北的楚国都城陷落后向长沙地区的移民，以及长沙地区在公元前3世纪的经济繁荣，参见Alain Thote, "Lacquer Craftsmanship in the Qin and Chu Kingdoms: Two Contrasting Traditions (Late 4$^{th}$ to Late 3$^{rd}$ Century BC)," *Journal of East Asian Archaeology* 5.1-4 (2006): 337-74。
86 高至喜：《湖南楚墓与楚文化》，第277页。
87 关于秦征服后湖南西部冶铁传播的讨论，参见白云翔：《从里耶古城论秦汉物质文化的统一性与地域性》，中国社会科学院考古研究所等编：《里耶古城・秦简与秦文化研究：中国里耶古城・秦简与秦文化国际学术研讨会论文集》，北京：科学出版社，2009年，第48—59页。
88 可参见如杨权喜：《楚文化》，第147—173页；以及Falkenhausen, "Social Ranking in Chu Tombs," 439-526。

89 《里耶发掘报告》，第342—350页。

90 同上，第479—511页。

91 关于清水坪墓地的墓葬型式，参见《里耶发掘报告》，第386—430页。

92 同上，第162—170页。

93 《里耶秦简牍校释》第2卷，第374—375页，简9-1861。

94 藋也称萝藦，在西方语言中以其日文名「ががいも」(*Metaplexis japonica*) 而闻名，是一种落叶缠绕的藤本植物，有一年生的茎与多年生的根，原产于中国和日本的山区。参见 Fèvre and Métailié, *Dictionnaire Ricci*, 292。

95 菅茅（Themeda gigantea［Cav.］Hack）是草科植物的一个属，原产于东南亚、非洲、澳大利亚及美拉尼西亚。关于其鉴别，参见 Fèvre and Métailié, *Dictionnaire Ricci*, 228。

96 秦律很注重干草与稻草的收集与储存；参见《睡虎地秦墓竹简》，第21页，简8—9；《岳麓书院藏秦简》(肆)，第103页，简106—108。关于将这些物资用于军事补给、运输、建造及储存的讨论，参见朱德贵、刘威威：《秦汉简牍中的〈田律〉及其立法宗旨》，中国文化遗产研究院编：《出土文献研究》第15辑，上海：中西书局，2016年，第180—216页。

97 关于迁陵县的畜牧场，可参见如《里耶秦简牍校释》第1卷，第249页，简8-919；《里耶秦简牍校释》第2卷，第263页，简9-1118；第344页，简9-1657。其他文书则提供了迁陵县养马、牛与羊的证据，但这些动物的数量尚不明确。参见《里耶秦简牍校释》第1卷，第164—165页，简8-481；第168页，简8-490+8-501。一些在迁陵县工作的刑徒被分配了放牧牛羊的任务，参见《里耶秦简牍校释》第2卷，第389—390页，简8-199+8-688+8-1017+9-1895。

98 关于刑徒对羽毛的收集，可参见如《里耶秦简牍校释》第1卷，第82—83页，简8-142；第84—89页，简8-145；第199—200页，简8-673+8-2002；第272—273页，简8-1069+8-1434+8-1520；《里耶秦简牍校释》第2卷，第455—463页，简9-2289；第476页，简9-2341；第492页，简9-2453。

99 迁陵档案大量记载了雉鸡羽毛，其中一些特别提到箭的制造。可参见如《里耶秦简牍校释》第1卷，第332页，简8-1457+8-1458；《里耶秦简牍校释》第

2卷，第195页，简9-738+9-1981；第297页，简9-1380。

100 关于羽赋，参见《里耶秦简牍校释》第1卷，第384页，简8-1735；《里耶秦简牍校释》第2卷，第369-370页，简8-673+8-2002+9-1848+9-1897。关于地方政府机构在市场中采购羽毛，参见《里耶秦简牍校释》第1卷，第387页，简8-1755；《里耶秦简牍校释》第2卷，第292页，简9-1339；第476页，简9-2342。

101 近年来对里耶秦简中弩的讨论，参见罗小华：《里耶秦简中的弩》，简帛网，武汉大学，http://www.bsm.org.cn/show_article.php?id=3153，2020/11/30访问。

102 《里耶秦简牍校释》第2卷，第71页，简9-124；《里耶秦简牍校释》第1卷，第154页，简8-458。

103 《里耶秦简牍校释》第1卷，第332页，简8-1457+8-1458。有学者认为，简8-1260（《里耶秦简牍校释》第1卷，第301—302页）也应缀合至这份文书，参见杨小亮：《里耶"翰羽"简缀合一例》，简帛网，武汉大学，http://www.bsm.org.cn/show_article.php?id=1730，2020/11/30访问。

104 数字"七三"前是"百"字，但"百"前的字残缺，因此尚不清楚迁陵县制造了几百支这样的箭。

105 "四百"后的字无法辨认。

106 鲁家亮：《岳麓书院藏秦简〈亡律〉零拾之一》，简帛网，武汉大学，http://www.bsm.org.cn/show_article.php?id=2505，2020/11/30访问。

107 关于羽毛的运输，参见《里耶秦简牍校释》第1卷，第58页，简8-82+8-129；《里耶秦简牍校释》第2卷，第154页，简9-547；秦帝国的一则诏书（旨）也与羽毛运输有关，参见《里耶秦简牍校释》第1卷，第373页，简8-1648。

108 《里耶秦简牍校释》第2卷，第239页，简9-992。

109 许多属于战国至秦汉时期的文献，提供了朝贡体系的详细地理轮廓。可参见如《尚书正义·禹贡》卷六，第132—171页。

110 有关战国至秦汉时期朝贡体系的文学表述，相关的讨论参见Lewis, *The Construction of Space in Early China*（Albany：State University of New York Press，2006），234-43。

111 《里耶秦简牍校释》第2卷，第79页，简9-165+9-473；第271页，简9-1162。

112 同上，第79页，简9-165+9-473。

113 木牍正面最后一个字"仓"（"粮仓""仓官"）未见于第二卷里耶秦简，含义不完全明晰。或许贰春乡当局也要求将其回复告知仓官，或者献官以某种形式隶属于仓官，除此之外的其他可能性还包括：(1)抄手重新使用了曾为仓官所用的木牍，且没有削除该字；(2)"仓"是人名（叶山［Robin D. S. Yates］，私人通信）。

114 《里耶秦简牍校释》第2卷，第62页，简9-77。

115 《里耶秦简牍校释》第1卷，第222页，简8-769。

116 关于干鱼，参见《里耶秦简牍校释》第1卷，第263页，简8-1022；第380页，简8-1705；《里耶秦简牍校释》第2卷，第413页，简9-2066。关于鸟，参见《里耶秦简牍校释》第1卷，第359—361页，简8-1562。关于冬瓜，参见《里耶秦简牍校释》第1卷，第263页，简8-1022。关于枳椇，参见《里耶秦简牍校释》第1卷，第237页，简8-855；《里耶秦简牍校释》第2卷，第190页，简9-718；第217页，简9-869。

117 随着中华国家及其农业人口向南方扩张，大型哺乳动物也遭到猎杀，可参见如Robert Marks, *China: Its Environment and History*（Lanham: Rowman and Littlefield, 2012）, 150。

118 《里耶秦简牍校释》第2卷，第240页，简9-1005。

119 《里耶秦简牍校释》第1卷，第103页，简8-170。庄小霞曾研究过这枚文书残简，并复原了其中一些缺失的部分；参见庄小霞：《里耶秦简所见秦"得虎复除"制度考释——兼说中古时期湖南地区的虎患》，中国文化遗产研究院编：《出土文献研究》第17辑，上海：中西书局，2018年，第115—128页。

120 关于秦汉帝国免除劳役的讨论，参见马怡：《徭役》，林甘泉主编：《中国经济通史·秦汉经济卷》，北京：经济日报出版社，1999年，第701—713页。

121 《里耶秦简牍校释》第2卷，第57页，简9-56+9-1209+9-1245+9-1928+9-1973；第84页，简9-186+9-1215+9-1295+9-1999。

122 《后汉书》卷八六，第2842页。
123 《里耶秦简牍校释》第1卷，第113页，简8-207；第358—359页，简8-1559。
124 《里耶秦简牍校释》第2卷，第313页，简9-1453。
125 关于古代中国动物的娱乐用途，参见Roel Sterckx, "Animals, Gaming and Entertainment in Traditional China," in Vivienne Lo, ed., *Perfect Bodies: Sports, Medicine and Immortality* (London: British Museum Research Publications, 2012), 1-9。
126 在西汉时代，赋这种文学体裁被用来称颂大量稀有物产，包括朝廷中积聚的具有异域风情的神奇动植物，它们象征着帝国领土的无所不包。参见Lewis, *Writing and Authority in Early China*, 317-25; Wu Fusheng, "Hen Epideictic Rhapsody: A Product and Critique of Imperial Patronage," *Monumenta Serica* 55 (2007): 23-59; 以及Tamara Chin, *Savage Exchange*, 69-109。
127 《史记》卷六，第239页。

## 第7章

## 秦以后的南方边境

公元前4世纪中叶以后,秦国的军事优势成为东亚大陆上的关键历史要素。公元前330年后,战国时代东方六国为了合纵抗秦,做了大量尝试,最终都是徒劳。秦国分别在公元前280年至公元前278年和公元前260年,对南方宿敌楚国与北方宿敌赵国发动了具有决定性意义的进攻,战国时人看到了不祥之兆:秦国这一西北强国企图最终消灭衰弱的对手。秦代思想家及此后数代力求理解秦帝国命运的政治思想家,虽然可能也批判了秦始皇的政策,尤其是秦二世的政策,但秦国在公元前221年的胜利,仍被他们视作对秦国君主们——数十年来为至高国家理想不懈奉献——当之无愧的奖赏。[1]

更引人注目的是,秦国的崛起之路历时百年之久与秦帝国鼎盛时的昙花一现,形成了鲜明的对比。秦始皇称秦帝国将"至于万世,传之无穷",[2] 但其仅过十年就土崩瓦解,因此同一代人既参与了秦统一的战争,也参与了秦汉政权更替之战。秦朝虽未能"至于万世，传之无穷"，但持续启发着一代又一代的修辞学家、伦理学家、政治分析家及近年来研究其崩溃的学者。[3]

秦汉时人意识到了秦代制度对此后的汉帝国产生的巨大影响，其中一些人以中性词汇来描述秦，另一些人则批判秦是道德与政治败坏的根源。[4]对秦汉帝国制度之间基本延续性的观点在南朝时被提炼为"汉承秦制"，今天的学者仍在使用，在中国尤其如此。[5]

秦帝国对形塑中华帝国领土的主要贡献或许在于它的南扩，这深远地影响了东亚南部当地的社会，它们首次面临拥有更多物资与人力且高度组织化的对手所带来的直接军事威胁。秦帝国从未在南方建立起清晰的边界——与其他古代帝国一样，这类限定领土与势力的想法对统治者而言可能都是异端[6]——而是通过有条不紊地将边疆整合进帝国的结构，以重新组织持续扩张。帝国控制的湖南西部迁陵县等飞地，使帝国在战略要地立稳根基，并可通过这些地区逐渐将其经济、文化与政治网络拓展至周边腹地。但这种独特的边疆社会，本质上并不稳定，其特征在于非自由劳动力与强制移民的普遍存在，政府对组织移民的干预，以及人力与物质资源在区域分布上的骤然起伏。

本章讨论的是关于第一次尝试将东亚南部融入中华帝国网络的后果。每一节都将涉及秦帝国遗产的继承、适应与蜕变。

第一节概述了帝国势力暂时收缩的结果。秦帝国的覆灭造成了群雄逐鹿的复杂政治格局，这些地方势力都建立在秦帝国留下的机构及其连通之上。统治帝国的权力中枢虽然土崩瓦解，但共享秦帝国统治方式、积贮之法和行政管理标准化制度的帝国空间，非但没有瓦解，反而得以幸存；它与贵重商品和战略物资的长途流通网络，以及以通用货币为基础的商业和财政流通渠道，一起被继承下来。

第二节追溯了这一持久的连通性如何影响了东亚地区在公元前2世纪下半叶的重新统一，当时汉帝国吞并了整个区域内的大多数政权。其关键动力之一是中华国家在长江以南的第二轮扩张，这是沿着秦军曾经行进的路线展开的。

第三节探讨了汉帝国征服之后，帝国网络在东亚南部的地理构造、历史动态及新的性质。笔者认为，东亚南部各地的自治政权或独立政权曾持续数十年乃至一百年，这塑造了汉朝的南方政策，有助于国家空间的巩固与扩张，且促进了帝国控制下的连续领土带在南方边境的形成。这种增强了的帝国组织强化了秦的扩张所引发的社会经济与文化互动：人口迁徙，冶铁的传播，货币化与城市化，以及在精英与次级精英间出现的共同消费标准、生活方式和信仰。

最后一节概述了中华国家势力在南方起伏的长期模式，这取决于当地社群对帝国网络的参与及退出。此前的研究表明，帝国南方中心地区的繁荣所必需的经济与政治军事联结，也强化了与帝国网络竞争的互动网络，这些网络能够通过暂时或永久地使整个区域脱离帝国而削弱帝国。从这一讨论出发，本书最后一章将基于网络视角详尽阐述古代东亚帝国的历史轨迹。

## 秦崩之后：公元前2世纪初的东亚政治空间

东亚政治圈在公元前210年是集中且统一的：领土行政被划分

为48个郡（确切数字仍有争议），各郡进一步划分为县；统一的官方通信链将地方的详细情况报告给咸阳的秦帝国政府，秦帝国政府则对行政命令、财政分配、修订的法律规定，以及地方官吏的任命、提拔或免职作出回应；数十万劳动力与士兵则遵照皇帝的意愿在帝国内奔走。公元前207年，咸阳被叛军焚毁，成为一片废墟，为首者正是那些负责将帝国势力拓展至疆界内外的服役者。在秦最后一位君主暴死后，一场毁灭性的楚汉争霸战争蹂躏了东亚地区六年之久，刘邦最终胜出。新宣告成立的汉朝政府仅有效控制了秦领土的西部。而拥有最肥沃耕地、最大型城市与最密集商业网络的东部与东南部，却被分配给了支持刘邦（前206—前202年作为汉王在位，前202—前195年作为汉朝皇帝在位）的开国功臣（参见图7.1）。至公元前195年刘邦驾崩为止，这些功臣大多被剪除，随后各地诸侯王被分封给刘姓宗亲，然而事实很快就证明，同姓诸侯带来的棘手问题与其反叛行为并不逊于此前的功臣。[7] 中国史学传统将这种混合体制称为"郡国制"，这在此后被视为汉帝国区别于秦代中央集权体制的特征。[8] 这两种体制在数千年的中国帝制历史中，都作为可供选择的政治模式反复重现。

虽然史学研究强调西汉早期帝国模式的独特性，但秦汉帝国的领土构成体现出了显著的延续性。包括都城地区在内的15个郡在西汉初年仍由中央管理，包括公元前230年之前由秦国控制的领土，即所谓故地（参见图4.1）。[9] 汉朝诸侯王国则设立在秦的统治从未稳固的"新地"之上，当地资源与多数人口仍不受汉帝国政府控制，这在很大程度上与公元前230年至公元前221年间秦国最后一轮征服前的战国政治形势相符。汉帝国共设有57个郡，而诸

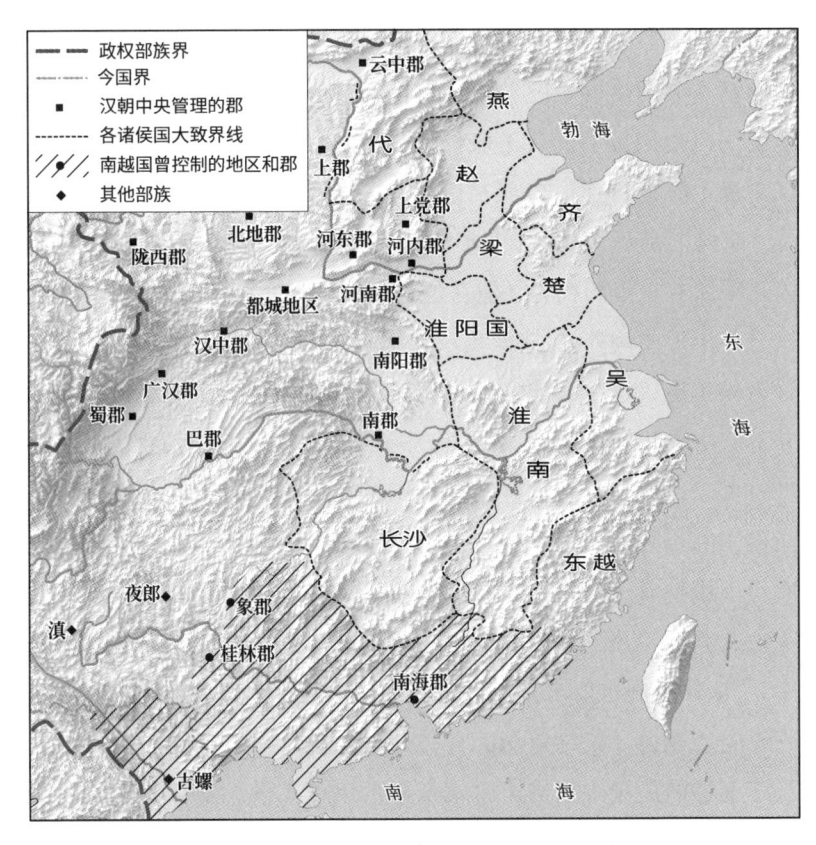

图7.1 西汉帝国及其南方邻国，约公元前195年

侯王国控制了42个，据估算其人口数量远超帝国总人口的60%。[10] 汉高祖刘邦实际上意识到了汉帝国政府没有能力有效管理故秦帝国的东部与南部地区，并选择暂时退出作为最佳的解决方式。

虽然大多数诸侯国在公元前195年后被分封给刘姓宗室，但中央与地方势力的关系充满了相互猜忌，并不时地爆发军事对抗。西汉早期法律与案例提到了汉朝"守城亭障"者对"诸侯人来攻盗"的防御，这些诸侯王的间谍潜入汉朝领地，以诱使汉朝臣民叛逃至东方的诸侯王国。[11] 公元前181年，几个诸侯王国的联军甚至设法以他们推举的代王取代了少帝，代王更为人所知的称号即汉文帝（前181—前157年在位）。[12]

诸侯王在西汉最初十五年间享有广泛的自治权，包括任命领地内几乎所有官吏的权力，但官位最高的丞相是由汉帝国朝廷指定，这是一个重要例外。[13] 张家山汉简《奏谳书》中的疑案没有一个来自诸侯王国，这一事实表明，诸侯王对其百姓行使司法权威，而并不对中央政府负责。[14] 诸侯王国有自己的军队，其人数在全面动员时可以数十万计。这些军队原则上只能由汉帝国授权部署，但诸侯王在与中央对抗的过程中能够独立召集大军。[15] 诸侯王国政府为了维持其王宫、行政机构与军队，在领地内征收土地税、人头税及其他费用，而仅将其中一小部分所谓"献费"上交中央国库。[16] 诸侯王国也要求其臣民服劳役，这是税粮的运输、建筑与基础设施的建设及修缮等国家任务所必需的。[17] 最后同样重要的是，长江下游的吴国等拥有丰富铜资源的诸侯王国，发行了流通范围远超本国边界的钱币，这些钱币还被用于针对汉帝国中央的颠覆活动。[18]

但与之相悖的是，诸侯王国的自治有效促进了西汉帝国早期的经济与制度整合。吴王刘濞虽然密谋推翻在位的汉景帝而自行称帝，但铸造钱币时仍以汉帝国的四铢半两钱为标准，而并未恢复南方（楚）的钱币传统。[19] 昌邑县（位于今山东省）在1982年出土了数十万枚西汉早期钱币，当地曾是诸侯王国齐国的领土，但这些钱币并未仿制先秦时期当地的刀币，而均为汉朝的四铢半两钱。[20] 狮子山楚王陵（位于今江苏省）出土的钱币，或许属于公元前154年前后，[21] 拥有早期西汉帝国钱币的一系列完整特征，而未见战国时代楚国独特钱币制度的痕迹。[22] 即使是岭南地区的南越国，其统治者自称与汉朝皇帝平起平坐，所使用的可能也是汉朝的青铜钱币。大部分钱币出土自墓葬，[23] 但今广州南越国宫署遗址也发现了161枚半两钱，大都属于汉文帝统治时期，以及140枚公元前118年在汉武帝统治下首次铸造的五铢钱，这表明钱币不仅被用作陪葬品，也具有货币用途。[24] 秦帝国曾艰难地在其新征服的东方领土上推行统一的币制（参见第5章），而到了公元前2世纪最初数十年间，汉帝国的货币一劳永逸地取代了多种多样的战国货币。

行政、财政与军事组织等其他国家治理的重要手段同样如此。诸侯王国的王宫、政府机构及领土行政均效仿了汉帝国，而汉帝国本身就延续了秦制。[25] 尽管汉朝领土外的各诸侯国财政很少为人所知，但现有的文献记载表明，诸侯王国也设置了盐官与铁官等重要机构，其中铁官几乎占据了整个汉帝国铁官的半数。[26] 汉帝国中央与诸侯王国都征收"山川园池市肆租税"，这些收入在秦汉帝国内被认为属于各领地的统治者。[27] 虎溪山汉简所见长沙国下属的沅陵侯国当局制作的《计簿》，记载了西汉初年作为财政改革而推行的算赋，[28] 其税率与公元前2世纪中叶前后长江中游以北的汉郡大致相同。[29]

西汉早期楚国出土的印章与印记，也证明该国广泛采用了源于秦代的汉式军事官僚制度。[30] 当地军事制度的这种彻底中断尤为引人注目，因为在战国末年该地是楚国的腹地，而楚国是战国时最强大的国家之一，拥有与秦国截然不同的高度发达的军事传统。[31]

公元前208年以后，秦帝国在长江以南分崩离析，多国并存的政治秩序由此出现，其中有正式效忠于汉帝国的诸侯王国，也有建基于秦帝国遗产与本地政治传统之上的实际独立的政权。随着迁陵县城在短暂的动乱后被摧毁，长江中游以南及南岭山脉以北的河川流域，落入了当地叛军首领吴芮（卒于公元前202年）的控制之下，他曾在秦统治下担任县令。吴芮可能拥有当地背景，《汉书》记载吴芮曾"率百越佐诸侯"，这些诸侯是反抗秦国的。[32] 吴芮作为刘邦同盟的重要成员，被正式赏赐了长沙国的广阔领土，这包括整个湖南与岭南地区的5个郡。[33] 但吴芮及其后继者均未能设法将势力延伸至岭南，岭南则成了与长沙国及汉帝国敌对的独立政权南越国的基地。[34]

南越国以其宫署及第二任君主赵眜（前137—前124年在位）之墓的考古发现而闻名。它不属于汉朝的政治体系，甚至公开挑战汉朝皇帝在东亚地区的权威。与长沙国的吴芮相似，南越国的开国君主赵佗（前203—前137年在位）最初担任秦军将领，之后担任岭南地区的行政官员，并在公元前208年至公元前203年间的动荡时期割据自立。[35] 赵佗的南越国与吴芮的长沙国相似，是汉人与当地越人的混合政权，而越人的占比明显高于长沙国。赵佗坐镇于南越国都城番禺（位于今广东省广州市），巩固了对岭南地区三个秦郡的控制，还可能巩固了对越南北部地区的控制。[36]

番禺地区大量的北方中原式墓葬，宫署遗迹出土的有字木简，以及种类繁多的陪葬品，它们输入自北方或受到中原物质文化影响，都表明南越国中心地区存在大量的中华世界移民，还采用了源于秦代的行政与司法制度，以及南越王对汉文化的痴迷。[37] 同时，

## 第7章 秦以后的南方边境

汉代史学家记述了赵佗以越人身份为傲的轶事,[38]当代考古学家则注意到,赵佗之孙赵眜的随葬品中使用了当地东山文化的王室符号。[39]墓葬证据表明,越人向番禺地区移民,可能是对南越国提供的政治与经济机遇的回应,南越国试图通过使当地精英进入统治联盟来拉拢他们。而这种移民,可能是中原与本地元素的混合墓葬文化形成的原因之一。[40]与长沙国一样,南越国都城地区在西汉初年经历了高速的人口增长与经济扩张,[41]铁器使用的增加至少是其中一部分原因。从汉帝国购买的铁器对南越国非常重要,以至于当汉朝试图禁止跨越南岭山脉的铁器贸易时,南越王发动了战争。[42]

传世文献记载,南越国的统治根基于秦朝,且与汉帝国有外交往来及军事冲突,因此作为主要的越人势力脱颖而出。据《史记》记载,南越国在势力达到巅峰时曾征服或控制了其他的越人政权,如位于今福建省的闽越及位于越南北部的瓯骆(越南语:Âu Lạc)。[43]在缺乏当地文献的情况下,考古学至今仍未能确切证明南越曾控制过红河三角洲——据称是瓯骆中心。[44]

对古螺(位于今越南的河内市)的发掘使建造于公元前4世纪末至3世纪间的巨大城墙重见天日。夯土技术及屋顶瓦片的使用被视为对汉式建筑的模仿。[45]整个城墙建造工程可能是为应对中华帝国扩张。北方的威胁日益增强,这刺激了能够大规模集中管理劳动力的当地政权的兴起,也促进了所需物质资源的积累、储存与分配,以及武器的大量制造。[46]古螺兴起于沿海越人世界与中国西南高原的交汇处,是以所谓铜鼓文化为代表互动空间的主要人口中心与重要节点,而铜鼓文化沿南海边缘传播到了云贵高原。[47]汉帝国在公元前2世纪下半叶开始向南进发后，古螺农业人口的集中及其在长途连通网络中的核心位置，成为决定该地命运的两大因素。[48]

对于秦帝国覆灭后东亚政治空间的简短考察，以西南高原作结。西南高原与岭南相似，与洞庭湖南部支流沿岸的长江中游地区以及四川盆地有着长期联系。[49] 当地可能在公元前3世纪10年代中期遭到了秦的进攻，但规模远小于秦对岭南的进攻。在公元前3世纪至公元前2世纪间，当地与新兴的中华帝国间加强了互动，为以下变化开辟了道路：技术的革新（尤其是在青铜冶炼领域，如失蜡铸造法与镀金的引入），新工具及武器的采用（如弩、铁剑与复合金属剑），好战的精英阶层（受益于金属、马匹与奴隶的长途贸易）对所掌握社会权力的巩固，以及政治整合——表现为被卫星社群包围的中央聚落的出现。[50] 由西南高原政权形成的网络联盟不仅强化了当地的经济、外交与军事联结，也可能使该地区向外部势力开放，这些外部势力能够运用交通路线，利用当地领导者之间的摩擦，并在既有中心地点的基础上规划地区和地方的行政管理机构。

在继续考察东亚南部区域内及区域间增强的连通性与文化政治混合对汉帝国扩张的影响之前，需要先考察一下秦在"新地"（包括长江以南的土地）的短暂存在，是为何以及如何在长时期内播下了政治、文化及经济整合的种子。

秦帝国灭亡后，多国并存的地缘政治格局复兴，这暴露了从单一中心治理东亚大陆时会遇到的难以克服的组织障碍。公元前207年12月，末代秦王子婴被抓获并杀害，约一年后，楚国的贵族后裔项羽（卒于公元前202年）所领导的中华世界似乎正重返战国时代的常态。即使是在汉帝国建立后,自治的诸侯王国体制及其王宫、政府、军队及财政依然得以延续。不过,虽然诸侯王国拥有广泛的自治权,且与汉帝国中央关系紧张,但经研究证实,诸侯王与各国精英阶层是西汉早期行政标准化与文化融合的重要推动者。[51] 诸侯王与南越王(某种程度上甚至不属于汉帝国)等混合政权统治者,并未遵循战国时代的各国传统,而是支持秦式的统治及经济管控制度,原因何在?

本章此前讨论了汉代青铜钱币的传播。货币一体化的基础是秦代币制的统一,但在西汉初年,当权力的天平重新向区域中心倾斜时,另外两个因素也开始促使这一趋势得以延续。第一个因素是秦代经济中大量存在的官营经济的瓦解,以及政府从直接的生产与资源再分配中退出,并伴随国家财政及更大范围经济的货币化而征收货币税。[52] 即便如此,诸侯王可能并不愿意为支持中央控制的货币而在其自治权上作出妥协。但随之而来的货币权力下放,使诸侯王国能够根据共同的标准铸造钱币,这使它们更易于参与整个帝国范围内的贸易,并在政治上不削弱自身的前提下,履行它们对中央政府有限的财政义务。[53] 事实上,吴国等铜矿丰富的诸侯王国,能够通过成为帝国钱币的重要供应者而发挥远大于其诸侯地位的政治影响。[54] 换言之,秦帝国覆灭后,汉帝国对一种可能有利于经济整合的制度做出调整,来适应已经变化了的政治环境,以便能够更长远地发挥其影响。

汉帝国的一些诸侯王依赖长途贸易,以采购战略物资。这可能是诸侯王支持帝国货币制度的一个重要原因。上一章曾提到秦官吏试图在迁陵县牧马,由于南方的环境对于蓄养马匹而言并不理想，他们可能不得不从北方引进，尤其是从帝国西北地区引进，那里拥有历史上最优良的种马场。⁵⁵西汉初年，长沙国也位于此前由迁陵县管理的酉水流域，其丞相曾请求汉朝廷允许长沙国从关中地区的马市买马。⁵⁶关中地区很可能在秦帝国时期已作为南方边境的马匹供应地而兴起。

社会政治因素也对货币一体化起了较大作用。赵佗与吴芮这两位拥有中原与当地背景的秦国中层官员，但却不可思议地成了诸侯王国的创立者，这表明统治精英的组成在秦帝国时期及其后发生了转变。秦虽未能铲除六国的政治家族，但培养了一个新的出身卑微的行政专家阶层。尽管他们不满于秦的严酷统治，尤其是对政府人员的严密监视，但其地位依赖于与秦行政机构的隶属关系。他们在谈判政治妥协方面的灵活性，最终为其领导者刘邦在与旧贵族精英的对抗中赢得了帝位，后者则在秦汉政权更替战争中被大量杀害。幸存者被强制迁离他们的势力基地，并向关中移民，这是二十余年来规模第二大的由国家组织的地方精英阶层的移民（规模最大的移民由秦当局实施于公元前221年）。⁵⁷新的统治同盟中有很多成员在西汉初年的诸侯王国内升至高位，他们倾向于保留自己熟悉的行政、财政及其他国家制度，并禁止支持幸存旧精英政治诉求的制度。⁵⁸

与兴起于长江中下游与岭南地区、或多或少独立于汉帝国的混合政权不同，更南方与西南的社会从未——哪怕在形式上——隶属于中华帝国，也从未参与帝国的行政及政治经济网络。在古螺或云南滇池流域等地，秦的影响是间接的，且受到当地情况的强烈影响。在西南高原，诸侯通过对可贸易资源及贸易路线控制权的竞争进行自我扩张,并导致了政治上的统一。[59]但这种竞争并不意味着他们熟悉秦中央集权式的大型政治组织,也不意味着他们是在应对这种组织所带来的威胁。同时,秦帝国时代的边疆经济发展,尤其是四川三峡与长江中游以南地区的经济强化,必然加强了既有的长途贸易联系,[60]并有效加强了社会权力,其基础与表现形式是获得以武器为代表的帝国贵重物品。[61]

随着秦帝国瓦解为多国并存的世界,公元前3世纪晚期至公元前2世纪间,资源流通渠道转变为集中程度较低的政治与经济联结,这种联结以统一的币制、税收及国家管理的冶铁业等帝国制度作为基础。秦帝国内原有的地区都或多或少地接受了这些遗产,甚至岭南等在秦统治下不足五年的地区亦然,这一事实表明,虽然控制的行政领域有限,但秦帝国仍拥有推动变革的力量。不过,秦帝国的遗产直至覆灭后才开始在边远地区扎根,此后,东亚南部更可持续地融入中华帝国的时机业已成熟,尽管这绝不意味着最终的融合。

## 汉朝对南方的重新征服

秦帝国崩溃至汉帝国开始重新统一东亚地区之间的五十余年内,帝国网络中流通的战略物资、贵重商品、货币与统治技术,以及一些学者主张的关于更广泛日常用品的消费标准与品味,[62]在支持其兴起的秦帝国军事政治势力覆灭后仍继续存在。公元前2世纪下半叶,汉帝国在行政上重新控制了这一网络,并将其延伸至秦扩张时极少涉足的地区。

汉帝国的重新征服虽然大都发生在汉武帝的漫长统治期间（前141—前87），但奠定其基石的则是汉景帝（前157—前141年在位），他带领汉帝国度过了最严重的内部危机之一，即公元前154年的七国之乱。当时，吴王刘濞（前196—前154年在位）这位自认拥有皇位继承权的宗室长者，由于被中央限制诸侯王权力与自治权的削藩政策所激怒，遂率领另外六位诸侯共同起兵。[63] 这场叛乱被镇压后，中央政府大大削弱了诸侯王国的势力。诸侯王国的多数领土转而由汉帝国直接管理，且诸侯王最终被剥夺了任命官吏、征税及执法的权力。[64] 在长江流域，重新统一的过程用了约30年时间才完成。公元前122年，长江中游的淮南国与衡山国这两个重要的诸侯王国被消灭后，长沙国成为领土面积较大的诸侯王国中唯一的幸存者。[65] 不过，长沙国的西部与南部地区被改置成了隶属于汉帝国中央的郡，这使帝国能够直接接触南岭以南的南越国。

公元前154年后，诸侯王国势力大为削弱，汉朝政府发现并无恢复秦帝国"新地"与故地领土划分的必要。这表明在诸侯王统治下的整个帝国东部及东南部，行政模式的统一化取得了进展。大多数证据来自长沙国，当地的自然条件有利于竹简、木牍与帛书能够保存在墓葬与井等地下建筑中（参见第1章）。长沙国丞相利苍卒于公元前186年，出土于其一位家族成员（最有可能是他的儿子）墓葬中的帛书地图表明，[66] 长沙国当局实施了一项广泛的地图绘制工程。[67] 长沙国创立者吴芮之孙沅陵侯吴阳（卒于公元前162年）的墓葬中发现的计簿，记载了沅陵侯国人力及经济资源的详细信息，当地位于沅水与酉水的交汇处（参见图4.2）。秦汉时代收集与处理行政资料的标准,可见于迁陵档案、睡虎地与张家山出土的法律文献,江苏尹湾出土的西汉晚期郡级统计记录等简牍文献,[68]而前述计簿的内容与这些标准恰好相符:常住户、官吏、官营作坊中的家畜、库中的武器等数量,以及可征税的农地面积与行政城邑间的距离等。[69]此外,今天的长沙市走马楼街曾属于当时的诸侯王国长沙国,当地出土的属于公元前125年至公元前120年间的官方档案,也揭示了县官府的运作,在所有细节上都符合帝国的标准。[70]

诸侯王国被废除或削减后,其官僚机构及所处理的行政文书立即能够为中央政府所利用。传世文献、出土档案及墓葬证据表明,西汉早期诸侯王有意实施了吸引民众前往其领地的政策,且长沙国等诸侯王国以及南越国等汉人与越人混合的政权,在西汉早期的人口增长超越了平均水平。[71]它们通过采用秦汉的国家控制机构,并在领土空间内聚集民众(对集中的定居人口征税很容易),这些政策有效地为其领土并入正在扩张中的帝国做好了准备。

公元前2世纪下半叶诸侯王国衰落之前,汉帝国与南越国的关系主要由长沙国处理。汉帝国在吕后统治期间(前188—前180)对南越国发动的唯一一场有记录的战争,在其远征军遭到疾病(可能为疟疾)后以失败告终。[72]作为缓冲地带的南方边疆诸侯国势力被削弱后,汉帝国军队向南越及福建北部被称为闽越或东越的越人政权推进。根据《史记》对汉朝在公元前111年征服岭南的详细记述,汉朝将领利用了从淮水与长江以南征募的士兵,以及从与汉朝结盟的越人和西南高原民众中征召的士兵。[73]汉朝军队的这种组成或许表明,汉朝将领从此前失败的战争中吸取了教训,

241

并在这次战争中依靠更能适应南方疾病高发环境的军队。这也表明汉帝国在南方战役中能够利用大量的征兵基地,以及用于动员本地军队的外交网络。[74]

汉朝征服岭南后将权力扎根在城邑行政中心,这些中心在公元前3世纪至公元前2世纪间形成,如番禺和古螺。古螺成了红河三角洲新设立的交趾郡郡治,当地此前从未隶属于中华帝国。随着汉朝势力的抵达,当地政权也走向了灭亡。[75]公元初年,交趾郡纳税的户籍人口在岭南诸郡中是最多的,[76]这表明在公元前3世纪至公元前2世纪间,当地的国家建设为帝国在遥远南方的存续创造了条件。

汉帝国征服岭南时,西南高原已与东方的沿海越人社会、越南北部的东山文化社会以及北方的中华国家间保持了长期的贸易与军事联结。虽然秦人在西南高原的活动几乎不为人所知,但汉代史学家提到秦人开辟了通往西南高原的道路,甚至任命了一些当地的"吏"。[77]因此,汉朝在武帝统治下的扩张被视为秦代政策的延续。武帝登基后不久,就命令建设一条连接四川盆地的汉朝领土与"西南夷"领土的新道路。[78]这一工程最初就被构想为汉朝控制整个南方边境(包括岭南与西南高原)更广阔战略的组成部分。

早在公元前2世纪30年代,汉朝战略家就充分意识到了岭南与西南高原之间的联系。汉朝派往南越的一位使者描述了南越与西南高原民众间的贸易关系及对后者的影响,他还指出,位于今贵州省内的夜郎(参见图7.1)等西南高原政权,或许可被用于汉朝对南越的战争。[79]夜郎位于珠江上游,这使其成为向下游进攻位于珠江三角洲的南越国都城的理想基地。[80]我们尚不清楚汉朝是否利用了西南高原盟友来控制古螺。与南越相同,古螺也与西南高原有经济及文化上的联结,两地由红河连接,红河上游的西南高原族群参与进攻古螺,将在很大程度上为汉朝军队征服时的后勤补给提供便利。[81]

汉帝国最初介入西南高原的原因,可能是与北方的匈奴及南方的南越存在持久冲突,以及追求控制一些最远延伸至印度洋的长途贸易路线。[82]滇缅印古道的开辟,尤其是玻璃进口路线的开辟,最早可能追溯至战国时代,[83]且西南高原与四川的汉郡间的马、牛及僮仆贸易,在公元前2世纪间也有所加强。[84]虽然汉朝最初的扩张动力可能是地缘政治与商业——两者无法被完全区分开来——但汉朝很快发现自身卷入了西南高原同盟的政治,这一同盟产生自当地的政治联合。据分析,汉朝对当地的整合"并非基于单一政权的灭亡,而是取决于同盟网络的削弱"。[85]汉帝国最初引诱这些本是南越的盟友转变立场的外交行动,使其与当地政权发生了一系列接触,其中一些政权与汉朝对抗,另一些政权则拥护皇帝。汉朝统治者在公元前111年至公元前109年间彻底征服夜郎与滇这两个最重要的当地族群后,在约一个世纪的时间里依靠当地部落首领管理这一地区,同时也镇压不时发生的叛乱,并重整政治网络,以减少内部冲突与对汉帝国权威的挑战。[86]

## 帝国网络的成熟:汉帝国在东亚南部的人口、政治与经济地理

西汉末年至东汉年间(前25—220)是可以对东亚南部融入

中华帝国进行定量考察的最早时期。在缺乏其他区域性数据的情况下，人口数量是经济发展及行政控制程度的最佳指标，尤其是在与关于物质消耗模式转变的考古证据相结合时。根据《汉书》记载的人口普查数据，[87] 长江沿岸及以南诸郡在公元2年拥有9 640 686名居民，略超过帝国总人口的16%（参见附录3）。这一数目代表着政府所知的民众、官方登记的纳税人口、可征兵人员以及法定劳动者，因此是国家权力的合理指标。

一个半世纪后的公元156年，同一地区进行的人口普查记录了15 538 847人，占东汉总人口数56 366 856的27.5%。[88] 居住在南方诸郡且为政府所知的人口数量在150年间增长了61%，而其他地区的户籍人口则从西汉晚期的峰值显著下降。[89]《汉书》低估了南方人的比例，因为郁林（位于今广西壮族自治区）与交趾两郡的数据是缺失的。交趾郡在西汉末年是长江以南人口最多的郡，直至公元2世纪中叶，户籍人口可能依然众多。袁延胜在研究东汉人口时，使用了公元2年至156年间两个邻郡的平均人口增长率，以估算郁林与交趾两郡的人口增长（参见附录3）。[90] 如果其分析是准确的，则汉帝国南方诸郡在公元2年至156年间的户籍人口增长高达72%，几乎占据了东汉总人口的30%。

除了自然增长，户籍人口的这种增长还涉及两个因素的共同作用：一是来自汉帝国其他地区的移民，二是本地居民对汉帝国社会的融入。后一进程通常与本地民众或多或少自愿地从高原迁往谷地有关，在那里，他们接受了汉式定居农业的"指导"，并在汉帝国官吏的监督下被重新组织为里。国家组织同化了这些在当时的汉语文献中被统称为"蛮"的群体，将他们转变为一般的纳税人口,这在东汉时期有所强化,大量有关"循吏"以汉文化教育当地人以及当地抵制这种文化同化的记载可以为证。[91]

尽管无法完全排除有大量北方移民的可能性,但学者们近来主张,西汉时期南方人口的移民对于东亚南部的人口扩张发挥了更重要的作用。[92] 同福建与广东沿海地区(中文出版物通常称其为"越文化")有关的陶器形制及组合,也出现在湖南沅水与湘水流域以及鄱阳湖以南的赣江流域(位于今江西省),这被认为可能是公元前2世纪晚期南越与闽越政权覆灭后,越人族群向内陆迁徙的标志。[93] 据《史记》记载,汉朝政府意识到无力控制闽越的故土后,由国家组织越人迁往了长江与淮水间的地区。[94] 如下文所言,越人迁离南越腹地可能也是由国家组织的。

进一步考察公元2年至156年间南方诸郡的人口动态,还可看出汉帝国势力在南方的地理分布发生了重要变化。除云南的益州郡(在公元69年后被划分为两个郡)以外,[95] 其他所有的郡户籍人口在此期间内增长了一倍以上,均位于秦汉帝国沿长江中游南部支流穿越长江与珠江分水岭进入岭南的南扩道路上(参见图7.2)。相反,在蜀郡、巴郡、南郡、江夏郡、庐江郡及其他长江沿岸诸郡,户籍人口增长有限,甚至有所减少。在越南北部与中部的九真与日南这两个汉郡,以及公元初年前后长江以南的汉帝国领土内人口最多(参见附录3)的红河三角洲(交趾郡),人口增长也相对有限。一些学者认为,这反映了人口在外来移民没有大量涌入时的自然增长态势。[96]

横跨今湖南省中部与江西省,穿越南岭进入广州盆地,一个新的国家空间通过南北河流的连接而形成,这使帝国的征服与控

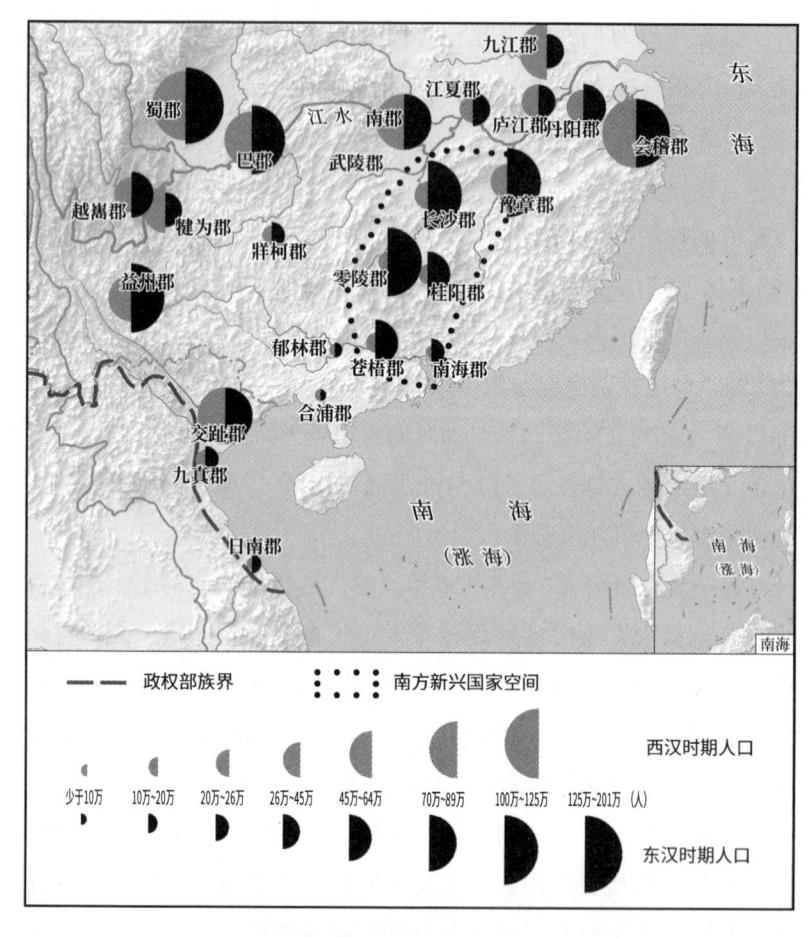

图7.2 南方诸郡的户籍人口,公元2—156年

制成为可能,也保障了国家资助的贸易、军事及交通。帝国南方的人口面貌焕然一新,落后地区转变成为人口中心。国家持续建设长江中游与珠江流域间的水路与陆路交通,其中最知名的基础设施是灵渠,这是在秦始皇统治下为补给南岭以南的秦军而开辟

的。帝国在岭南地区的道路网络，可能利用了战国晚期的道路系统，这些道路是为服务于岭南与楚国间迅速增长的贸易需求而建设的。[97] 东汉早期，为改善跨越长江中游与珠江分水岭的交流路线，汉帝国实施了最有雄心的计划。公元83年，汉帝国政府组织修建了穿越桂阳与零陵两郡的干道，两郡人口在东汉统治下增长了两倍多。[98]

东汉初年，长江中游与珠江之间的领土及其不断聚集的纳税人口，成了汉帝国南方军事力量的基础。正是在当地的长沙郡、桂阳郡、零陵郡及苍梧郡，汉朝名将马援（前14—后49）招募士兵镇压了征氏姐妹的叛乱，后者在公元40年至43年间威胁了汉帝国对岭南的统治。[99] 正如前文已提及的那样，在南方募兵可能是一种有意识的战略，可减少汉帝国北方军队在亚热带疾病多发环境中的死亡。[100] 一个半世纪后，长沙郡及周边位于长江中游以南的领土，已拥有足够多的人口、富有活力的经济及同样重要的高效行政，这为汉帝国后继者之一吴国在三国时代（220—280）的兴起提供了人力与资源。[101]

不同于秦试图在征服长江以南后立即推行成熟的中央集权式行政管理，汉朝对南方边境控制的巩固是一个漫长的过程，其发展阶段可归类为"霸权—领土"（hegemonic-territorial）模式（参见第3章）。这一模式使帝国的统治策略在间接控制和直接控制之间保持着张力：一方面，帝国以较低的成本，将行政管理职能委托给代理统治者及地方精英阶层；另一方面，帝国也通过大量建设行政、安全及实体基础设施直接进行管理。如本章前文所述，西汉初年的汉人与越人混合政权，极大地促进了长江中下游流域与岭南地区对汉帝国行政、经济及文化习俗的接受，因此有助于汉帝国在公元前2世纪下半叶对这些地区进行有效的政治整合。

在大多数时间里，西汉帝国中央很少干预南方地区的行政管理。随着南越被征服，云贵高原的重要政权在公元前2世纪末被镇压后，从南岭山脉以南直至越南中部的越人领土被划分为9个郡。[102] 郡也被设立在西南高原。[103] 不过，这些领土的情况与汉帝国其他地区差异很大。据传世文献记载，17个南方"初郡"，"以其故俗治，毋赋税"。[104] 当地政府所需的物资供给是从此前的汉郡运送而来，尤其是南阳郡与汉中郡（参见图7.1）。[105] 这些特殊的行政与财政体制，可能也扩展到了紧邻长江中游以南诸郡的高原族群。[106]

西南高原当地的政权继续处在汉朝郡守宽松的监督之下，这些郡守几乎没有解决当地冲突的手段。汉帝国在当地的行政地理范围取决于当地的同盟网络。[107] 政府操纵当地领导者互相敌对的能力，以及利用高原士兵镇压公开反叛的能力，对维持汉朝名义上的统治地位至关重要。[108] 从公元前1世纪开始，滇中湖泊流域边缘就开始出现汉朝的驻防聚落，当地是最大的高原国家之一滇国的腹地（位于今昆明市附近）。但直到东汉时期，一大批农业移民才自北方迁来，考古发现证实了大量典型汉式砖墓的存在以及陪葬品中滇式物品的消失，这预示着帝国对西南高原的整合进入了新阶段，这也与当地户籍人口的显著增长一致（参见图7.2）。[109] 很难判断这一增长在多大程度上是因为外来移民的到来，还是因为承认汉帝国权威的高原族群对汉文化的接纳。[110]

在长江中游以南及岭南地区，东汉初年也是从霸权统治向领土统治过渡的时期。《后汉书》记载了积极主动的南方汉郡郡守在这段时期的活动,尤其是在红河三角洲地区的活动。他们对此前被免除税赋的人口定期征税,将当地人登记为须交税及服劳役的帝国臣民,招募他们服兵役,并采取了各种文化同化措施,如设立学校,指导当地人举行汉式婚礼。[111] 越来越多的移民融入了当地的城邑人口,特别是在王莽统治的动荡时期(9—23)大量来自北方的逃亡者,带来了城市地区的汉朝丧葬传统与汉式建筑。[112] 这类建筑反映在墓葬出土的陶土房屋模型中。[113] 长达数世纪之久的东山铜鼓传统,在其曾经的核心区域之一迎来了终结;当地的消费模式、当地精英身份及社会活动发生了根本转变。[114] 虽然很多当地人——尤其是身处以城邑为中心的汉朝国家空间内的——屈服于帝国当局,但也有当地人发起了反抗。有记录的起义数量与西汉时期相比急剧上升,但正如征氏姐妹的起义所表明的那样,汉朝政府此时已有能力有效调动当地资源来镇压反叛。

  国家控制飞地的巩固,飞地内易于动员的纳税人口,以及当地精英阶层的合作,对中华帝国在东亚南部的持续存在至关重要。同样重要的还有国家资助的物资、商品与技术的远距离流通,这改变了当地的生活方式,并使次级精英与大量普通百姓能够参与以帝国的存在为基础的社会经济实践——本书称之为帝国网络,其关键要素可追溯至秦国最初向长江以南的进军。

  对于中华帝国在东亚南部的扩张,最重要的技术转型之一是冶铁术的传播。到了公元初年,大多数工具与兵器是用铁而非青铜、石材或木材来生产,且铁犁等重要的新工具提高了农业效率,使此前贫瘠的农地可被耕种。

长江下游流域是东亚早期的冶铁中心之一，以至于长江三角洲的吴国曾被认为是中国冶铁的起源地。[115]楚文化地区最早的一些铁制兵器也出土于洞庭湖以南的长沙地区。[116]但冶铁向中华世界南方边境的传播在先秦时期相当有限。上一章曾提到，与秦汉时代数量大得多、种类也广得多的铁制工具、器具及兵器相比，里耶战国晚期楚墓出土的铁器数量极少。湖南其他地区同样如此，相比于长沙作为铁与钢的重要生产中心而兴起，边远地区的考古发掘几乎未见铁器。[117]岭南地区少数属于公元前4世纪及以后的出土铁器，大多数都来自当地西北部的南岭山脉。[118]在岭南地区与西南高原，中华帝国的到来带动了铁器引入的增长与当地铁业的繁荣，而组织与管理铁业的通常是帝国的官吏。[119]

岭南的事例表明，秦汉帝国扩张的起伏与东亚南部冶铁的发展变化间存在关联。秦征服岭南后在番禺（位于今广州）设立了一座郡治与造船作坊。番禺地区的考古发掘揭示了当地使用铁制工具的最早证据：削、锛与凿。[120]秦帝国覆灭后，南越国这一汉人与越人的混合政权继承了岭南的领土，铁制工具在农业中的使用在其治下继续传播，南越时期墓葬中出土的铲刀、锄、铲、镰等多种铁制工具可以为证。[121]但如前文所述，南越国显然没有自身的冶铁业，而高度依赖从汉帝国引入的铁。[122]考古发掘所见大量的西汉晚期铁器表明，当地铁的生产在公元前111年汉朝征服后开始腾飞。当地发现的最早的犁属于东汉时期，[123]耕牛队犁地的陶土模型也是从这一时期开始被埋葬于当地的墓葬中。[124]

据《后汉书》记载，岭南的汉朝官员推广了铁制农具的生产，并设法使国家控制既有的铁业。[125]这些措施属于一种更广泛的政策，旨在将国家对民众与资源的控制拓展至帝国南部，这在东汉初年尤其明显。这一政策也涉及为征税而将当地居民载入户籍，建立城邑聚落，以及建设水利基础设施，以使农业生产者能够更加集中在这些新行政中心附近。[126]

虽然上述进程通常具有一定的强制性，但忽视传世文本中反复出现的"利民"言论也会产生误导。南方边境的民众可能是被诱导参与了帝国网络，移民至国家空间，与国家的官吏互动，并为汉朝城邑市场进行生产，有一部分原因是为了获取国家生产与分配的更先进的农具。在政府看来，对当地铁业的投入，是刺激某些地区而压制其他地区经济与人口增长的工具，由此可以重构地区间的互动。近期一项对汉代南方人口流动性的分析表明，南越国都城南海郡被汉朝征服后刻意减少了制铁，这一政策导致了经济停滞与人口外流，直至东汉统治时才恢复增长。汉朝政府这样做，是试图防止南越势力在此前的核心地区复辟，同时也试图激励苍梧郡与桂阳郡（参见图7.2）等新的中心，在那里西汉中晚期考古遗址出土的铁器集中程度远超南海郡。[127]

汉帝国的征服、基础设施的建设以及其他政策，即使不是诱因，至少也促进了东亚南部的移民。这些内部移民对东亚南部人文地理变化的影响，可能与北方移民涌入的影响程度相近。近期一项对滇中湖泊流域沙帽山墓地骨骼遗骸的同位素分析表明，大多数移民可能来自四川、岭南及长江中游地区，而非来自北方的中原。[128] 这与秦代湖南西部的移民模式相符（参见第5章）。越人在西汉中晚期向南岭山脉以北移民，可能是武陵郡、零陵郡、桂阳郡及豫章郡人口在这一时期增长的原因之一。[129]

在被汉朝征服后，东亚南部人口的流动性增强，这对于以城邑为中心、受国家控制的飞地的扩张，以及随之而来的汉朝城市生活方式、物质文化与经济实践的传播，尤其是钱币使用的传播，均产生了影响。当地在汉代经历了前所未有的城市化。考古调查所复原的城邑群的地理分布，与汉帝国势力在东亚南部的南北空间轮廓密切相关（参见图7.2）。南岭山脉南北两侧的零陵郡、桂阳郡及长沙郡形成了两个城邑带，其他城邑则建立在沅水沿岸的武陵郡。[130]

对于驻防行政城邑的地理分布而言，有关军事控制的考量虽然可能最为重要，[131] 但同样值得注意的是，汉代南方城邑的所有发展事实上都集中在长江中游至南海沿岸及西南高原沿线。南方经济在汉代中期以后的商业化与货币化，里耶汉代遗址出土的近5 000枚钱币可以为证，其中绝大多数是武帝统治时期及其后铸造的五铢钱。整个湖南及岭南地区的大量墓葬都出土了汉朝钱币，其中一些墓葬中未见任何其他的青铜器物，这表明普通收入者也能获得钱币。[132] 与之形成鲜明对比的是，先秦时期长江中游以南，除洞庭湖周边（今长沙市与常德市）以外的地区几乎未发现钱币（参见第5章）。番禺、合浦及徐闻的重要沿海港口，以及通向南岭山脉的水路沿岸的汉墓中，发现了通过长途海运网络引入最多的物品，如珍珠、玛瑙与琥珀珠、玻璃器、象牙、香木等，这凸显了秦汉时期城邑发展、人口分布转变与商业扩张间的关系。[133]

到公元初年，大规模的人口流动，冶铁等技术的传播及随之而来的经济同质化，宗教信仰与丧葬习俗的传播，以及整个汉帝国内城市生活方式的形成，都使物质文化达到了前所未有的标准化程度。[134] 这一进程在各地的展开有所不同。在岭南，富裕的城邑人口最先使用汉朝特有的器物，如青铜镜、香炉、玉盘、玉佩、漆器及引入的奢侈品，并引领了其他当地人口的消费习惯。[135] 相反，西南高原精英阶层的丧葬习俗凸显了独特的价值体系，他们在陪葬品组合中断然排除了一些汉朝器物，但当地较小的墓葬则逐渐以钱币及简单的铁具等汉朝器物陪葬为特色。[136] 整个东亚南部向汉朝消费标准、经济习惯及文化习俗的转型，特别是在丧葬习惯（如南北走向的砖墓）上，在东汉时期达到了顶点。[137]

## 结论：帝国网络与中华帝国南方轮廓的波动

对岭南地区汉墓的发掘，揭示了当地在公元前111年并入汉帝国后的三个世纪间显著的繁荣发展。这一趋势在东汉时期尤其突出，墓葬规模变得更大，墓葬建筑也更加奢侈且精致。[138] 南方贸易港口的富裕居民在日常生活中使用了精美的漆器，它们由远在四川的官营作坊以及仿制其产品的当地作坊大量生产；质量接近于瓷器的高温釉陶；以及各种新式家具与家用器具。[139] 城邑内发现了屋顶整齐铺瓦的大型公共建筑与民用建筑。[140] 这种财富因帝国范围内互动网络的加强而成为可能，这一网络有利于经济增长、经济专业化、人口增长、新技术的传播、城市化以及商业往来。上述进程在很大程度上都与汉帝国的行政管理、基础设施建设、征税、军事控制及对当地精英阶层的笼络有关。与约同一时期位于大陆另一端的罗马帝国一样，东汉帝国似乎也是一个为其臣民利益而统治的近乎理想的仁慈帝国,虽然收获大多数利益的通常是上层社会阶级。[141]

但汉帝国南方的战争记录日益增多,打破了上述田园牧歌式的图景。西南高原发生的暴力行动在整个汉代都连续不断,但据《后汉书》记载,反抗的新温床正在整个东亚南部逐步形成,包括长江中游以南的"蛮地"与岭南中部的高地,后者将岭南地区划分为北部珠江流域与南部红河下游流域,它们之间的联系并不紧密。[142] 东汉初年,红河三角洲成为征氏姐妹发动叛乱的舞台,这场叛乱可能会使整个南岭山脉以南地区脱离汉帝国的势力范围。动乱一直持续到公元2世纪。[143] 汉末以后,南朝试图巩固对长江以南领土的控制,而南方与西南方非中华族群间的政治及军事联盟对此造成了重大挑战。[144]

丘奇曼研究"两河之间的土地"(珠江三角洲以西与河内以北的多山腹地)时,强调了一些重要的机制。通过这些机制,帝国城市精英阶层的富有及其经济网络的广泛延伸,削弱了帝国对东亚南部控制力。随着南方商品贸易在汉代迅速发展,海上航线连接了岭南的港口、东南亚地区及印度洋贸易世界,广东西部与广西高地的南亚语系及壮侗语系人口(他们在当时的汉语文献中被称为"俚"与"獠"),是以跨区域贸易网络重要参与者的身份兴起的。当地不仅提供了犀牛角、翠鸟羽毛、珍珠、龟壳与水果等传统的南方特产,还成了金银的重要供给地,而在汉末以后金银因被当作货币而变得更加重要。[145]

岭南地区人口密集的河谷与长江流域的南朝都城地区对高原物产的强烈需求,"促使俚、獠首领争夺可开采贵重金属与铜的领土，以及对可用于开采这些金属的人口的控制",[146] 这加速了社会分层、奴役制度及政权的形成。大型的俚僚联盟给帝国对南方的控制造成了严重威胁。

虽然高原统治者的影响力根植于与帝国城市地区间的贸易关系，且由于被帝国正式任命为各自领地内的行政官员，他们的权威有所加强，但他们同时也参与了另一种互动结构，即有数百年历史的、不断变化的当地贵族政权网络，被称为东山铜鼓文化。这一网络的传播跨越了东南亚大部分内陆与海洋地区，并涉及一种独特的政治合法性符号语言，其中资源的长途贸易、铸鼓的技术与艺术风格以及政治互动，跨越了大陆高地与沿海地区的边界。[147] 东汉时期红河三角洲的铸鼓减少后，俚僚地区作为这一网络的重要新节点而兴起，这不利于其在社会政治上融入中华帝国网络。[148] 东晋（318—420）于公元375年发布的诏书抱怨称，广东的越人熔化帝国的钱币来铸造他们的鼓。[149] 对铜鼓的持续热衷不仅消耗了钱币供给，还为身份建构与政权建设提供了另一种非帝国的框架。

对东亚南部的很多人而言，在秦汉时期及以后，融入中华帝国是他们改善物质条件、提升社会地位及积累政治资本的可行途径之一。尽管中华帝国政府宣称独占其民众与资源，并试图通过军事扩张与吸收代理政权来控制长途贸易网络，但经济、社会文化及政治互动的其他网络从未被根除。虽然被"优越的"中华文明同化是主流史学叙事，但当地社群始终在协商参与帝国网络的条件，而且即使不是完全退出，部分地退出帝国网络也始终是一种选择。这也适用于当地人与来自北方的移民，他们躲避赋役，融入高原和沿海人口，以避开国家的统治。[150]

环境条件、人口密度、交通的便利及接近帝国权力中央等系统性因素，在每个地区与社会的发展轨迹中都发挥了作用。例如，有学者主张，中华帝国最终未能持续控制北部平原（亦即越南北部的红河三角洲），这一曾是长江以南户籍人口最多的地区，是因为其地理位置偏远，且珠江与红河流域间的地形崎岖，导致信息传递与交通困难。[151]

回顾历史，这一主张无疑是令人信服的。公元10世纪以后，一个独立国家诞生于红河三角洲，而且再也未被中华帝国重新征服。[152]但其他很多社会在不同时期也曾有过与之相同的发展轨迹，它们所处的地理位置似乎同样有利于远离帝国网络。公元7世纪至8世纪，长江中游"蛮地"的精英阶层与广东及广西的俚僚族群逐渐接受中华帝国的行政管理，独立的大国则大约在同一时期在西南高原形成。[153]这些独立国家在公元13世纪重新融入帝国，可归结为军事上的偶然——蒙古人在云贵高原的成功与在红河三角洲的失败皆然——这些因素至少与环境及地理因素的影响相当。我们或许应当意识到这两种框架皆具有解释力。最后一章将基于本书采用的网络视角，为中华帝国与东亚南部社会间的交往历史提供另一种观点。

## 注释

1 尤锐（Yuri Pines）曾论证，大一统国家的理想，即由一位至高无上的君主统一整个中华世界，秦的征服增加了这种统一的可能性，而早在这之前，它就已经在战国时代的政治话语中占据了主导地位。参见Pines, *Envisioning*

*Eternal Empire: Chinese Political Thought of the Warring States Era*（Honolulu：University of Hawai'i Press, 2009）。

2 《史记》卷六，第236页。对此段的翻译，亦可参见Nienhauser, Jr., ed., *The Grand Scribe's Records*, Vol. 1: *The Basic Annals of Pre-Han China*（Bloomington and Indianapolis: Indiana University Press, 1994）, 136。

3 可参见如Shelach, "Collapse or Transformation?" 113-38; Sunny Auyang, *The Dragon and the Eagle: The Rise and Fall of the Chinese and Roman Empires*（London and New York: Routledge, 2015）; Chun Fung Tong, "Fall of an Empire: State Power and Governance of the Qin Empire," Ph.D. dissertation, Heidelberg University, 2020。

4 中性的描述可参见如《汉书》卷二八上，第1543页。批判秦的遗产是当时政治与社会罪恶的根源，如董仲舒（前179—前104）对汉武帝（前141—前87年在位）的上书，可参见《汉书》卷五六，第2504—2505页。

5 关于"汉承秦制"的最早记载，参见《后汉书》卷四〇上，第1323页。

6 关于帝国边疆是进一步扩张的基地而非界限，可参见如C. R. Whittaker, *Rome and Its Frontiers: The Dynamics of Empire*（London and New York: Routledge, 2004）, 7-10; 以及Anna Lucille Boozer, "The Archaeology of Imperial Borderlands: A View from Roman Egypt and Sudan," in Bleda Düring and Tesse Stek, eds., *The Archaeology of Imperial Landscapes: A Comparative Study of Empires in the Ancient Near East and Mediterranean World*（Cambridge: Cambridge University Press, 2018）, 206-39。

7 关于秦汉政权更替战争及西汉初年诸侯王国的建立，参见Michael Loewe, "The Former Han Dynasty," in Denis Twitchett and Michael Loewe, eds., *The Cambridge History of China*, Vol. 1: *The Ch'in and Han Empires, 221 B.C.-A.D. 220*（Cambridge: Cambridge University Press, 1986）, 103-222, esp. 110-28。

8 可参见如阎步克：《帝国开端时期的官僚政治制度——秦汉》，吴宗国主编：《中国古代官僚政治制度研究》，北京：北京大学出版社，2004年，第19—85页；以及周长山：《汉代地方政治史论：对郡县制度若干问题的考察》，北京：中国社会科学出版社，2006年，第45—93页。

9 参见《史记》卷一七,第801—802页;《汉书》卷一四,第393—394页。

10 唐燮军、翁公羽:《从分治到集权:西汉的王国问题及其解决》,杭州:浙江大学出版社,2012年,第94—95页。

11 《二年律令与奏谳书》,第88—91页,简1—3;第338—341页,简17—27;Barbieri-Low and Yates, *Law, State, and Society*, vol. 2, 388-91; 1195-206。关于西汉初年朝廷与诸侯王国间的紧张关系,参见臧知非:《张家山汉简所见汉初中央与诸侯王国关系略论》,《陕西历史博物馆馆刊》2003年第10期,第308—314页;以及陈苏镇:《汉初王国制度考述》,《中国史研究》2004年第3期,第27—40页。

12 《史记》卷九,第406—412页。

13 《汉书》卷三八,第2002页。关于诸侯国在西汉初年的行政与财政自治,参见董平均:《西汉分封制度研究:西汉诸侯王的隆替兴衰考略》,兰州:甘肃人民出版社,2003年,第165—196页。

14 可参见如蔡万进:《张家山汉简〈奏谳书〉研究》,桂林:广西师范大学出版社,2006年,第114—117页;以及唐燮军、翁公羽:《从分治到集权》,第85—88页。

15 召集诸侯王国的军队,需要汉帝国以所谓"虎符"的形式授权,可参见如《史记》卷五二,第2001—2002页;关于公元前154年反叛的地方诸侯对军队的动员,参见《史记》卷一○六,第2827—2833页。

16 关于诸侯王国的财政自治,参见《史记》卷五九,第2104页。关于诸侯王每年向朝廷进献的钱财,参见《汉书》卷一下,第70页;亦可参见董平均:《西汉分封制度研究》,第210—214页。

17 秦汉帝国财政体制中最繁重的义务可能是劳役。一些较为富裕的诸侯王有意减轻国内的强制劳动负担,从而吸引来自汉帝国领土的移民。参见《汉书》卷三五,第1905页。

18 《史记》卷一○六,第2822页。

19 《史记》卷三○,第1419页。四铢半两钱指贬值的半两钱,重量为四铢(约2.6克),而非最初名义上的重量十二铢(即半两,约7.8克)。四铢半两钱在西汉初年已经发行,并在文帝(前181—前157年在位)与景帝(前157—前

141年在位）统治时期成为官方的货币规格。参见王雪农、刘建民：《半两钱研究与发现》，第48—57页。

20 曹元启：《山东昌邑县发现窖藏十万枚汉半两钱》，《文物》1984年第1期，第80页。

21 墓主被初步认定为第三位楚王刘戊（前174—前154年在位）。他参与了七国之乱，并在失败后于公元前154年自杀。参见《汉书》卷三五，第1916页。关于将狮子山楚王陵墓主认定为刘戊，参见葛明宇：《狮子山西汉楚王陵墓考古研究》，石家庄：河北美术出版社，2018年，第282—308页。

22 徐州汉文化风景园林管理处、徐州楚王陵汉兵马俑博物馆编：《狮子山楚王陵》，南京：南京出版社，2010年，第89页。

23 广州市文物管理委员会、广州市博物馆：《广州汉墓》，北京：文物出版社，1981年，第348—349页。相关讨论，参见赵善德：《先秦秦汉时期岭南社会与文化考索——以考古学为视角》，广州：暨南大学出版社，2014年，第208—209页。

24 李灶新：《广州南越国宫署遗址出土的钱币及相关问题研究》，《中国钱币》2019年第6期，第21—27页。关于汉朝货币历史的简要概述，参见千家驹、郭彦岗：《中国货币演变史》，上海：上海人民出版社，2005年，第29—39页。

25 《汉书》卷一四，第394页；卷一九上，第741页；卷三八，第2002页。西汉时代的狮子山楚王陵发现了大量官方印章与印记，这说明楚国严格遵守汉帝国政府的组织模式，且拥有与汉帝国内的郡相同的领土行政组织。参见葛明宇：《狮子山西汉楚王陵墓考古研究》，第246—271页。

26 关于诸侯王国赵国内的"铁官"，参见《史记》卷一二二，第3142页。关于西汉诸侯王国内的盐官与铁官，参见唐燮军、翁公羽：《从分治到集权》，第91—94页。

27 《汉书》卷二四上，第1127页。

28 关于西汉初年推行的算赋，参见《汉书》卷一上，第46页。

29 湖南省文物考古研究所编著：《沅陵虎溪山一号汉墓》，北京：文物出版社，2020年，第118—122页。关于该文书的讨论，参见杨先云：《虎溪山汉简〈计簿〉所载沅陵侯国》，简帛网，武汉大学，http://www.bsm.org.cn/show_

article.php?id=3636，2021/03/18访问。

30 葛明宇:《狮子山西汉楚王陵墓考古研究》，第254—260页。

31 关于春秋战国时期楚国的军事职官，参见谭黎明、徐秀文:《论春秋战国时期楚国中央军事职官及其演变》，《吉林师范大学学报（人文社会科学版）》2008年第2期，第12—14页。

32 《汉书》卷三四，第1894页。

33 《汉书》卷一下，第53页。

34 关于诸侯王国长沙国的历史地理，参见周振鹤:《西汉政区地理》，第127—137页。

35 有关赵佗与南越国建立的文献历史记载，参见《史记》卷一一三，第2967—2968页;《汉书》卷九五，第3847—3848页。

36 秦帝国覆灭后被南越国控制的三个岭南地区的秦郡，分别为南海郡（南越国都城番禺所在地）、桂林郡与象郡。参见《史记》卷一一三，第2967页。南越国可能扩张到了越南北部，参见Taylor, *The Birth of Vietnam*, 18-21;[日]吉開将人：「印からみた南越世界（後編）：嶺南古璽印考」，『東洋文化研究所紀要』139，2000，1—38页；以及Keith Taylor, *A History of the Vietnamese*（Cambridge：Cambridge University Press, 2013），14-16。

37 参见Allard, "Frontiers and Boundaries," 233-54; 以及Allard "Globalization at the Crossroads," 454-69。

38 《史记》卷九七，第2697页。

39 Susan Erickson, Yi Song-mi and Michael Nylan, "The Archaeology of the Outlying Lands," in Michael Nylan and Michael Loewe, eds., *China's Early Empires: A Re-Appraisal*（Cambridge：Cambridge University Press, 2010），135-68.

40 关于岭南汉墓的"中原"特征与"越"特征的简要总结，参见Shelach-Lavi, *The Archaeology of Early China*, 330-31。

41 刘瑞:《秦汉帝国南缘的面相》，第370—373页。

42 《史记》卷一一三，第2969页。

43 同上。

44 D. V. Deopik, *Vjetnam: istorija, traditzii, sovremennost'*〔Vietnam: history, traditions, contemporaneity〕(Moskva: Vostochnaja literatura, 2002), 177-78; Kim, "Sinicization and Barbarization," 43-79。根据中古越南史学传统，一位越人贵族移民在公元前258年建立了瓯骆政权。参见Taylor, *The Birth of Vietnam*, 12-14; and Higham, *The Archaeology of Mainland Southeast Asia*, 289。

45 Kim, *The Origins of Ancient Vietnam*, 167, 243-46.

46 同上，第159—226页。

47 Brindley, *Ancient China and the Yue*, 78-79; Kim, *The Origins of Ancient Vietnam*, 227-62; Kim, "Sinicization and Barbarization," 63-64。在珠江及长江入海口之间，红河三角洲北部区域与沿海越人世界间可能存在海运与河运路线，参见Wei Weiyan and Shiung Chung-Ching, "Viet Khe Burial 2," 77-92。关于东山对云南滇文化及南越物质文化的影响，参见Psarras, "Rethinking the Non-Chinese Southwest," 5-58。

48 试与以下著作相比较：Higham, *The Archaeology of Mainland Southeast Asia*, 287。

49 关于四川东部所谓巴青铜文化对云南中部滇文化青铜艺术的影响，可参见如Psarras, "The Han Far South," 757-74。

50 参见Allard, "China's Early Impact on Eastern Yunnan," 26-35; 以及Yao, *The Ancient Highlands of Southwest China*, 167-214。

51 近期一项对中原、山东及淮河流域等关东地区汉代墓葬的考古研究表明，当地遵守了汉帝国城市地区的墓葬标准，不过，在拥有大多数西汉诸侯王国的当地东部，区域差异更加显著。参见宋蓉：《汉代郡国分治的考古学观察：以关东地区汉代墓葬为中心》，上海：上海古籍出版社，2016年。

52 关于这些发展的讨论，参见Korolkov, "Fiscal Transformation," 235-37。

53 关于西汉初期税收的货币化，参见〔日〕柿沼阳平：『中国古代货币经济史研究』，171—172页；以及Korolkov, "Fiscal Transformation," 234-35。

54 《史记》卷三〇，第1419页，卷一〇六，第2822—2833页；《汉书》卷二四下，第1157页。

55 关于古代东亚马匹繁殖的地理情况，参见 Jessica Rawson, Limin Huan and William Taylor, "Seeking Horses: Allies, Clients and Exchanges in the Zhou Period (1045-221 BC)," forthcoming in *Journal of World Prehistory*。关于明帝国西北方由国家管理的种马场，参见 Noa Grass, "A Million Horses: Raising Government Horses in Early Ming China," in Rotem Kowner, Guy Bar-Oz, Michal Biran, Meir Shahar and Gideon Shelach-Lavi, eds., *Animals and Human Society in Asia: Historical, Cultural and Ethical Perspectives* (Cham: Springer, 2019), 299-328。

56 《二年律令与奏谳书》，第322—323页，简519；Barbieri-Low and Yates, *Law, State, and Society*, vol. 2, 1140-41。

57 公元前199年，四个楚国贵族宗族与战国时代齐国的统治家族向关中移民（共有10万人），参见《史记》卷八，第386页；卷九九，第2720页；《汉书》卷一下，第66页。张家山出土的一份西汉早期案例记录也提到了这次移民，参见《二年律令与奏谳书》，第338—341页，简17—27；Barbieri-Low and Yates, *Law, State, and Society*, vol. 2, 1195-206。

58 李开元所著《汉帝国的建立与刘邦集团：军功受益阶层研究》（北京：三联书店，2000年），仍然是对西汉初年统治联盟最详尽的分析。关于战国旧贵族精英阶层对帝国集权秩序反抗的短暂兴起，以及随后在公元前208年至公元前195年间的秦汉政权更替战争及叛乱中的衰败，参见李开元：《汉帝国的建立与刘邦集团》，第74—118页。

59 参见 Yao, *The Ancient Highlands of Southwest China*, 168-76。

60 据《史记》记载，到了西汉初年，来自汉朝控制的四川盆地的商人，通过买卖西南高原的马匹、僰僮及牦牛，获取了巨额利润。参见《史记》卷一一六，第2993页。

61 关于公元前3世纪西南高原的墓葬中作为等级标志的、来自中原的物品，参见 Allard, "China's Early Impact on Eastern Yunnan," 28-30; Xiaotong Wu et al., "Resettlement Strategies," 6751-81。

62 宋蓉：《汉代郡国分治的考古学观察》。

63 《史记》与《汉书》这两部最早的正史在不同篇章中反复讲述了七国之乱。最

第 7 章　秦以后的南方边境

详尽的记述可见于叛乱领导者的列传。参见《史记》卷一〇六，第2821—2837页；《汉书》卷三五，第1903—1918页。
64　参见董平均：《西汉分封制度研究》，第218—219页。
65　关于针对汉武帝发动的"淮南谋反"以及淮南国与衡山国的废除，参见《史记》卷一一八，第3075—3098页。
66　大多数学者认为马王堆三号墓埋葬的是利苍之子。由于这位丞相不止有一位儿子，墓主身份仍有争议。相关的讨论，参见何介钧：《马王堆汉墓》，北京：文物出版社，2004年，第141—147页。
67　参见曹婉如等编：《中国古代地图集（战国—元）》，图20—22、25、26。
68　关于尹湾出土的档案，参见连云港市博物馆等编：《尹湾汉墓简牍》，北京：中华书局，1997年；以及 Michael Loewe, *The Men Who Governed Han China: Companion to A Biographical Dictionary of the Qin, Former Han and Xin Periods*（Leiden and Boston：Brill, 2004），38-88。
69　参见湖南省文物考古研究所编著：《沅陵虎溪山一号汉墓》，第118—122页。
70　参见长沙简牍博物馆等：《2003年长沙走马楼西汉简牍重大考古发现》，第57—64页。
71　吴王为吸引民众前往位于长江下游流域的吴国，采取了税收减免与其他措施，参见《史记》卷一〇六，第2822页。关于中央政府制定法律来对抗诸侯王引诱汉帝国臣民向诸侯王国移民的尝试，参见《二年律令与奏谳书》，第338—341页，简17—27；Barbieri-Low and Yates, *Law, State, and Society*, vol. 2, 1195-206。关于西汉初年长沙、南越及闽越人口迅速增长的考古证据，参见刘瑞：《秦汉帝国南缘的面相》，第369—371页。
72　《史记》卷一一三，第2969页。认为侵袭汉朝军队的疾病可能是疟疾的观点，参见张剑光：《三千年疫情》，南昌：江西高校出版社，1998年，第27—28页。
73　《史记》卷一一三，第2974—2975页。
74　Deopik, *Vjetnam*, 169.
75　Kim, *The Origins of Ancient Vietnam*, 203.
76　《汉书》卷二八下，第1628—1630页。
77　《史记》卷一一六，第2993页；《汉书》卷九五，第3838页。

78 《史记》卷一一六,第2995页;《汉书》卷九五,第3840页。

79 关于夜郎国的地理位置与族群构成,以及其在汉朝针对南越战略中发挥的作用,相关的讨论参见Herman, "The Kingdom of Nanzhong," 241-86。

80 《史记》卷一一六,第2994页;《汉书》卷九五,第3839页。

81 事实上约400年后,西晋帝国(266—316)征服红河下游流域时采用了这一战略。参见Herman, "The Kingdom of Nanzhong," 266。

82 根据传世史书,汉朝努力开辟穿越西南高原路线的动机之一,是相信通过这一路线可与中亚的大夏直接交流,后者不仅被视为潜在的贸易伙伴,也被视为抗击匈奴的盟友。参见《史记》卷一一六,第2995—2996页;《汉书》卷九五,第3841页。

83 Beaujard, *The World of the Indian Ocean*, vol. 1, 526.

84 《史记》卷一一六,第2993页;《汉书》卷九五,第3838页。

85 Yao, *The Ancient Highlands of Southwest China*, 181.

86 参见《汉书》卷九五,第3843—3847页。相关的讨论,参见Herman, "The Kingdom of Nanzhong," 256-60; Allard, "China's Early Impact on Eastern Yunnan," 30-31; Yao, *The Ancient Highlands of Southwest China*, 182。

87 《汉书》卷二八,第1543—1640页。

88 《后汉书》志第十九至第二十三,第3385—3554页。关于东汉及中古早期各类文献所见人口数量的详细分析,参见袁延胜:《东汉人口问题研究》,郑州大学2003年博士学位论文,第3—8页。

89 以西北诸郡为代表的一些地区更是如此。参见Wicky Tse, *The Collapse of China's Later Han Dynasty, 25-220 CE: The Northwest Borderlands and the Edge of Empire*(London and New York: Routledge, 2018),44-45。

90 袁延胜:《东汉人口问题研究》,第32页。

91 关于"蛮"在东汉时期起义反抗汉帝国当局,参见《后汉书》卷八六,第2831—2834页。近年来对文献证据的分析,参见Alexis Lycas, "The Southern Man People as a Political and Fiscal Problem in Han Times," *Monumenta Serica* 67.1(2019):145-64。

92 Chittick, *The Jiankang Empire*, 365.

第 7 章 秦以后的南方边境

93 刘瑞:《秦汉帝国南缘的面相》,第371—380页。

94 《史记》卷一一四,第2984页。

95 益州郡人口的增长,部分是因为汉帝国控制的云南领土在东汉时期大幅扩张。因此,除益州郡之外,汉朝还在公元69年设立了永昌郡这一新郡。参见《后汉书》志第二十三,第3513—3514页。相关的讨论,参见袁延胜:《东汉人口问题研究》,第32—34页。

96 Taylor, *The Birth of Vietnam*, 42-43.

97 关于秦汉时期岭南交通系统的讨论,参见 Demandt, "Reaching the 'Southern Wilderness,'" 157-94。

98 《后汉书》卷三三,第1156页。

99 《后汉书》卷八六,第2836—2837页。关于征氏姐妹的叛乱,亦可参见 Taylor, *The Birth of Vietnam*, 28-32。

100 在岭南战役中,马援军中的北方士兵似乎的确大量死于当地疾病。汉朝将领段志甚至在战前就病死于合浦(位于今广西壮族自治区)。参见《后汉书》卷二四,第838页。由于南方士兵会留在他们故乡的郡,马援军中返回汉帝国都城的士兵可能都是北方人,其中半数据称死于在岭南感染的未知疾病。参见《后汉书》卷二四,第840页。

101 吴国创立者孙坚(155—191)在担任长沙郡郡守时开始掌权。参见《三国志》卷四六,第1095页。

102 《史记》卷一一三,第2977页。其中,儋耳与珠崖两郡分别在公元前82年与公元前46年被废除,因为汉帝国不再管理海南岛。参见《汉书》卷七,第223页;卷九,第283页。

103 《史记》卷一一六,第2991—2998页。

104 具体包括哪些郡仍有争议。一些学者主张,南越国的核心区域南海郡并非"初郡",这与文献证据相反。参见刘瑞:《秦汉帝国南缘的面相》,第60—62页。关于西汉在南方的"初郡"制度的讨论,参见胡绍华:《浅析汉朝初郡政策的历史作用》,《商丘师范学院学报》2003年第6期,第10—14页;胡绍华:《一个被史学界忽视的问题:汉朝的初郡政策》,《商丘师范学院学报》2006年第1期,第58—62页。

105 《史记》卷三〇,第1440页;《汉书》卷二四下,第1174页。

106 刘瑞:《秦汉帝国南缘的面相》,第64页。

107 Allard, "Frontiers and Boundaries," 245; Yao, *The Ancient Highlands of Southwest China*, 211-14.

108 《汉书》卷九五,第3843—3847页。

109 考古学家近年来将汉朝对滇中湖泊流域的整合,描述为一系列的贸易、军事、行政与移民。移民自公元1世纪开始一同到来,这标志着"汉帝国主义"的新阶段,且与汉朝城市地区的器物与习俗彻底取代当地物质文化有关。参见 Wu et al., "Resettlement Strategies and Han Imperial Expansion into Southwest China," 6751-81。

110 一些学者认为,东汉时期云贵高原的汉郡户籍人口显著增长,是汉朝官吏将承认帝国权威的高原人口载入户籍的结果。参见袁延胜:《东汉人口问题研究》,第32—33页。其中一些人此后可能移民到了距离汉朝势力中心更近的地区,并接受了汉朝的城市文化。

111 桂阳郡与武陵郡将当地部落民众载入了户籍,并引入了定期征税,参见《后汉书》卷七八,第2459页;卷八六,第2833页。公元35年,武陵、桂阳、零陵与长沙四郡对当地居民进行了军事动员,不到十年,这些地区就已成为马援的征兵基地,参见《后汉书》卷一七,第661页。关于东汉早期对越南北部及中部诸郡的文化同化政策,参见《后汉书》卷八六,第2836页。相关的讨论,参见刘瑞:《秦汉帝国南缘的面相》,第60—66页;以及 Lycas, "The Southern Man People as a Political and Fiscal Problem in Han Times," 145-64。

112 关于这个"汉朝—越南"社会的讨论,参见 Taylor, *The Birth of Vietnam*, 37-45。虽然一些移民是出于自愿,但也有一些人是被判处永久移民南方诸郡的罪犯。据《后汉书》记载,他们促进了王莽统治时期及东汉初年汉朝社会规范("礼化")与汉语的传播。参见《后汉书》卷八六,第2836页。

113 参见 Higham, *The Archaeology of Mainland Southeast Asia*, 292-96;以及 [日]宫本一夫:「ベトナム漢墓から見た士燮政権」,黄暁芬、鶴間和幸編:『東アジア古代都市のネットワークを探る——日・越・中の考古学最

第 7 章 秦以后的南方边境

前線──』，東京：汲古書院，2018年，83—95頁。关于南海郡重要的岭南港口之一（参见图7.2）合浦（位于今广西壮族自治区）出土的双层房屋陶土模型，参见Zhixin Jason Sun, ed., *Age of Empires: Art of the Qin and Han Dynasties*（New Haven and London: Yale University Press, 2017）, 213。

114 Higham, *The Archaeology of Mainland Southeast Asia*, 294.

115 Donald Wagner, *Iron and Steel in Ancient China*（Leiden: Brill, 1993）, 86-90。瓦格纳（Wagner）在后续研究中修改了关于中国冶铁起源的观点，转而支持西北地区，并认为冶铁是通过新疆与甘肃走廊由西部传来。参见Needham and Wagner, *Science and Civilisation in China*, Vol. 5: *Chemistry and Chemical Technology*, Part 11: *Ferrous Metallurgy*, 88-97。

116 高至喜：《湖南楚墓与楚文化》，第275页。

117 同上，第277页。

118 Charles Higham, *The Bronze Age of Southeast Asia*（Cambridge: Cambridge University Press, 1996）, 104-7.

119 关于秦汉帝国南方地区铁器考古发现的总结，参见白云翔：《先秦两汉铁器的考古学研究》，北京：科学出版社，2005年，第313—324页。

120 广州市文物管理处：《广州秦汉造船作坊遗址试掘》，《文物》1977年第4期，第1—17页。

121 参见广州市文物管理委员会等：《广州汉墓》，第159—165页；广西壮族自治区博物馆编：《广西贵县罗泊湾汉墓》，北京：文物出版社，1988年；广州市文物管理委员会等：《西汉南越王墓》，北京：文物出版社，1991年，第101—112页；以及赵善德：《先秦秦汉时期岭南社会与文化考索》，第200—203页。

122 参见黄展岳：《南越国出土铁器的初步考察》，《考古》1996年第3期，第51—61页；白云翔：《先秦两汉铁器的考古学研究》，第317—318页。

123 蒋廷瑜：《广西汉代农业考古概述》，《农业考古》1981年第2期，第61—68页。

124 可参见如徐恒彬：《广东佛山市郊澜石东汉墓发掘报告》，《考古》1964年第9期，第448—457页。

125 参见《后汉书》卷七六，第2459、2462页。

126 征氏姐妹叛乱后，汉朝将领马援在平定交趾郡期间采取了一整套措施，参见《后汉书》卷二四，第839—840页。关于汉帝国南方水利工程的讨论，参见杨振红：《农田与水利》，林甘泉主编：《中国经济通史·秦汉经济卷》，第139—185页，尤其是第162—165页。

127 参见刘瑞：《秦汉帝国南缘的面相》，第380—389页，其中提及了相关地区的考古报告。

128 Wu et al., "Resettlement Strategies and Han Imperial Expansion into Southwest China," 6773-75.

129 刘瑞：《秦汉帝国南缘的面相》，第371—389页。

130 陈博：《从中心到边疆——汉帝国城市与城市体系的考古学研究》，北京：科学出版社，2016年，第124—129页。

131 关于政府在军事上控制当地时，两个城邑带可能发挥的作用，参见陈博：《从中心到边疆》，第127—129页。

132 根据近期的计算，湖南与岭南地区出土的2020座随葬品保存完好的秦汉墓葬中，有1198座墓葬（59.3%）出土了青铜钱币，这些钱币在其中的269座墓葬（13.3%）内是唯一的青铜物品。参见刘瑞：《秦汉帝国南缘的面相》，第255页。

133 参见赵善德：《先秦秦汉时期岭南社会与文化考索》，第189—195页；Allard, "Globalization at the Crossroads," 454-69; Beaujard, *The World of the Indian Ocean*, vol. 1, 552-55。

134 相关的总结，参见 Shelach-Lavi, *The Archaeology of Early China*, 327-28。

135 Allard, "Globalization at the Crossroads," 467.

136 参见 Yao, *The Ancient Highlands of Southwest China*, 198；以及 Wu et al., "Resettlement Strategies and Han Imperial Expansion into Southwest China," 6761。

137 广州市文物管理委员会等：《广州汉墓》；杨勇：《战国秦汉时期云贵高原考古学文化研究》，北京：科学出版社，2011年，第325—329页；Allard, "Frontiers and Boundaries," 248。

138 关于新式墓葬建筑在西汉晚期至东汉时期的传播，可参见如 Susan Erickson,

"Han Dynasty Tomb Structures and Contents," in Nylan and Loewe, eds., *China's Early Empires*, 13-81。

139 参见赵善德:《先秦秦汉时期岭南社会与文化考索》,第218—222、241—242页。关于蜀郡与广汉郡(均位于四川)的帝国作坊,以及番禺(南海郡)与布山(郁林郡)的官营作坊所生产漆器的考古发现,参见孙机:《汉代物质文化资料图说》,上海:上海古籍出版社,2008年,第91—99页。

140 关于汉朝城邑在东汉时期向交趾郡郡治赢娄(Luy Lâu)的扩张,参见黄晓芬:「漢帝国南端の交趾郡治を掘る」,黄晓芬、鹤间和幸编:『東アジア古代都市のネットワークを探る』,11—29頁。

141 关于在公元前2世纪至公元前1世纪晚期的繁荣鼎盛时期,罗马帝国社会精英与次级精英消费水平的提升与"消费主义"的兴起,可参见如 Ian Haynes, "Britain's First Information Revolution. The Roman Army and the Transformation of Economic Life," in Paul Erdkamp, ed., *The Roman Army and the Economy* (Amsterdam: J. C. Gieben, 2002), 111-26; Bruce Hitchner, "'The Advantages of Wealth and Luxury': The Case for Economic Growth in the Roman Empire," in J. G. Manning and Ian Morris, eds., *The Ancient Economy: Evidence and Models* (Stanford: Stanford University Press, 2005), 207-22; 以及 Kevin Greene, "Learning to Consume: Consumption and Consumerism in the Roman Empire," *Journal of Roman Archaeology* 21 (2008): 64-82。

142 《后汉书》仅记载了严重影响整个郡的重大起义。参见《后汉书》卷八六,第2829—2868页。

143 Taylor, *The Birth of Vietnam*, 45-55.

144 参见 Liu Shufen, "The Southern Economy," in Albert Dien and Keith Knapp, eds., *The Cambridge History of China*, Vol. 2: *The Six Dynasties, 220-589* (Cambridge: Cambridge University Press, 2019), 330-54, esp. 337-46.

145 Churchman, The People Between the Rivers, 142.

146 同上,第149页。

147 关于公元前一千纪后半期至公元后一千纪之间使用鼓的文化网络的地理范

围,参见 Higham, *The Archaeology of Mainland Southeast Asia*, 204-7; 以及 Peter Bellwood, *Prehistory of the Indo-Malaysian Archipelago, Revised Edition*(Honolulu: University of Hawai'i Press, 1997), 278。对于东南亚沿海与高原地区使用鼓的社会的生活方式,以及跨越地理边界(亦即红河三角洲与云南之间)传播的铜鼓及相关生产技术与艺术传统的交换网络,揭示两者关系的鼓的图像研究,参见 Psarras, "The Han Far South," 757-74; Ambra Calo, "Heger I Bronze Drums and the Relationships between Dian and Dong Son Cultures," in Elisabeth Bacus, Ian Glover and Peter Sharrock, eds., *Interpreting Southeast Asia's Past: Monument, Image and Text. Selected Papers from the 10th International Conference of the European Association of Southeast Asian Archaeologists*, vol. 2(Singapore: National University of Singapore Press, 2008), 208-24; Calo, *The Distribution of Bronze Drums in Early Southeast Asia: Trade Routes and Cultural Spheres*(Oxford: Archaeopress, 2009), 62; Kim, *The Origins of Ancient Vietnam*, 126-31。

148 Churchman, *The People Between the Rivers*, 35.

149 引用自 Richard Cooler, *The Karen Bronze Drums of Burma: Types, Iconography, Manufacture and Use*(Leiden: Brill, 1995), 8。

150 参见 Scott, *The Art of Not Being Governed*, 122-26; Bellina et al., "Southeast Asian Early Maritime Silk Road," 102-20。

151 可参见如 Taylor, *The Birth of Vietnam*; Churchman, *The People Between the Rivers*, 68-75。

152 这并不意味着没有进行过任何尝试。关于蒙元帝国在公元13世纪晚期对越南的入侵,以及明朝在1407年至1427年间对越南北部及中部的征服(所谓第四次北属时期),参见 Morris Rossabi, "The Reign of Khubilai Khan," in Herbert Franke and Denis Twitchett, eds., *The Cambridge History of China, Vol. 6: Alien Regimes and Border States, 907-1368*(New York: Cambridge University Press, 1994), 414-89, esp. 482-88; Hok-lam Chan, "The Chienwen, Yung-lo, Hung-hsi, and Hsüan-te Reigns, 1399-1435," in Frederick Mote and Denis Twitchett, eds., *The Cambridge History of China*,

## 第 7 章　秦以后的南方边境

Vol. 7：*The Ming Dynasty, 1368-1644*，Part I（New York：Cambridge University Press，1998），182-304，esp. 229-31；以及 Baldanza，*Ming China and Vietnam*，15-76。

153　关于公元 8 世纪至 9 世纪间控制云南大部分地区的南诏国，以及同一地区被蒙古人摧毁的大理国（937—1253），参见 Backus，*The Nan-Chao Kingdom*；and Bin Yang，*Between Winds and Clouds: The Making of Yunnan（Second Century BCE to Twentieth Century CE）*（New York：Columbia University Press，2008），262-81。关于蒙古人对云南的征服，参见 Anderson，"Man and Mongols，" 106-34。

## 第8章

## 结语：网络、帝国、世界体系
## ——东亚南部与早期中华帝国的动态

西汉时期，人们已在追问秦帝国为何向南方进军这一问题。《淮南子》是公元前2世纪30年代成书于诸侯王国淮南国的一部文集，其作者讨论秦始皇对匈奴与越人的战争时，注意到了对匈奴战争中的政治与军事因素，以及对越人战争中的经济因素。促使秦远征北方的是来自草原游牧民的威胁，据称秦始皇曾收到一部写着"亡秦者胡也"的符命图录之书。在南方，秦始皇则被"越之犀角、象齿、翡翠、珠玑"等异域贸易货物所吸引。[1]

虽然几乎没有关于秦代战略的精确历史记述，但上述叙事可能的确反映了汉朝征服东亚南部的事实。秦的扩张虽然短暂，但通过输入新的器物、习俗与制度，如铁具、铸币、税制及城市化，并通过加强既有的手工业和贸易，从根本上影响了当地的互动网络。汉朝外交官利用这些联系来建立军事同盟，战略家则利用这些联系来制订战争计划。武帝进攻南越前，实施了绘制岭南与西南高原贸易网络地图的侦察任务。战役开始前，汉朝确认了其贸易伙伴南越会因对汉朝丝绸的需求而转向帝国市场。[2] 相似地，汉朝在收到关于处在其控制下的四川盆地与西南方的身毒（通常被视作印度，汉朝的商品从那里再出口至大夏）间贸易路线的情报后，才在四川南部及云南地区开展外交、军事与基础设施建设行动。[3] 商业路线即使未被视作必要前提，至少也被视作政治军事扩张的一个重要因素。它提供了交通路线，也促进了同盟的建立。

作为全书最后一章，本章结合了东亚帝国网络与世界体系分析，前者的复杂发展轨迹是本书的核心主题之一，后者则将社会间的网络解释为拥有不同组织原则（互惠、再分配及市场）的体系，其中体现了结构要素的层次性：积累资本且技术先进的核心地区、供给资源的外围地区，以及过渡性的半外围地区。[4] 帝制中国通常被视作一个典型的前现代世界体系，[5] 本章第一节将讨论这一界定是否合理，世界体系（或世界帝国）与帝国网络有何区别，以及两者间是怎样互相转化的。第二节运用"半外围"这一世界体系研究中的关键概念之一，以理解东亚南部在中华帝国的国家、社会及经济长期转型中发挥的作用。

## 东亚世界体系的形成：从帝国网络到世界体系？

将贸易关系用作外交与征服手段，反映了经济思想与财政政策在西汉中期的根本改变。被经济史学家万志英（Richard von Glahn）称作"军事重农主义国家"（military-physiocratic state）的政治经济体制形成于战国中期的秦国，它侧重于动员劳动力、

## 第 8 章 结语：网络、帝国、世界体系——东亚南部与早期中华帝国的动态

对农产品直接征税以及对实物收入集中再分配，对市场的依赖微乎其微，而该体制的衰落正是上述转变的先兆。[6] 事实证明，这种国家财政组织在秦扩张的早期阶段尚属高效，在国家领土规模超出中央的管理与监督能力时却无法继续维持，并最终导致了秦帝国因过度扩张而崩溃这一经典事例。[7]

秦统治的社会经济影响在很大程度上是由于其命令经济能够在短时间内积累资源、调配人力、组织生产、规划社群，并加强物资、商品、技术与知识的长途流通。这一帝国网络的构建并非从零开始，而是以既有的区域间连通性为基础。它沿着重要的交通走廊，并且在行政与军事基础设施节点附近稀疏地延伸，但几乎未渗透至周边的腹地。虽然有这些限制，但帝国网络仍为广泛的社会群体提供了新视野——生存的改善、更高效的财富积累手段、权力合法化的新途径——即使秦帝国当局垮台后，这些新视野也难以舍弃。

与此相反，政治中心的暂时削弱，使得全局性及地方性调整得以实现，从长远来看，这些调整强化了帝国网络。秦帝国时期的财政体制已开始向以货币税为主过渡，而国家经济的紧缩加速了这一进程，其中商业收益的作用日益重要。[8] 随着以现金征收的户赋首次被引入，西汉最初数十年间货币权力的下放，是区域经济货币化及市场扩张的关键原因之一。[9] "汉朝物质文化"的兴起，尤其是其精英型式，如青铜器、漆器与纺织品等标准化、高品质的商品，它们由官营及私人作坊生产，并通过市场及帝国的赏赐而流通，或许应被视为市场成熟的结果，而其确切机制仍有待文献证明。[10]

在社会层面促使这些改变发生的原因：一是新精英与次级精英阶层的形成，其地位与在帝国机构中的任职有关；二是西汉早期跨越帝国南方边境的混合政权的发展，这有助于城市消费水平的传播，且这些政权的经济运作也依赖于引入的工具与技术，如南越对铁和钢的引进。[11]

当一个地区对自然资源输出的依赖使其面临不利的市场波动，且这一影响会对当地人口造成潜在的灾难性后果时，上述对帝国贸易网络的依赖就可能会导致经济的边缘化。这可以合浦郡为例加以说明，它位于南海沿岸（今广东省与广西壮族自治区），在东汉时期高度专注于珍珠采集，以至于珍珠资源耗尽且贸易路线改变后，当地人口因为开始依赖从邻郡交趾郡进口的食物而沦落至忍饥挨饿的境地。[12] 汉朝的精英阶层消费者觊觎珍珠，这是南方贸易中最重要的物品之一。交趾郡郡治（位于今越南北部河内东北方的羸娄）是当时汉朝控制的南海沿岸最重要的聚落，也是将南方商品运往北方的贸易中心。[13]

合浦郡凸显了东亚南部区域间连通性的新特征。当代早期的经济史学家一直强调区域专业化（interregional specialization）是当代全球世界体系的根本特征，出口原材料的外围地区在这一体系中与资本富足、技术先进的制造业核心地区开展不平等的贸易。[14] 尽管一些考古学家认为，区域核心与外围早在新石器时代已形成于东亚各地，[15] 但其专业化程度及对所涉及社会的影响，甚至所谓"核心"的中心地位都有争议。[16] 东周时期的经济转型，尤其是中原的城市化与商业扩张，[17] 促进了中国北方宏观区域核心的形成。其他地区，特别是长江中游地区，可能也经历了相似的发展

## 第8章 结语：网络、帝国、世界体系——东亚南部与早期中华帝国的动态

（参见第2章），这为两个世界体系的最终出现创造了机遇。秦的征服缩短了这一进程，但并未永久消除东亚南部其他潜在的发展轨迹，且正如下文所述，秦的征服还可能在某些方面强化了这些发展。

西汉帝国标志着东亚世界体系形成的新阶段。其统治者在秦失败的方面取得了成功，将中原的商业城邑中心及关中的政治军事核心，与战国时秦国中央集权式的经济管理传统整合到了单一的政治经济中，中央政府在其中通过国家对市场的参与而日益获取财政权力。据估算，西汉中央政府在公元前1世纪的收入绝大多数来自盐铁专营。[18] 铁具的生产与销售受官吏控制，盐必须以固定价格出售给政府，继而在国家经营的销售体系中售卖。[19] 正如西汉中期实施的其他关键经济政策一样，盐铁专营的盈利都依赖于私人市场的繁荣。[20]

关中在历史上是中原、西部高原与长江流域间最重要的门户（参见第3章），而且以关中为基地的秦国是中华世界向东亚低地外围扩张的原动力。中原的商业利益与以关中为基地的国家扩张紧密结合——西汉帝国不仅继承了秦国在战国晚期的领土格局，也接管了位于关中的都城地带——这是东亚核心地区巩固的最后阶段。这种结合在很大程度上促成了一种有力的、自我强化的帝国扩张与整合机制。特别是以货币税、官方支出、官方货币供给及基础设施建设为代表的国家政策，不仅有利于商业流通的扩展，也反过来增加了官方的收入，并使遥远的领土可持续地融入帝国网络。

公元1世纪时，东亚南部充斥着汉朝官营工业的产品及当地的

仿制品。汉朝官吏先将钢铁铸造等汉帝国最先进的生产技术移植到南方诸郡，这反之也使南方诸郡将更多当地物产输出至北方的汉帝国中央。[21] 公元初年前后，东亚帝国网络内流通着一系列商品、物资、生产技术与艺术形式，其范围之广，足以创造整个汉帝国内的城市消费生活方式，其中既包括批量生产器具的使用，也包括范围不断扩大的奢侈品。这种生活方式扎根于整个帝国内繁荣的城邑中心。[22]

公元前4世纪晚期至公元前2世纪间，在秦汉的征服过程中，东亚形成了帝国网络，对于将其描述为"世界帝国"，笔者在全书中始终保持谨慎态度。"世界帝国"在世界体系分析中被广泛用于描述大规模的经济整合，源于由波兰尼提出的经济互动类型：互惠（对应于沃勒斯坦的"微型体系"）、再分配（对应于世界帝国）以及市场（对应于现代资本主义世界经济）。[23] 与世界经济不同，世界帝国受到单一政治中心的控制，这一中心依赖于从众多整合程度较弱的经济体中强制征收的贡品来积累盈余，以便在通常也位于核心区域的军队及精英阶层支持者间进行再分配。[24] 在这样的体系中，长途贸易主要限于高价值的贵重商品与物资（"奢侈品"）。[25] 也有学者主张，再分配的世界帝国是世界体系连通性在前现代时期的典型结果，政治单位在当时会沿着经济互动路线延伸，直至包容整个世界体系为止。[26]

至此便很容易发现本书的分析与世界帝国模式有何不同。首先，笔者认为，对于东亚在汉代以前的区域间连通性，将其理解为几个重叠且时有竞争的互动空间更为切合，而非一个主导性的世界体系或帝国等。秦在扩张过程中，通过将其对区域间连通网

第8章 结语：网络、帝国、世界体系——东亚南部与早期中华帝国的动态

络的政治巩固与积极主动的经济管理相结合，为国家工程调动当地人口及资源，促进了一个帝国网络的形成——资源、商品、民众与知识的流通结构，这一结构依赖于国家保障的安全、组织以及物资与劳动力投入。这一网络中的各种要素虽然最初是为了服务于国家目标（军事扩张、领土控制及征税），但其作为整体，对于参与其中的社会及当地经济产生了溢出效应。在笔者看来，这对其在秦覆灭后的存续至关重要。同时，在帝国的大部分领土（尤其是在"新地"）之上，秦帝国网络并非调整政治身份或军事组织的唯一框架，更不是调整经济交易的唯一框架，甚至可能并非主导框架。这一帝国网络是众多可用的互动结构之一，其中每一种互动结构都各有其优势，也带来了各种代价。

其次，笔者认为，东亚世界体系的发展可追溯至汉代，不能被简单地视作由市场驱动的区域专业化（世界经济模式），或是向单一政治军事核心主导的依附性再分配体系的整合（世界帝国模式）。随着秦帝国分崩离析，政治集权程度的降低、命令经济的弱化以及向以商业为基础的国家财政转型，推动了帝国网络的显著强化，以及政府的经济部门在公元前2世纪末首次采用了以市场为导向的新形式。公元初年前后，帝国跃升为政治、经济及文化互动的最重要框架，这体现在整个汉帝国内消费生活方式的相似性。尤其在东亚南部，这种跃升也体现在汉帝国面对地方反抗愈演愈烈时的强硬态度，而反抗本身就源于汉帝国官吏强迫腹地人口进入国家空间这一更激进的行动。如果排除"世界帝国"中不必要的内涵，这一术语或许能够概括帝国网络的上述新特征。[27]

不过，运用"帝国网络"这一术语时也不应忽视以下事实：对

于其中想要实现自身目标并确立身份认同的个人与社会而言，帝国网络虽是一种有效且有吸引力的方式，但依然只是数种方式之一。在东亚南部，互动的其他形式与方向——即其他互动网络——在整个汉代持续存在。正如上一章结尾所提示的那样，这些互动网络在部分地区的弱化或消失，并不意味着不会在其他地区复兴。其中一些互动网络将中华世界帝国与其他欧亚非世界体系连接在了一起。世界体系学者将这种过渡空间称为"半外围"，即位于核心与外围地区间或几个核心地区间，结合了类似核心与外围地区的经济组织形式的地区。它们被视为系统性创新的地区，"可能产生改变体制结构的新制度形式"。[28] 本书最后一节概述了非帝国网络在古代晚期及中古早期对东亚南部半外围地区转型的影响，并认为这一进程对于中华帝国在汉末以后的发展至关重要。

## 超越边疆：东亚南部半外围地区的转型及中华世界体系的发展

人们观看早期中华帝国的地图时，会不禁将长江以南地区视为黄河流域帝国核心地区（关中及中原）的外围。但其并非遥远的外围：公元初年，东亚南部这一地理空间被划分为多个汉郡，且至少在形式上，由汉朝官吏统辖。当地城邑的居民使用铸造于汉帝国都城的汉朝钱币，以购买遥远都城作坊的产品或当地的仿制品，工匠们则新学会了如何制造钢犁与时兴的富有光泽的漆器餐具。他们去世后会被埋进墓葬，这与远在北方的都城周围散布的墓葬

## 第8章 结语：网络、帝国、世界体系——东亚南部与早期中华帝国的动态

相似。此外，他们可能意识到了皇帝的存在，且意识到了他们所在的乡里、县与郡皆属于"汉家天下"这一更广阔的政治世界。

其中一些人或许曾听闻更南方及西南方的人们，他们居住在海洋对岸或群山深处，哪怕是在形式上，也从未成为帝国臣民。对于立足北方的中华世界观察者而言，这些土地与海洋在秦汉时期仍是"未知区域"，[29] 直至东汉时期它才开始被绘制成地图。[30] 相反，东亚南部的很多人们同时参与了两个世界。从世界体系的视角来看，他们处在半外围地区：当地与这一体系核心地区的联系相对密切，享有获取核心地区技术的渠道，且能够进行类似的技术密集型制造。[31]

然而，世界体系的分区——界定核心、半外围与外围地区——远不只是测量与政治中心间的距离那么简单。首先，这些地区与官方的政治行政边界并不一致，后者在汉代的东亚南部通常模糊且备受争议。[32] 更确切地说，是地形与水文界定了世界体系内每个地点的位置，其中"地形阻力"（friction of terrain）的大小与每个地区融入长途连通网络的程度成反比。[33] 因此，紧邻长江以南的山地高原上孤立的人口与帝国经济及行政间的关联，可能远不如其南方数千公里外的红河三角洲肥沃农业平原上的人口。

不论是否正式融入了核心国家的行政组织结构，通航河流沿岸或沿海的农业河谷社群都更可能参与跨区域贸易，与为遥远市场进行生产的工匠群体共同发展贸易港口，并吸引商人、熟练的移民工匠，从而吸引来自核心地区的技术转移。这些社会通常会成为核心地区与偏远腹地间的中介。腹地同时会经历外围化（peripheralization）的进程，成为进行劳动密集型资源开采与供给

281

原材料的地区。[34] 这种融入世界体系及（半）外围化的模式可见于汉帝国南方。如第7章所言，东汉初年，合浦郡沿海的珍珠采集者不得不将珍珠售往交趾郡这一邻近的区域枢纽，珍珠可能在那里经过增值加工后再被运往北方。

不过，东亚南部的社群虽然附属于帝国，但也参与了非帝国网络。其中最广阔且目前了解最为充分的一个网络，涉及公元前后数世纪间南海沿岸的贸易港口，当时长途海上贸易随着帝国的巩固与东亚、南亚经济的商业化而得以加强。南海网络超出了帝国边境，包含今中国的东南沿海地区，以及东南亚大陆与岛屿，最远一直延伸至印度洋。[35] 其中的港口社群在手工艺品、技术及装饰风格上面向的是印度次大陆，而较少面向中华世界。[36] 但中华世界即使没有为当地的政权建设提供蓝图，似乎至少也提供了某些借鉴。[37]

近期的考古发掘表明，南海网络的贸易港口，如位于泰国与广西合浦的克拉地峡（Kra Isthmus）的三乔山（Khao Sam Kaeo）（参见图8.1），发展了精巧的手工业，其中利用了很多源于南亚的各类进口物资与手工传统，以生产一系列具有南海特色的高价值物品。这些物资与产品在文化习俗、符号系统及审美偏好相同的沿海城邑精英阶层间流通。这些贵重商品的网络，可能有助于集权贸易国家内政治权力的巩固、政权同盟的团结，以及精英身份的建构。[38]

帝国南方在东汉初年对这一经济网络的参与，可由考古发现的南海风格的物品证实，如多面体金珠及玻璃与石制饰品。其中一些物品由培养于南亚手工传统的当地工匠制造，[39] 另一些物品则进

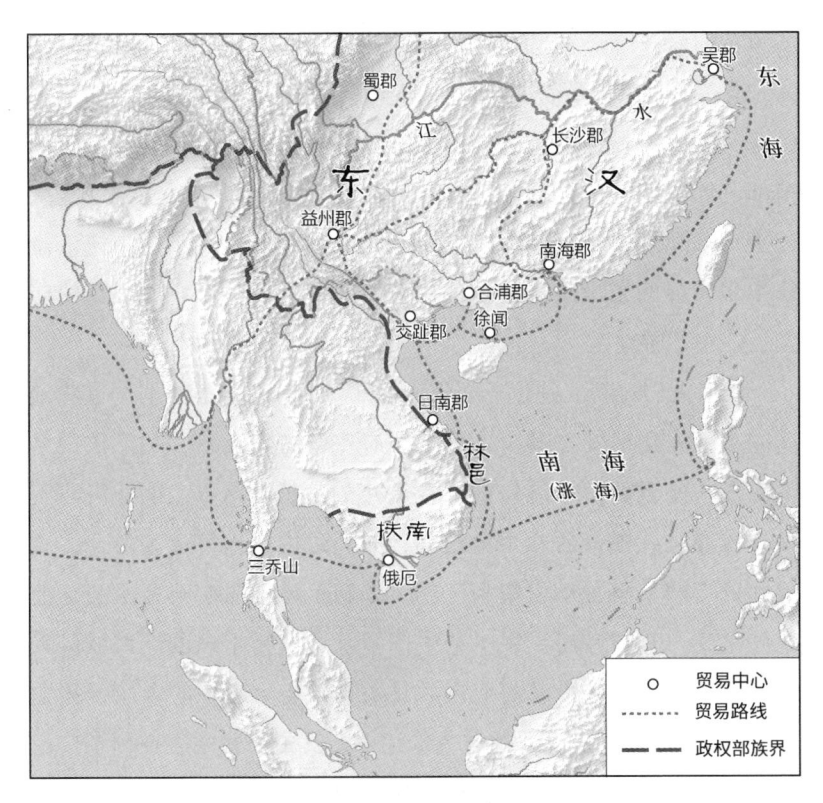

第 8 章 结语：网络、帝国、世界体系——东亚南部与早期中华帝国的动态

图8.1 公元2世纪的南方贸易网络

口自远至克拉地峡的手工艺中心，当地可能专门为东亚南部的市场进行生产。约在同一时期，广西以出口为导向的玻璃作坊，将其产品运往越南北部沿海的汉郡，并转而运往红河沿岸的高地，以及泰国南部与印度东南沿海等远在帝国领域之外的地区。[40] 汉朝也出口青铜器、镜子、印章（除非泰国南部出土的物品是汉朝商人留下的，而非当地人使用的，他们未必意识到了物品的原始功能）与陶罐，其中大部分来自岭南，但也包括来自长江下游地区

的独特的绿釉器皿，这可能被用于盛放其他物品。[41]

有关这种南海消费文化的证据，最密集地集中于合浦与番禺等沿海重要贸易城邑及周边，但金珠饰品等典型物品在整个汉帝国南部流通，最北远至长江中游地区。[42] 一种独特的南方青铜业也兴起于东汉早期，其特有的纹饰受到公元前一千纪后半期南海沿岸非中华世界的东山冶金传统的影响，其产品的分布主要限于岭南及长江中下游地区。[43]

虽然人们对新兴的位于南海网络北端的汉朝城邑中心与其腹地间的关系，仍然知之甚少，但近期有一个考古项目，关注该网络最南端一座重要贸易港口内部及周边的遗址。结果表明，沿海贸易政权在公元前最后两个世纪间，与周边内陆地区逐渐融合。腹地社群专门从事劳动密集型工作，如转运、金属矿石开采及林业产品采集，并与专注于手工艺生产及长途贸易组织的港口城邑人口开展贸易。这些沿海商业中心日益扮演着宗教中心及政治同盟发起地的角色。[44] 公元后的数个世纪中，其中一些中心控制了广泛的腹地，并发展成为地方政权，如越南中部沿海的林邑与湄公河三角洲的扶南。[45]

兴起于南海沿岸及其河流延伸地带的这一贸易政权网络，挑战了世界体系中"核心—外围"关系的定义。一方面，这一网络作为整体是东亚及南亚核心地区的半外围，其典型特征包括：技术与文化的效仿及从核心地区引入的熟练工匠（主要来自南亚）；对核心国家（尤其是中华帝国）政治声望或权威的承认；以及处于核心与外围间的中介位置。另一方面，南海世界北部融入中华帝国后，开始走上一条独特的发展轨道，这在很大程度上塑造了其半外围

## 第8章 结语：网络、帝国、世界体系——东亚南部与早期中华帝国的动态

的特征，尤其是其经济与政治向东亚而非南亚核心地区的转向。事实上，汉帝国南方领土的历史通常是被置于东亚中华世界的历史中进行考察的，其对南海这个非帝国且多政权并存的世界的参与，才刚开始得到承认。[46]

但若认为这两种互动结构的参与是互相排斥的，并将汉朝的征服视为强行割裂一部分群龙无首的南方网络的决定性事件，同样具有误导性。相反，在汉代，东亚南部社群的帝国与非帝国互动似乎是相辅相成的。正如本书所主张的那样，公元前后的两个世纪间，东亚南部城市化、货币化及共享的消费标准的形成，在很大程度上是当地人口参与中华帝国网络的结果，同时也是南海地区贸易加强的原因。

在公元后两个世纪间，随着帝国经济对东亚南部的影响达到顶峰，其对南海贸易的参与也达到了顶点。上文所述南海风格的物品在东亚南部的流通，可能证明了以城邑为中心的贸易与手工业社群在沿海地区及岭南与长江流域间的通航河流沿岸的活动（参见图8.1），这或许有助于中华帝国精英阶层日益意识到南海世界及其独特的生活方式。《汉书》所载著名的航行记录正反映了这一点，[47]并且也凸显了这些沿海政权与南方汉郡在"民俗"方面的相似性。

除了热带特产及利用南亚手工技术与物资进行的生产，南海网络也提供了另一种政治经济组织，即各自独立且互相竞争的政权共同体，它们参与了贸易与外交领域的交流，且拥有共同的佛教文化。只要中华帝国体系的核心依然稳定，这种政治模式对其就没有重要影响。但汉帝国在公元2世纪晚期开始瓦解，在长江中下

游流域及四川地区出现了与其竞争的中心,这危及了中国北方的政治中心地位。西晋(280—316)完成了并不稳固的重新统一后,游牧民在公元4世纪初征服中原,北方的核心地区陷入低谷,这使朝廷迁往了长江下游。[48]

由于中央政府的衰弱与内在的不稳定,拥有土地的"大族"对乡村地区的控制,以及都城所处的重要水运贸易路线的交汇位置,西晋与随后的东晋及南朝(317—589)在南方海洋贸易世界沿线重组了其核心地区,这促使了被戚安道称为"中国—东南亚"海洋空间(Sino-theast Asian zone)的形成。政府收入高度依赖于来自私人贸易的税收,而非官方垄断,后者曾是汉帝国以市场为导向的财政政策达到顶峰时的支柱。与东南亚国家相似,南方帝国宗室成员与官员积极地参与国内与海外贸易。[49]政府将乡村家庭载入户籍,向其征税的能力也有所下降,有效的行政控制缩减到城邑,这些城邑以当地地主或部落首领为中介,来协商其与供给资源的腹地之间的关系。[50]中央政府在这一时期恢复领土控制的尝试,在大多数时候都有限或未获成功。[51]

与此同时,南方国家成了海上跨国网络的成员。公元3世纪初至7世纪初,南海国家派出了100多个外交使团访问南方朝廷,后者也派出官方使者作为回应。[52]公元4世纪至5世纪,这一基于海洋的外交网络进一步向北延伸,远至朝鲜半岛及日本群岛等地区。[53]在东亚南部,海上贸易路线是佛教传播的主要渠道,而佛教与城邑商人群体联系密切。[54]南方帝国统治者与同时代的东南亚"佛国"相似,同样为实现政治合法性而利用了佛教文化。[55]

这一贸易城邑群岛[56]商业繁荣,集权程度低,接受外部文化影

## 第8章 结语：网络、帝国、世界体系——东亚南部与早期中华帝国的动态

响，且周围环绕着自治程度很高的农业与部落腹地，看起来与秦汉帝国差异很大，而与其东南亚邻国相当类似。[57] 这一"半外围化"核心地区的发展轨迹在公元589年被打断，当时南方帝国最后一个国家被北方的隋帝国军队攻陷，后者是最晚近且最强大的一个中华—游牧政权，它将草原军事技术与由中央集权式官僚国家管辖农业经济的中华帝国传统相结合。[58]

隋唐的统一虽然预示着中国—东南亚世界体系发展的失败结局，且恢复了东亚南部的政治外围地位，但也开启了帝国秩序的"南方化"：[59] 人口、经济与制度转型发生在公元一千纪末期，使长江流域成为新的东亚经济重心。戚安道指出，这一被称为唐宋变革的进程，涉及整个帝国领域对所谓中国—东南亚圈的习俗与制度的接受，如商业导向的财政与经济政策，以及妨碍了对城市生活的行政控制，但有利于商业发展的开放式城市规划。[60] 唐宋变革进一步削弱了国家直接干预社会与经济的机制，[61] 而这些机制曾是秦帝国网络形成的基础。

唐宋变革终结了由东亚南部融入中华帝国所推动的世界体系进程，这一进程曾塑造了东亚世界体系的地域结构、制度演变与社会经济发展轨迹。这一进程分三个阶段展开。在第一阶段，公元前3世纪末秦帝国的覆灭为帝国网络转变为世界体系开辟了道路，这一体系的核心位于黄河下游的关中与中原地区，其在公元初年整合了东亚南部，并以较弱的形式将更广阔的东南亚世界整合为半外围地区。

在第二阶段，中央集权的中华世界从公元2世纪下半叶开始衰落并解体，东亚南部的帝国吸收了南方半外围地区经济与政治组

织的重要元素。一个新的南方核心由此兴起，其拥有独特的市场活力、开放的社会制度与明显带有东南亚元素的政治文化。在第三阶段，从公元8世纪中叶至12世纪，半外围化的南方核心地区的制度与实践扎根于整个帝国。此前位于长江下游地区的政治中心，则成为东亚世界体系的新核心、商业与市场导向的农业与工业革新的原动力，以及中古晚期至现代早期连接日益紧密的海上欧亚世界中关键的参与者。

## 注释

1 《淮南鸿烈》卷一八，第1288—1291页。关于秦将毁于北方蛮夷之手的谶语故事，亦载于《史记》卷六，第252页。

2 《史记》卷一一六，第2993—2995页；《汉书》卷九五，第3839—3840页。

3 《史记》卷一二三，第3166—3167页；《汉书》卷六一，第2689—2691页。

4 关于世界体系理论的最初表述，参见 Immanuel Wallerstein, *The Modern World System I: Capitalist Agriculture and the Origins of the European World-Economy in the Sixteenth Century* ( New York, San Francisco and London: Academic Press, 1974 )。关于将世界经济划分为三个区域（核心、半外围与外围），参见同上，第63页。关于将世界体系界定为"系统性的跨社会网络"，以及将核心—外围等级体系定义为世界体系的主要结构特征，可参见如 Chase-Dunn and Hall, *Rise and Demise*, 4; 以及 Salvatore Babones and Christopher Chase-Dunn, "Introduction," in Babones and Chase-Dunn, eds., *Routledge Handbook of World-Systems Analysis* ( London and New York: Routledge, 2012 ), 1-5。

5 可参见如 David Wilkinson, "Civilizations, Cores, World Economies, and Oikumenes," in Frank and Gills, eds., *The World System*, 221-47; Chase-Dunn and Hall, *Rise and Demise*, 42-43; Walter Scheidel, "Introduction," in Walter Scheidel, ed., *Rome and China: Comparative Perspectives on Ancient World Empires* ( Oxford: Oxford University Press, 2009 ), 3-10; Thomas Hall,

# 第8章 结语：网络、帝国、世界体系——东亚南部与早期中华帝国的动态

"Incorporation into and Merger of World-Systems," in Babones and Chase-Dunn, eds., *Routledge Handbook of World-Systems Analysis*, 47-55。

6 关于战国秦汉时期财政国家的军事重农主义模式，参见 Von Glahn, *The Economic History of China*, 84-85。

7 ［日］宫宅潔:「征服から占領統治へ」，77—78页；以及 Korolkov, "Fiscal Transformation," 224-32。

8 Von Glahn, *The Economic History of China*, 114-18。

9 ［日］柿沼陽平:『中国古代貨幣経済史研究』，126—127页。

10 关于生产于官方作坊，由汉帝国作为礼物赐予他国统治者（尤其是匈奴）与汉朝精英阶层的高质量漆器，参见 Yan Liu, "Emblems of Power and Glory: The Han-Period Chinese Lacquer Wares Discovered in the Borderlands," in Patricia Frick and Annette Kieser, eds., *Production, Distribution and Appreciation: New Aspects of East Asian Lacquer Ware*（Leiden and Boston: Brill, 2018），30-63。有学者认为，日益富裕的城市消费者对帝国贵重漆器需求的增长，激励了在市场售卖产品的私人作坊对官方纹饰风格的效仿，参见 Barbieri-Low, *Artisans*, 142-52。近期一项有关秦汉帝国引导移民的研究指出，国家在都城地区的支出——尤其是向移民到帝陵附近新建城邑的家庭分发大量钱币——促使了消费力的集中，这"会对纳税地区的生产者及商人产生巨大的经济吸引力，从而影响生产决策及最终的物质文化抉择"。参见 Korolkov and Hein, "State-Induced Migration," 203-25。西汉最初数十年间，各诸侯王廷试图效仿都城标准的消费，可能产生了类似效果。相关的讨论，参见宋蓉:《汉代郡国分治的考古学观察》，第249—250页。

11 关于在整个帝国内大量次级精英文化的发展中，任职于帝国行政机构的当地官吏的角色（这在某种程度上亦见于西汉早期的诸侯王国与南越国），参见 Maxim Korolkov, ""Greeting Tablets" in Early China: Some Traits of the Communicative Etiquette of Officialdom in Light of Newly Excavated Inscriptions," *T'oung Pao* 98（2012）: 295-348。

12 《后汉书》卷七六，第2473页。

13 因此人们会期待从交趾之战返回的汉朝将领带回成车的珍珠，参见《后汉书》

卷二四，第846页。

14 参见Wallerstein, *The Modern World System* I, 66-129; Terence Hopkins and Immanuel Wallerstein, "Capitalism and the Incorporation of New Zones into the World System," in Terence Hopkins, Immanuel Wallerstein, Resat Kasaba, William Martin and Peter Phillips, *Incorporation into the World-Economy: How the World-System Expands*, Review X.5/6（Supplement，1987）: 763-79; Ekholm and Friedman, "'Capital' Imperialism and Exploitation in Ancient World Systems," 61; and Eric Mielants, "The Great Transition Debate and World-Systems Analysis," in Babones and Chase-Dunn, eds., *Routledge Handbook of World-Systems Analysis*, 56-62。

15 可参见如Li Liu, *The Chinese Neolithic: Trajectories to Early States*（Cambridge: Cambridge University Press，2004），233-36; and Liu and Chen, *The Archaeology of China*, 272-74。

16 Flad and Chen, *Ancient Central China*。对古代世界体系中核心与外围区分问题的一般性论述，参见Chase-Dunn and Hall, "Conceptualizing Core/Periphery Hierarchies,"18-21; 以及Chase-Dunn and Hall, *Rise and Demise*, 35-37。

17 参见杨宽:《战国史》，第118—131页; Chen Shen, "Compromises and Conflicts: Production and Commerce in the Royal Cities of Eastern Zhou, China," in Monica Smith, ed., *The Social Construction of Ancient Cities*（Washington and London: Smithsonian Books, 2003），290-310;［日］江村治樹:『戦国秦漢時代の都市と国家：考古学と文献史学からのアプローチ』，東京：白帝社，2005年; Von Glahn, *The Economic History of China*, 60-74; 许宏:《先秦城邑考古》上册，第243—351页; Falkenhausen, "The Economic Role of Cities in Eastern Zhou China," 161-69。

18 ［日］山田勝芳:『秦漢財政収入の研究』，東京：汲古書院，1993年，653—658頁。

19《汉书》卷二四下，第1165—1166页; Nishijima Sadao, "The Economic and Social History of Former Han," in Twitchett and Loewe, eds., *The Cambridge History of China*, Vol. 1: *The Ch'in and Han Empires*, 545-607。

第 8 章　结语：网络、帝国、世界体系——东亚南部与早期中华帝国的动态

20 《汉书》卷二四下，第1167—1170页；Von Glahn, *The Economic History of China*, 113-20。

21 关于公元前1世纪帝国核心区域对南方特产的普遍喜好，可参见如《后汉书》卷八六，第2836页。

22 虽有地方差异，但一种帝国范围内的汉朝物质文化类型仍因此得以确立，这在墓葬中尤其如此。参见 Sophia-Karin Psarras, *Han Material Culture: An Archaeological Analysis and Vessel Typology*（New York: Cambridge University Press, 2015）, 104-7。也可参见 Shelach-Lavi, *The Archaeology of Early China*, 325-36。

23 可参见如 W.L. Goldfrank, "Wallerstein's World-System: Roots and Contributions," in Babones and Chase-Dunn, eds., *Routledge Handbook of World-Systems Analysis*, 97-103。卡尔·波兰尼（Karl Polanyi）理论最初的表述，可参见如 Karl Polanyi, "The Economy as Instituted Process," in Karl Polanyi, Conrad Arensberg and Harry Pearson, eds., *Trade and Market in the Early Empires: Economies in History and Theory*（Chicago: Regnery Publishing, 1957）, 243-70。

24 可参见如 Wallerstein, *The Modern World System I*, 37-38, 127, 347-48; Chase-Dunn and Hall, *Riise and Demise*, 207-10; Goldfrank, "Wallerstein's World-System," 100。

25 可参见如 Richard Blanton and Lane Fargher, "Market Cooperation and the Evolution of the Pre-Hispanic Mesoamerican World-System," in Babones and Chase-Dunn, eds., *Routledge Handbook of World-Systems Analysis*, 11-20。

26 可参见如 Immanuel Wallerstein, "The Rise and the Future Demise of the World Capitalist System: Concepts for Comparative Analysis," *Comparative Analysis in Society and History* 16（1974）: 387-415; Flammini, "World-Systems from 'the Theory' to 'a Perspective'," 58-59。

27 人们普遍怀疑波兰尼的社会经济整体论——互惠、再分配与市场——对于理解前现代经济的适用性，即使这些分类仍可带来启发。可参见如 Morris Silver, *Economic Structures of Antiquity*（Westport and London: Greenwood

Press, 1995); Peter Temin, "A Market Economy in the Early Roman Empire," *The Journal of Roman Studies* 91 (2001): 169-81; Michael Smith, "The Archaeology of Ancient State Economies," *Annual Review of Anthropology* 33 (2004): 73-102; Christopher Garraty, "Investigating Market Exchange in Ancient Societies: A Theoretical Review," in Christopher Garraty and Barbara Stark, eds., *Archaeological Approaches to Market Exchange in Ancient Societies* (Boulder: The University Press of Colorado, 2010), 3-32。

28 Chase-Dunn and Hall, *Rise and Demise*, 79.

29 关于"未知区域"，即几乎未被世界体系现有参与者探索的边远地区，参见 Jon Carlson, "Broadening and Deepening: Systemic Expansion, Incorporation and the Zone of Ignorance," *Journal of World-Systems Research* 7 (2001): 225-63。

30 已知最早的南海政治经济地理概述编纂于公元1世纪。参见《后汉书》卷二八下，第1671页。

31 可参见如 Christopher Chase-Dunn, *Global Formation: Structures of the World Economy* (New York: Rowman and Littlefield, 1998), 77; David Smith, "Trade, Unequal Exchange, Global Commodity Chains: World-System Structure and Economic Development," in Babones and Chase-Dunn, eds., *Routledge Handbook of World-Systems Analysis*, 239-46。

32 尽管今天的历史地图表现为整齐的直线（关于汉帝国南部，可参见如谭其骧主编:《中国历史地图集》第二册，北京：中国地图出版社，1996年，秦、西汉、东汉时期，图31—32、35—36、55—56、63—64），但汉帝国边疆可能从未（哪怕暂时地）被划定到西南高原，而最南方的日南郡与九真郡（位于今越南北部及中部）则在公元2世纪中叶后日益受到林邑占族（cham）政权的挑战。参见 Taylor, *The Birth of Vietnam*, 47-49; Higham, *The Archaeology of Mainland Southeast Asia*, 297-302。

33 关于"地形阻力"，参见 Scott, *The Art of Not Being Governed*, xi。

34 关于外围化进程的概述，可参见如 Immanuel Wallerstein, *The Modern World-System III: The Second Era of Great Expansion of the Capitalist World-Economy*,

*1730-1840s*（New York: Academic Press, 1989）, 129-30。

35　Hall, *A History of Early Southeast Asia*, 37-66; Beaujard, *The World of the Indian Ocean*, vol. 1, 484-520.

36　Bellina, "Maritime Silk Roads' Ornament Industries," 352-60.

37　Taylor, *The Birth of Vietnam*, 47.

38　Bérénice Bellina, "Beads, Social Change and Interaction between India and South-East Asia," *Antiquity* 77（2003）: 285-97; Bellina, "Maritime Silk Roads' Ornament Industries," 345-77; Bérénice Bellina, ed., *Khao Sam Kaeo: An Early Port-City between the Indian Ocean and the South China Sea*（Paris: Ecole française d'Extrême-Orient, 2017）; Bellina et al., "Southeast Asian Early Maritime Silk Road," 102-20.

39　李建纬：《中西交流与品味变异之轨迹——中国早期黄金焊珠工艺初探》，《历史博物馆馆刊》2，2010年，第69—79页。

40　Brigitte Borell, "Han Period Glass Vessels from the Gulf of Tonkin Region: Aspects of Their Technology," in Despina Ignatiadou and Anastassios Antonaras, eds., *Annales du 18e congrès de l'Association internationale pour l'Histoire du Verre*（Thessaloniki: Association internationale pour l'Histoire du Verre, 2009）, 491-96; Borell, "The Han Period Glass Dish from Lao Cai, Northern Vietnam," *Journal of Indo-Pacific Archaeology* 32（2012）: 70-77; 以及 Borell, "The Glass Vessels from Guangxi and the Maritime Silk Road in the Han Period（206 BCE -220 CE）," in M.J. Klokke and V. Degroot, eds., *Unearthing Southeast Asia's Past. Selected Papers from the 12th International Conference of the European Association of Southeast Asian Archaeologists*, vol.1（Singapore: National University of Singapore Press, 2013）, 142-54。

41　Sophie Peronnet, "Overview of Han Artefacts in Southeast Asia with Special Reference to the Recently Excavated Materials from Khao Sam Kaeo in Southern Thailand," in Klokke and Degroot, eds., *Unearthing Southeast Asia's Past*, 155-69.

42　Xiong Zhaoming, "The Hepu Han Tombs and the Maritime Silk Road of the Han

Dynasty," *Antiquity* 88（2014）: 1229-43; Demandt, "Early Gold Ornaments of Southeast Asia," 313.

43 Psarras, "The Han Far South," 757-59.

44 Bellina et al., "Southeast Asian Early Maritime Silk Road," 110-18。关于沿海中心及其腹地之间政治与经济关系的更普遍模式，参见 Hall, *A History of Early Southeast Asia*, 22-23。

45 Higham, *The Archaeology of Mainland Southeast Asia*, 298-304; Shaffer, *Maritime Southeast Asia to 1500*, 18-35; Miriam Stark, "The Transition to History in the Mekong Delta: A View from Cambodia," *International Journal of Historical Archaeology* 2.3（1998）: 175-203; Michael Vickery, "Funan Reviewed: Deconstructing the Ancients," *Bulletin de l'École Française d'Extrême Orient* 90-91（2003）, 101-43; John Miksic, "Introduction: The Beginning of Trade in Ancient Southeast Asia: The Role of Oc-Eo and the Lower Mekong Delta," in James Khoo, ed., *Art and Archaeology of Funan: The Pre-Khmer Kingdom of the Lower Mekong Valley*（Bangkok: Orchid Press, 2003）, 1-33; Vo Si Kai, "The Kingdom of Funan and the Culture of Oc-Eo," in Khoo, ed., *Art and Archaeology of Funan*, 35-86; Hall, *A History of Early Southeast Asia*, 37-66.

46 可参见如 Psarras, "The Han Far South," 757-74; Demandt, "Early Gold Ornaments of Southeast Asia," 305-30; Chittick, *The Jiankang Empire*, 330-48。

47《汉书》卷二八下，第1671页。

48 可参见如 Mark Lewis, *China Between Empires: The Northern and Southern Dynasties*（Cambridge, MA, and London: Harvard University Press, 2009）, 6-27; 以及 Damien Chaussende, "Western Jin," in Dien and Knapp, eds., *The Cambridge History of China*, Vol. 2: *The Six Dynasties*, 79-95。

49 Liu Shufen, "Jiankang and the Commercial Empire of the Southern Dynasties: Change and Continuity in Medieval Chinese Economic History," in Scott Pearce, Audrey Spiro and Patricia Ebrey, eds., *Culture and Power in the Reconstruction of the Chinese Realm, 200-600*（Cambridge, MA: Harvard University Asia

# 第8章 结语：网络、帝国、世界体系——东亚南部与早期中华帝国的动态

Center, 2001）, 35-52; Liu Shufen, "The Southern Economy," 346-50; 以及 Chittick, *The Jiankang Empire*, 177-205。

50 南朝统治下，对乡村人口（包括北方新移民在内）的中央集权控制有限，参见 William Crowell, "Northern Émigrés and the Problems of Census Registration under the Eastern Jin and Southern Dynasties," in Albert Dien, ed., *State and Society in Early Medieval China*（Stanford: Stanford University Press, 1990）, 171-209。广东与广西俚—僚高地的当地首领，在组织开采并向沿海与河谷的中华帝国城邑供应矿产及林业资源方面所发挥的作用，参见 Churchman, *The People Between the Rivers*, 141-68。近期的一项估算认为，南朝刘宋帝国（420—479）约有80%家庭未被载入户籍，并因此逃避了中央政府的税收，参见 Chittick, *The Jiankang Empire*, 182-84。

51 可参见如 Herman, "The Kingdom of Nanzhong," 241-86; Churchman, *The People Between the Rivers*, 123-40; 以及 Liu Shufen, "The Southern Economy," 337-46。

52 Wang Gongwu, *The Nanhai Trade: The Early History of Chinese Trade in the South China Sea*（Singapore: Times Academic Press, 1998）, 118-19; Clark, "Frontier Discourse and China's Maritime Frontier," 23; Beaujard, *The World of the Indian Ocean*, vol. 1, 560-61; 以及 Angela Schottenhammer, "China's Increasing Integration into the Indian Ocean World until Song 宋 Times: Sea Routes, Connections, Trade," in Angela Schottenhammer, ed., *Early Global Interconnectivity across the Indian Ocean World*, Vol. 1: *Commercial Structures and Exchanges*（London: Palgrave Macmillan, 2019）, 21-52。

53 参见 Charles Holcombe, *A History of East Asia: From the Origins of Civilization to the Twenty-First Century*（Cambridge: Cambridge University Press, 2017）, 84-92。

54 关于佛教在中国传播的南方海上路线，参见 Taylor, *The Birth of Vietnam*, 62-65; Hall, *A History of Early Southeast Asia*, 65-66; 以及 Erik Zürcher, "Tidings from the South: Chinese Court Buddhism and Overseas Relations in the Fifth Century," in Jonathan Silk, ed., *Buddhism in China: Collected Papers*

of Erik Zürcher（Leiden and Boston：Brill，2013），585-607。关于中古早期东亚佛教与贸易间的紧密关系，参见Jacques Gernet，*Buddhism in Chinese Society: An Economic History from the Fifth to the Tenth Centuries*（New York：Columbia University Press，1995）。

55 Chittick, *The Jiankang Empire*, 269–323.

56 试与以下著作相比较：Fernand Braudel, *Civilization and Capitalism, 15th-18th Century*, Vol. 3：*The Perspective of the World*（London and New York：Collins，1984），30。

57 参见Chittick, *The Jiankang Empire*, 343–44。

58 关于隋灭陈，参见Andrew Chittick, "The Southern Dynasties," in Dien and Knapp, eds., *The Cambridge History of China*, Vol. 2：*The Six Dynasties*, 237–72, esp. 270–71。

59 Lynda Shaffer, "Southernization," *Journal of World History* 5.1（1994）：1–21.

60 Chittick, *The Jiankang Empire*, 340–42.

61 Von Glahn, *The Economic History of China*, 208–9.

# 附录1

# 迁陵县人员来源

| 序号 | 简号 | 年份（公元前） | 身份 | 来源的郡 | 来源地区 |
| --- | --- | --- | --- | --- | --- |
| 1 | 6-10 | 222 | 不更 | 九江郡 | 长江下游及淮水流域 |
| 2 | 8-26+<br>8-752 | 215 | 戍卒（？） | 泗水郡 | 长江下游及淮水流域 |
| 3 | 8-34 | | | 陇西郡（？） | 关中及北方地区 |
| 4 | 8-60+ | 219 | 偿债的官吏 | 蜀郡 | 四川盆地 |
| 5 | 8-61+ | 215或213 | 官吏（们） | 巴郡 | 四川盆地 |
| 6 | 8-63 | 221 | 偿债的官吏 | 上党郡 | 关中及北方地区 |
| 7 | 8-63 | 221 | 士伍 | 巴郡 | 四川盆地 |
| 8 | 8-71 | 216 | 担任官吏的士伍 | 蜀郡 | 四川盆地 |
| 9 | 8-135 | 221 | 士伍 | 南郡 | 江汉平原，长江中游 |
| 10 | 8-136+<br>8-144 | | 刑徒 | 汉中郡 | 汉水流域 |

续　表

| 序号 | 简号 | 年份（公元前） | 身份 | 来源的郡 | 来源地区 |
|---|---|---|---|---|---|
| 11 | 8-140 |  | 屯戍卒 | 南郡 | 江汉平原，长江中游 |
| 12 | 8-143 | 213 | 戍卒 | 泗水郡 | 长江下游及淮水流域 |
| 13 | 8-161+8-307 |  | 农业移民 | 颍川郡 | 中原及山东 |
| 14 | 8-197 | 213 | 居赀赎债者 | 巴郡 | 四川盆地 |
| 15 | 8-213 |  | 戍卒 | 北地郡 | 关中及北方地区 |
| 16 | 8-269 |  | 史 | 蜀郡 | 四川盆地 |
| 17 | 8-429 |  | 戍卒 | 蜀郡 | 四川盆地 |
| 18 | 8-430 |  | 士伍 | 庐江郡 | 长江下游及淮水流域 |
| 19 | 8-445 |  | 屯戍卒 | 巴郡 | 四川盆地 |
| 20 | 8-446 |  | 戍卒 | 泗水郡 | 长江下游及淮水流域 |
| 21 | 8-673+8-2002 | 212 | 上造 | 九江郡 | 长江下游及淮水流域 |
| 22 | 8-677 | 219（？） | 官吏 | 东海郡 | 中原及山东 |
| 23 | 8-746+8-1588 |  | 官吏 | 巴郡 | 四川盆地 |
| 24 | 8-761 | 216 | 戍卒 | 南郡 | 江汉平原，长江中游 |
| 25 | 8-764 | 216 | 居赀赎债者 | 南郡 | 江汉平原，长江中游 |
| 26 | 8-781+8-1102 | 216 | 戍卒 | 都城地区 | 关中及北方地区 |
| 27 | 8-807 |  |  | 南郡 | 江汉平原，长江中游 |
| 28 | 8-850 |  | 戍卒 | 泗水郡 | 长江下游及淮水流域 |

续 表

| 序号 | 简号 | 年份(公元前) | 身份 | 来源的郡 | 来源地区 |
|---|---|---|---|---|---|
| 29 | 8-894 | | 通缉逃犯（？） | 邯郸郡 | 中原及山东 |
| 30 | 8-896 | | 官吏 | 南郡 | 江汉平原，长江中游 |
| 31 | 8-918 | | 不更 | 南郡 | 江汉平原，长江中游 |
| 32 | 8-961 | | | 蜀郡 | 四川盆地 |
| 33 | 8-980 | | 戍卒 | 泗水郡 | 长江下游及淮水流域 |
| 34 | 8-1000 | | 戍卒 | 泗水郡 | 长江下游及淮水流域 |
| 35 | 8-1014+9-934 | 216 | 居赀赎债者 | 南郡 | 江汉平原，长江中游 |
| 36 | 8-1024 | | 戍卒 | 泗水郡 | 长江下游及淮水流域 |
| 37 | 8-1025 | | 士伍 | 蜀郡 | 四川盆地 |
| 38 | 8-1083 | 216 | 居赀赎债者 | 南郡 | 江汉平原，长江中游 |
| 39 | 8-1094 | | 戍卒 | 巴郡 | 四川盆地 |
| 40 | 8-1109 | | 士伍 | 泗水郡 | 长江下游及淮水流域 |
| 41 | 8-1206 | | 公士 | 巴郡 | 四川盆地 |
| 42 | 8-1277 | | 官吏 | 北地郡 | 关中及北方地区 |
| 43 | 8-1306 | | 官吏 | 汉中郡 | 汉水流域 |
| 44 | 8-1328 | | 居赀赎债者 | 南郡 | 江汉平原，长江中游 |
| 45 | 8-1401 | 213 | 戍卒 | 泗水郡 | 长江下游及淮水流域 |
| 46 | 8-1444 | | | 南郡 | 江汉平原，长江中游 |
| 47 | 8-1445 | 215 | 官吏 | 蜀郡 | 四川盆地 |
| 48 | 8-1450 | 218 | 官吏 | 颍川郡（？） | 中原及山东 |

续 表

| 序号 | 简号 | 年份（公元前） | 身份 | 来源的郡 | 来源地区 |
|---|---|---|---|---|---|
| 49 | 8-1452 | 221 | 戍卒 | 南郡 | 江汉平原，长江中游 |
| 50 | 8-1459 | 212 | 戍卒 | 齐郡 | 中原及山东 |
| 51 | 8-1516 | 218 | 戍卒 | 南郡 | 江汉平原，长江中游 |
| 52 | 8-1517 | 212 | 戍卒 | 泗水郡 | 长江下游及淮水流域 |
| 53 | 8-1517 | 212 | 戍卒 | 泗水郡 | 长江下游及淮水流域 |
| 54 | 8-1545 | 216 | 屯戍卒 | 南郡 | 江汉平原，长江中游 |
| 55 | 8-1555 |  | 官吏 | 临汉郡 | 汉水流域（？） |
| 56 | 8-1563 | 219 | 居赀赎债者 | 南郡 | 江汉平原，长江中游 |
| 57 | 8-1574+8-1787 | 216 | 屯戍卒 | 南郡 | 江汉平原，长江中游 |
| 58 | 8-1574+8-1787 | 216 | 士伍 | 巴郡 | 四川盆地 |
| 59 | 8-1765 |  | 大夫 | 九江郡 | 长江下游及淮水流域 |
| 60 | 8-1958 |  | 戍卒 | 巴郡 | 四川盆地 |
| 61 | 8-2014 | 215 | 官吏 | 蜀郡 | 四川盆地 |
| 62 | 8-2098 |  | 移民（？） | 琅邪郡 | 中原及山东 |
| 63 | 8-2133 |  | 移民（？） | 琅邪郡 | 中原及山东 |
| 64 | 8-2246 | 216 | 戍卒 | 颍川郡 | 中原及山东 |
| 65 | 8-2246 | 216 | 戍卒 | 上郡 | 关中及北方地区 |
| 66 | 8-2246 | 216 | 戍卒 | 汉中郡 | 汉水流域 |
| 67 | 9-1 | 214 | 戍卒 | 颍川郡 | 中原及山东 |
| 68 | 9-2 | 214 | 戍卒 | 颍川郡 | 中原及山东 |

附录1 迁陵县人员来源

续　表

| 序号 | 简号 | 年份（公元前） | 身份 | 来源的郡 | 来源地区 |
|---|---|---|---|---|---|
| 69 | 9-3 | 214 | 戍卒 | 颍川郡 | 中原及山东 |
| 70 | 9-4 | 214 | 戍卒 | 颍川郡 | 中原及山东 |
| 71 | 9-5 | 214 | 戍卒 | 颍川郡 | 中原及山东 |
| 72 | 9-6 | 214 | 戍卒 | 颍川郡 | 中原及山东 |
| 73 | 9-7 | 214 | 戍卒 | 颍川郡 | 中原及山东 |
| 74 | 9-8 | 214 | 戍卒 | 颍川郡 | 中原及山东 |
| 75 | 9-9 | 214 | 戍卒 | 颍川郡 | 中原及山东 |
| 76 | 9-10 | 214 | 戍卒 | 颍川郡 | 中原及山东 |
| 77 | 9-11 | 214 | 戍卒 | 颍川郡 | 中原及山东 |
| 78 | 9-12 | 214 | 戍卒 | 颍川郡 | 中原及山东 |
| 79 | 9-14 | 214 | 不更 | 泗水郡 | 长江下游及淮水流域 |
| 80 | 9-21 | 214 | 居赀赎债者（们） | 临汾郡 | 汉水流域（？） |
| 81 | 9-33 | 218 | 戍卒 | 南郡 | 江汉平原，长江中游 |
| 82 | 9-170 |  | 不更 | 南郡 | 江汉平原，长江中游 |
| 83 | 9-268 |  | 戍卒 | 砀郡 | 中原及山东 |
| 84 | 9-284 |  | 不更 | 南郡 | 江汉平原，长江中游 |
| 85 | 9-363 |  | 戍卒 | 泗水郡 | 长江下游及淮水流域 |
| 86 | 9-452 | 221 | 吏卒 | 庐江郡 | 长江下游及淮水流域 |
| 87 | 9-456 |  | 卒、史、奴隶 | 南阳郡 | 中原及山东 |
| 88 | 9-502 | 221 | 士伍 | 巴郡 | 四川盆地 |

续 表

| 序号 | 简号 | 年份（公元前） | 身份 | 来源的郡 | 来源地区 |
|---|---|---|---|---|---|
| 89 | 9-530 | | | 汉中郡 | 汉水流域 |
| 90 | 9-552 | | 屯戍卒 | 巴郡 | 四川盆地 |
| 91 | 9-588 | | 士伍 | 北地郡 | 关中及北方地区 |
| 92 | 9-628 | | 士伍（？） | 蜀郡 | 四川盆地 |
| 93 | 9-630+<br>9-815 | 216 | 戍卒 | 巴郡 | 四川盆地 |
| 94 | 9-672 | | 戍卒 | 九江郡 | 长江下游及淮水流域 |
| 95 | 9-705+ | 220 | 士伍 | 巴郡 | 四川盆地 |
| 96 | 9-708+<br>9-2197 | 218 | 士伍 | 南郡 | 江汉平原，长江中游 |
| 97 | 9-757 | 213 | 戍卒 | 泗水郡 | 长江下游及淮水流域 |
| 98 | 9-761 | 216 | 戍卒 | 南郡 | 江汉平原，长江中游 |
| 99 | 9-762 | 216 | 戍卒 | 南郡 | 江汉平原，长江中游 |
| 100 | 9-763 | 216 | 戍卒 | 颍川郡 | 中原及山东 |
| 101 | 9-816 | 217 | 士伍 | 巴郡 | 四川盆地 |
| 102 | 9-885 | 213 | 戍卒 | 泗水郡 | 长江下游及淮水流域 |
| 103 | 9-918 | | 戍卒 | 泗水郡 | 长江下游及淮水流域 |
| 104 | 9-1050 | | | 颍川郡 | 中原及山东 |
| 105 | 9-1117+<br>9-1194 | 216 | 居赀赎债者 | 南郡 | 江汉平原，长江中游 |
| 106 | 9-1127 | 221 | 居赀赎债者 | 南郡 | 江汉平原，长江中游 |
| 107 | 9-1277 | | 士伍 | 颍川郡 | 中原及山东 |

附录 1 迁陵县人员来源

续 表

| 序号 | 简号 | 年份（公元前） | 身份 | 来源的郡 | 来源地区 |
|---|---|---|---|---|---|
| 108 | 9-1301+ | 221 | 居赀赎债者（们） | 巴郡 | 四川盆地 |
| 109 | 9-1396 | | 官吏 | 汉中郡 | 汉水流域 |
| 110 | 9-1557 | | 官吏 | 都城地区 | 关中及北方地区 |
| 111 | 9-1583 | | 戍卒 | 汉中郡 | 汉水流域 |
| 112 | 9-1668 | | 不更 | 南郡 | 江汉平原，长江中游 |
| 113 | 9-1861 | 221 | 士伍 | 三川郡（？） | 中原及山东 |
| 114 | 9-1874 | 221 | 士伍 | 南郡 | 江汉平原，长江中游 |
| 115 | 8-2299+<br>9-1882 | 221 | 士伍 | 颍川郡 | 中原及山东 |
| 116 | 9-1887 | 214 | 官吏 | 汉中郡 | 汉水流域 |
| 117 | 9-1887 | 214 | 官吏 | 庐江郡 | 长江下游及淮水流域 |
| 118 | 9-1903+<br>9-2068 | 221 | 士伍 | 南郡 | 江汉平原，长江中游 |
| 119 | 8-1969 | | 居赀赎债者（们） | 巴郡 | 四川盆地 |
| 120 | 9-1980 | | 戍卒 | 泗水郡 | 长江下游及淮水流域 |
| 121 | 9-2188 | | 不更 | 南郡 | 江汉平原，长江中游 |
| 122 | 9-2203 | 213 | 戍卒 | 泗水郡 | 长江下游及淮水流域 |
| 123 | 9-2209+<br>9-2215 | 215 | 戍卒 | 泗水郡 | 长江下游及淮水流域 |
| 124 | 9-2209+<br>9-2215 | 215 | 戍卒 | 泗水郡 | 长江下游及淮水流域 |

226

303

续　表

| 序号 | 简号 | 年份（公元前） | 身份 | 来源的郡 | 来源地区 |
|---|---|---|---|---|---|
| 125 | 9-2209+9-2215 | 215 | 戍卒 | 泗水郡 | 长江下游及淮水流域 |
| 126 | 9-2230 | | 官吏 | 汉中郡 | 汉水流域 |
| 127 | 9-2263 | | 残障者 | 南郡 | 江汉平原，长江中游 |
| 128 | 9-2273 | | 不更 | 南郡 | 江汉平原，长江中游 |
| 129 | 9-2292+9-2303 | 221 | 士伍 | 巴郡 | 四川盆地 |
| 130 | 9-2318 | 220 | 官吏 | 汉中郡 | 汉水流域 |
| 131 | 9-2334 | 216 | 戍卒 | 南郡 | 江汉平原，长江中游 |
| 132 | 9-2346 | 219 | 士伍 | 巴郡 | 四川盆地 |
| 133 | 9-3292 | | 不更 | 南郡 | 江汉平原，长江中游 |
| 134 | 10-1157 | 214 | 移民（？） | 九江郡 | 长江下游及淮水流域 |
| 135 | 12-2301 | 215 | 官吏 | 蜀郡 | 四川盆地 |
| 136 | 16-2 | 214 | 偿债的官吏 | 代郡 | 关中及北方地区 |

# 附录2

# 迁陵县禀食记录

| 序号 | 年份（公元前） | 口粮 | 领受者 | 发放机构 | 仓 | 简　号 |
|---|---|---|---|---|---|---|
| 1 | 221 | 稻与粟 | 居赀赎债者 | 廥 |  | 9-502+<br>9-1526 |
| 2 | 221 | 稻与粟 | 居赀赎债者 | 廥 |  | 9-1903+<br>9-2068 |
| 3 | 221 | 稻 | 戍卒，居赀赎债者 | 仓 |  | 9-1920+<br>9-1127 |
| 4 | 221 | 稻与粟 | 居赀赎债者 | 廥 |  | 9-1937+<br>9-1301+<br>9-1935 |
| 5 | 221 | 小麦 | 贫民 | 贰春乡 |  | 9-533+<br>9-886+<br>9-1927 |
| 6 | 221 | 粟 | 戍卒 | 仓 |  | 8-1452 |
| 7 | 221 | 粟 | 居赀赎债者 | 廥 |  | 9-2303+<br>9-2292 |

续表

| 序号 | 年份（公元前） | 口粮 | 领受者 | 发放机构 | 仓 | 简号 |
|---|---|---|---|---|---|---|
| 8 | 220 | 粟 | 刑徒 | 仓 | | 8-1551 |
| 9 | 220 | 粟 | 刑徒 | 仓 | | 9-134+9-262 |
| 10 | 218 | 粟 | | 仓 | 丙廥 | 8-1690 |
| 11 | 217 | | 刑徒 | 司空 | | 8-216+8-351+8-525 |
| 12 | 217 | 粟 | | 司空 | 乙廥 | 8-1647 |
| 13 | 216 | 稻 | 刑徒 | 仓 | | 8-217 |
| 14 | 216 | 稻 | | 仓 | | 8-7 |
| 15 | 216 | 稻 | | 仓 | | 8-45+8-270 |
| 16 | 216 | 粟 | 戍卒 | 仓 | 径廥 | 8-56 |
| 17 | 216 | 稻 | 刑徒 | 仓 | | 8-211 |
| 18 | 216 | 粟 | 刑徒 | 司空 | 径廥 | 8-212+8-426+8-1634 |
| 19 | 216 | 稻 | | 仓 | | 8-275 |
| 20 | 216 | 粟 | | 司空 | 径廥 | 8-474+8-2075 |
| 21 | 216 | | | 仓 | | 8-606 |
| 22 | 216 | 粟 | 刑徒 | 仓 | | 8-760 |
| 23 | 216 | 粟 | 刑徒 | 仓 | 径廥 | 8-762 |

附录 2　迁陵县禀食记录

续　表

| 序号 | 年份<br>(公元前) | 口粮 | 领受者 | 发放机构 | 仓 | 简　号 |
|---|---|---|---|---|---|---|
| 24 | 216 | 粟 | 刑徒 | 仓 |  | 8-763 |
| 25 | 216 | 粟 | 居赀赎债者 | 田官 | 径廥 | 8-764 |
| 26 | 216 | 粟 | 刑徒 | 仓 | 径廥 | 8-766 |
| 27 | 216 |  | 戍卒 | 田官 |  | 8-781+<br>8-1102 |
| 28 | 216 | 粟 |  | 仓 | 径廥 | 8-800 |
| 29 | 216 | 粟 |  | 贰春乡 |  | 8-816 |
| 30 | 216 | 粟 | 刑徒 | 仓 | 丙廥 | 8-821+<br>8-1584 |
| 31 | 216 | 粟 | 刑徒 | 启陵乡 |  | 8-925+<br>8-2195 |
| 32 | 216 | 粟 |  | 仓 | 径廥 | 8-1081 |
| 33 | 216 |  | 刑徒 | 仓 |  | 8-1153+<br>8-1342 |
| 34 | 216 | 粟 | 冗佐的成年女性 | 仓 | 径廥 | 8-1239+<br>8-1334 |
| 35 | 216 | 粟 |  | 启陵乡 |  | 8-1241 |
| 36 | 216 | 粟 |  |  | 径廥 | 8-1257 |
| 37 | 216 | 粟 | 刑徒 | 贰春乡 |  | 8-1335 |
| 38 | 216 | 稻 |  | 仓 |  | 8-1336 |
| 39 | 216 | 稻 | 官吏 | 仓 |  | 8-1345+<br>8-2245 |
| 40 | 216 | 粟 | 刑徒 | 仓 |  | 8-1540 |

307

续 表

| 序号 | 年份（公元前） | 口粮 | 领受者 | 发放机构 | 仓 | 简号 |
|---|---|---|---|---|---|---|
| 41 | 216 | 粟 | 戍卒 | 仓 | 丙廥 | 8-1545 |
| 42 | 216 | 稻 | 官吏 | 启陵乡 |  | 8-1550 |
| 43 | 216 | 粟 | 刑徒 | 贰春乡 |  | 8-1557 |
| 44 | 216 | 粟 | 戍卒 | 田官 | 径廥 | 8-1574+<br>8-1787 |
| 45 | 216 | 粟 | 刑徒 | 贰春乡 |  | 8-1576 |
| 46 | 216 | 粟 |  |  | 丙廥 | 8-1590 |
| 47 | 216 | 粟 |  | 贰春乡 |  | 8-1595 |
| 48 | 216 | 粟 |  | 仓 | 径廥 | 8-1739 |
| 49 | 216 | 稻 |  | 仓 |  | 8-1794 |
| 50 | 216 | 粟 | 戍卒 | 田官 | 径廥 | 8-2246 |
| 51 | 216 | 粟 | 刑徒 | 仓 | 径廥 | 8-2249 |
| 52 | 216 | 粟 | 戍卒 | 田官 |  | 9-762 |
| 53 | 216 | 粟 | 刑徒 | 仓 | 径廥 | 9-13 |
| 54 | 216 | 稻 | 官吏 | 仓 |  | 9-16 |
| 55 | 216 | 粟 |  | 田官 | 径廥 | 9-41 |
| 56 | 216 | 稻 | 刑徒 | 仓 |  | 8-1905+<br>9-309+<br>9-976 |
| 57 | 216 | 粟 | 刑徒 | 仓 | 径廥 | 9-440+<br>9-595 |
| 58 | 216 | 粟 | 戍卒 | 贰春乡 |  | 9-761 |

续 表

| 序号 | 年份（公元前） | 口粮 | 领受者 | 发放机构 | 仓 | 简 号 |
|---|---|---|---|---|---|---|
| 59 | 216 | 粟 | 戍卒 | 田官 | 径廥 | 9-762 |
| 60 | 216 | 粟 | 戍卒 | 田官 | 径廥 | 9-763 |
| 61 | 216 | 粟 |  | 田官 | 径廥 | 9-908 |
| 62 | 216 | 粟 | 居赀赎债者 | 田官 | 径廥 | 8-1014+<br>9-934 |
| 63 | 216 | 粟 | 达到服役年龄者 | 仓 | 径廥 | 9-1033+<br>9-726 |
| 64 | 216 | 粟 | 居赀赎债者 | 田官 | 径廥 | 9-1117 |
| 65 | 216 | 粟 |  | 仓 | 径廥 | 9-1493 |
| 66 | 216 | 粟 | 刑徒 | 贰春乡 |  | 9-1466 |
| 67 | 216 | 稻 |  |  |  | 9-1572 |
| 68 | 216 | 粟 |  | 贰春乡 |  | 9-2245 |
| 69 | 216 | 粟 | 戍卒 | 仓 |  | 9-2334 |
| 70 | 216 | 稻 | 刑徒 | 启陵乡 |  | 9-2337 |
| 71 | 216 | 稻 |  |  |  | 9-1775 |
| 72 | 216 | 粟 | 居赀赎债者 | 田官 | 径廥 | 9-901+<br>9-902+<br>9-960+<br>9-1575 |
| 73 | 215 | 粟 |  |  |  | 8-1088 |
| 74 | 215 |  |  |  |  | 8-1793 |
| 75 | 215 | 粟 |  |  |  | 8-2194 |

续 表

| 序号 | 年份（公元前） | 口粮 | 领受者 | 发放机构 | 仓 | 简号 |
|---|---|---|---|---|---|---|
| 76 | 215 | 粟 | 刑徒 | 貳春乡 |  | 8-2247 |
| 77 | 215 | 粟 |  |  |  | 9-2028 |
| 78 | 215 | 粟 |  | 启陵乡 |  | 9-2260 |
| 79 | 214 | 粟 | 戍卒 | 发弩 |  | 8-761 |
| 80 | 214 | 粟 |  |  |  | 8-956 |
| 81 | 214 |  |  | 司空 |  | 8-1135 |
| 82 | 214 | 粟 | 戍卒 |  | 仓 | 8-1660+8-1827 |
| 83 | 213 | 粟 |  |  |  | 8-955 |
| 84 | 213 | 粟 |  | 司空 |  | 8-1635 |
| 85 | 213 | 粟 | 官吏 |  | 仓 | 9-528+9-1129 |
| 86 | 213 | 粟 |  |  | 仓 | 9-1173 |
| 87 | 213 | 粟 |  |  |  | 9-1552 |
| 88 | 213 | 粟 |  |  | 仓 | 9-1553 |
| 89 | 213 | 粟 | 官吏 |  | 仓 | 9-2139 |
| 90 | 213 | 粟 |  | 启陵乡 |  | 9-2274 |
| 91 | 212 | 粟 |  |  |  | 6-12 |
| 92 | 212 | 粟 |  |  |  | 8-596 |
| 93 | 212 | 粟 |  |  | 仓 | 8-836+8-1779 |

续 表

| 序号 | 年份（公元前） | 口粮 | 领受者 | 发放机构 | 仓 | 简 号 |
|---|---|---|---|---|---|---|
| 94 | 212 | | | 仓 | | 8-839+<br>8-901+<br>8-926 |
| 95 | 212 | 粟 | | | | 8-909 |
| 96 | 212 | 粟 | | | | 8-924 |
| 97 | 212 | 粟 | | | | 8-941 |
| 98 | 212 | 粟 | | | | 8-1159 |
| 99 | 212 | 粟 | | 仓 | | 8-1167+<br>8-1392 |
| 100 | 212 | 粟 | | 仓 | | 8-1268 |
| 101 | 212 | 粟 | | | | 8-1748 |
| 102 | 212 | 粟 | | | | 8-1762 |
| 103 | 211 | 粟 | | | | 8-1173+<br>8-1420 |
| 104 | 217后 | 粟 | | | | 8-2235 |
| 105 | 217后 | 粟 | | | | 9-2281 |
| 106 | | | 戍卒 | 仓 | | 8-81 |
| 107 | | | 刑徒 | | | 8-337 |
| 108 | | | 刑徒 | 仓 | | 8-448+<br>8-1360 |
| 109 | | 粟 | | | | 8-511 |
| 110 | | | 戍卒 | | | 8-850 |

311

续 表

| 序号 | 年份（公元前） | 口粮 | 领受者 | 发放机构 | 仓 | 简号 |
|---|---|---|---|---|---|---|
| 111 | | | 戍卒 | | | 8-899 |
| 112 | | | 戍卒 | | 仓（？） | 8-902 |
| 113 | | | | | 仓（？） | 8-915 |
| 114 | | 粟 | | | | 8-960 |
| 115 | | | 戍卒 | | | 8-980 |
| 116 | | | 戍卒 | | | 8-1000 |
| 117 | | | 戍卒 | | | 8-1024 |
| 118 | | | 戍卒 | 启陵乡 | | 8-1029 |
| 119 | | | 官吏 | | 仓 | 8-1031 |
| 120 | | | | | 仓 | 8-1037 |
| 121 | | | 官吏 | | | 8-1046 |
| 122 | | | | | 仓 | 8-1059 |
| 123 | | | 官吏 | | 仓 | 8-1063 |
| 124 | | | 官吏 | | 仓 | 8-1066 |
| 125 | | | 被动员服兵役的官吏 | | 仓（？） | 8-1094 |
| 126 | | | 官吏 | 启陵乡 | | 8-1101 |
| 127 | | | 戍卒 | | | 8-1109 |
| 128 | | | | | | 8-1115 |
| 129 | | | | | 仓 | 8-1134 |
| 130 | | | 刑徒 | | 仓 | 8-1177 |

附录2　迁陵县禀食记录

续　表

| 序号 | 年份（公元前） | 口粮 | 领受者 | 发放机构 | 仓 | 简　号 |
|---|---|---|---|---|---|---|
| 131 | | 粟 | | | | 8-1189 |
| 132 | | 粟 | | | | 8-1205 |
| 133 | | | 官吏 | | | 8-1238 |
| 134 | | | | | | 8-1276 |
| 135 | | 粟 | | | 径𪠲 | 8-1321+<br>8-1324+<br>8-1328 |
| 136 | | | 田官 | | | 8-1406 |
| 137 | | | 戍卒 | | | 8-1505 |
| 138 | | | | | | 8-1507 |
| 139 | | | 刑徒 | 仓 | | 8-1580 |
| 140 | | | 戍卒 | 启陵乡（？） | | 8-1710 |
| 141 | | | | | | 8-1809 |
| 142 | | | 刑徒 | 启陵乡 | | 8-1839 |
| 143 | | | 刑徒 | | | 8-1894 |
| 144 | | | 刑徒 | 启陵乡 | | 8-2195 |
| 145 | | | 士伍 | | | 8-2233 |
| 146 | | | 戍卒 | | | 9-174 |
| 147 | | | 官吏 | 仓 | | 9-202+<br>9-3238 |
| 148 | | | 戍卒 | 仓 | | 9-268 |

313

续　表

| 序号 | 年份（公元前） | 口粮 | 领受者 | 发放机构 | 仓 | 简号 |
|---|---|---|---|---|---|---|
| 149 |  |  | 戍卒 | 田官 |  | 9-552 |
| 150 |  | 粟 | 偿债的罪犯 | 乡 | 都仓 | 9-1120 |
| 151 |  |  | 刑徒 | 仓 |  | 9-1122 |
| 152 |  |  | 戍卒 |  |  | 9-1197 |
| 153 |  | 粟 |  |  |  | 9-1489 |
| 154 |  |  | 刑徒（？） |  |  | 9-1505 |
| 155 |  |  | 刑徒 |  |  | 9-1574 |
| 156 |  | 稻 | 小男子 |  |  | 9-1622 |
| 157 |  |  | 官吏 |  |  | 9-1906 |
| 158 |  |  | 刑徒 | 仓 |  | 9-1913 |
| 159 |  |  | 戍卒 |  |  | 9-1980 |
| 160 |  |  | 刑徒（？） |  |  | 9-2108 |
| 161 |  | 粟 |  |  |  | 9-2982 |

# 附录3

# 公元2年至156年间南方诸郡户籍人口的增长

| 郡 | 位置 | 公元2年人口 人 | 公元2年人口 户 | 公元156年人口 人 | 公元156年人口 户 | 人口增长 | 备注 |
|---|---|---|---|---|---|---|---|
| 零陵郡 | 湖南西南部 | 139 378 | 21 092 | 1 001 578 | 212 284 | 619% | |
| 豫章郡 | 鄱阳湖以南 | 351 965 | 67 462 | 1 668 906 | 406 496 | 374% | |
| 长沙郡 | 湖南北部 | 235 825 | 43 470 | 1 059 372 | 255 854 | 349% | |
| 益州郡 | 云南 | 580 463 | 81 946 | 2 008 146 | 260 933 | 246% | 公元69年后进一步划分为益州郡与永昌郡 |
| 桂阳郡 | 南岭山脉 | 156 488 | 28 119 | 501 403 | 135 029 | 220% | |

续 表

| 郡 | 位置 | 公元2年人口 人 | 公元2年人口 户 | 公元156年人口 人 | 公元156年人口 户 | 人口增长 | 备注 |
|---|---|---|---|---|---|---|---|
| 苍梧郡 | 广西东部 | 146 160 | 24 379 | 466 975 | 111 395 | 219% | |
| 南海郡 | 广州地区 | 94 253 | 19 613 | 250 283 | 71 477 | 166% | |
| 牂柯郡 | 贵州 | 153 360 | 24 219 | 267 253 | 31 523 | 74% | |
| 丹阳郡 | 长江下游以南 | 405 171 | 107 541 | 630 545 | 136 518 | 56% | |
| 巴郡 | 三峡 | 708 148 | 158 643 | 1 086 049 | 310 691 | 53% | |
| 越巂郡 | 四川西南部 | 408 405 | 61 208 | 623 418 | 130 120 | 53% | |
| 蜀郡 | 成都地区 | 1 245 929 | 268 279 | 1 826 105 | 412 020 | 47% | 包括公元122年后的蜀郡属国 |
| 日南郡 | 越南中部 | 69 485 | 15 460 | 100 676 | 18 263 | 45% | |
| 武陵郡 | 武汉西部 | 185 758 | 34 177 | 250 913 | 46 672 | 35% | |
| 九真郡 | 越南中北部 | 166 013 | 35 743 | 209 894 | 46 513 | 26% | |
| 江夏郡 | 长江中游 | 219 218 | 56 844 | 265 464 | 58 434 | 21% | |
| 会稽郡 | 长江三角洲以南 | 1 032 604 | 223 038 | 1 181 978 | 287 254 | 14% | 公元126年至144年间进一步划分为会稽郡与吴郡 |

附录 3 公元 2 年至 156 年间南方诸郡户籍人口的增长

续 表

| 郡 | 位置 | 公元2年人口 人 | 公元2年人口 户 | 公元156年人口 人 | 公元156年人口 户 | 人口增长 | 备注 |
|---|---|---|---|---|---|---|---|
| 合浦郡 | 广东南部 | 78 980 | 15 398 | 86 617 | 23 121 | 10% | |
| 南郡 | 长江中游 | 718 540 | 125 579 | 747 604 | 162 570 | 4% | |
| 庐江郡 | 长江中下游 | 457 333 | 124 383 | 424 683 | 101 392 | −7% | |
| 犍为郡 | 四川南部 | 489 286 | 109 419 | 448 559 | 145 651 | −8% | 包括公元107年后的犍为属国 |
| 九江郡 | 长江下游以北 | 780 525 | 150 052 | 432 426 | 89 436 | −45% | |
| 交趾郡 | 越南北部，河内地区 | 746 237 | 92 440 | 无数据（880 560） | 无数据（129 416） | (18%) | （括号内数字为袁延胜所复原） |
| 郁林郡 | 广西 | 71 162 | 12 415 | 无数据（152 642） | 无数据（37 866） | (114%) | （括号内数字为袁延胜所复原） |
| 合计 | | 9 640 686 | | 15 538 847（16 572 049） | | 61%（72%） | （括号内数字基于袁延胜对交趾郡与郁林郡人口的估算） |

317

# 参考文献

## 传世文献

（东汉）班固：《汉书》，北京：中华书局，1962年。
（晋）常璩：《华阳国志校注》，成都：巴蜀书社，1984年。
（西晋）陈寿：《三国志》，北京：中华书局，1982年。
（南朝宋）范晔：《后汉书》，北京：中华书局，1965年。
黄怀信、张懋镕、田旭东：《逸周书汇校集注》，上海：上海古籍出版社，2007年。
蒋礼鸿：《商君书锥指》，北京：中华书局，1986年。
（清）焦循：《孟子正义》，北京：中华书局，1987年。
李学勤主编：《十三经注疏·春秋左传正义》，北京：北京大学出版社，1999年。
李学勤主编：《十三经注疏·尚书正义》，北京：北京大学出版社，1999年。
刘文典：《淮南鸿烈集解》，北京：中华书局，1989年。
（西汉）刘向集录：《战国策》，上海：上海古籍出版社，1985年。
（西汉）司马迁：《史记》，北京：中华书局，2006年。
（清）孙希旦：《礼记集解》，北京：中华书局，1989年。
王利器校注：《盐铁论校注》，北京：中华书局，1992年。
（东汉）许慎：《说文解字》，北京：中华书局，1963年。

## 出土文献

长沙市文物考古研究所等编：《长沙五一广场东汉简牍》（壹）（贰），上海：中西书局，2018年。
长沙市文物考古研究所、中国文物研究所编：《长沙东牌楼东汉简牍》，北京：文物出版社，2006年。
陈松长主编：《岳麓书院藏秦简》（肆）（伍）（陆），上海：上海辞书出版社，2015、

2017、2020年。
陈伟主编:《里耶秦简牍校释》第1、2卷，武汉：武汉大学出版社，2012、2018年。
陈伟主编:《秦简牍合集：释文注释修订本》4辑，武汉：武汉大学出版社，2016年。
里耶秦简博物馆、出土文献与中国古代文明研究协同创新中心中国人民大学中心编：《里耶秦简博物馆藏秦简》，上海：中西书局，2016年。
连云港市博物馆等编:《尹湾汉墓简牍》，北京：中华书局，1997年。
彭浩、陈伟、[日]工藤元男主编:《二年律令与奏谳书：张家山二四七号汉墓出土法律文献释读》，上海：上海古籍出版社，2007年。
睡虎地秦墓竹简整理小组编:《睡虎地秦墓竹简》，北京：文物出版社，1990年。

## 当代著作

Abramson, Scott. "The Economic Origins of the Territorial State," *International Organization* 71.1 (2017): 97-130.

Alcock, Susan, Terence D'Altroy, Kathleen Morrison, and Carla Sinopli (eds.), *Empires: Perspectives from Archaeology and History*. Cambridge: Cambridge University Press, 2001.

Alcock, Susan, John Bodel, and Richard Talbert (eds.), *Highways, Byways, and Road Systems in the Pre-Modern World*. Chichester: Wiley-Blackwell, 2012.

Allard, Francis. "The Archaeology of Dian: Trends and Tradition," *Antiquity* 279 (1999): 77-85.

——. "Lingnan and Chu during the First Millennium B. C.: A Reassessment of the Core-Periphery Model," in Ptak, Roderich and Thomas Höllmann (eds.), *South China and Maritime Asia*. Wiesbaden: Harrassowitz, 2004. 1-21.

——. "Frontiers and Boundaries: The Han Empire from Its Southern Periphery," in Stark, Miriam (ed.), *Archaeology of Asia*. Oxford: Blackwell, 2006. 233-54.

——. "China's Early Impact on Eastern Yunnan: Incorporation, Acculturation, and the Convergence of Evidence," *Journal of Indo-Pacific Archaeology* 35 (2015): 26-35.

——. "Globalization at the Crossroads: The Case of Southeast China during the Pre- and Early Imperial Period," in Hodos, Tamar (ed.). *The Routledge Handbook of Archaeology and Globalization*. London and New York: Routledge, 2017. 454-69.

Anderson, James. "Man and Mongols: The Dali and Đại Việt Kingdoms in the Face of the Northern Invasions," in Anderson, James and John Whitmore (eds.). *China's Encounters on the South and Southwest: Reforging the Fiery Frontier Over Two Millennia*. Leiden and Boston: Brill, 2014. 106-34.

Anderson, James and John Whitmore (eds.). *China's Encounters on the South and Southwest: Reforging the Fiery Frontier Over Two Millennia*. Leiden and Boston:

Brill, 2014.

Ando, Clifford. "Empire as State: The Roman Case," in Brooke, John, Julia Strauss, and Greg Anderson (eds.). *State Formations: Global Histories and Cultures of Statehood.* Cambridge: Cambridge University Press, 2018. 175-89.

Auyang, Sunny. *The Dragon and the Eagle: The Rise and Fall of the Chinese and Roman Empires.* London and New York: Routledge, 2015.

Babones, Salvatore and Christopher Chase-Dunn. "Introduction," in Babones, Salvatore and Christopher Chase-Dunn (eds.). *Routledge Handbook of World-Systems Analysis.* London and New York: Routledge, 2012. 1-5.

Babones, Salvatore and Christopher Chase-Dunn (eds.). *Routledge Handbook of World-Systems Analysis.* London and New York: Routledge, 2012.

Backus, Charles. *The Nan-Chao Kingdom and Tang China's Southwestern Frontier.* Cambridge: Cambridge University Press, 1981.

Bacus, Elisabeth, Ian Glover, and Peter Sharrock (eds.). Interpreting Southeast Asia's Past: Monument, Image and Text. *Selected Papers from the 10th International Conference of the European Association of Southeast Asian Archaeologists*, vol. 2. Singapore: National University of Singapore Press, 2008.

Bagley, Robert. "P'an-lung-ch'eng: A Shang City in Hubei," *Artibus Asiae* 39.3/4 (1977): 165-219.

———. "Shang Archaeology," in Loewe, Michael and Edward Shaughnessy (eds.). *The Cambridge History of Ancient China: From the Origins of Civilization to 221 BC.* Cambridge: Cambridge University Press, 1999. 124-231.

Bagley, Robert (ed.). *Ancient Sichuan: Treasures from a Lost Civilization.* Princeton: Princeton University Press, 2001.

白云翔:《先秦两汉铁器的考古学研究》,北京:科学出版社,2005年。

白云翔:《从里耶古城论秦汉物质文化的统一性与地域性》,中国社会科学院考古研究所等编:《里耶古城·秦简与秦文化研究:中国里耶古城·秦简与秦文化国际学术研讨会论文集》,北京:科学出版社,2009年,第48—59页。

Baldanza, Kathlene. *Ming China and Vietnam: Negotiating Borders in Early Modern Asia.* Cambridge: Cambridge University Press, 2016.

Bang, Peter Fibiger and C. A. Bayly (eds.). *Tributary Empires in Global History.* New York and London: Palgrave Macmillan, 2011.

Barbieri-Low, Anthony. *Artisans in Early Imperial China.* Seattle and London: University of Washington Press, 2007.

———. "Coerced Migration and Resettlement in the Qin Imperial Expansion," *Journal of Chinese History* 5 (2021): 181-202.

Barbieri-Low, Anthony and Robin D. S. Yates. *Law, State, and Society in Early Imperial China: A Study with Critical Edition and Translation of the Legal Texts from*

*Zhangjiashan Tomb no. 247*, 2 vols. Leiden and Boston: Brill, 2015.

Barfield, Thomas. "The Shadow Empires: Imperial State Formation along the Chinese-Nomad Frontier", in Alcock, Susan, Terence D'Altroy, Kathleen Morrison, and Carla Sinopli (eds.), *Empires: Perspectives from Archaeology and History*. Cambridge: Cambridge University Press, 2001. 10–41.

Beaujard, Philippe. "Evolutions and Temporal Delimitations of Bronze Age World-Systems in Western Asia and the Mediterranean," in Wilkinson, Toby, Susan Sherratt, and John Bennet (eds.), *Interweaving Worlds: Systemic Interactions in Eurasia, 7$^{th}$ to the 1$^{st}$ Millennia BC*. Oxford: Oxbow, 2011. 7–26.

———. *The World of the Indian Ocean: A Global History*, Vol. 1: From the Fourth Millennium BCE to the Sixth Century CE. Cambridge: Cambridge University Press, 2019.

Bellina, Bérénice. "Beads, Social Change and Interaction Between India and South-East Asia," *Antiquity* 77 (2003): 285–97.

———. "Maritime Silk Roads' Ornament Industries: Socio-Political Practices and Cultural Transfers in the South China Sea," *Cambridge Archaeological Journal* 24.3 (2014): 345–77.

Bellina, Bérénice (ed.). *Khao Sam Kaeo: An Early Port-City between the Indian Ocean and the South China Sea*. Paris: Ecole française d'Extrême-Orient, 2017.

Bellina, Bérénice, Aude Favereau and Laure Dussubieux. "Southeast Asian Early Maritime Silk Road Trading Polities' Hinterland and the Sea-Nomads of the Isthmus of Kra," *Journal of Anthropological Archaeology* 54 (2019): 102–20.

Bellwood, Peter. *Prehistory of the Indo-Malaysian Archipelago*, Revised Edition. Honolulu: University of Hawai'i Press, 1997.

Bemmann, Jan and Michael Schmauder (eds.). *Complexity of Interaction along the Eurasian Steppe Zone in the First Millennium CE*. Bonn: Rheinische Friedrich-Wilhelms-Universität Bonn, 2015.

Benjamin, Geoffrey. "On Being Tribal in the Malay World," in Benjamin, Geoffrey and Cynthia Chou (eds.), *Tribal Communities in the Malay World: Historical, Cultural and Social Perspectives*. Singapore: Institute of Southeast Asian Studies, 2002. 7–76.

Benjamin, Geoffrey and Cynthia Chou (eds.), *Tribal Communities in the Malay World: Historical, Cultural and Social Perspectives*. Singapore: Institute of Southeast Asian Studies, 2002.

Bielenstein, Hans. "The Chinese Colonization of Fukien until the End of T'ang," in Egerod, Sören and Elsa Glahn (eds.). *Studia Serica Bernhard Karlgren Dedicata*. Copenhagen: Ejnar Munksgaard, 1959. 98–122.

Blakeley, Barry. "The Geography of Chu," in Cook, Constance and John Major (eds.).

*Defining Chu: Image and Reality in Ancient China*. Honolulu: University of Hawai'i Press, 1999. 9–20.

Blanton, Richard and Lane Fargher. "Market Cooperation and the Evolution of the Pre-Hispanic Mesoamerican World-System," in Babones, Salvatore and Christopher Chase-Dunn (eds.). *Routledge Handbook of World-Systems Analysis*. London and New York: Routledge, 2012. 11–20.

Bol, Peter. "Mapping China's History," in Brindley, Erica and On-cho Ng (eds.). Asian Empires and Imperialism, Special volume, *Verge: Studies in Global Asias* 2.2 (Fall 2016): 70–82.

Boozer, Anna Lucille. "The Archaeology of Imperial Borderlands: A View from Roman Egypt and Sudan," in Düring, Bleda and Tesse Stek (eds.). *The Archaeology of Imperial Landscapes: A Comparative Study of Empires in the Ancient Near East and Mediterranean World*. Cambridge: Cambridge University Press, 2018. 206–39.

Borell, Brigitte. "Han Period Glass Vessels from the Gulf of Tonkin Region: Aspects of Their Technology," in Ignatiadou, Despina and Anastassios Antonaras (eds.). *Annales du 18e congrès de l'Association internationale pour l'Histoire du Verre*. Thessaloniki: Association internationale pour l'Histoire du Verre, 2009. 491–96.

———. "The Han Period Glass Dish from Lao Cai, Northern Vietnam," *Journal of Indo-Pacific Archaeology* 32 (2012): 70–77.

———. "The Glass Vessels from Guangxi and the Maritime Silk Road in the Han Period (206 BCE-220 CE)," in Klokke, Marijke and Veronique Degroot (eds.). *Unearthing Southeast Asia's Past. Selected Papers from the 12$^{th}$ International Conference of the European Association of Southeast Asian Archaeologists*, vol. 1. Singapore: National University of Singapore Press, 2013. 142–54.

Braudel, Fernand. *Civilization and Capitalism, 15th-18th Century, Vol. 3: The Perspective of the World*. London and New York: Collins, 1984.

Brindley, Erica. *Ancient China and the Yue: Perceptions and Identities on the Southern Frontier, c. 400 BCE-50 CE*. Cambridge: Cambridge University Press, 2015.

Brindley, Erica and On-cho Ng (eds.). Asian Empires and Imperialism, Special volume, Verge: Studies in Global Asias 2.2 (Fall 2016).

Brooke, John, Julia Strauss, and Greg Anderson (eds.). *State Formations: Global Histories and Cultures of Statehood*. Cambridge: Cambridge University Press, 2018.

Brughmans, Tom. "Thinking Through Networks: A Review of Formal Network Methods in Archaeology," *Journal of Archaeological Method and Theory* 20.4 (2013): 623–62.

卜宪群、杨振红主编:《简帛研究(二〇〇七)》,桂林:广西师范大学出版社,2010年。

——《简帛研究(二〇一二)》,桂林:广西师范大学出版社,2013年。

——《简帛研究(二〇一三)》,桂林:广西师范大学出版社,2014年。

Bullbeck, David. "An Integrated Perspective on the Austronesian Diaspora: The Switch from Cereal Agriculture to Maritime Foraging in the Colonization of Island Southeast Asia," *Australian Archaeology* 67（2008）: 31-51.

蔡万进:《张家山汉简〈奏谳书〉研究》, 桂林: 广西师范大学出版社, 2006年。

Calo, Ambra. "Heger I Bronze Drums and the Relationships between Dian and Dong Son Cultures," in Bacus, Elisabeth, Ian Glover, and Peter Sharrock（eds.）. *Interpreting Southeast Asia's Past: Monument, Image and Text. Selected Papers from the 10th International Conference of the European Association of Southeast Asian Archaeologists*, vol. 2. Singapore: National University of Singapore Press, 2008. 208-24.

———. *The Distribution of Bronze Drums in Early Southeast Asia: Trade Routes and Cultural Spheres*. Oxford: Archaeopress, 2009.

Campbell, Roderick. "Toward a Network and Boundaries Approach to Early Complex Polities: The Late Shang Case," *Current Anthropology* 50.6（2009）: 821-48.

———. *Archaeology of the Chinese Bronze Age from Erlitou to Anyang*. Los Angeles: Cotsen Institute of Archaeology Press, 2014.

曹传松:《湘西北楚城调查与探讨——兼谈有关楚史几个问题》, 楚文化研究会编:《楚文化研究论集》第二集, 武汉: 湖北人民出版社, 1991年, 第177—190页。

曹婉如等编:《中国古代地图集（战国—元）》, 北京: 文物出版社, 1990年。

曹玮主编:《汉中出土商代青铜器》第四卷, 成都: 巴蜀书社, 2010年。

曹元启:《山东昌邑县发现窖藏十万枚汉半两钱》,《文物》1984年第1期, 第80页。

Carlson, Jon. "Broadening and Deepening: Systemic Expansion, Incorporation and the Zone of Ignorance," *Journal of World-Systems Research* 7（2001）: 225-63.

Chan, Hok-lam. "The Chien-wen, Yung-lo, Hung-hsi, and Hsüan-te Reigns, 1399-1435," in Mote, Frederick and Denis Twitchett（eds.）. The Cambridge History of China, Vol. 7: The Ming Dynasty, 1368-1644. New York: Cambridge University Press, 1998. Part I, 182-304.

Chang, Chun-shu. *The Rise of the Chinese Empire*, 2 vols. Ann Arbor: The University of Michigan Press, 2007.

Chang, Kwang-Chih. *The Archaeology of Ancient China*, 4th edition. New Haven: Yale University Press, 2006.

———. "China on the Eve of the Historical Period," in Loewe, Michael and Edward Shaughnessy（eds.）. *The Cambridge History of Ancient China: From the Origins of Civilization to 221 BC*. Cambridge: Cambridge University Press, 1999. 37-73.

长沙简牍博物馆、长沙市文物考古研究所联合发掘组:《2003年长沙走马楼西汉简牍重大考古发现》, 中国文物研究所编:《出土文献研究》第7辑, 上海: 上海古籍出版社, 2005年, 第57—64页。

长沙铁路车站建设工程文物发掘队:《长沙新发现春秋晚期的钢剑和铁器》,《文物》

1978年第10期，第44—48页。

Chao, Glenda. "Culture Change and Imperial Incorporation in Early China: An Archaeological Study of the Middle Han River Valley (ca. 8$^{th}$ century BCE - 1$^{st}$ century CE)," Ph.D. dissertation, Columbia University, 2017.

Chase-Dunn, Christopher. *Global Formation: Structures of the World Economy*. New York: Rowman and Littlefield, 1998.

Chase-Dunn, Christopher and Thomas Hall. "Conceptualizing Core/Periphery Hierarchies for Comparative Study," in Chase-Dunn, Christopher and Thomas Hall (eds.). *Core/Periphery Relations in Precapitalist Worlds*. London and New York: Routledge, 1991. 5-44.

———. *Rise and Demise: Comparing World-Systems*. Boulder: Westview Press, 1997.

Chase-Dunn, Christopher and Thomas Hall (eds.). *Core/Periphery Relations in Precapitalist Worlds*. London and New York: Routledge, 1991.

Chaussende, Damien. "Western Jin," in Dien, Albert and Keith Knapp (eds.). The Cambridge History of China, Vol. 2: The Six Dynasties, 220-589. Cambridge: Cambridge University Press, 2019. 79-95.

Chen, Beichen. *Cultural Interactions during the Zhou Period (c. 1000-350 BC): A Study of Networks from the Suizao Corridor*. Oxford: Archaeopress Publishing, 2019.

陈博：《从中心到边疆——汉帝国城市与城市体系的考古学研究》，北京：科学出版社，2016年。

陈洪：《秦文化之考古学研究》，北京：科学出版社，2016年。

Chen, Kunlong, Jianjun Mei, Thilo Rehren, and Congcang Zhao. "Indigenous Production and Interregional Exchange: Late Second-Millennium BC Bronzes from the Hanzhong Basin, China," *Antiquity* 90 (2016): 665-78.

Chen, Kunlong, Jianjun Mei, Thilo Rehren, Siran Liu, Wei Yang, Marcos Martinón-Torres, Congcang Zhao, Yoshimitsu Hirao, Jianli Chen, and Yu Liu. "Hanzhong Bronzes and Highly Radiogenic Lead in Shang Period China," *Journal of Archaeological Science* 101 (2019): 131-39.

陈光祖主编：《东亚考古学的再思：张光直先生逝世十周年纪念论文集》，台北：中研院，2013年。

陈若松：《战国楚郡研究》，武汉大学2018年硕士学位论文。

Chen, Sanping. *Multicultural China in the Early Middle Ages*. Philadelphia: University of Pennsylvania Press, 2012.

Chen, Shen. "Compromises and Conflicts: Production and Commerce in the Royal Cities of Eastern Zhou, China," in Smith, Monica (ed.), *The Social Construction of Ancient Cities*. Washington and London: Smithsonian Books, 2003. 290-310.

陈松长：《湖南古代玺印》，上海：上海辞书出版社，2004年。

——《岳麓书院所藏秦简综述》，《文物》2009年第3期，第75—88页。

——:《岳麓书院藏秦简中的郡名考略》,《湖南大学学报(社会科学版)》2009年第2期,第5—10页。
陈苏镇:《汉初王国制度考述》,《中国史研究》2004年第3期,第27—40页。
陈伟:《〈鄂君启节〉与楚国的免税问题》,《江汉考古》1989年第3期,第52—58页。
——:《包山楚简初探》,武汉:武汉大学出版社,1996年。
陈雪香、周广明、宫玮:《江西新干牛城2006~2008年度浮选植物遗存初步分析》,《江汉考古》2015年第3期,第100—108页。
Chennault, Cynthia, Keith Knapp, Alan Berkowitz, and Albert Dien (eds.), *Early Medieval Chinese Texts: A Bibliographical Guide*. Berkeley: Institute of East Asian Studies, University of California, Berkeley, 2015.
Childs-Johnson, Elizabeth. "Jade Age Adornment of the Liangzhu Elite," in Lullo, Sheri and Leslie Wallace (eds.). *The Art and Archaeology of Bodily Adornment: Studies from Central and East Asian Mortuary Context*. New York and London: Routledge, 2019. 141-60.
Childs-Johnson, Elizabeth (ed.), *The Oxford Handbook of Early China*. New York: Oxford University Press, 2020.
Chin, Tamara. *Savage Exchange: Han Imperialism, Chinese Literary Style, and the Economic Imagination*. Cambridge, MA, and London: Harvard University Press, 2014.
Chittick, Andrew. "The Southern Dynasties," in Dien, Albert and Keith Knapp (eds.). The Cambridge History of China, Vol. 2: The Six Dynasties, 220-589. Cambridge: Cambridge University Press, 2019. 237-72.
——. *The Jiankang Empire in Chinese and World History*. Oxford: Oxford University Press, 2020.
楚文化研究会编:《楚文化研究论集》第二集,武汉:湖北人民出版社,1991年。
——:《楚文化研究论集》第十集,武汉:湖北美术出版社,2011年。
Churchman, Catherine. *The People Between the Rivers: The Rise and Fall of a Bronze Drum Culture, 200-750 CE*. Lanham: Rowman and Littlefield, 2016.
Clark, Hugh. "Frontier Discourse and China's Maritime Frontier: China's Frontiers and the Encounter with the Sea through Early Imperial History," *Journal of World History* 20.1 (2009): 1-33.
——. *The Sinitic Encounter in Southeast China through the First Millennium CE*. Honolulu: University of Hawai'i Press, 2016.
Cook, Constance and John Major (eds.). *Defining Chu: Image and Reality in Ancient China*. Honolulu: University of Hawai'i Press, 1999.
Cooler, Richard. *The Karen Bronze Drums of Burma: Types, Iconography, Manufacture and Use*. Leiden: Brill, 1995.
Creel, Herrlee. "The Beginnings of Bureaucracy in China: The Origin of the

Hsien," *Journal of Asian Studies* 22 ( 1964 ): 155-83.

Crowell, William. "Northern Émigrés and the Problems of Census Registration under the Eastern Jin and Southern Dynasties," in Dien, Albert ( ed. ). *State and Society in Early Medieval China*. Stanford: Stanford University Press, 1990. 171-209.

崔俊杰、李紫薇:《罗城遗址新发现——楚文化入湘可追溯至春秋中期》,考古中国, http://kgzg.cn/a/397079.html。

Cullen, Christopher. *The Suàn shù shū* 筭數書 '*Writings on Reckoning*': *A Translation of a Chinese Mathematical Collection of the Second Century BC, with Explanatory Commentary*. Cambridge: Needham Research Institute, 2004.

笪浩波:《从近年出土新材料看楚国早期中心区域》,楚文化研究会编:《楚文化研究论集》第十集,武汉:湖北美术出版社,2011年,第361—377页。

Dai, Yingcong. *The Sichuan Frontier and Tibet: Imperial Strategy in the Early Qing*. Seattle and London: University of Washington Press, 2009.

D'Altroy, Terence. *Provincial Power in the Inka Empire*. Washington, DC: Smithsonian Institution Press, 1992.

——. "Empires Reconsidered: Current Archaeological Approaches," *Asian Archaeology* 1.1/2 ( 2018 ): 95-109.

D'Aploim Guedes, Jade. "Millet, Rice, Social Complexity, and the Spread of Agriculture to the Chengdu Plain and Southwest China," *Rice* 4 ( 2011 ): 104-13.

D'Alpoim Guedes, Jade, Ming Jiang, Kunyu He, Xiaohong Wu, and Zhanghua Jiang. "Site of Baodun Yields Earliest Evidence for the Spread of Rice and Foxtail Millet Agriculture to South-West China," *Antiquity* 87 ( 2013 ): 758-71.

Demandt, Michele. "Early Gold Ornaments of Southeast Asia: Production, Trade, and Consumption," *Asian Perspectives: The Journal of Archaeology for Asia and the Pacific* 54.2 ( 2015 ): 305-30.

——. "Reaching 'the Southern Wilderness': Expansion and the Formation of the Lingnan Transportation Network during the Qin and Han Dynasties," *Journal of the Economic and Social History of the Orient* 63 ( 2020 ): 157-94.

Deopik, D.V. *Vjetnam: istorija, traditzii, sovremennost'* [ Vietnam: history, traditions, contemporaneity ]. Moskva: Vostochnaja literatura, 2002.

Di Cosmo, Nicola. "Ancient Inner Asian Nomads: Their Economic Basis and Its Significance in Chinese History," *Journal of Asian Studies* 53.4 ( 1994 ): 1092-126.

——. *Ancient China and Its Enemies*. Cambridge: Cambridge University Press, 2002.

Dien, Albert ( ed. ). *State and Society in Early Medieval China*. Stanford: Stanford University Press, 1990.

Dien, Albert and Keith Knapp ( eds. ). *The Cambridge History of China*, Vol. 2: The Six Dynasties, 220-589. Cambridge: Cambridge University Press, 2019.

董平均:《西汉分封制度研究:西汉诸侯王的隆替兴衰考略》,兰州:甘肃人民出版社,

2003年。

Düring, Bleda and Tesse Stek (eds.). *The Archaeology of Imperial Landscapes: A Comparative Study of Empires in the Ancient Near East and Mediterranean World.* Cambridge: Cambridge University Press, 2018.

Egerod, Sören and Elsa Glahn (eds.). *Studia Serica Bernhard Karlgren Dedicata.* Copenhagen: Ejnar Munksgaard, 1959.

Ehrich, Richard. "The Culture Problem in Neolithic Archaeology: Examples and Possible Solutions in the Middle Yangzi River Region," Ph.D. dissertation, University of California, Los Angeles, 2017.

Ekholm, K. and J. Friedman. "'Capital' Imperialism and Exploitation in Ancient World Systems," in Frank, Andre Gunder, and Barry Gills (eds.). *The World System: Five Hundred Years or Five Thousand?* London and New York: Routledge, 1993. 59-80.

[日]江村治樹:『戦国秦漢時代の都市と国家:考古学と文献史学からのアプローチ』,東京:白帝社,2005年。

——『春秋戦国時代青銅貨幣の生成と展開』,東京:汲古書院,2011年。

Erdkamp, Paul (ed.). *The Roman Army and the Economy.* Amsterdam: J.C. Gieben, 2002.

Erickson, Susan. "Han Dynasty Tomb Structures and Contents," in Nylan, Michael and Michael Loewe (eds.), *China's Early Empires: A Re-Appraisal.* Cambridge: Cambridge University Press, 2010. 13-81.

Erickson, Susan, Yi Song-mi, and Michael Nylan. "The Archaeology of the Outlying Lands," in Nylan, Michael and Michael Loewe (eds.), *China's Early Empires: A Re-Appraisal.* Cambridge: Cambridge University Press, 2010. 135-68.

Evans, Grant, Christopher Hutton, and Kuah Khun Eng (eds.). *Where China Meets Southeast Asia: Social and Cultural Change in the Border Regions.* Singapore: Institute of Southeast Asian Studies 2000.

Falkenhausen, Lothar von. "The Regionalist Paradigm in Chinese Archaeology," in Kohl, Philip and Clare Fawcett (eds.). *Nationalism, Politics and the Practice of Archaeology.* Cambridge: Cambridge University Press, 1996. 198-217.

——. "The Waning of the Bronze Age: Material Culture and Social Developments, 770-481 B.C.," in Loewe, Michael and Edward Shaughnessy (eds.). *The Cambridge History of Ancient China: From the Origins of Civilization to 221 BC.* Cambridge: Cambridge University Press, 1999. 450-544.

——. "The Use and Significance of Ritual Bronzes in the Lingnan Region during the Eastern Zhou Period," *Journal of East Asian Archaeology* 3.1/2 (2002): 193-236.

——. "Social Ranking in Chu Tombs: The Mortuary Background of the Warring States Manuscript Finds," *Monumenta Serica* 51 (2003), 439-526.

———. "The E Jun Qi Metal Tallies: Inscribed Texts and Ritual Contexts," in Kern, Martin (ed.). *Text and Ritual in Early China*. Seattle and London: University of Washington Press, 2005. 79-123.

———. *Chinese Society in the Age of Confucius (1000-250 BC): The Archaeological Evidence*. Los Angeles: Cotsen Institute of Archaeology, University of California, Los Angeles, 2006.

———. "The Salt of Ba: Reflections on the Role of the 'Peripheries' in the Production Systems of Bronze Age China," *Arts Asiatiques* 61 (2006): 45-56.

———. "The Bronze Age of the Upper Han River Basin: Some Observations," 曹玮主编:《汉中出土商代青铜器》第四卷, 成都: 巴蜀书社, 2010年, 第378—516页。

———. "The Economic Role of Cities in Eastern Zhou China," *Archaeological Research in Asia* 14 (2018): 161-69.

Falkenhausen, Lothar von and Gideon Shelach. "Introduction: Archaeological Perspectives on the Qin 'Unification' of China," in Pines, Yuri, Gideon Shelach, Lothar von Falkenhausen, and Robin D. S. Yates (eds.), *Birth of an Empire: The State of Qin Revisited*. Berkeley, Los Angeles, and London: University of California Press, 2014. 37-51.

樊力:《豫西南地区新石器文化的发展序列及其与邻近地区的关系》,《考古学报》2000年第2期, 第147—182页。

方勤:《曾国历史与文化: 从 "左右文武" 到 "左右楚王"》, 上海: 上海古籍出版社, 2018年。

Farmer, J. Michael. "Huayang guo zhi 華陽國志," in Chennault, Cynthia, Keith Knapp, Alan Berkowitz, and Albert Dien (eds.), *Early Medieval Chinese Texts: A Bibliographical Guide*. Berkeley: Institute of East Asian Studies, University of California, Berkeley, 2015. 123-30.

Felt, David Jonathan. "The Metageography of the Northern and Southern Dynasties," *T'oung Pao* 103.4/5 (2017): 334-87.

Fèvre, Francine, and Georges Métailié. *Dictionnaire Ricci des plantes de Chine*. Paris: Association Ricci- Les Éditions du Cerf, 2005.

Flad, Rowan. *Salt Production and Social Hierarchy in Ancient China: An Archaeological Investigation of Specialization in China's Three Gorges*. New York: Cambridge University Press, 2011.

Flad, Rowan, and Pochan Chen, *Ancient Central China: Centers and Peripheries Along the Yangzi River*. Cambridge: Cambridge University Press, 2013.

Flammini, Roxana. "Northeast Africa and the Levant in Connection: A World-System Perspective on Interregional Relationships in the Early Second Millennium BC," in Wilkinson, Toby, Susan Sherratt, and John Bennet (eds.), *Interweaving Worlds:*

Systemic Interactions in Eurasia, $7^{th}$ to the $1^{st}$ Millennia BC. Oxford: Oxbow, 2011. 205-17.

———. "World-Systems from 'the Theory' to 'a Perspective': On Social Interconnections in Bronze Age Afro-Eurasia," in Warburton, David (ed.), Political and Economic Interaction on the Edge of Early Empires, eTopoi. *Journal for Ancient Studies*, Special Volume 7 (2020). 56-73.

———. "Economics, Political Practices and Identities on the Nile: Convergence and Conflicts ca. 1800 to 1530 BC," in Warburton, David (ed.), Political and Economic Interaction on the Edge of Early Empires, eTopoi. Journal for Ancient Studies, Special Volume 7 (2020). 116-54.

Frachetti, Michael. "Multi-Regional Emergence of Mobile Pastoralism and Non-Uniform Institutional Complexity across Eurasia," *Current Anthropology* 53.1 (2012): 2-38.

Frank, Andre Gunder, and Barry Gills. "The 5,000-Year World System: An Interdisciplinary Introduction," in Frank, Andre Gunder, and Barry Gills (eds.). *The World System: Five Hundred Years or Five Thousand?* London and New York: Routledge, 1993. 3-55.

Frank, Andre Gunder, and Barry Gills (eds.). *The World System: Five Hundred Years or Five Thousand?* London and New York: Routledge, 1993.

Franke, Herbert and Denis Twitchett (eds.), The Cambridge History of China, Vol. 6: Alien Regimes and Border States, 907-1368. New York: Cambridge University Press, 1994.

Frick, Patricia and Annette Kieser (eds.). *Production, Distribution and Appreciation: New Aspects of East Asian Lacquer Ware.* Leiden and Boston: Brill, 2018.

复旦大学历史学系、复旦大学出土文献与古文字研究中心编:《简帛文献与古代史——第二届出土文献青年学者国际论坛论文集》,上海:中西书局,2015年。

[日]藤田勝久:「秦漢簡牘と里耶周辺の調査ノート」,藤田勝久編:『里耶秦簡・西北漢簡と実地調査による秦漢地域社会の研究』,松山:愛媛大学法文学部,2015年,41—62頁。

[日]藤田勝久編:『里耶秦簡・西北漢簡と実地調査による秦漢地域社会の研究』,松山:愛媛大学法文学部,2015年。

Fuller, Dorian and Mike Rowlands. "Ingestion and Food Technologies: Maintaining Differences over the Long-Term in West, South and East Asia," in Wilkinson, Toby, Susan Sherratt, and John Bennet (eds.), *Interweaving Worlds: Systemic Interactions in Eurasia, $7^{th}$ to the $1^{st}$ Millennia BC.* Oxford: Oxbow, 2011. 37-60.

[日]船越昭生:「鄂君啓節について」,『東方学報』43,1972年,55—95頁。

高崇文:《试论长江中游原始文化的变迁与古史传说》,严文明、安田喜宪主编:《稻作、陶器和都市的起源》,北京:文物出版社,2000年,第189—197页。

——《从里耶古城、丹凤古城的考古发现谈秦楚关系》，中国社会科学院考古研究所等编：《里耶古城·秦简与秦文化研究：中国里耶古城·秦简与秦文化国际学术研讨会论文集》，第60—67页。

高震寰：《从〈里耶秦简（壹）〉"作徒簿"管窥秦代刑徒制度》，中国文化遗产研究院编：《出土文献研究》第12辑，上海：中西书局，2013年，第132—143页。

——《从劳动力运用角度看秦汉刑徒管理制度的发展》，台湾大学2017年博士学位论文。

高至喜：《楚文化的南渐》，武汉：湖北教育出版社，1996年。

——《湖南楚墓与楚文化》，长沙：岳麓书社，2012年。

Garraty, Christopher. "Investigating Market Exchange in Ancient Societies: A Theoretical Review," in Garraty, Christopher and Barbara Stark (eds.), *Archaeological Approaches to Market Exchange in Ancient Societies*. Boulder: The University Press of Colorado, 2010. 3-32.

Garraty, Christopher and Barbara Stark (eds.), *Archaeological Approaches to Market Exchange in Ancient Societies*. Boulder: The University Press of Colorado, 2010.

葛剑雄：《中国古代的地图测绘》，北京：商务印书馆，1998年。

葛明宇：《狮子山西汉楚王陵墓考古研究》，石家庄：河北美术出版社，2018年。

Gernet, Jacques. *Buddhism in Chinese Society: An Economic History from the Fifth to the Tenth Centuries*. New York: Columbia University Press, 1995.

Gershenkron, Alexander. *Economic Backwardness in Historical Perspective*. Cambridge, MA: Harvard University Press, 1962.

Giele, Enno. "Using Early Chinese Manuscripts as Historical Source Materials," *Monumenta Serica* 51 (2003): 409-38.

——. "Private Letter Manuscripts from Early Imperial China," in Richter, Antje (ed.), *A History of Chinese Letters and Epistolary Culture*. Leiden and Boston: Brill, 2015. 403-74.

Giersch, C. Patterson. *Asian Borderlands: The Transformation of Qing China's Yunnan Frontier*. Cambridge, MA, and London: Harvard University Press, 2006.

Glatz, Claudia. "Empire as Network: Spheres of Material Interaction in Late Bronze Age Anatolia," *Journal of Anthropological Archaeology* 28 (2009): 127-41.

Goldfrank, W. L. "Wallerstein's World-System: Roots and Contributions," in Babones, Salvatore and Christopher Chase-Dunn (eds.), *Routledge Handbook of World-Systems Analysis*. London and New York: Routledge, 2012. 97-103.

Goldin, Paul. "*Heng Xian* and the Problem of Studying Looted Artifacts," *Dao: A Journal of Comparative Philosophy* 12.2 (2013): 153-60.

Goldin, Paul (ed.), *Dao Companion to the Philosophy of Han Fei*. Berlin: Springer, 2012.

Grass, Noa. "A Million Horses: Raising Government Horses in Early Ming China," in

Kowner, Rotem, Guy Bar-Oz, Michal Biran, Meir Shahar, and Gideon Shelach-Lavi（eds.）. *Animals and Human Society in Asia: Historical, Cultural and Ethical Perspectives*. Cham: Springer, 2019. 299-328.

Greene, Kevin. "Learning to Consume: Consumption and Consumerism in the Roman Empire," *Journal of Roman Archaeology* 21（2008）: 64-82.

广西壮族自治区博物馆编:《广西贵县罗泊湾汉墓》,北京:文物出版社,1988年。

广州市文物管理委员会、广州市博物馆编:《广州汉墓》,北京:文物出版社,1981年。

广州市文物管理委员会等编辑:《西汉南越王墓》,北京:文物出版社,1991年。

广州市文物管理处:《广州秦汉造船作坊遗址试掘》,《文物》1977年第4期,第1—17页。

郭静云:《夏商周:从神话到史实》,上海:上海古籍出版社,2013年。

Guo, Jue. *Becoming the South: A Deep History of Region and Identity Formation in Early China*. Cambridge: Cambridge University Press, forthcoming.

郭立新:《长江中游地区初期社会复杂化研究》,上海:上海古籍出版社,2005年。

郭涛:《秦代洞庭郡治辨正》,第九届出土文献青年学者国际论坛,武汉大学,2021年3月20日—21日。

郭伟民:《关于早期楚文化和楚人入湘问题的再探讨》,《中原文物》1996年第2期,第62—68页。

国家文物局主编,湖南省文物局编制:《中国文物地图集·湖南分册》,长沙:湖南地图出版社,1997年。

国家文物局主编:《中国文物地图集·陕西分册》,西安:西安地图出版社,1998年。

Hall, Kenneth. *A History of Early Southeast Asia: Maritime Trade and Societal Development, 100-1500*. Lanham: Rowman and Littlefield, 2011.

Hall, Thomas. "Incorporation into and Merger of World-Systems," in Babones, Salvatore and Christopher Chase-Dunn（eds.）. *Routledge Handbook of World-Systems Analysis*. London and New York: Routledge, 2012. 47-55.

Harper, Donald, transl. and comm. *Early Chinese Medical Literature: The Mawangdui Medical Manuscripts*. London and New York: Kegan Paul International, 1997.

Haynes, Ian. "Britain's First Information Revolution. The Roman Army and the Transformation of Economic Life," in Erdkamp, Paul（ed.）. *The Roman Army and the Economy*. Amsterdam: J.C. Gieben, 2002. 111-26.

贺刚:《楚黔中地及其晚期墓葬的初步考察》,楚文化研究会编:《楚文化研究论集》第四集,郑州:河南人民出版社,1994年。

何介钧:《湖南晚期楚墓及其历史背景》,楚文化研究会编:《楚文化研究论集》第二集,武汉:湖北人民出版社,1991年,第112—124页。

——何介钧:《马王堆汉墓》,北京:文物出版社,2004年。

何介钧、曹传松:《湖南澧县商周时期古遗址调查与探掘》,湖南省文物考古研究所、湖南省考古学会合编:《湖南考古辑刊》第四辑,长沙:岳麓书社,1987年,第

1—10页。
He, Nu. "The Longshan Period Site of Taosi in Southern Shanxi Province," in Underhill, Anne (ed.), *A Companion to Chinese Archaeology*. Chichester: Wiley-Blackwell, 2013. 255-77.
何清谷:《秦史探索》,台北:兰台出版社,2003年。
何有祖:《里耶秦简牍缀合(五)》,简帛网,武汉大学,http://www.bsm.org.cn/show_article.php?id=1704。
Hein, Anke. "Introduction: Diffusionism, Migration, and the Archaeology of the Chinese Border Regions," in Hein, Anke (ed.). *The "Crescent-Shaped Cultural-Communication Belt": Tong Enzheng's Model in Retrospect*. Oxford: BAR Publishing, 2014. 1-17.
———. "Metal, Salt, and Horse Skulls: Elite-Level Exchange and Long-Distance Human Movement in Prehistoric Yanyuan (Southwest China)", in Hein, Anke (ed.). *The "Crescent-Shaped Cultural-Communication Belt": Tong Enzheng's Model in Retrospect*. Oxford: BAR Publishing, 2014. 89-108.
Hein, Anke (ed.). *The "Crescent-Shaped Cultural-Communication Belt": Tong Enzheng's Model in Retrospect*. Oxford: BAR Publishing, 2014.
Herman, John. *Amid the Clouds and Mist: China's Colonization of Guizhou, 1200–1700*. Cambridge, MA, and London: Harvard University Press, 2007.
———. "The Kingdom of Nanzhong: China's Southwest Border Region Prior to the Eighth Century," *T'oung Pao* 95.4/5 (2009): 241-86.
———. "From Land Reclamation to Land Grab: Settler Colonialism in Southwest China, 1680-1735, "*Harvard Journal of Asiatic Studies* 78.1 (2018): 91-123.
Higham, Charles. *The Archaeology of Mainland Southeast Asia*. Cambridge: Cambridge University Press, 1989.
———. *The Bronze Age of Southeast Asia*. Cambridge: Cambridge University Press, 1996.
———. *Early Cultures of Mainland Southeast Asia*. Bangkok: River Books, 2002.
———. "The Later Prehistory of Southeast Asia and Southern China: The Impact of Exchange, Farming and Metallurgy," *Asian Archaeology* 4 (2021): 63-93.
Higham, Charles, Thomas Higham, Roberto Ciarla, Katerina Douka, Amphan Kijngam, and Fiorella Rispoli. "The Origins of the Bronze Age of Southeast Asia," *Journal of World Prehistory* 24 (2011): 227-74.
Hitchner, Bruce. "'The Advantages of Wealth and Luxury': The Case for Economic Growth in the Roman Empire," in Manning, J. G. and Ian Morris (eds.). *The Ancient Economy: Evidence and Models*. Stanford: Stanford University Press, 2005. 207-22.
Hodos, Tamar (ed.). *The Routledge Handbook of Archaeology and Globalization*. London

and New York: Routledge, 2017.
Holcombe, Charles. *A History of East Asia: From the Origins of Civilization to the Twenty-First Century*. Cambridge: Cambridge University Press, 2017.
Hopkins, Terence, and Immanuel Wallerstein. "Capitalism and the Incorporation of New Zones into the World System," in Hopkins, Terence, Immanuel Wallerstein, Reşat Kasaba, William Martin, and Peter Phillips. *Incorporation into the World-Economy: How the World-System Expands*, Review X.5/6 (Supplement, 1987). 763-79.
Hopkins, Terence, Immanuel Wallerstein, Reşat Kasaba, William Martin, and Peter Phillips. *Incorporation into the World-Economy: How the World-System Expands*, Review X.5/6 (Supplement, 1987).
后晓荣:《秦代政区地理》,北京:社会科学文献出版社,2009年。
胡平生:《新出汉简户口簿籍研究》,中国文化遗产研究院编:《出土文献研究》第10辑,北京:中华书局,2011年,第249—284页。
胡平生、李天虹:《长江流域出土简牍与研究》,武汉:湖北教育出版社,2004年。
胡绍华:《浅析汉朝初郡政策的历史作用》,《商丘师范学院学报》2003年第6期,第10—14页。
胡绍华:《一个被史学界忽视的问题:汉朝的初郡政策》,《商丘师范学院学报》2006年第1期,第58—62页。
胡新生:《黄石文化遗产》,武汉:长江出版社,2015年。
黄浩波:《〈里耶秦简(壹)〉所见稟食记录》,武汉大学简帛研究中心主办:《简帛》第十一辑,上海:上海古籍出版社,2015年,第117—139页。
黄晓芬:「漢帝国南端の交趾郡治を掘る」,黄晓芬、鶴間和幸編:『東アジア古代都市のネットワークを探る——日・越・中の考古学最前線——』,東京:汲古書院,2018年,11—29頁。
黄展岳:《南越国出土铁器的初步考察》,《考古》1996年第3期,第51—61页。
湖北省荆州市周梁玉桥遗址博物馆编:《关沮秦汉墓简牍》,北京:中华书局,2001年。
湖北省文物考古研究所:《黄陂鲁台山郭元咀遗址发现商代晚期铸铜遗址》,考古中国,http://kgzg.cn/a/397084.html。
Hulsewé, A.F.P. *Remnants of Ch'in Law: An Annotated Translation of the Ch'in Legal and Administrative Rules of the 3rd Century B.C. Discovered in Yün-meng Prefecture, Hu-pei Province, in 1975*. Leiden: Brill, 1985.
———. "The Influence of the 'Legalist' Government of Qin on the Economy as Reflected in the Texts Discovered in Yunmeng County," in Schram, S.R. (ed.), *Foundations and Limits of State Power in China*. Hong Kong: Chinese University Press, 1987. 211-35.
湖南省常德市文物局等编著:《沅水下游楚墓》,北京:文物出版社,2010年。
湖南省文物考古研究所:《湖南石门皂市商代遗存》,《考古学报》1992年第2期,第185—219页。

——《里耶发掘报告》,长沙:岳麓书社,2006年。
——《沅陵虎溪山一号汉墓》,北京:文物出版社,2020年。
湖南省文物考古研究所、益阳市文物处:《湖南益阳兔子山遗址九号井发掘简报》,《文物》2016年第5期,第32—48页。
湖南省文物考古研究所等:《湖南望城县高砂脊商周遗址的发掘》,《考古》2001年第4期,第27—44页。
湖南省文物考古研究所、湖南省考古学会编:《湖南考古2002》,长沙:岳麓书社,2003年。
Ignatiadou, Despina and Anastassios Antonaras ( eds. ). *Annales du 18e congrès de l'Association internationale pour l'Histoire du Verre*. Thessaloniki: Association internationale pour l'Histoire du Verre, 2009.
Its, R. F. *Etnicheskaja istorija juga Vostochnoj Azii* [ The ethnic history of southern East Asia ]. Leningrad: Nauka, 1972.
Jaang, Li. "The Landscape of China's Participation in the Bronze Age Eurasian Network," *Journal of World Prehistory* 28 ( 2015 ): 179-213.
Jaang, Li, Zhouyong Sun, Jing Shao, and Min Li. "When Peripheries Were Centers: A Preliminary Study of the Shimao-Centered Polity in the Loess Highland, China," *Antiquity* 92 ( 2018 ): 1008-22.
Jaffe, Yitzchak and Anke Hein. "Considering Change with Archaeological Data: Reevaluating Local Variation in the Role of the ~ 4.2k BP Event in Northwest China," *The Holocene* 2020, https://doi.org/10.1177/0959683620970254.
贾丽英:《里耶秦简牍所见"徒隶"身份及监管官署》,卜宪群、杨振红主编:《简帛研究 二〇一三》,桂林:广西师范大学出版社,2014年,第68—81页。
蒋非非:《〈二年律令·盗律〉"桥(矫)相以为吏、自以为吏以盗"考释》,卜宪群、杨振红主编:《简帛研究 二〇〇七》,桂林:广西师范大学出版社,2010年,第76—84页。
蒋廷瑜:《广西汉代农业考古概述》,《农业考古》1981年第2期,第61—68页。
Jin, Zhengyao, Ruiliang Liu, Jessica Rawson, and A. Mark Pollard. "Revising Lead Isotope Data in Shang and Western Zhou Bronzes," *Antiquity* 91 ( 2017 ): 1574-87.
Kai, Vo Si. "The Kingdom of Funan and the Culture of Oc-Eo," in Khoo, James ( ed. ). *Art and Archaeology of Funan: The Pre-Khmer Kingdom of the Lower Mekong Valley*. Bangkok: Orchid Press, 2003. 35-86.
[日]柿沼陽平:『中国古代貨幣経済史研究』,東京:汲古書院,2011年。
——『中国古代の貨幣:お金をめぐる人びとと暮らし』,東京:吉川弘文館,2015年。
Kane, Virginia. "Bronze Industries in the South of China Contemporary with the Shang and Western Chou Dynasties," *Archives of Asian Art* 28 ( 1974/1975 ): 77-107.
Kern, Martin. *The Stele Inscriptions of Ch'in Shih-huang: Text and Ritual in Early Chinese Imperial Representation*. New Haven: American Oriental Society, 2000.

———. "Ritual, Text, and the Formation of the Canon: Historical Transitions of *Wen* in Early China," *T'oung Pao* 87.1/3 (2001): 43-91.

———. "The *Odes* in Excavated Manuscripts," in Kern, Martin (ed.). *Text and Ritual in Early China*. Seattle and London: University of Washington Press, 2005. 149-93.

Kern, Martin (ed.). *Text and Ritual in Early China*. Seattle and London: University of Washington Press, 2005.

Khoo, James (ed.). *Art and Archaeology of Funan: The Pre-Khmer Kingdom of the Lower Mekong Valley*. Bangkok: Orchid Press, 2003.

金钟希:《秦代县廷的功能和秦帝国灭亡》,里耶秦简与秦文化国际学术研讨会,里耶,2017年9月15—17日。

Kim, Nam. "Sinicization and Barbarization: Ancient State Formation at the Southern Edge of Sinitic Civilization," in Mair, Victor and Liam Kelley (eds.). *Imperial China and Its Southern Neighbours*. Singapore: Institute of Southeast Asian Studies, 2015. 43-79.

———. *The Origins of Ancient Vietnam*. Oxford: Oxford University Press, 2015.

Kim, Nam, Van Toi Lai and Hoang Hiep Trinh. "Co Loa: An Investigation of Vietnam's Ancient Capital," *Antiquity* 84 (2010): 1011-27.

Klokke, Marijke and Veronique Degroot (eds.). *Unearthing Southeast Asia's Past. Selected Papers from the 12$^{th}$ International Conference of the European Association of Southeast Asian Archaeologists*, vol. 1. Singapore: National University of Singapore Press, 2013.

Knappett, Carl. "Globalization, Connectivities and Networks: An Archaeological Perspective," in Hodos, Tamar (ed.). *The Routledge Handbook of Archaeology and Globalization*. London and New York: Routledge, 2017. 29-41.

Kohl, Philip. "World-Systems and Modelling Macro-Historical Processes in Later Prehistory: An Examination of Old and a Search for New Perspectives," in Wilkinson, Toby, Susan Sherratt, and John Bennet (eds.), *Interweaving Worlds: Systemic Interactions in Eurasia, 7$^{th}$ to the 1$^{st}$ Millennia BC*. Oxford: Oxbow, 2011. 77-86.

Kohl, Philip and Clare Fawcett (eds.). *Nationalism, Politics and the Practice of Archaeology*. Cambridge: Cambridge University Press, 1996.

Korolkov, Maxim. "'Greeting Tablets' in Early China: Some Traits of the Communicative Etiquette of Officialdom in Light of Newly Excavated Inscriptions," *T'oung Pao* 98 (2012): 295-348.

———. "Convict Labor in the Qin Empire: A Preliminary Study of the 'Register of Convict Laborers' from Liye",复旦大学历史学系、复旦大学出土文献与古文字研究中心编:《简帛文献与古代史——第二届出土文献青年学者国际论坛论文集》,上海:中西书局,2015年,第132—156页。

———. "Calculating Crime and Punishment: Unofficial Law Enforcement, Quantification, and Legitimacy in Early Imperial China," *Critical Analysis of Law* 3.1（2016）: 70-86.

———. "Empire-Building and Market-Making at the Qin Frontier: Imperial Expansion and Economic Change, 221-207 BCE," Ph.D. dissertation, Columbia University, 2020.

———. "Fiscal Transformation during the Formative Period of Ancient Chinese Empire（Late Fourth to First Century BCE）," in Valk, Jonathan and Irene Soto Marín（eds.）, *Ancient Taxation: The Mechanics of Extraction in Comparative Perspective*. New York: New York University Press, 2021. 203-61.

———. "Between Command and Market: Credit, Labor and Accounting in the Qin Empire（221-207 B.C.E.）," in Sabattini, Elisa and Christian Schwermann（eds.）, *Between Command and Market: Economic Thought and Practice in Early China*. Leiden and Boston: Brill, 2021. 160-241.

Korolkov, Maxim and Anke Hein. "State-Induced Migration and the Creation of State Spaces in Early Chinese Empire: Perspectives from History and Archaeology," *Journal of Chinese History* 5（2021）: 203-225.

Kósa, Gábor（ed.）. *China across the Centuries: Papers from a Lecture Series in Budapest*. Budapest: Department of East Asian Studies, Eötvös Loránd University, 2017.

Kost, Catrin. "Changed Strategies of Interaction: Exchange Relations on China's Northern Frontier in Light of the Finds from Xinzhuangtou," in Lynduff, Katheryn and Karen Rubinson（eds.）, *How Objects Tell Stories: Essays in Honor of Emma C. Bunker*. Turnhout: Brepols Publishers, 2018. 51-73.

———. "Chasing the Halcyon Light—Human-Kingfisher Relations in Eastern Han-Dynasty China（CE 25-220）and Their Material, Sociocultural and Ecological Articulations," *Environmental Archaeology* 24（2019）: 411-33.

Kowner, Rotem, Guy Bar-Oz, Michal Biran, Meir Shahar, and Gideon Shelach-Lavi（eds.）, *Animals and Human Society in Asia: Historical, Cultural and Ethical Perspectives*. Cham: Springer, 2019.

Kryukov, M. V., L. S. Perelomov, M. V. Sofronov, and N. N. Cheboksarov. *Drevnije kitajci v epokhu zentralizovannykh imperij*［The ancient Chinese in the era of centralized empires］. Moskva: Nauka, 1983.

［韩］琴载元:《秦代南郡编户民的秦、楚身份认同问题》, 杨振红、邬文玲主编:《简帛研究 二〇一五秋冬卷》, 桂林: 广西师范大学出版社, 2015年, 第78—92页。

Lai, Celine. *Contacts Between the Shang and the South c. 1300-1045 BC: Resemblance and Resistance*. Oxford: British Archaeological Reports, 2019.

Lam, Wengcheong. "Iron Technology and Its Regional Development During the Eastern

Zhou Period," in Childs-Johnson, Elizabeth (ed.), *The Oxford Handbook of Early China*. New York: Oxford University Press, 2020. 595-614.

Lander, Brian. "Environmental Change and the Rise of the Qin Empire: A Political Ecology of Ancient North China," Ph.D. dissertation, Columbia University, 2015.

———. "From Wetland to Farmland: The Human Colonization of the Central Yangzi basin," unpublished manuscript.

Langer, Christian and Manuel Fernandez-Götz. "Boundaries, Borders, and Frontiers: Contemporary and Past Perspectives," in Warburton, David (ed.), Political and Economic Interaction on the Edge of Early Empires, eTopoi. Journal for Ancient Studies, Special Volume 7 (2020). 23-47.

Laptev, Sergey. "The Origin and Development of the Wucheng Culture (In the Context of Intercultural Contacts between Bronze Age Inhabitants of the Lower Yangtze Valley and Indochina Peninsula)," *Archaeology, Ethnology and Anthropology of Eurasia* 38/4 (2011): 93-102.

Lattimore, Owen. *Inner Asian Frontiers of China*. New York: American Geographical Society, 1940.

Lau, Ulrich and Michael Lüdke. *Exemplarische Rechtsfälle vom Beginn der Han-Dynastie: Eine Kommentierte Übersetzung des Zouyanshu aus Zhangjiashan/Provinz Hubei*. Tokyo: Research Institute for Languages and Cultures of Asia and Africa (ILCAA), Tokyo University of Foreign Studies, 2012.

Lau, Ulrich and Thies Staack. *Legal Practice in the Formative Stages of the Chinese Empire: An Annotated Translation of the Exemplary Qin Criminal Cases from the Yuelu Academy Collection*. Leiden and Boston: Brill, 2016.

Lawton, Thomas (ed.). *New Perspectives on Chu Culture during the Eastern Zhou Period*. Princeton: Princeton University Press, 1991.

Le Blanc, Charles. "Huai nan tzu 淮南子," in Loewe, Michael (ed.). *Early Chinese Texts: A Bibliographical Guide*. Berkeley: Society for the Study of Early China, 1993. 189-95.

雷晋豪:《周道: 封建时代的官道》, 北京: 社会科学文献出版社, 2011年。

Lewis, Mark. *Writing and Authority in Early China*. Albany: State University of New York Press, 1999.

———. "Warring States Political History," in Loewe, Michael and Edward Shaughnessy (eds.). *The Cambridge History of Ancient China: From the Origins of Civilization to 221 BC*. Cambridge: Cambridge University Press, 1999. 587-650.

———. *The Construction of Space in Early China*. Albany: State University of New York Press, 2006.

———. *The Early Chinese Empires: Qin and Han*. Cambridge, MA, and London: Harvard University Press, 2007.

———. *China Between Empires: The Northern and Southern Dynasties*. Cambridge, MA, and London: Harvard University Press, 2009.

Li, Feng. *Landscape and Power in Early China: The Crisis and Fall of the Western Zhou, 1045-771 BC*. New York: Cambridge University Press, 2006.

———. *Early China: A Social and Cultural History*. Cambridge: Cambridge University Press, 2013.

李海勇:《湖南早期楚文化的历史地理分析》,《中国历史地理论丛》2001年第2期, 第97—103页。

——《楚人对湖南的开发及其文化融合与演变》, 武汉大学2003年博士学位论文。

李建纬:《中西交流与品味变异之轨迹——中国早期黄金焊珠工艺初探》,《"国立历史博物馆"馆刊》2, 2010年, 第69—79页。

李开元:《汉帝国的建立与刘邦集团:军功受益阶层研究》, 北京:生活·读书·新知三联书店, 2000年。

Li, Min. *Social Memory and State Formation in Early China*. Cambridge: Cambridge University Press, 2018.

李明斌:《论四川盆地的秦人墓》,《南方文物》2006年第3期, 第91—99页。

李灶新:《广州南越国宫署遗址出土的钱币及相关问题研究》,《中国钱币》2019年第6期, 第21—27页。

李昭和:《青川出土木牍文字简考》,《文物》1982年第1期, 第24—27页。

李振宏:《居延汉简与汉代社会》, 北京:中华书局, 2003年。

林岗:《秦征南越论稿》, 广州:广东人民出版社, 2017年。

林甘泉主编:《中国经济通史·秦汉经济卷》, 北京:经济日报出版社, 1999年。

Linduff, Katheryn, Yan Sun, Wei Cao, and Yuanqing Liu. *Ancient China and Its Eurasian Neighbors: Artifacts, Identity and Death in the Frontier, 3000-700 BCE*. New York: Cambridge University Press, 2018.

凌文超:《走马楼吴简采集簿书整理与研究》, 桂林:广西师范大学出版社, 2015年。

刘德银:《论石家河文化早期与屈家岭文化晚期的关系》,《江汉考古》1990年第3期, 第45—50页。

Liu, Li. *The Chinese Neolithic: Trajectories to Early States*. Cambridge: Cambridge University Press, 2004.

Liu, Li and Xingcan Chen. "Cities and Towns: The Control of Natural Resources in Early States," *Bulletin of the Museum of Far Eastern Antiquities* 73 (2001): 5-47.

———. *State Formation in Early China*. London: Duckworth, 2003.

———. *The Archaeology of China: From the Late Paleolithic to the Early Bronze Age*. Cambridge: Cambridge University Press, 2012.

刘瑞:《秦汉帝国南缘的面相:以考古视角的审视》, 北京:中国社会科学出版社, 2019年。

Liu, Ruiliang, Peter Bray, A.M. Pollard, and Peter Hommel. "Chemical Analysis of

Ancient Chinese Copper-Based Objects: Past, Present and Future," *Archaeological Research in Asia* 3 (2015): 1–8.

Liu, Ruiliang, Jessica Rawson, and A. Mark Pollard. "Beyond Ritual Bronzes: Identifying Multiple Sources of Highly Radiogenic Lead Across Chinese History," *Scientific Reports* 8 (2018): 1–7.

Liu, Ruiliang, Mark Pollard, Jessica Rawson, Xiaojia Tang, Peter Bray, and Changping Zhang. "Panlongcheng, Zhengzhou and the Movement of Metal in Early Bronze Age China," *Journal of World Prehistory* 32 (2019): 393–428.

Liu, Shufen. "Jiankang and the Commercial Empire of the Southern Dynasties: Change and Continuity in Medieval Chinese Economic History," in Pearce, Scott, Audrey Spiro, and Patricia Ebrey (eds.), *Culture and Power in the Reconstruction of the Chinese Realm, 200–600*. Cambridge, MA: Harvard University Asia Center, 2001. 35–52.

———. "The Southern Economy," in Dien, Albert and Keith Knapp (eds.), *The Cambridge History of China, Vol. 2: The Six Dynasties, 220–589*. Cambridge: Cambridge University Press, 2019. 330–54.

刘顺:《湖南新石器时代的特色文化》,《怀化学院学报》2007年第7期, 第9—11页。

刘兴林:《先秦两汉农业与乡村聚落的考古学研究》, 北京: 文物出版社, 2017年。

Liu, Yan. "Emblems of Power and Glory: The Han-Period Chinese Lacquer Wares Discovered in the Borderlands," in Frick, Patricia and Annette Kieser (eds.). *Production, Distribution and Appreciation: New Aspects of East Asian Lacquer Ware*. Leiden and Boston: Brill, 2018. 30–63.

里耶秦简牍校释小组:《〈里耶秦简(贰)〉校读(一)》, 简帛网, 武汉大学, http://www.bsm.org.cn/show_article.php?id=3105。

——《〈里耶秦简(贰)〉校读(三)》, 简帛网, 武汉大学, http://www.bsm.org.cn/show_article.php?id=3127。

Lo, Vivienne (ed.). *Perfect Bodies: Sports, Medicine and Immortality*. London: British Museum Research Publications, 2012.

Loewe, Michael. "The Former Han Dynasty," in Twitchett, Denis and Michael Loewe (eds.), *The Cambridge History of China, Vol. 1: The Ch'in and Han Empires, 221 B.C.–A.D. 220*. Cambridge: Cambridge University Press, 1986. 103–222.

———. *The Men Who Governed Han China: Companion to A Biographical Dictionary of the Qin, Former Han and Xin Periods*. Leiden and Boston: Brill, 2004.

Loewe, Michael (ed.). *Early Chinese Texts: A Bibliographical Guide*. Berkeley: Society for the Study of Early China, 1993.

Loewe, Michael and Edward Shaughnessy (eds.). *The Cambridge History of Ancient China: From the Origins of Civilization to 221 BC*. Cambridge: Cambridge University Press, 1999.

龙京沙:《里耶古城遗址反映的几个问题》,中国社会科学院考古研究所等编:《里耶古城·秦简与秦文化研究:中国里耶古城·秦简与秦文化国际学术研讨会论文集》,北京:科学出版社,2009年,第74—83页。

龙京沙、郭立格:《湘西里耶出土秦"半两"钱初探》,《武汉金融》2008年第12期,第64—66页。

鲁家亮:《岳麓书院藏秦简〈亡律〉零拾之一》,简帛网,武汉大学,http://www.bsm.org.cn/show_article.php?id=2505。

鲁普平:《云梦秦简〈为吏之道〉伦理思想之分析》,简帛网,http://www.bsm.org.cn/show_article.php?id=1885。

鲁西奇:《汉宋间长江中游地区的乡村聚落形态及其演变》,中国地理学会历史地理专业委员会《历史地理》编辑委员会编:《历史地理》第23辑,上海:上海人民出版社,2008年,第128—151页。

吕亚虎:《试论秦汉时期的祠先农信仰》,《江西师范大学学报(哲学社会科学版)》2013年第5期,第103—111页。

Lucassen, Jan (ed.). *Wages and Currency: Global Comparisons from Antiquity to the Twentieth Century*. Bern and Berlin: Peter Lang, 2007.

Ludden, David. "The Process of Empire: Frontiers and Borderlands," in Bang, Peter Fibiger and C. A. Bayly (eds.). *Tributary Empires in Global History*. New York and London: Palgrave Macmillan, 2011. 132-50.

Lullo, Sheri and Leslie Wallace (eds.). *The Art and Archaeology of Bodily Adornment: Studies from Central and East Asian Mortuary Context*. New York and London: Routledge, 2019.

罗开玉:《秦在巴蜀地区的民族政策试析——从云梦秦简中得到的启示》,《民族研究》1982年第4期,第27—33页。

罗小华:《里耶秦简中的弩》,简帛网,武汉大学,http://www.bsm.org.cn/show_article.php?id=3153。

Luttwak, Edward. *The Grand Strategy of the Roman Empire from the First Century A. D. to the Third*. Baltimore: John Hopkins University Press, 1976.

Lycas, Alexis. "The Southern Man People as a Political and Fiscal Problem in Han Times," *Monumenta Serica* 67.1 (2019): 145-64.

Lynduff, Katheryn and Karen Rubinson (eds.), *How Objects Tell Stories: Essays in Honor of Emma C. Bunker*. Turnhout: Brepols Publishers, 2018.

马本立主编:《湘西文化大辞典》,长沙:岳麓书社,2000年。

Ma, Tsang Wing. "Qin Management of Human Resources in Light of an Administrative Document from Liye, Hunan Province," paper presented at the Creel Lecture Conference, University of Chicago, November 7, 2015.

———. "Excavated Texts," in Von Reden, Sitta (ed.), *Handbook of Ancient Afro-Eurasian Economies*, Vol. 1: Contexts. Berlin/Boston: De Gruyter, 2020. 529-55.

马怡：《徭役》，林甘泉主编：《中国经济通史·秦汉经济卷》，北京：经济日报出版社，1999年，第701—713页。

——《秦简所见赀钱与赎钱——以里耶秦简"阳陵卒"文书为中心》，武汉大学简帛研究中心主办：《简帛》第八辑，上海：上海古籍出版社，2013年，第195—213页。

马植杰：《三国史》，北京：人民出版社，1993年。

Mackenzie, Colin. "Chu Bronze Work: A Unilinear Tradition, or a Synthesis of Diverse Sources," in Lawton, Thomas (ed.). *New Perspectives on Chu Culture during the Eastern Zhou Period*. Princeton: Princeton University Press, 1991. 107-58.

Mair, Victor. "Preface," in Mair, Victor and Liam Kelley (eds.). *Imperial China and Its Southern Neighbours*. Singapore: Institute of Southeast Asian Studies, 2015. vii-ix.

Mair, Victor and Liam Kelley (eds.). *Imperial China and Its Southern Neighbours*. Singapore: Institute of Southeast Asian Studies, 2015.

Major, John, Sarah Queen, Andrew Meyer and Harold Roth, transl. and ed. *The Huainanzi: A Guide to the Theory and Practice of Government in Early Han China*. New York: Columbia University Press, 2010.

Malkin, Irad, Christy Constantakopoulou, and Katerina Panagopoulou. "Introduction," in Malkin, Constantakopoulou and Panagopoulou (eds.), *Greek and Roman Networks in the Mediterranean*. Oxford and New York: Routledge, 2009. 1-11.

Malkin, Constantakopoulou and Panagopoulou (eds.). *Greek and Roman Networks in the Mediterranean*. Oxford and New York: Routledge, 2009.

Mann, Michael. *The Sources of Social Power*, Vol. 1: *A History of Power from the Beginning to A.D. 1760*. Cambridge: Cambridge University Press, 1986.

Manning, J. G. and Ian Morris (eds.). *The Ancient Economy: Evidence and Models*. Stanford: Stanford University Press, 2005.

Marks, Robert. *China: Its Environment and History*. Lanham: Rowman and Littlefield, 2012.

McNeal, Robin. "Erligang Contacts South of the Yangzi River: The Expansion of Interaction Networks in Early Bronze Age Hunan," in Steinke, Kyle and Dora Ching (eds.), *Art and Archaeology of the Erligang Civilization*. Princeton: Princeton University Press, 2014. 173-87.

Mei, Jianjun and Thilo Rehren (eds.). *Metallurgy and Civilisation: Eurasia and Beyond*. London: Archetype, 2009.

Mielants, Eric. "The Great Transition Debate and World-Systems Analysis," in Babones, Salvatore and Christopher Chase-Dunn (eds.). *Routledge Handbook of World-Systems Analysis*. London and New York: Routledge, 2012. 56-62.

Miksic, John. "Introduction: The Beginning of Trade in Ancient Southeast Asia: The Role of Oc-Eo and the Lower Mekong Delta," in Khoo, James (ed.). *Art and Archaeology of Funan: The Pre-Khmer Kingdom of the Lower Mekong Valley*. Bangkok: Orchid Press, 2003. 1-33.

[日]宫宅潔著，陈捷译：《秦国战役史与远征军的构成》，武汉大学简帛研究中心主办：《简帛》第十一辑，上海：上海古籍出版社，2015年，第153—170页。

——「秦代遷陵県志初稿——里耶秦簡より見た秦の占領支配と駐屯軍——」，『東洋史研究』75，2016，1—32頁。

——杨振红等译：《中国古代刑制史研究》，桂林：广西师范大学出版社，2016年。

——「征服から占領統治へ——里耶秦簡に見える穀物支給と駐屯軍」，宮宅潔編：『多民族社会の軍事統治 出土史料が語る中国古代』，京都：京都大学学術出版会，2018，51—85頁。

[日]宫宅潔編：『多民族社会の軍事統治 出土史料が語る中国古代』，京都：京都大学学術出版会，2018。

[日]宫本一夫：「ベトナム漢墓から見た士燮政権」，黄晓芬、鶴間和幸編：『東アジア古代都市のネットワークを探る——日・越・中の考古学最前線——』，東京：汲古書院，2018年，83—95頁。

Mote, Frederick and Denis Twitchett (eds.). *The Cambridge History of China*, Vol. 7: The Ming Dynasty, 1368-1644. New York: Cambridge University Press, 1998.

Mullaney, Thomas, et al. (eds.), *Critical Han Studies: The History, Representation, and Identities of China's Majority*. Berkeley: University of California Press, 2012.

Müller, Shing. "Gräber in Guangdong während der Zhanguo-Zeit," in Müller, Shing, Thomas Höllmann, and Putao Gui (eds.), *Guangdong: Archaeology and Early Texts (Zhou-Tang)*. Wiesbaden: Harrassowitz, 2004. 23-49.

[日]中村慎一：「石家河遺跡をめぐる諸問題」，『日本中国考古学会会報』7，1997年，41—45頁。

Nasu, Hiroo. "Land-Use Change for Rice and Foxtail Millet Cultivation in the Chengtoushan Site, Central China, Reconstructed from Weed Seed Assemblages," *Archaeological and Anthropological Sciences* 4.1 (2012): 1-14.

Needham, Joseph and Francesca Bray. *Science and Civilisation in China*, Vol. 6: Biology and Biological Technology, Part II: Agriculture. Cambridge: Cambridge University Press, 1984.

Needham, Joseph and Peter Golas. *Science and Civilisation in China*, Vol. 3: Chemistry and Chemical Technology, Part XIII: Mining. Cambridge: Cambridge University Press, 1999.

Needham, Joseph and Donald Wagner. *Science and Civilisation in China*, Vol. 5: Chemistry and Chemical Technology, Part 11: Ferrous Metallurgy. New York: Cambridge University Press, 2008.

Niece, Susan La, Duncan Hook, and Paul Craddock (eds.), *Metals and Mines: Studies in Archaeometallurgy*. London: Archetype Publications, 2007.

Nienhauser, Jr., William (ed.), *The Grand Scribe's Records*, Vol. 1: The Basic Annals of Pre-Han China. Bloomington and Indianapolis: Indiana University Press, 1994.

—— (ed.), *The Grand Scribe's Records*, Vol. VIII: *The Memoirs of Han China, Part I*. Bloomington and Indianapolis: Indiana University Press, 2008.

Nishijima, Sadao. "The Economic and Social History of Former Han," in Twitchett, Denis and Michael Loewe (eds.), The Cambridge History of China, Vol. 1: The Ch'in and Han Empires, 221 B.C.- A.D. 220. Cambridge: Cambridge University Press, 1986. 545–607.

Nylan, Michael. "The Power of Highway Networks during China's Classical Era (323 BCE- 316 CE): Regulations, Metaphors, Rituals, and Deities," in Alcock, Susan, John Bodel, and Richard Talbert (eds.), *Highways, Byways, and Road Systems in the Pre-Modern World*. Chichester: Wiley-Blackwell, 2012. 33–65.

Nylan, Michael and Michael Loewe (eds.), *China's Early Empires: A Re-Appraisal*. Cambridge: Cambridge University Press, 2010.

潘力维:《湖北荆州出土珍贵西汉简牍和战国楚简极具学术价值》,中国新闻网, https://www.chinanews.com/cul/2019/05-06/8829027.shtml。

Parker, Bradley and Lars Rosdeth (eds.), *Untaming the Frontier in Anthropology, Archaeology and History*. Tucson: University of Arizona Press, 2005.

Pearce, Scott, Audrey Spiro, and Patricia Ebrey (eds.), *Culture and Power in the Reconstruction of the Chinese Realm, 200–600*. Cambridge, MA: Harvard University Asia Center, 2001.

Pei, Anping. *A Study of Prehistoric Settlement Patterns in China*. Singapore: Springer, 2020.

彭浩:《读里耶秦简"校券"补记》,中国社会科学院考古研究所等编:《里耶古城·秦简与秦文化研究:中国里耶古城·秦简与秦文化研究国际学术研讨会论文集》,北京:科学出版社,2009年,第196—200页。

Peng, Ke. "Coinage and Commercial Development in Eastern Zhou China," Ph.D. dissertation, University of Chicago, 2000.

Peronnet, Sophie. "Overview of Han Artefacts in Southeast Asia with Special Reference to the Recently Excavated Materials from Khao Sam Kaeo in Southern Thailand," in Klokke, Marijke and Veronique Degroot (eds.). *Unearthing Southeast Asia's Past. Selected Papers from the 12th International Conference of the European Association of Southeast Asian Archaeologists*, vol. 1. Singapore: National University of Singapore Press, 2013. 155–69.

Peters, Heather. "Towns and Trade: Cultural Diversity and Chu Daily Life," in Cook,

Constance and John Major ( eds. ). *Defining Chu: Image and Reality in Ancient China*. Honolulu: University of Hawai'i Press, 1999. 99-117.

Pigott, Vincent, and Roberto Ciarla, "On the Origins of Metallurgy in Prehistoric Southeast Asia: The View from Thailand," in Niece, Susan La, Duncan Hook, and Paul Craddock ( eds. ), *Metals and Mines: Studies in Archaeometallurgy*. London: Archetype Publications, 2007. 76-88.

Pines, Yuri. "Biases and Their Sources: Qin History in the *Shiji*," *Oriens Extremus* 45 ( 2005/06 ): 10-34.

———. *Envisioning Eternal Empire: Chinese Political Thought of the Warring States Era*. Honolulu: University of Hawai'i Press, 2009.

———. "From Historical Evolution to the End of History: Past, Present, and Future from Shang Yang to the First Emperor," in Goldin, Paul ( ed. ), *Dao Companion to the Philosophy of Han Fei*. Berlin: Springer, 2012. 25-45.

———. "The Messianic Emperor: A New Look at Qin's Place in China's History," in Pines, Yuri, Gideon Shelach, Lothar von Falkenhausen, and Robin D. S. Yates ( eds. ), *Birth of an Empire: The State of Qin Revisited*. Berkeley, Los Angeles, and London: University of California Press, 2014. 258-79.

———, ed. and transl. *The Book of Lord Shang: Apologetics of State Power in Early China*. New York: Columbia University Press, 2017.

———. "The Earliest 'Great Wall'? The Long Wall of Qi Revisited," *Journal of the American Oriental Society* 138.4 ( 2018 ): 743-62.

Pines, Yuri, Michal Biran, and Jörg Rüpke. "Introduction: Empires and Their Space," in Pines, Yuri, Michal Biran, and Jörg Rüpke ( eds. ), *The Limits of Universal Rule: Eurasian Empires Compared*. Cambridge: Cambridge University Press, 2021. 1-48.

Pines, Yuri, Gideon Shelach, Lothar von Falkenhausen, and Robin D. S. Yates ( eds. ), *Birth of an Empire: The State of Qin Revisited*. Berkeley, Los Angeles, and London: University of California Press, 2014.

Pines, Yuri, Paul Goldin, and Martin Kern ( eds. ), *Ideology of Power and Power of Ideology in Early China*. Leiden and Boston: Brill, 2015.

Pines, Yuri, Michal Biran, and Jörg Rüpke ( eds. ), *The Limits of Universal Rule: Eurasian Empires Compared*. Cambridge: Cambridge University Press, 2021.

Pirazzoli-t'Serstevens, Michèle. "Sichuan in the Warring States and Han Periods," in Bagley, Robert ( ed. ). *Ancient Sichuan: Treasures from a Lost Civilization*. Princeton: Princeton University Press, 2001. 39-57.

Polanyi, Karl. "The Economy as Instituted Process," in Polanyi, Karl, Conrad Arensberg, and Harry Pearson ( eds. ), *Trade and Market in the Early Empires: Economies in History and Theory*. Chicago: Regnery Publishing, 1957. 243-70.

Polanyi, Karl, Conrad Arensberg, and Harry Pearson (eds.), *Trade and Market in the Early Empires: Economies in History and Theory*. Chicago: Regnery Publishing, 1957.

Psarras, Sophia-Karin. "The Han Far South," *Asiatische Studien: Zeitschrift der Schweizerischen Asiengesellschaft* 51 (1997): 757-74.

———. "Rethinking the Non-Chinese Southwest," *Artibus Asiae* 60.1 (2000): 5-58.

———. *Han Material Culture: An Archaeological Analysis and Vessel Typology*. New York: Cambridge University Press, 2015.

Ptak, Roderich and Thomas Höllmann (eds.), *South China and Maritime Asia*. Wiesbaden: Harrassowitz, 2004.

千家驹、郭彦岗：《中国货币演变史》，上海：上海人民出版社，2005年。

钱林书：《战国齐五都考》，中国地理学会历史地理专业委员会《历史地理》编辑委员会编：《历史地理》第五辑，上海：上海人民出版社，1987年，第115—118页。

Qin, Ling. "The Liangzhu Culture," in Underhill, Anne (ed.), *A Companion to Chinese Archaeology*. Chichester: Wiley-Blackwell, 2013. 574-96.

裘锡圭主编：《长沙马王堆汉墓简帛集成》（柒），北京：中华书局，2014年。

曲英杰：《史记都城考》，北京：商务印书馆，2007年。

Rawson, Jessica. "Statesmen or Barbarians? The Western Zhou as Seen through Their Bronzes," *Proceedings of the British Academy* LXXV (1989): 71-95.

———. "Western Zhou Archaeology," in Loewe, Michael and Edward Shaughnessy (eds.), *The Cambridge History of Ancient China: From the Origins of Civilization to 221 BC*. Cambridge: Cambridge University Press, 1999. 352-449.

——《中国古代的草原式兵器与一对一单兵作战的意义》，《故宫学术季刊》第三十三卷第一期，第37—97页。

———. "Ordering the Material World of the Western Zhou," *Archaeological Research in Asia* 19 (2019): 1-11.

Rawson, Jessica, Limin Huan, and William Taylor. "Seeking Horses: Allies, Clients and Exchanges in the Zhou Period (1045-221 BC)," *Journal of World Prehistory*, forthcoming.

Rawson, Jessica (ed.), *Mysteries of Ancient China: New Discoveries from the Early Dynasties*. London: British Museum, 1996.

Richter, Antje (ed.), *A History of Chinese Letters and Epistolary Culture*. Leiden and Boston: Brill, 2015.

Rosdeth, Lars. "The Fragmentary Frontier: Expansion and Ethnogenesis in the Himalayas," in Parker and Rosdeth (eds.), *Untaming the Frontier*, 83-109.

Rossabi, Morris. "The Reign of Khubilai Khan," in Franke, Herbert and Denis Twitchett (eds.), The Cambridge History of China, Vol. 6: Alien Regimes and Border States, 907-1368. New York: Cambridge University Press, 1994. 414-89.

Sabattini, Elisa and Christian Schwermann (eds.), *Between Command and Market: Economic Thought and Practice in Early China*. Leiden and Boston: Brill, 2021.
Sagart, Laurent, Roger Blench, and Alicia Sanchez-Mazas (eds.), *The Peopling of East Asia: Putting together Archaeology, Linguistics and Genetics*. London and New York: Routledge, 2005.
Sage, Steven. *Ancient Sichuan and the Unification of China*. Albany: State University of New York Press, 1993.
[日]佐原康夫:『漢代都市機構の研究』, 東京:汲古書院, 2002年。
Sanft, Charles. "Rule: A Study of Jia Yi's *Xin shu*," Ph.D. dissertation, University of Münster, 2005.
———. *Communication and Cooperation in Early Imperial China: Publicizing the Qin Dynasty*. Albany: State University of New York Press, 2014.
———. "Paleographic Evidence of Qin Religious Practice from Liye and Zhoujiatai," *Early China* 37 (2014): 327-58.
———. "Population Records from Liye: Ideology in Practice," in Pines, Yuri, Paul Goldin, and Martin Kern (eds.), *Ideology of Power and Power of Ideology in Early China*. Leiden and Boston: Brill, 2015. 249-69.
Scheidel, Walter. "Introduction," in Scheidel, Walter (ed.), *Rome and China: Comparative Perspectives on Ancient World Empires*. Oxford: Oxford University Press. 3-10.
Scheidel, Walter (ed.), *Rome and China: Comparative Perspectives on Ancient World Empires*. Oxford: Oxford University Press.
Schottenhammer, Angela. "China's Increasing Integration into the Indian Ocean World until Song 宋 Times: Sea Routes, Connections, Trade," in Schottenhammer, Angela (ed.), *Early Global Interconnectivity across the Indian Ocean World, Vol. 1: Commercial Structures and Exchanges*. London: Palgrave Macmillan, 2019. 21-52.
Schottenhammer, Angela (ed.), *Early Global Interconnectivity across the Indian Ocean World, Vol. 1: Commercial Structures and Exchanges*. London: Palgrave Macmillan, 2019.
Schram, S. R. (ed.), *Foundations and Limits of State Power in China*. Hong Kong: Chinese University Press, 1987.
Scott, James. *The Art of Not Being Governed: An Anarchist History of Upland Southeast Asia*. New Haven and London: Yale University Press, 2009.
Shaffer, Linda. "Southernization," *Journal of World History* 5.1 (1994): 1-21.
———. *Maritime Southeast Asia to 1500*. Armonk and New York: M. E. Sharpe, 1996.
Shaughnessy, Edward. "*Shang shu* 尚書 (*Shu ching* 書經)," in Loewe, Michael (ed.). *Early Chinese Texts: A Bibliographical Guide*. Berkeley: Society for the Study of Early China, 1993. 376-89.

———. "Western Zhou History," in Loewe, Michael and Edward Shaughnessy (eds.). *The Cambridge History of Ancient China: From the Origins of Civilization to 221 BC.* Cambridge: Cambridge University Press, 1999. 292-351.

Shelach, Gideon. "Collapse or Transformation? Anthropological and Archaeological Perspectives on the Fall of Qin," in Pines, Yuri, Gideon Shelach, Lothar von Falkenhausen, and Robin D. S. Yates (eds.), *Birth of an Empire: The State of Qin Revisited.* Berkeley, Los Angeles, and London: University of California Press, 2014. 113-38.

———. *The Archaeology of Early China: From Prehistory to the Han Dynasty.* Cambridge: Cambridge University Press, 2015.

Shelach, Gideon and Yuri Pines. "Secondary State Formation and the Development of Local Identity: Change and Continuity in the State of Qin (770-221 B.C.)," in Stark, Miriam (ed.), *Archaeology of Asia.* Oxford: Blackwell, 2006. 202-29.

沈刚编：《长沙走马楼三国竹简研究》，北京：社会科学文献出版社，2013年。

——《里耶秦简所见成役种类辨析》，杨振红、邹文玲主编：《简帛研究（二〇一五秋冬卷）》，桂林：广西师范大学出版社，2015年，第93—103页。

Sherratt, Susan. "Introduction," in Wilkinson, Toby, Susan Sherratt, and John Bennet (eds.), *Interweaving Worlds: Systemic Interactions in Eurasia, 7th to the 1st Millennia BC.* Oxford: Oxbow, 2011. 1-3.

史达：《岳麓秦简〈廿七年质日〉所附官吏履历与三卷〈质日〉拥有者的身份》，《湖南大学学报（社会科学版）》2016年第4期，第10—17页。

石泉：《古代曾国—随国地望初探》，《武汉大学学报（哲学社会科学版）》1979年第1期，第60—69页。

Shin, Leo. *The Making of the Chinese State: Ethnicity and Expansion on the Ming Borderlands.* Cambridge: Cambridge University Press, 2006.

四川省博物馆、青川县文化馆：《青川县出土秦更修田律木牍——四川青川县战国墓发掘简报》，《文物》1982年第1期，第1—21页。

Silk, Jonathan (ed.), *Buddhism in China: Collected Papers of Erik Zürcher.* Leiden and Boston: Brill, 2013.

Silver, Morris. *Economic Structures of Antiquity.* Westport and London: Greenwood Press, 1995.

Smith, David. "Trade, Unequal Exchange, Global Commodity Chains: World-System Structure and Economic Development," in Babones, Salvatore and Christopher Chase-Dunn (eds.). *Routledge Handbook of World-Systems Analysis.* London and New York: Routledge, 2012. 239-46.

Smith, Michael. "The Archaeology of Ancient State Economies," *Annual Review of Anthropology* 33 (2004): 73-102.

Smith, Monica. "Networks, Territories, and the Cartography of Ancient States," *Annals of the Association of American Geographers* 95.4（2005）: 832-49.

Smith, Monica（ed.）, *The Social Construction of Ancient Cities*. Washington and London: Smithsonian Books, 2003.

宋蓉:《汉代郡国分治的考古学观察: 以关东地区汉代墓葬为中心》, 上海: 上海古籍出版社, 2016年。

宋治民:《蜀文化》, 北京: 文物出版社, 2008年。

Spengler, Robert. *Fruit from the Sands: The Silk Road Origins of the Foods We Eat*. Oakland: University of California Press, 2019.

Stahl, Ann. "Political Economic Mosaics: Archaeology of the Last Two Millennia in Tropical Sub-Saharan Africa," *Annual Review of Anthropology* 33（2004）: 145-72.

Stark, Miriam. "The Transition to History in the Mekong Delta: A View from Cambodia," *International Journal of Historical Archaeology* 2.3（1998）: 175-203.

Stark, Miriam（ed.）, *Archaeology of Asia*. Oxford: Blackwell, 2006.

Starosta, Stanley. "Proto-East Asian and the Origin and Dispersal of the Languages of East and Southeast Asia and the Pacific," in Sagart, Laurent, Roger Blench, and Alicia Sanchez-Mazas（eds.）, *The Peopling of East Asia: Putting together Archaeology, Linguistics and Genetics*. London and New York: Routledge, 2005. 182-97.

Steinke, Kyle. "Erligang and the Southern Bronze Industries," in Steinke, Kyle and Dora Ching（eds.）, *Art and Archaeology of the Erligang Civilization*. Princeton: Princeton University Press, 2014. 151-70.

Steinke, Kyle and Dora Ching（eds.）, *Art and Archaeology of the Erligang Civilization*. Princeton: Princeton University Press, 2014.

Sterckx, Roel. "Animals, Gaming and Entertainment in Traditional China," in Lo, Vivienne（ed.）. *Perfect Bodies: Sports, Medicine and Immortality*. London: British Museum Research Publications, 2012. 1-9.

宿白主编:《苏秉琦与当代中国考古学》, 北京: 科学出版社, 2001年。

苏秉琦:《华人·龙的传人·中国人——考古寻根记》, 沈阳: 辽宁大学出版社, 1994年。

孙机:《汉代物质文化资料图说》, 上海: 上海古籍出版社, 2008年。

孙闻博:《秦据汉水与南郡之置——以军事交通与早期郡制为视角的考察》, 曾磊、孙闻博、徐畅、李兰芳编:《飞軨广路: 中国古代交通史论集》, 北京: 中国社会科学出版社, 2015年, 第42—66页。

Sun, Yan. "Material Culture and Social Identities in Western Zhou's Frontier: Case Studies of the Yu and Peng Lineages," *Asian Archaeology* 1（2013）: 52-72.

Sun, Zhixin Jason（ed.）, *Age of Empires: Art of the Qin and Han Dynasties*. New Haven and London: Yale University Press, 2017.

Sun, Zhouyong, Jing Shao, Li Liu, Jianxin Cui, Michael F. Bonomo, Qinghua Guo, Xiaohong Wu, and Jiajing Wang. "The First Neolithic Urban Center on China's

North Loess Plateau: The Rise and Fall of Shimao," *Archaeological Research in Asia* 14 (2018): 33-45.

Szaivert, Wolfgang, Nikolaus Schindel, Michael Beckers, and Klaus Vondrovec (eds.), *Toyto apech th xwpa: Festschrift für Wolfgang Hahn zum 70. Geburtstag*. Wien: Veröffentlichungen des Instituts für Numiskatik und Geldgeschichte, 2015.

Tackett, Nicolas. *The Origins of the Chinese Nation: Song China and the Forging of an East Asian World Order*. Cambridge: Cambridge University Press, 2017.

［日］髙村武幸:「戦国秦の『帝国』化と周縁領域統治の変遷」,髙村武幸、廣瀬薫雄、渡邉英幸:『周縁領域からみた秦漢帝国2』,東京:六一書房,2019,51—66頁。

Talhelm, Thomas, and Shigehiro Oishi, "How Rice Farming Shaped Culture in Southern China," in Uskul and Oishi (eds.), *Socioeconomic Environment*, 53-76.

谭黎明、徐秀文:《论春秋战国时期楚国中央军事职官及其演变》,《吉林师范大学学报(人文社会科学版)》2008年第2期,第12—14页。

谭其骧:《鄂君启节铭文释地》,中华书局上海编辑所编辑:《中华文史论丛》第二辑,北京:中华书局,1962年,第169—190页。

谭其骧主编:《中国历史地图集》,北京:中国地图出版社,1996年。

唐俊峰:《里耶秦简所示秦代的"见户"与"积户"》,简帛网,武汉大学,http://www.bsm.org.cn/show_article.php?id=1987#_ftnref34。

——《秦代迁陵县行政信息传递效率初探》,武汉大学简帛研究中心主办:《简帛》第十六辑,上海:上海古籍出版社,2018年,第191—230页。

——. "Fall of an Empire: State Power and Governance of the Qin Empire," Ph.D. dissertation, Heidelberg University, 2020.

唐燮军、翁公羽:《从分治到集权:西汉的王国问题及其解决》,杭州:浙江大学出版社,2012年。

Taylor, Keith. *The Birth of Vietnam*. Berkeley, Los Angeles and London: University of California Press, 1983.

——. *A History of the Vietnamese*. Cambridge: Cambridge University Press, 2013.

Temin, Peter. "A Market Economy in the Early Roman Empire," *The Journal of Roman Studies* 91 (2001): 169-81.

滕铭予:《论秦釜》,《考古》1995年第8期,第731—736页。

——滕铭予:《秦文化:从封国到帝国的考古学观察》,北京:学苑出版社,2003年。

——. "From Vassal State to Empire: An Archaeological Examination of Qin Culture," in Pines, Yuri, Gideon Shelach, Lothar von Falkenhausen, and Robin D. S. Yates (eds.), *Birth of an Empire: The State of Qin Revisited*. Berkeley, Los Angeles, and London: University of California Press, 2014. 71-112.

Theobald, Ulrich. *War Finance and Logistics in Late Imperial China: A Study of the Second Jinchuan Campaign (1771-1776)*. Leiden and Boston: Brill, 2013.

Thote, Alaine. "The Archaeology of Eastern Sichuan at the End of the Bronze Age (Fifth to Third Century BC)," in Bagley, Robert (ed.). *Ancient Sichuan: Treasures from a Lost Civilization*. Princeton: Princeton University Press, 2001. 203-51.

Thurston, Tina. *Landscapes of Power, Landscapes of Conflict: State Formation in the South Scandinavian Iron Age*. New York: Springer Scientific, 2001.

田仁孝、刘栋、张天恩:《西周弜氏遗存几个问题的探讨》,《文博》1994年第5期, 第17—27页。

Thierry, François. "Archéologie et numismatique: Les cinq découvertes qui ont bouleversé l'histoire monétaire du Qin," in Szaivert, Wolfgang, Nikolaus Schindel, Michael Beckers, and Klaus Vondrovec (eds.), *Toyto apech th xwpa: Festschrift für Wolfgang Hahn zum 70. Geburtstag*. Wien: Veröffentlichungen des Instituts für Numiskatik und Geldgeschichte, 2015. 433-51.

———. *Les monnaies de la Chine ancienne: Des origines à la fin de l'empire*. Paris: Les belles lettres, 2017.

Thote, Alain. "Lacquer Craftsmanship in the Qin and Chu Kingdoms: Two Contrasting Traditions (Late 4th to Late 3rd Century BC)," *Journal of East Asian Archaeology* 5.1-4 (2006): 337-74.

Tse, Wicky. *The Collapse of China's Later Han Dynasty, 25-220 CE: The Northwest Borderlands and the Edge of Empire*. London and New York: Routledge, 2018.

[日]土口史記:『先秦時代の領域支配』,京都:京都大学学術出版会,2011年。

[日]鶴間和幸:『秦帝国の形成と地域』,東京:汲古書院,2013年。

Twitchett, Denis and Michael Loewe (eds.), *The Cambridge History of China*, Vol. 1: The Ch'in and Han Empires, 221 B.C.- A.D. 220. Cambridge: Cambridge University Press, 1986.

Tzehuey, Chiou-Peng. "Incipient Metallurgy in Yunnan: New Data for Old Debates," in Mei, Jianjun and Thilo Rehren (eds.). *Metallurgy and Civilisation: Eurasia and Beyond*. London: Archetype, 2009. 79-84.

Ulyanov, Mark. "Tsarstvo Chu v XII-X vv. do n.e.: formirovanije i stanovlenije gosudarstva" [The state of Chu in the twelfth-tenth centuries BCE: formation and consolidation of a state], *Vestnik Universiteta Dmitrija Pozharskogo* 3 (2019): 114-48.

Underhill, Anne (ed.), *A Companion to Chinese Archaeology*. Chichester: Wiley-Blackwell, 2013.

Uskul, A. K. and S. Oishi (eds.), *Socioeconomic Environment and Human Psychology*. New York: Oxford University Press, 2018.

Valk, Jonathan and Irene Soto Marín (eds.), *Ancient Taxation: The Mechanics of Extraction in Comparative Perspective*. New York: New York University Press, 2021.

Van Driem, George. "Tibeto-Burman vs. Indo-Chinese: Implications for Population Geneticists, Archaeologists and Prehistorians," in Sagart, Laurent, Roger Blench, and Alicia Sanchez-Mazas (eds.), *The Peopling of East Asia: Putting together Archaeology, Linguistics and Genetics*. London and New York: Routledge, 2005. 81-106.

Van Ess, Hans. "Emperor Wu of the Han and the First August Emperor of Qin in Sima Qian's *Shiji*," in Pines, Yuri, Gideon Shelach, Lothar von Falkenhausen, and Robin D. S. Yates (eds.), *Birth of an Empire: The State of Qin Revisited*. Berkeley, Los Angeles, and London: University of California Press, 2014. 239-57.

Van Schendel, Willem. "Geographies of Knowing, Geographies of Ignorance: Jumping Scale in Southeast Asia," *Environment and Planning D: Society and Space* 20.6 (2002): 647-68.

Vankeerberghen, Griet. *The Huainanzi and Liu An's Claim to Moral Authority*. Albany: State University of New York Press, 2001.

Venture, Olivier. "Caractères interdits et vocabulaire officiel sous les Qin: L'apport des documents administratifs de Liye," *Études chinoises*, vol. XXX (2011): 73-98.

———. "Zeng: The Rediscovery of a Forgotten State," in Kósa, Gábor (ed.). *China across the Centuries: Papers from a Lecture Series in Budapest*. Budapest: Department of East Asian Studies, Eötvös Loránd University, 2017. 1-32.

Vickery, Michael. "Funan Reviewed: Deconstructing the Ancients," *Bulletin de l'École Française d'Extrême Orient* 90-91 (2003), 101-43.

Von Glahn, Richard. *The Economic History of China: From Antiquity to the Nineteenth Century*. New York: Cambridge University Press, 2016.

Von Reden, Sitta (ed.), Handbook of Ancient Afro-Eurasian Economies, Vol. 1: Contexts. Berlin/Boston: De Gruyter, 2020.

Wade, Geoff. "The Southern Chinese Borders in History," in Evans, Grant, Christopher Hutton, and Kuah Khun Eng (eds.). *Where China Meets Southeast Asia: Social and Cultural Change in the Border Regions*. Singapore: Institute of Southeast Asian Studies 2000. 28-50.

Wagner, Donald. *Iron and Steel in Ancient China*. Leiden: Brill, 1993.

Wallerstein, Immanuel. *The Modern World System I: Capitalist Agriculture and the Origins of the European World-Economy in the Sixteenth Century*. New York, San Francisco, and London: Academic Press, 1974.

———. "The Rise and the Future Demise of the World Capitalist System: Concepts for Comparative Analysis," *Comparative Analysis in Society and History* 16 (1974): 387-415.

———. *The Modern World-System III: The Second Era of Great Expansion of the Capitalist World-Economy, 1730-1840s*. New York: Academic Press, 1989.

———. "World System versus World-Systems: A Critique," in Frank, Andre Gunder, and Barry Gills (eds.). *The World System: Five Hundred Years or Five Thousand?* London and New York: Routledge, 1993. 292-96.

Wang, Gungwu. *The Nanhai Trade: The Early History of Chinese Trade in the South China Sea.* Singapore: Times Academic Press, 1998.

———. "Introduction: Imperial China Looking South," in Mair, Victor and Liam Kelley (eds.). *Imperial China and Its Southern Neighbours.* Singapore: Institute of Southeast Asian Studies, 2015. 1-15.

Wang, Haicheng. "China's First Empire? Interpreting the Material Record of the Erligang Expansion," in Steinke, Kyle and Dora Ching (eds.), *Art and Archaeology of the Erligang Civilization.* Princeton: Princeton University Press, 2014. 67-97.

Wang, Helen. *Money on the Silk Road: The Evidence from Eastern Central Asia to c. AD 800.* London: British Museum Press, 2004.

———. "Official Salaries and Local Wages at Juyan, North-West China, First Century BCE to First Century CE," in Lucassen, Jan (ed.). *Wages and Currency: Global Comparisons from Antiquity to the Twentieth Century.* Bern and Berlin: Peter Lang, 2007. 59-76.

王勇:《里耶秦简所见迁陵戍卒》,姚远主编:《出土文献与法律史研究》第7辑,北京:法律出版社,2018年,第102—118页。

王雪农、刘建民:《半两钱研究与发现》,北京:中华书局,2005年。

王琢玺:《周代江汉地区城邑地理研究》,武汉大学2019年博士学位论文。

王子今:《秦汉交通史稿》,北京:中共中央党校出版社,1994年。

——《"武候"瓦当与战国秦汉武关道交通》,《文博》2013年第6期,第23—26页。

Warburton, David (ed.), *Political and Economic Interaction on the Edge of Early Empires, eTopoi. Journal for Ancient Studies*, Special Volume 7 (2020).

Wei, Weiyan and Shiung Chung-Ching. "Viet Khe Burial 2: Identifying the Exotic Bronze Wares and Assessing Cultural Contact between the Dong Son and Yue Cultures," *Asian Archaeology* 2 (2014): 77-92.

Whittaker, C. R. *Rome and Its Frontiers: The Dynamics of Empire.* London and New York: Routledge, 2004.

Wiens, Herold. *China's March toward the Tropics.* Hamden: The Shoe String Press, 1954.

Wilkinson, David. "Civilizations, Cores, World Economies, and Oikumenes," in Frank, Andre Gunder, and Barry Gills (eds.). *The World System: Five Hundred Years or Five Thousand?* London and New York: Routledge, 1993. 221-47.

Wilkinson, Toby, Susan Sherratt, and John Bennet (eds.), *Interweaving Worlds: Systemic Interactions in Eurasia, 7$^{th}$ to the 1$^{st}$ Millennia BC.* Oxford: Oxbow, 2011.

Wu, Fusheng. "Hen Epideictic Rhapsody: A Product and Critique of Imperial Patronage," *Monumenta Serica* 55 (2007): 23–59.

Wu, Li, et al. "Mid-Holocene Palaeoflood Events Recorded at the Zhongqiao Neolithic Cultural Site in the Jianghan Plain, Middle Yangtze River Valley in China," *Quaternary Science Reviews* 173 (2017): 145–60.

吴晓松、洪刚:《湖北蕲春达城新屋塆窖藏青铜器及相关问题的研究》,《文物》1997年第12期,第52—54页。

Wu, Xiaotong, Anke Hein, Xingxiang Zhang, Zhengyao Jin, Dong Wei, Fang Huang, and Xijie Yin. "Resettlement Strategies and Han Imperial Expansion into Southwest China: A Multimethod Approach to Colonialism and Migration," *Archaeological and Anthropological Sciences* 11 (2019): 6751–81.

吴宗国主编:《中国古代官僚政治制度研究》,北京:北京大学出版社,2004年。

向桃初:《炭河里城址的发现与宁乡铜器群再研究》,《文物》2006年第8期,第35—44页。

——《二里头文化向南方的传播》,《考古》2011年第10期,第47—61页。

湖北省文物考古研究所、襄樊市考古队、襄阳区文物管理处编著:《襄阳王坡东周秦汉墓》,北京:科学出版社,2005年。

湘西自治州文物管理处、保靖县文物管理所:《保靖四方城战国、汉代墓葬发掘报告》,湖南省文物考古研究所、湖南省考古学会编:《湖南考古2002》,长沙:岳麓书社,2003年,第174—224页。

湘西自治州文物管理处、古丈县文物管理所:《古丈县白鹤湾战国西汉墓发掘报告》,湖南省文物考古研究所、湖南省考古学会编:《湖南考古2002》,长沙:岳麓书社,2003年,第147—173页。

湘西自治州文物管理处、吉首市文物管理所:《吉首市河溪教场遗址发掘简报》,湖南省文物考古研究所、湖南省考古学会编:《湖南考古2002》,长沙:岳麓书社,2003年,第52—71页。

萧灿:《岳麓书院藏秦简〈数〉研究》,北京:中国社会科学出版社,2015年。

辛德勇:《秦汉政区与边界地理研究》,北京:中华书局,2009年。

——《北京大学藏秦水陆里程简册初步研究》,李学勤主编《出土文献》第4辑,上海:中西书局,2013年,第177—279页。

信阳市平桥区城阳城址保护区编:《楚都城阳》,郑州:中州古籍出版社,2011年。

Xiong, Zhaoming. "The Hepu Han Tombs and the Maritime Silk Road of the Han Dynasty," *Antiquity* 88 (2014): 1229–43.

徐恒彬:《广东佛山市郊澜石东汉墓发掘报告》,《考古》1964年第9期,第448—457页。

许宏:《先秦城邑考古》,北京:西苑出版社,2017年。

Xu, Jay. "Bronze at Sanxingdui," in Bagley, Robert (ed.). *Ancient Sichuan: Treasures from a Lost Civilization*. Princeton: Princeton University Press, 2001. 59–70.

Xu, Jieshun. "Understanding the Snowball Theory of Han Nationality," in Mullaney, Thomas, et al. (eds.), *Critical Han Studies: The History, Representation, and Identities of China's Majority*. Berkeley: University of California Press, 2012. 113-25.

徐龙国:《秦汉城邑考古学研究》,北京:中国社会科学出版社,2013年。

徐少华、李海勇:《从出土文献析楚秦洞庭、黔中、苍梧诸郡县的建置与地望》,《考古》2005年第11期,第63—70页。

徐州汉文化风景园林管理处、徐州楚王陵汉兵马俑博物馆编:《狮子山楚王陵》,南京:南京出版社,2010年。

Yakobson, V. A. (ed.). *Istorija Vostoka* [History of the East], 6 vols. Vol. 1: *Vostok v drevnosti* [The East in Antiquity]. Moscow: Vostochnaja literatura RAN, 1997.

[日]山田勝芳:『秦漢財政収入の研究』,東京:汲古書院,1993年。

阎步克:《帝国开端时期的官僚政治制度——秦汉》,吴宗国主编:《中国古代官僚政治制度研究》,北京:北京大学出版社,2004年,第19—85页。

晏昌贵:《秦简牍地理研究》,武汉:武汉大学出版社,2017年。

晏昌贵、郭涛:《里耶秦简所见秦迁陵县乡里考》,武汉大学简帛研究中心主办:《简帛》第十辑,上海:上海古籍出版社,2015年,第145—154页。

严文明、安田喜宪主编:《稻作、陶器和都市的起源》,北京:文物出版社,2000年。

闫雪、郭富、王育茜、郭晓蓉:《四川阆中市郑家坝遗址浮选结果及分析——兼谈四川地区先秦时期炭化植物遗存》,《四川文物》2013年第4期,第74—85页。

Yang, Bin. "Horses, Silver, and Cowries: Yunnan in Global Perspective," *Journal of World History* 15.3 (2004): 281-322.

———. *Between Winds and Clouds: The Making of Yunnan (Second Century BCE to Twentieth Century CE)*. New York: Columbia University Press, 2008.

———. *Cowrie Shells and Cowrie Money: A Global History*. London and New York: Routledge, 2019.

杨剑虹:《秦汉简牍研究存稿》,厦门:厦门大学出版社,2013年。

杨宽:《战国史》,上海:上海人民出版社,2003年。

杨权喜:《楚文化》,北京:文物出版社,2000年。

杨先云:《秦简所见"廥"及"廥舍"初探》,简帛网,武汉大学,http://www.bsm.org.cn/show_article.php?id=3102。

——《虎溪山汉简〈计簿〉所载沅陵侯国》,简帛网,武汉大学,http://www.bsm.org.cn/show_article.php?id=3636。

杨小亮:《里耶"翰羽"简缀合一例》,简帛网,武汉大学,http://www.bsm.org.cn/show_article.php?id=1730。

杨亚长、王昌富:《陕西丹凤县秦商邑遗址》,《考古》2006年第3期,第32—38页。

杨勇:《战国秦汉时期云贵高原考古学文化研究》,北京:科学出版社,2011年。

杨振红:《农田与水利》,林甘泉主编:《中国经济通史·秦汉经济卷》,北京:经济日报出版社,1999年,第139—185页。
杨振红、邬文玲主编:《简帛研究(二〇一五秋冬卷)》,桂林:广西师范大学出版社,2015年。
Yao, Alice. *The Ancient Highlands of Southwest China: From the Bronze Age to the Han Empire*. Oxford: Oxford University Press, 2016.
姚磊:《先秦戎族研究》,武汉:武汉大学出版社,2016年。
Yates, Robin D. S. "Reflections on the Foundation of the Chinese Empire in the Light of Newly Discovered Legal and Related Manuscripts," 陈光祖主编:《东亚考古学再思:张光直先生逝世十周年纪念论文集》,台北:"中研院",2013年,第473—506页。
———. "The Qin Slips and Boards from Well no. 1, Liye, Hunan: A Brief Introduction to the Qin Qianling County Archive," *Early China* 35-36 (2012-2013): 291-29.
———. "The Changing Status of Slaves in the Qin-Han Transition," in Pines, Yuri, Gideon Shelach, Lothar von Falkenhausen, and Robin D.S. Yates (eds.), *Birth of an Empire: The State of Qin Revisited*. Berkeley, Los Angeles, and London: University of California Press, 2014. 206-23.
尹弘兵:《商末周初的丹阳及其考古学探索》,楚文化研究会编:《楚文化研究论集》第十集,武汉:湖北美术出版社,2011年,第378—391页。
[日]吉開将人:「印からみた南越世界(後編):嶺南古璽印考」,『東洋文化研究所紀要』139,2000,1—38頁。
游逸飞:《守府、尉府、监府——里耶秦简所见郡级行政的基础研究之一》,武汉大学简帛研究中心主办:《简帛》第八辑,上海:上海古籍出版社,2013年,第229—238页。
——《战国至汉初的郡制变革》,台湾大学2014年博士学位论文。
——《里耶秦简所见洞庭郡》,《中国文化研究所学报》61,2015年,第29—67页。
游逸飞、陈弘音:《里耶秦简博物馆藏第十至十六层简牍校释》,周东平、朱腾主编:《法律史译评》第四卷,上海:中西书局,2017年,第1—27页。
于豪亮:《释青川秦墓木牍》,《文物》1982年第1期,第22—23页。
俞伟超:《关于楚文化发展的新探索》,《江汉考古》1980年第1期,第17—30页。
——《先楚与三苗文化的考古学推测——为中国考古学会第二次年会而作》,《文物》1980年第10期,第1—12页。
袁延胜:《东汉人口问题研究》,郑州大学2003年博士学位论文。
臧知非:《张家山汉简所见汉初中央与诸侯王国关系略论》,《陕西历史博物馆馆刊》2003年第10期,第308—314页。
曾磊、孙闻博、徐畅、李兰芳编:《飞轮广路:中国古代交通史论集》,北京:中国社会科学出版社,2015年。
Zhang, Changping. "Erligang: A Perspective from Panlongcheng," in Steinke, Kyle and Dora Ching (eds.), *Art and Archaeology of the Erligang Civilization*. Princeton:

Princeton University Press, 2014. 51-63.

Zhang, Chi. "The Qujialing-Shijiahe Culture in the Middle Yangzi River Valley," in Underhill, Anne（ed.）, *A Companion to Chinese Archaeology*. Chichester：Wiley-Blackwell, 2013. 510-34.

张春龙：《里耶秦简所见的户籍和人口管理》，中国社会科学院考古研究所等编：《里耶古城·秦简与秦文化研究：中国里耶古城·秦简与秦文化国际学术研讨会论文集》，北京：科学出版社，2009年，第188—195页。

张剑光：《三千年疫情》，南昌：江西高校出版社，1998年。

赵炳清：《楚、秦黔中郡略论——兼论屈原之卒年》，《中国历史地理论丛》2006年第3期，第107—115页。

赵化成：《秦统一前后秦文化与列国文化的碰撞及融合》，宿白主编：《苏秉琦与当代中国考古学》，北京：科学出版社，2001年，第619—630页。

———. "New Explorations of Early Qin Culture," in Pines, Yuri, Gideon Shelach, Lothar von Falkenhausen, and Robin D. S. Yates（eds.）, *Birth of an Empire: The State of Qin Revisited*. Berkeley, Los Angeles, and London：University of California Press, 2014. 53-70.

赵善德：《先秦秦汉时期岭南社会与文化考索——以考古学为视角》，广州：暨南大学出版社，2014年。

郑威：《楚国封君研究》，武汉：湖北教育出版社，2012年。

——《"夏州"小考——兼谈包山楚简"路"的性质》，《江汉考古》2014年第4期，第122—125页。

——《出土文献所见秦洞庭郡新识》，《考古》2016年第11期，第84—88页。

郑忠华：《印台墓地出土大批西汉简牍》，荆州博物馆编著：《荆州重要考古发现》，北京：文物出版社，2009年，第204—208页。

钟炜、晏昌贵：《楚秦洞庭苍梧及源流演变》，《江汉考古》2008年第2期，第92—100页。

中国考古学会编：《中国考古学年鉴1985》，北京：文物出版社，1985年。

中国社会科学院考古研究所等编：《里耶古城·秦简与秦文化研究：中国里耶古城·秦简与秦文化国际学术研讨会论文集》，北京：科学出版社，2009年。

周长山：《汉代地方政治史论：对郡县制度若干问题的考察》，北京：中国社会科学出版社，2006年。

周东平、朱腾主编：《法律史译评》第四卷，上海：中西书局，2017年。

周宏伟：《云梦问题的新认识》，《历史研究》2012年第2期，第4—26页。

周书灿：《战国时期楚国置郡问题三论》，《贵州师范大学学报（社会科学版）》2010年第3期，第17—21页。

周振鹤：《西汉政区地理》，北京：商务印书馆，2017年。

朱德贵、刘威威：《秦汉简牍中的〈田律〉及其立法宗旨》，中国文化遗产研究院编：《出土文献研究》第15辑，上海：中西书局，2016年，第180—216页。

朱锦程:《秦对新征服地的特殊统治政策——以"新地吏"的选用为例》,《湖南师范大学社会科学学报》2017年第2期,第150—156页。

朱萍:《楚文化的西渐:楚国经营西部的考古学观察》,成都:巴蜀书社,2010年。

朱翔主编:《湖南地理》,北京:北京师范大学出版社,2014年。

Zhu, Yuxin, Sumin Wang and Ruijin Wu. "Sedimentologic Evidence for Date of Southward Moving of the Yangzi River in the Jianghan Plain Since the Holocene," *Chinese Science Bulletin* 23.8（1998）: 659-62.

庄小霞:《〈里耶秦简〔壹〕〉所见秦代洞庭郡、南郡属县考》,卜宪群、杨振红主编:《简帛研究（二〇一二）》,桂林:广西师范大学出版社,2013年,第51—63页。

——《里耶秦简所见秦"得虎复除"制度考释——兼说中古时期湖南地区的虎患》,中国文化遗产研究院编:《出土文献研究》第17辑,上海:中西书局,2018年,第115—128页。

——《秦汉简牍所见"巴县盐"新解及相关问题考述》,《四川文物》2019年第6期,第49—53页。

邹逸麟、张修桂主编:《中国历史自然地理》,北京:科学出版社,2013年。

Zürcher, Erik. "Tidings from the South: Chinese Court Buddhism and Overseas Relations in the Fifth Century," in Silk, Jonathan（ed.）, *Buddhism in China: Collected Papers of Erik Zürcher*. Leiden and Boston: Brill, 2013. 585-607.

# 索 引

agate 玛瑙, 190
Allard, Francis 弗朗西斯·阿拉德, 52
amber 琥珀, 190
ancestral rituals 祖先祭祀, 43, 44
Anhui Province 安徽省, 41
apes, large 猿, 160
architecture domestic 家庭建筑, 187; funerary 墓葬建筑, 45, 79, 80, 119, 191, 202
arithmetic manuals 算数书, 18, 150, 151, 164
Au Lac（Ouluo）瓯骆, 176, 197
Austro-Asiatic speakers 南亚语系使用者, 31
Austronesian speakers 南岛语系使用者, 15, 31
axes 斧, 156

Ba bronze culture 巴青铜文化, 197; burials 巴式墓葬, 119; Commandery 巴郡, 80, 96, 100, 114, 184; people 巴人, 47-48, 71-72; polity 巴国, 47, 61, 72, 120; saltworks 巴县盐, 79, 88
Bac Bo Plain 越南北部平原, 16, 32, 187, 193, 197
Bactria（Daxia）大夏, 199, 204
Bai Qi 白起, 5, 77
bamboo boards 竹简牍, 117

bamboo slips 竹简, 18-19, 49, 180
Bamianshan plateau 八面山高原, 122-123, 140-141
Baoji area 宝鸡地区, 69-70, 85
Baoshan documents 包山楚简, 49
Baota site 宝塔遗址, 42
barley 大麦, 83, 148-150
Ba-Shu culture 巴蜀文化, 69-70, 88
beacon towers 烽火台, 47
beans 豆, 149-152, 165
bells 钟, 42, 57, 68
Bi River 沘水, 80, 87, 89
black-headed people 黔首, 138, 141, 144
*Book of Lord Shang*《商君书》, 147
Brindley, Erica Fox 钱德樑, 10, 22
bronze drum culture 铜鼓文化, 8, 177, 187, 192, 203
bronze mirrors 青铜镜, 212
Buddhism 佛教; and political legitimation 与政治合法性, 28; relics 舍利, 3; shared culture 共同的佛教文化, 213, 214; spread of 传播, 214, 220
burning of books 焚书, 11, 29

Cangwu Commandery 苍梧郡; founding of 设立, 50, 51, 104; Han conquest 汉朝的征服, 189; Ma Yuan 马援, 186; Qin control of 秦的控制, 88,

99, 100, 104-105, 110; territorial scope of 领土范围, 113; Tu Wei 徒唯, 98-99

carnelian 红玉, 70

census 人口普查, 183

Central Asia 中亚, 32, 67, 74, 199

Central Lakes basin Yunnan 滇中湖泊流域; cultural contacts 文化接触, 15-16; Han presence 汉朝势力, 32, 187, 200; human remains 人类遗骸, 28, 189

Central Plains 中原; empire's core region 帝国核心地区, 209, 215; Erligang Culture 二里岗文化, 41, 43; Han historiography 汉代历史著作, 65, 66, 70, 81; Han tombs 汉墓, 197; immigrants from 来自中原的移民, 28, 79, 148, 189; items imported from 引进自中原的物品, 198; monetary systems of 货币体制, 72; nomadic conquest 游牧民征服, 214; paradigm of the origins of Chinese civilization 中国文明起源范式, 12; Qin expansion 秦的扩张, 65-66, 82, 96, 131, 207; Shang 商, 43, 69; urbanization and commercial expansion 城市化与商业扩张, 206, 207

ceramics 陶器; Chu 楚式, 45, 134; funerary 随葬, 79-80, 119-120; Liye 里耶, 125-126; Hexi 河溪, 40, 41; Panlongcheng 盘龙城, 57; Sanxingdui 三星堆, 42

Chang'an 长安, 2, 111

Chang, K. C 张光直, 35

Changde Municipality 常德市, 39, 46, 47, 190

Changsha 长沙; access to horses 获取马的渠道, 178; bronzes 青铜器, 42, 44; Chu presence 楚国势力, 46,

134, 167, 188; documents 出土文献, 33-34, 165, 180; Zoumalou 走马楼, 33, 34, 181; Han reconquest of 汉朝的重新征服, 180; historical geography of 历史地理, 99-100, 196; Ma Yuan 马援, 186; population growth 人口增长, 198; silk maps 帛书地图, 107-108, 180; urban "belts" 城邑带, 190; Wu Rui 吴芮, 175-176, 180-181; Yueling fiefdom 沅陵侯国, 175

Chengdu plain 成都平原; combination of paddy rice and dryland crops 水稻与旱田作物的组合, 148; cultural connections of Hanzhong with 与汉中的文化联系, 69; Li Bing's hydraulic projects 李冰的水利工程, 80, 89; metal objects exported to 输出至成都平原的金属制品, 42; Qin conquest of 秦的征服, 66, 78, 79, 88

Chengfu County 城父县, 96

Chengtoushan site 城头山遗址, 148

Chengyang (Chu capital) 城阳 (楚国都城), 77, 88

Chen Pochan 陈伯桢, 56

Chittick, Andrew 戚安道, 8-10, 27-28, 186, 214-215

Chongqing Municipality 重庆市, 50, 71, 119

chronicle private 民间编年记, 11, 29; Qin official 秦官方编年史, 78

*Chuju ( The Residences of Chu [ Kings ])* 《楚居》, 59-60

Churchman, Catherine 凯瑟琳·丘奇曼, 10

cinnabar 朱砂, 146

*Classic of Documents ( Shujing,* or *Shangshu, Venerated Documents )* 《尚书》, 69

coinage 货币; Chu 楚国, 72; control of 控

制, 30; Han 汉朝, 136, 174, 206; Qin 秦国, 72, 136-138, 144, 174-175, 178-179, 204; Wu 吴国, 174

coins 钱币; bronze 青铜, 202; Chu 楚国, 134, 156, 174; Han 汉朝, 32, 138, 156, 174, 190, 209-210; four-grain banliang 四铢半两钱, 195; non-monetary uses of 非货币用途, 17; Qin 秦, 79, 86, 118, 134-138（多处）, 143; regional rulers casting 诸侯王铸造, 174, 178, 192; tax paid in 以钱币缴税, 175, 196

Collected commentaries (Jijie) to the Shiji《史记集解》, 99, 110

Co Loa 古螺, 9, 176, 177

colonization 拓殖, 96, 97; Chu 楚国的拓殖, 49; of Co Loa 对古螺拓殖, 9; Erligang 二里岗的拓殖, 41; "garrison society" 驻防社会, 97; Qin 秦的拓殖, 14, 73, 80, 96; Zhou 周的拓殖, 85

"commandery and regional state system" (junguozhi) 郡国制, 172

Compendium of Materia Medica (Bencao gangmu)《本草纲目》, 140

copper 铜; competition for 争夺, 192; imported from Chu 由楚国引进, 51; Hanzhong region 汉中地区, 69; Hexi Corridor 河西走廊, 83; Mayang mines 麻阳铜矿, 47, 155; metallurgy, spread of 冶金术的传播, 67; Middle Yangzi valley 长江中游流域, 68, 145; Panlongcheng 盘龙城, 41, 42; Tonglüshan mines 铜绿山铜矿, 41, 44; Wu 吴国的铜产, 174, 178

cowrie shells 贝壳, 32, 58, 67

"crescent-shaped cultural-communication belt" "半月形文化传播带", 67

crossbows 弩, 158, 168, 177

Daba Mountains 大巴山, 36, 74
Dabie Mountains 大别山, 36, 77, 81
Dabuzishan site 大堡子山遗址, 68, 84
Dahong Mountains 大洪山, 36, 43-44
Dali Kingdom 大理国, 203
Dan River 丹水, 44, 70, 73, 75-77
Danyang 丹阳, 44
Daxia (Bactria) 大夏, 199, 204
Daxi Culture 大溪文化, 38, 40, 148, 163
De'an mines 德安古矿, 41
debtor laborers 居货赎债者; Dongting 洞庭, 157; flight of 逃亡, 133; Lingnan 岭南, 132; Qianling 迁陵, 120, 130, 132, 133, 148, 163; Qin reliance on 秦的依赖, 95, 111
Deng region 邓地, 87, 89
deserters 逃兵, 104
Dian Culture 滇文化, 52, 197, 203; Kingdom 滇国, 52, 187; people 滇人, 38, 52, 54, 183
Documents of [Western] Han (Hanshu)《汉书》, 17, 52, 102, 113, 198
Dong Son bronze drums 东山铜鼓, 16, 32, 187, 192; culture 东山文化, 176, 182, 197, 212
Dongting Lake 洞庭湖, 37-47, 50, 101-102, 177; Chu settlements 楚人聚落, 156; coinage 货币, 190; excavations 发掘, 57; farming 农业, 137; use of metals 金属使用, 145, 188
dryland crops cultivation 旱地作物耕种, 148, 150, 161, 163-164; coexistence with paddy rice 与水稻的共存, 21, 35, 148, 154, 161
Duan Zhi 段志, 199
Dujiangyan irrigation system 都江堰, 80
Duke Xiao of Qin 秦孝公, 73
dykes and embankments 堤坝, 38

古代中国的帝国网络：中华帝国在东亚南部的建立

East China Sea 东海，55
Eastern Han Empire 东汉帝国，183-187，189，191，200；official history 东汉正史，52，54，189
Eastern Hunan（Xiangdong）湘东，38
Eastern Jin Empire 东晋帝国，192，214
Eastern Yue 东越，参见"Minyue 闽越"
economic integration 经济整合，7，8，17，177，178，208
Erchun District 貳春乡，121-123，128-129，139-140，159，168
Erligang Culture 二里岗文化，41-43
Erlitou 二里头 41，56

feathers 羽毛；for arrows 用于制箭，158-159，167-16；Erchun 貳春，122；kingfisher 翠鸟，192；long-range circulation 长途流通，3
Feng-Hao（Zhou twin capital）丰镐（周朝二京），70
Fen River valley 汾河流域，67，96
First Emperor of Qin 秦始皇；campaigns against the Xiongnu and Yue 对匈奴与越人的战争，204；death of 驾崩，110；empire-building 帝国建立，5，11，65，170；father of 父亲，141；in Han historiography 汉代历史著作中的秦始皇，29；reign of 统治，11，65，90，99-100，185；*Shiji*《史记》，28，98；steles of 刻石，28
Flad，Rowan 傅罗文，56
floods 洪水，40-41
forced labor 强制劳动，118，132-133，138，155；decline of 强制劳动的衰落，97
fragrant woods 香木，3，51
fruit 水果，39，51，192
Fu（prince）（公子）市，87
Fujian Province 福建省，42，176，181，184

Fujita Katsuhisa 藤田勝久，62
Funan 扶南，212

Gan River basin 赣江流域，184
Gaokanlong 高坎垅，39-40
Gaoshaji 高砂脊，44
Gaozhuang 高庄，85
Gaozu，Emperor（of the Han）汉高祖，113
glass 玻璃，32，182，190，212
glazed ware 釉器，191，212
gold 金，52，134，156，192，212
Gongsun Yang 公孙鞅，参见"Shang Yang 商鞅"
Grand Canal 大运河，9
*Grand Scribe's Records*，参见"*Shiji*《史记》"
grasslands 草原，1，15，67
Guandong region 关东地区，197
Guangdong Province 广东省，1，51，184，192-193，220
Guangxi Zhuang Autonomous Region 广西壮族自治区，1，112，183，199-201
Guanzhong 关中；Qin-Chu confrontation 秦楚对抗，73，75，77；Qin heartland 秦腹地，65-68，84，85，207，215；Qin relocation to 秦国迁往关中，15；Qin tombs 秦墓，80；relationships with southern neighbors 与南方近邻的关系，69，70，71，79，81，87；state-organized relocation 国家组织移民，179，197；supplier of horses 马的供应地，178；Zhou 周，69-70，85
Guangzhou basin 广州盆地，185；city of 广州市，174
Guilin Commandery 桂林郡，97，196
Guiyang Commandery 桂阳郡，185-186，189-190，200
Guizhou Province 贵州省，8，52，54，112，182，亦参见"Yunnan-Guizhou

294

362

plateau"
Guo Tao 郭涛, 114
Guoyuanzui site 郭元咀遗址, 58

Hainan Island 海南岛, 51, 200
Handan (Zhao capital) 邯郸 (赵国都城), 11, 89
Hangu Pass 函谷关, 66
Hanoi 河内, 176, 192, 206
Han River valley 汉水流域; Chu presence 楚国势力, 45, 59, 60, 75; connections between north and south 连接南北, 35, 37, 42, 68, 69, 81; early encounters with the Qin 与秦国的早期交往, 71; Hanzhong 汉中, 15, 69, 111; Qin-Chu clash 秦楚冲突, 73, 74, 75, 77, 79-80, 87; Qin conquest of 秦的征服, 15, 77, 78, 79-80, 92
*Hanshu (The Documents of [Western] Han)* 《汉书》, 17, 52, 102, 113, 198
Hanzhong 汉中; Chu-Qin confrontation 楚秦对抗, 73, 77; connections with Sichuan 连通四川, 69, 71, 73, 85, 87, 88; as cultural interface 作为文化边缘, 15, 35, 53; Han commandery 汉郡, 186-187; metallurgy 冶金, 42, 69, 70, 84, 85
Haojiaping cemetery 郝家坪墓地, 18, 79, 89
hemp 麻, 135, 149-150
Henan Province 河南省, 44, 45, 53-54, 57, 77
Henei Commandery 河内郡, 96, 173
Hengshan 衡山, 95, 180, 198
Hepu 合浦, 190, 199-201, 206, 210-212
Hexi Corridor 河西走廊, 40, 67, 83
Hmong-Mien speakers 苗瑶语系使用者, 31

hoes 锄, 188
Holocene event 全新世事件, 3, 40
Hong Kong antiques market 香港古董市场, 19
horses 马; fodder 饲料, 157-158; long-range circulation 长途流通, 3; raising 畜养, 167, 178, 197; trade in 贸易, 51-52, 177-178, 182, 198
*Hou Hanshu (Documents of Later Han)*, 《后汉书》, 52, 54, 189
household registers 户籍, 106, 115-116, 126-130
Huaihua, city of 怀化市, 40
Huai, King of Chu 楚怀王, 62
Huainan 淮南, 98, 180
"Huainan conspiracy" "淮南谋反", 198
*Huainanzi (Masters of Huainan)*, 《淮南子》, 98, 99, 112, 142, 204
Huai River 淮水, 36-38, 45, 78, 181, 184, 197
Huanbei 洹北, 43, 58
*Huayang guozhi (Records of the states to the south of Mount Hua)* 《华阳国志》, 88
Huiwen, King of Qin 秦惠文王, 66
Hulsewé, A.F.P. 何四维, 150
Hunan Province 湖南省; agriculture 农业, 35, 148; archaeological sites 考古遗址, 41-42, 119-120; bronzes 青铜, 57, 58, coins 钱币, 190, 202; documents 出土文献, 162; Luocheng 罗城, 60, seal 印, 114; Cangwu Commandery 苍梧郡, 50, 51, 98-99; Chu presence 楚国势力, 45-47, 53, 71, 72, 77, 134; earliest settlement 最早的聚落, 60; fortified towns 设防城邑, 49; Han presence 汉朝势力, 185, 190, 202; iron and steel production 铁与钢的生产, 188; Liye township 里耶古城, 19, 119, 163; Mawangdui 马王

堆, 107, 165; mineral resources 矿藏资源, 155; Qianling County 迁陵县, 14, 137, 171; Qin expansion 秦扩张, 53, 92, 98, 100, 130; river systems 水系, 1, 36-38; Yuan River valley 沅水流域, 12, 112; 亦参见 "western Hunan 湖南西部"

identity construction 身份建构, 6-8, 129, 141, 192, 212
India 印度, 32, 204, 212, 218
Indian Ocean 印度洋, 16, 35, 51-52, 182, 192, 211
Inner Asia 内亚, 67, 83
Inner Eurasia 欧亚内陆, 16
"interaction sphere" paradigm "互动空间" 范式, 29, 35
iron 铁; extraction 开采, 155-156; industry 工业, 146, 156, 175, 179, 196; metallurgy 冶金, 156, 166-167, 171, 188-189, 201; monopolies 专卖, 166, 207; tools 工具, 155-156, 188-189, 204, 207; Nanyue imports 南越引进, 176, 188-189, 191, 201, 206; mass production of 批量生产, 161-162
isotope analysis 同位素分析; human remains 人类遗骸, 28, 189; metals 金属, 41, 57, 63, 68-69
ivory 象牙, 51-53, 70, 190, 204

jade 玉, 146; circulation of 流通, 70; Longshan period 龙山时期, 67; metropolitan workshops 城邑作坊, 146; Panlongcheng 盘龙城, 57; Sanxingdui 三星堆, 42; of Yue 越, 204; *zhang* scepters 玉璋, 84
Japanese islands 日本群岛, 214
Jialing River 嘉陵江, 68, 71
Jiangdong Commandery 江东郡, 72, 86
Jianghan Plain 江汉平原; Chu heartland 楚国腹地, 45, 46, 50, 73, 80; Erligang material culture 二里岗物质文化, 43; name of 命名, 37; network of cities in Zhou period 周代城邑网络, 89; Qin conquest 秦的征服, 30, 80, 81, 96, 99; southern frontier of Qin state 秦国南方边疆, 14
Jianghu Commandery 江湖郡, 95-96, 100
Jiangxia Commandery 江夏郡, 184-185
Jiangxi Province 江西省, 1, 36-37, 42, 185
"Jiankang Empire" 建康帝国, 8-10, 186
Jiaozhi Commandery 交趾郡, 182-185, 201-202, 206, 210, 216
Jia Yi 贾谊, 28
Jing, Emperor (of the Han) 汉景帝, 180
Jingmen Municipality 荆门市, 39
Jingzhou Municipality 荆州市, 29, 39; Province 荆州刺史部, 3
Jin River 锦江, 47
Jin (state) 晋 (国), 65, 89
Jiujiang Commandery 九江郡, 95-96
Jiuzhen 九真, 184, 218
Ju County 沮县, 94, 111

kilns, ceramic 陶窑, 126
knives 刀, 156, 188
Korean peninsula 朝鲜半岛, 117, 214
Kui (prince) (公子) 恢, 87

lacquerware 漆器, 146, 190-191, 206, 209-210, 216; from Sichuan 来自四川, 191, 202
Langye Commandery 琅邪郡, 104
Lantian Corridor 蓝田走廊, 73, 75, 77, 85
Lantian Pass 蓝田关口, 70, 75
lead 铅, 41, 51, 63, 69, 146; as tax 以铅缴税, 156

Legalist doctrines 法家, 29
Lelang Commandery 乐浪郡, 117
leopards 豹, 160
letters official 官方信件, 18, 103; private 私人信件, 18, 93-94, 110, 151
Li and Lao groups 俚、獠族群, 192
Lianghu plain 两湖平原, 36-38, 48-49
Liangzhu Culture 良渚文化, 55
Liao River basin 辽河流域, 66-67
Li Bing 李冰, 80, 89
Li Cang 利苍, 180, 198
Lijiaba cemetery 李家坝墓地, 72
*limes*, fortified 驻防边界, 92
Li Min 李旻, 67
Ling Canal 灵渠, 99, 185
Lingling Commandery 零陵郡, 108, 185-186, 190, 200
Lingyang County 零阳县, 101-102
Linyi 林邑, 212, 218
Linyuan County 临沅县, 103, 134, 135, 159
Linzi ( Qi capital ) 临淄（齐国都城）, 89, 108
Li River valley 澧水流域, 38, 39, 42, 45, 99, 102
Liu Bang ( Han emperor ) 刘邦（汉朝皇帝）, 172-173, 179
Liu Pi ( ruler of Wu ) 刘濞（吴王）, 180
Liu Song empire 刘宋帝国, 220
Liu Wu ( prince of Chu ) 刘戊（楚王）, 195
Liu Xinglin 刘兴林, 164
Liyang plain 澧阳平原, 39
Longshan period 龙山时期, 67, 83
Lord Qi of E 鄂君启, 51
Lü, Empress 吕后, 116, 181
Lujiang Commandery 庐江郡, 184-185
Luocheng site 罗城遗址, 60
Luoyang 洛阳, 2, 41
Luy Lâu 嬴娄, 202, 206

Maicha cemetery 麦茶墓群, 61, 119-120, 125, 156, 166
Majiayao Culture 马家窑文化, 83
malaria 疟疾, 181, 198
Man groups "蛮", 120, 184, 199
Man "lands" "蛮地", 191, 193
Mawangdui tombs 马王堆墓, 107-108, 165, 198
Mayang copper mines 麻阳铜矿, 47, 155
Ma Yuan 马援, 186, 199-202
medical liquors 药酒, 165
medical manuscripts 出土医药文献, 18, 165
medicinal products 药品, 165
Mekong Delta 湄公河三角洲, 212
Menqian County 门浅县, 101-102
metal ingots 金属锭, 44, 70
metal ore 金属矿石, 41, 44, 63, 155
millet 粟, 38-39, 83, 148-153, 164, 165
Ming Empire 明帝国, 8, 23, 203
Minyue ( Eastern Yue ) 闽越（东越）; Han conquest 汉朝的征服, 181, 184; Nanyue conquest 南越的征服, 176; population growth 人口增长, 198; Qin control of 秦的控制, 97, 112; unaffected by the Qin-Han expansion 未受秦汉扩张影响, 1
Miyake Kiyoshi 宫宅潔, 14
Mojiaoshan 莫角山, 55
Mongols 蒙古人, 23, 193, 203

Nan Commandery 南郡; identities of residents 居民身份, 115; Jianghan Plain 江汉平原, 30; location of 位置, 89-90; Qin-Chu confrontation 秦楚对抗, 77, 78, 81, 100; Qin stronghold 秦的据点, 105, 130; Qin tomb 秦墓, 33
Nanhai Commandery 南海郡, 97, 189,

196, 200
Nanling Mountains 南岭山脉, 51, 53, 180, 185-186, 190; forced migration to south of 向南岭山脉强制移民, 130; Han control of 汉朝的控制, 175-176, 191; metallurgy 冶金, 188; Qin control of 秦的控制, 1, 97-99, 132
Nan Village 南里, 128
Nanyang 南阳; Chu base 楚国立足地, 45; households 户, 128; Neolithic cultures 新石器文化, 35, 54-55; old Han commandery 此前的汉郡, 186-187; Qin conquest 秦的征服, 77, 80, 96; Wan, city of 宛城, 87
Nanyue 南越; contacts with the Han 与汉朝的接触, 176, 180-189, 199, 204, 206, use of currency 使用货币, 174; Dong Son cultural influences on 东山文化对南越的影响, 197; expanion into Vietnam 扩张至越南, 196; founding of 建立, 142, 196; Han conquest of 汉朝的征服, 200; Lingnan 岭南, 175; population growth 人口增长, 198; Qin-Chu confrontation 秦楚对抗, 74; Qin conquest of 秦的征服, 97
Nanzhao (state) 南诏 (国), 203
Nanzheng 南郑, 71, 75, 77, 85-86
"new territories" "新地", 91-97, 104-105, 108-110, 126, 130; administration of 行政管理, 12, 92, 94; long-term impact 长期影响, 177; security problems 安全问题, 94, 122, 132, 173; segregation of imperial domain 帝国领土的区分, 91
Ningxiang Municipality 宁乡市, 42, 57

Oceania 大洋洲, 9
Office of Fields 田官, 146-147, 162-163
Office of Livestock 畜官, 158
"old territories" 故地, 91-96, 126, 180; conscripts from 来自故地的服役者, 95, 96, 132; Hanzhong Commandery 汉中郡, 111; Qin-Han continuity 秦汉延续性, 172-173; stability of 稳定性, 103-104
oracle bone inscriptions 甲骨文, 85
Ordos 鄂尔多斯, 67, 131
Ouluo (Au Lac) 瓯骆, 176, 197

paddy rice agriculture 水稻农业, 148, 163, 166; coexistence with dryland crops 与旱地作物的共存, 21, 35, 148, 154, 161
Panlongcheng 盘龙城, 41-43, 57-58
Panyu (Nanyue capital) 番禺 (南越都城), 176, 190, 196, 202, 206
Pearl River 珠江, 1, 184-186, 197; Delta 珠江三角洲, 8, 182, 192; system 珠江水系, 38, 51, 98
pearls 珍珠; Chu imports 楚国引进, 51; Han consumption of 汉朝消费, 206; Hepu 合浦, 206, 210; Jiaozhi 交趾, 210, 216; long-range circulation 长途流通, 3, 190, 192; from Yue 来自越, 204
Pei Yin 裴骃, 99, 100
Pines, Yuri 尤锐, 193
Polanyi, Karl 卡尔·波兰尼, 208, 217, 218
post relay stations 邮驿, 101, 121, 139
Poyang Lake 鄱阳湖, 36, 184
precious stones 宝石, 53
Pu people 濮人, 106, 120
Qianggedi site 墙隔地遗址, 39-40
Qianling archive 迁陵档案; complaints about shortage of officials 抱怨官吏缺员, 95; data on crops 作物资料, 151-152; data on feathers 羽毛资料,

146; on efforts to locate resources 寻求资源的努力, 146; introduction to 介绍, 33; largest categories 最多的类别, 133; latest documents 年代最晚的文书, 126; Qiling-related correspondence 与启陵相关的通信, 121; record of a transaction in metals 金属交易记录, 156; reports on "bandits" 关于"盗"的报告, 106; significance of 重要性, 19, 155

Qianzhong Commandery 黔中郡, 47, 50, 62, 99-100

Qiling District 启陵乡, 121-123, 129, 139, 151, 153

Qinghua University collection 清华大学所藏简, 59-60

Qingshuiping cemetery 清水坪墓地, 156, 166, 167

Qinling Mountains 秦岭山脉, 67-69, 71-74, 77, 82, 84

Qin unification 秦统一; Chinese national history 中华民族历史, 65; coinage 货币, 178; elimination of the state of Han 灭韩国, 77-78; exaggerated 被夸大, 29; idea of 理念, 193; influx of migrants from Qin 秦国移民的涌入, 105; reduction of the number of commanderies 削减郡的数量, 100; rhetoric of 修辞, 11, 28, 141; situation prior to 统一前的形势, 3

Qi (state) 齐 (国), 77-78, 89, 108, 174, 197

Qufu (Lu capital) 曲阜 (鲁国都城), 89

Qujialing Culture 屈家岭文化, 36, 38, 40

Rang 穰, 87, 89

Red River 红河, 16, 182, 212; Delta 红河三角洲, 15-16, 182, 184-185, 193, 197; archaeology of 考古, 9, 28; Han control of 汉朝的控制, 187, 191, 192, 210; Nanyue control of 南越的控制, 176; Western Jin conquest of 西晋的征服, 199; 亦参见 "Bac Bo Plain 越南北部平原"

regionalist paradigm 地方主义范式, 29

Revolt of the Seven States 七国之乱, 180, 195, 198

rhinoceros horns 犀牛角, 3, 192, 204

Rinan 日南, 184-185, 218

Roman Empire 罗马帝国, 191, 202-203

*Rong* people "戎", 70, 85

salt 盐; convicts involved in production of 刑徒参与产盐, 146; industry in regional states 诸侯国的盐业, 175, 196; long-distance exchange network 长途贸易网络, 51-52; merchants 盐商, 136; monopoly 专卖, 166, 207; Three Gorges region 三峡地区, 71-72, 162

Sanmenxia 三门峡, 96

Sanxingdui Culture 三星堆文化, 42, 58

scented woods 香木, 3, 51

Scott, James C. 詹姆斯·C. 斯科特, 15

seal 印章; attached to circular 涉及通知, 157; of county 县的印章, 103-104, 114; excavated 出土印章, 94, 95, 102, 114, 175, 196; Han exports 汉朝出口印章, 212

SEAMZ (Southeast Asian Maritime Zone) 东南亚海洋空间, 2, 5

Second Qin Emperor 秦二世, 144, 170

Shamaoshan cemetery 沙帽山墓地, 28, 189

Shandong Commandery 山东的郡, 131; peninsula 山东半岛, 43, 70, 104, 108, 197

Shang (state) 商 (国家); Erligang Culture 二里岗文化, 41; geographical extent of culture sphere 商文化圈的地理范

围, 58; Guoyuanzui site 郭元咀遗址, 58; Shang foundries 商代铸造, 43; isotope data in bronzes 青铜器同位素数据, 63, 68-69; Zhou conquest of 周的征服, 43-44, 69, 84, 85

Shangdang Commandery 上党郡, 93, 96, 131, 173

*Shangshu* ( Classic of Documents )《尚书》, 69

Shang town 商城, 75

Shangyan County 上衍县, 102, 103

Shang Yang ( Gongsun Yang ) 商鞅（公孙鞅）; after the death of 死后, 66, 87; *Book of Lord Shang*《商君书》, 147; enfeoffed as the Lord of Shang 被封为商君, 75; reforms 变法, 5, 30, 145, 155

Shijiahe Culture 石家河文化, 36, 38-41, 44, 53, 55-56

*Shiji* ( The Grand Scribe's Records )《史记》; biographies of metal industrialists《货殖列传》, 156; history of Chu 楚史, 52, 59, 62, 86; history of Qin 秦史, 24, 50, 66, 85-89, 98, 109; control over the Eastern Yue 控制东越, 112; establishment of commanderies 设郡, 92, 111; expansion to the south of Yangzi 扩张至长江以南, 17; First Emperor 始皇帝, 28, 29, 98; Nanyue's dominance of other Yue polities 南越支配其他越人政权, 176; Revolt of the Seven States 七国之乱, 198

Shimao 石峁, 67, 83

Shizishan tomb 狮子山陵, 174, 195-196

Shouchun ( Chu capital ) 寿春（楚国都城）, 78, 131

shovels 铲, 188

Shu Commandery 蜀郡, 184, 202; state 蜀国, 69, 79-80, 88, confrontation with Qin 与秦对抗, 66, 71, 78, 85-87

Shuihudi legal texts 睡虎地秦简法律文献, 18, 33, 92, 181, 149-150

sickles 镰, 188

Sifangcheng 四方城, 46-47, 61

silk 丝绸; demand for 对丝绸的需求, 204; manuscripts 出土帛, 180; maps 帛书地图, 107-108, 116, 180

Sima Cuo 司马错, 66, 77

Sishui Commandery 泗水郡, 96-97, 131

Six Dynasties 六朝, 参见 "Southern Dynasties"

slaves 奴隶; manumitted 被解放, 130; permission to execute 准许处决, 108; status of 地位, 116; trade in 贸易, 52, 177, 198, 182

Song Yi 宋义, 151-152

South Asia 南亚, 211, 213

South China Sea 南海, 1-3, 177, 206, 211-214, 218; interactions across the 跨越南海的互动, 16, 22, 213; trade routes 贸易路线, 23, 190, 211

Southeast Asia 东南亚; archaeology of 考古, 8, 27; Buddhism 佛教, 214; drum-using societies 使用鼓的社会, 203; contacts with 联系, 16, 35, 192, 203; history of 历史, 9-10; Li-Lao chiefdoms 俚、僚部落, 8; South China Sea network 南海网络, 211; transmission of bronze metallurgy to 青铜冶炼技术向东南亚的传播, 15; world-system 世界体系, 215; as a zone of refuge 作为庇护区, 23

Southeast Asian Maritime Zone ( SEAMZ ) 东南亚海洋空间, 2, 5

Southern Dynasties 南朝, 3, 8, 191-192, 214, 219-220

Southern Yue, 参见 "Nanyue 南越"

South Siberia 南西伯利亚, 67

索 引

spades 铲刀, 156, 188
spices 香料, 3-23
steel 钢, 188, 206, 207; weapons 钢铁兵器, 156
Su Bingqi 苏秉琦, 65
Sui Empire 隋帝国, 9, 23, 214-215
Suizao Corridor 随枣走廊, 43, 69
Sun Jian 孙坚, 200
Suo County 索县, 47-48, 102-103
swords 剑; Ba-Shu-style 巴蜀式剑, 85; broad-blade short 宽格短剑, 120; Maicha site 麦茶遗址, 120, 156; from Qin tombs 出土自秦墓, 70, 85; willow-leaf-shaped 柳叶形剑, 70

Tai-Kadai speakers 讲壮侗语系的人, 15, 192
Tang Empire 唐帝国, 9, 23, 215
Tanjiacun cemetery 谭家村墓地, 85
Taosi 陶寺, 67, 83
taro 芋, 151-152, 165
textiles 纺织品, 89, 135, 143, 206
Thailand 泰国, 211-212
Three Gorges region 三峡地区; Chu control of 楚国的控制, 47-48, 71-72, 86, 120; Chu-Qin confrontation between 楚秦对抗, 100; geographical location 地理位置, 36, 38; state-sponsored intensification of frontier economy 国家资助的边疆经济的强化, 179; millet production 粟的生产, 148; salt production 产盐, 71, 79, 162; Wu Commandery 巫郡, 50
Tian Dan 田儋, 108
Tianmen Municipality 天门市, 39, 56
Tianshui 天水, 68, 85
Tibet 西藏, 8
Tibetan plateau 青藏高原, 15, 67, 83
Tibeto-Burman languages 藏缅语族, 54-55
tigers 虎, 160, 162, 169
tiger tallies 虎符, 195
tin 锡, 41, 51, 155
Tongbai Mountains 桐柏山, 36, 43-44
Tong Enzheng 童恩正, 83
Tongling mines 铜陵矿, 41
Tonglüshan mines 铜绿山矿, 41, 44
Tong River 峒河, 40
tortoise shells 龟壳, 51, 192
Town (Du) District 都乡, 121, 160
Trung sisters' rebellion 征氏姐妹叛乱, 186-187, 191, 199, 201
Tuan River 湍水, 80, 87
Tuo River 沱江, 40
Tu Sui (also Tu Wei) 屠睢 (徒唯), 98-99
Tuzishan documents 兔子山汉简, 19, 162

urbanization 城市化, 171, 190, 191, 206, 213

Vietnam 越南; Bac Bo plain 北部平原, 16; Chu trade routes 楚国贸易路线, 51; Co Loa 古螺, 176; Ming conquest of 明朝的征服, 23, 203; Mongol invasion of 蒙古人的入侵, 63, 203; Ouluo (Au Lac) 瓯骆, 176; Qin-Han control of 秦汉的控制, 184, 186, 196, 200, 212; Zhao Tuo 赵佗, 176
Von Glahn, Richard 万志英, 205

Wallerstein, Immanuel 伊曼纽尔·沃勒斯坦, 25
Wang Jian 王翦, 88, 98
Wang Mang 王莽, 187, 201
Wang Wan 王绾, 95
Wei, King of Chu 楚威王, 52, 86
Wei Ran 魏冉, 87, 89

299

Wei River basin 渭河流域; Qin heartland 秦腹地, 14, 15, 62, 65-68, 70, 84; Shang foundries at 商代铸造, 69; wheat cultivation 小麦种植, 164; Zhou alliance 周朝联盟, 43

Wei（state）魏（国）, 49, 65, 66

Wen, Emperor（of the Han）汉文帝, 116, 173-174

western Hunan 湖南西部; agriculture 农业, 148, 154; archaeological sites 考古遗址, 61; confrontation between Qin and Chu 秦楚对抗, 100; excavated documents 出土文献, 14, 16; lawlessness and banditry 目无法纪与贼盗, 105, 141; mining and metallurgy 采矿与冶炼, 155; Qianling County 迁陵县, 137; rivers 河流, 38; towns in 城邑, 47, 49; under Qin rule 处于秦统治之下, 130, 146; 亦参见 "Xiangxi"

Western Jin empire 西晋帝国, 199, 214

Western Zhou 西周; bronzes 青铜器, 44, 63-64, 69; expansion 扩张, 44; fall of 覆灭, 45, 59, 70; history 历史, 58; polity 政权, 43

wheat 小麦, 67, 83, 148-152, 164

wooden slips 木简, 79, 176, 180

wooden tablets 木牍; Liye 里耶, 19, 117, 126-128, 134; Qianling County 迁陵县, 130; preserved by high water table 保存于较高地下水位, 17-18

world-systems model 世界体系模型, 5-7, 21-22, 24-25, 204-220

Wucheng Culture 吴城文化, 31, 42, 58

Wucheng 五城, 47

Wu Commandery 巫郡, 50

Wu, Emperor（of the Han）汉武帝; conquest of the south 征服南方, 180; continuation of Qin policies 延续秦代政策, 166, 182; criticism of 所受批评, 11, 29; Dong Zhongshu's memorial to 董仲舒向汉武帝上书, 194; "Huainan conspiracy" "淮南谋反", 198; war against Nanyue 对南越战争, 204

Wuhan 武汉, 41

Wuling Commandery 武陵郡, 100-102, 113, 114, 190, 200

Wuling Mountains 武陵山, 36, 38, 47, 50, 53, 122

Wu Pass 武关, 74-76, 87

Wu River 乌江, 38, 50, 62, 100, 119

Wu Rui 吴芮, 175-176, 178-179, 181

Wushui River 巫水, 40

Wu（state）吴（国）; attracting population 吸引人口, 200; coinage 货币, 174, 178; documents 出土文献, 34; iron industry 铁工业, 188; Revolt of the Seven States 七国之乱, 180; successors to the Han Empire 汉帝国的后继者, 186; Sun Jian 孙坚, 200

Wu Yang（Marquis of Yuanling）吴阳（沅陵侯）, 180-181

Xiang Commandery 象郡, 97, 112, 196

Xiang River 湘水, 16, 37-38, 46, 51, 97-98, 107; valley 湘水流域, 46, 50-51, 63, 99, 184

Xianggui Corridor 湘桂走廊, 98

Xiangxi 湘西, 38, 134, 亦参见 "western Hunan"

Xiangyang 襄阳, 80

Xiang Yu 项羽, 100, 152, 177

Xianyang（Qin capital）咸阳（秦国都城）, 2, 66, 116, 159, 172

Xiaogan Municipality 孝感市, 39

Xikou River 溪口水, 125

Xin Deyong 辛德勇, 100

Xinwuling County 新武陵县, 101-103,

157
Xiongnu 匈奴, 74, 98, 182, 199, 204
Xu Guang 徐广, 142
Xu River 溆水, 47
Xuwen (port) 徐闻（港）, 190

Yan Changgui 晏昌贵, 128
Yangzi Delta 长江三角洲, 97, 188
Yan (state) 燕（国）, 50, 66
Yejiashan cemetery 叶家山墓地, 44
Yelang group 夜郎族群, 52, 182-183, 199
Yellow River 黄河, 66-68, 96; lower 黄河下游, 38, 43, 65, 215; valley 黄河流域, 14, 81, 131, 148, 209
Yicheng 宜城, 59
Yingchuan Commandery 颍川郡, 96, 163
Ying (Chu capital) 郢（楚国都城）, 60, 77, 80-81, 87
Yinwan documents 尹湾汉简, 181, 198
Yiyang County, archive of 益阳汉简, 19
Yizhou Province 益州, 54, 184-185
Yizhoushu《逸周书》, 62
Yongchang Commandery 永昌郡, 199
Yong polity 庸国, 71
You River valley 酉水流域, 123-129, 137, 140, 178; coinage 货币, 134; eve of the Qin conquest 秦征服前夕, 117-120; fortified settlements 驻防聚落, 47; use of iron 使用铁, 156
Youyang County 酉阳县, 101-102, 121
Yuan River 沅水, 37-40, 103, 112, 114, 119; Dongting plain 洞庭平原, 38, 40; as main supply route 作为主要补给路线, 54; valley 沅水流域, 99, 155, 157, 184, 190; Chu presence 楚国势力, 45-47, 49, 50, 52, 60, 61; gateway to southwestern highlands 通往西南高原的门户, 38; interaction with Shijiahe Culture 与石家河文化互

动, 40; monetization of economy 经济货币化, 138; non-Sinitic peoples 非中华族群, 120; Qin administration 秦的行政管理, 101, 120, 134, 137; Qin conquest of 秦的征服, 12, 97, 157
Yuan Yansheng 袁延胜, 183
Yuanling County 沅陵县, 101-102; fiefdom 沅陵侯国, 175; Marquis of 沅陵侯, 181; modern town of 当代沅陵县, 47, 62
Yuanyang County 沅阳县, 101-103
Yuelu Academy collection 岳麓书院藏秦简; arithmetic manual 算数书, 151; legal texts 法律文献, 19, 33, 92, 163; ordinances 令, 79, 95-96, 163; publication of 出版, 100
Yueyang Municipality 岳阳市, 42, 45-46, 60
Yulin Commandery 郁林郡, 183, 185
Yu lineage 强族, 69, 70
Yunmeng 云梦, 18, 88, 149-150; Lake 云梦泽, 36, 38, 54, 88
Yunnan 云南; bronzes 青铜器, 58, 63-64, 197; Chu expedition into 楚国远征云南, 52; Dian Culture 滇文化, 197; drum cultures 鼓文化, 203; infrastructure building 基础设施建设, 204; metallurgy 冶金, 15, 51; population increase 人口增长, 199; Province 云南省, 8; route to Bay of Bengal 前往孟加拉湾的路线, 32
Yunnan-Guizhou plateau 云贵高原; bronze drum culture, spread of 铜鼓文化的传播, 177; cultural connections 文化交流, 16; Chu control of the trade routes and metal resources of 楚国对贸易路线及金属资源的控制, 52, 53; Han conquest of 汉朝的征服, 186; highland societies 高地社会, 15; increase in registered population 户籍人口的增长,

200; Liye township 里耶镇, 119; Qin expansion into 秦向云贵高原扩张, 1, 103; Xiang Commandery 象郡, 97; Yuan River 沅水, 38

Yuzhang Commandery 豫章郡, 185, 190

Zaoshi site 皂市遗址, 42

Zeng (state) 曾（国）; bronze industry 青铜业, 44, 70, 161; copper ingots 铜锭, 44; emergence of 兴起, 43-44, 69, 146; history of 历史, 58; transportation hub for metals 运输金属的交通枢纽, 44, 70

Zhang Commandery 鄣郡, 112

Zhangjiashan documents 张家山汉简; arithmetical manual 算数书, 18, 164; legal texts 法律文献, 18, 98, 174,  181, 197; publication of 出版, 100

Zhang Shoujie 张守节, 89

Zhang Yi 张仪, 66, 87

Zhao, King of Western Zhou 周昭王, 44

Zhao Mo 赵眜, 176

Zhao (state) 赵（国）, 11, 50, 65-66, 170

Zhao Tuo 赵佗, 142, 176, 178, 196

Zhaoxiang, King of Qin 秦昭襄王, 11, 87

Zhejiang Province 浙江省, 42

Zheng Wei 郑威, 103

Zhengzhou 郑州, 41-42, 57

Zhuang Qiao 庄蹻, 52

Zhuang Xiaoxia 庄小霞, 169

Zi River 资水, 37

Ziying (last Qin ruler) 子婴（末代秦王）, 172, 177

Zomia "佐米亚", 2, 5

# 译后记

  2022年春节前夕，经导师朱腾先生引荐，喜忧参半地接下了马硕先生这部新著的翻译工作。初涉译事，喜的是素来对翻译事业抱有崇高敬意，亲身参与其中自是莫大的幸事；忧的是从未接受过专业翻译训练，惟主攻的秦汉法律史研究方向与本书略有关联，因而对译文质量感到十分忐忑。

  此后的一年间，喜成了持续翻译的动力，忧成了反复修改的鞭策。其间此起彼伏的窗外事不可不闻，而案头的这部书也不可不译，以至于意外地成了不确定的环境里难得的确定支点。探求作者本意固已不易，在迥异的语法体系下用中文译述更觉艰辛，虽有心勉力为之，且部分内容幸得作者亲自改订，但由译者学力所限造成的疏漏恐怕在所难免。

  关于此刻的心绪，太宰治在小说《潘多拉之匣》里写过的一封小信颇能达意："在下虽不擅长说英语，姑且能阅读和书写英语。倘若您持有充分同情心与忍耐心，请将您今日要事写于此纸。尔后恳请您忍耐一个小时。在此期间，在下将自闭于陋室内，拜读贵文，尔后，将竭尽在下所能，翻译成文，呈交您御览。衷心祝您贵体安康！请勿因在下之拙劣且丑陋之文章而发怒。"

总之，本书行文如有任何拙劣丑陋之处，译者应负全责；如有任何真知灼见，则全应归功于作者本人。当然，本书能够顺利出版，还需感谢导师朱腾先生最初的引荐，东方出版中心副总经理朱宝元先生的信任与关照，他和责任编辑荣玉洁女士细致缜密的工作，以及刘喆玉君一直以来的陪伴、倾听与鼓舞。

尹嘉越
2023年初春